从零开始学

从零开始学大宗商品交易

（白金版）

周峰 陆佳 编著

清华大学出版社

北 京

内 容 简 介

为了能够让更多的投资者正确掌握大宗商品的交易方法和技巧，本书讲解以下知识内容：一是大宗商品的基础知识，如大宗商品交易的定义、特点、风险、分类及行情分析软件；二是不同类型大宗商品的交易技巧，如有色金属商品、贵金属商品、黑色系商品、化工商品、能源商品、软商品、农副商品、贵金属延期；三是大宗商品交易的各种分析技巧，如 K 线、趋势、均线、MACD、KDJ、分时图；四是实战大宗商品交易。

本书力图做到结构清晰、实例经典、内容全面、技术实用，并且在讲解过程中既考虑读者的学习习惯，又通过具体实例剖析讲解大宗商品交易中的热点问题、关键问题及种种难题。

本书适用于新老大宗商品投资者、中小散户、职业操盘手和专业大宗商品分析师，更适用于那些有志于在这个充满风险的征程上默默前行的征战者和屡败屡战、愈挫愈勇并最终战胜失败、战胜自我的勇者阅读。

图书在版编目(CIP)数据

从零开始学大宗商品交易：白金版/周峰，陆佳编著. —北京：清华大学出版社，2019（2025.5重印）
（从零开始学）
ISBN 978-7-302-51575-3

Ⅰ. ①从…　Ⅱ. ①周…②陆…　Ⅲ. ①现货交易—基本知识　Ⅳ. ①F713.1

中国版本图书馆 CIP 数据核字(2018)第 257175 号

责任编辑：李玉萍
封面设计：郑国强
责任校对：吴春华
责任印制：杨　艳

出版发行：清华大学出版社
　　　网　　址：https://www.tup.com.cn，https://www.wqxuetang.com
　　　地　　址：北京清华大学学研大厦 A 座　　　　　　邮　编：100084
　　　社 总 机：010-83470000　　　　　　　　　　　　邮　购：010-62786544
　　　投稿与读者服务：010-62776969，c-service@tup.tsinghua.edu.cn
　　　质量反馈：010-62772015，zhiliang@tup.tsinghua.edu.cn
印 装 者：保定市中画美凯印刷有限公司
经　　销：全国新华书店
开　　本：170mm×240mm　　印　张：23.25　　字　数：465 千字
版　　次：2019 年 2 月第 1 版　　　　　　　印　次：2025 年 5 月第 6 次印刷
定　　价：58.00 元

产品编号：074660-01

前　　言

　　在充满魔力、光彩迷人的大宗商品市场中，利益的驱动往往可使投资者对市场的认识陷入一种非理性的泥潭，因此屡犯错误。然而市场没有记忆，同类的错误总是不断地沉渣泛起，让人一犯再犯，步入深渊。所以投资者一定要认清市场的本质，认识到市场只有赢家和输家，弄清市场操作的通病，理解市场基本的教义，并以此为镜。

　　现在，市面上关于大宗商品交易的书不多，即使有也大多是基础类的，实战类的书很少，并且实战类的书大多数讲解不全面，剖析不够深入。

　　本书作者在投资生涯前期，也曾走过很长时间的弯路，也曾几度陷入经济危机和心理危机，也曾怀疑市场上有无走出痛苦、走向成功的途径。事实上成功并不遥远，财富就在身边。这就是本书写作的主旨。

本书特点

特　点	说　明
15 章实战精讲	本书体系完善，由浅入深地对大宗商品实战交易进行了 15 章专题精讲，其内容涵盖了大宗商品的基础知识、行情分析软件、有色金属商品的交易技巧、贵金属商品的交易技巧、黑色系商品的交易技巧、化工商品的交易技巧、能源商品的交易技巧、软商品的交易技巧、农副商品的交易技巧、贵金属延期的交易技巧、K 线分析技巧、趋势分析技巧、均线分析技巧、MACD 分析技巧、KDJ 分析技巧、分时图分析技巧、大宗商品的交易策略、杰西•利文摩尔的交易策略、斯坦利•克罗的交易策略、实炒大宗商品期货、实炒大宗商品现货等
108 个实战技巧	本书结合大宗商品实战交易，讲解了 108 个交易技巧，其内容涵盖了铜的实战技巧、铅的实战技巧、锌的实战技巧、铝的实战技巧、黄金的实战技巧、白银的实战技巧、钢材的实战技巧、铁矿石的实战技巧、焦炭的实战技巧、动力煤的实战技巧、橡胶的实战技巧、PVC 的实战技巧、塑料的实战技巧、PTA 的实战技巧、原油的实战技巧、燃料油的实战技巧、棉花的实战技巧、白糖的实战技巧、大豆的实战技巧、玉米的实战技巧、早籼稻的实战技巧、棕榈油的实战技巧、黄金延期 Au(T+D) 的实战技巧、白银延期 Ag(T+D) 的实战技巧、单根 K 线的实战技巧、头肩形反转形态的实战技巧、三重顶和三重底的实战技巧、双重顶和双重底的实战技巧、圆顶和圆底的实战技巧、V 形反转形态的实战技巧、对称三角形

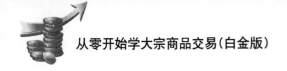

续表

特　点	说　明
108 个实战技巧	的实战技巧、上升三角形的实战技巧、下降三角形的实战技巧、喇叭形的实战技巧、钻石形的实战技巧、旗形持续形态的实战技巧、矩形持续形态的实战技巧、趋势线的实战技巧、支撑线和压力线的实战技巧、通道线的实战技巧、移动平均线的实战技巧、随机指标 KDJ 的实战技巧、MACD 指标的实战技巧、分时图的三波上涨法则、分时图的三波下跌法则、分时图的双底做多技巧、分时图的头肩底做多技巧、分时图的圆弧底做多技巧、分时图的 V 形底做多技巧、分时图的双顶做空技巧、分时图的头肩顶做空技巧、分时图的圆弧顶做空技巧、分时图的 V 形顶做空技巧、杰西•利文摩尔的交易技巧、斯坦利•克罗的重要实战交易策略、实炒大宗商品期货、实炒大宗商品现货，等等
100 多个实战案例	本书结合理论知识，在讲解的过程中，列举了 100 多个案例，让广大投资者在学习理论知识的同时，能更准确地理解其意义和实际应用
80 多个提醒	本书结合大宗商品交易实战中遇到的热点问题、关键问题及种种难题，以提醒的方式奉送给投资者，其中包括不同大宗商品的特点、交易技巧、交易策略、风险控制等
语言特色	本书讲解都从基础知识和基本操作开始，读者无须参照其他书籍即可轻松入门；另外，充分考虑没有基础读者的实际情况，在文字表述方面尽量避开专业的术语，用通俗易懂的语言讲解每个知识点的应用技巧，从而突出容易学、上手快的特点

本书结构

章节介绍	内容体系	作　用
第 1 章	首先讲解大宗商品的基础知识，如什么是大宗商品、大宗商品期货交易与大宗商品现货交易、大宗商品交易的特点和风险；然后讲解大宗商品的类型，以及大宗商品与股票的区别；最后讲解大宗商品行情分析软件的下载、安装和使用方法	从整体上认识什么是大宗商品交易，并掌握大宗商品行情分析软件的使用技巧，为后面章节的学习打下良好的基础

章节介绍	内容体系	作　用
第2～9章	讲解不同类型大宗商品的交易技巧，如有色金属商品、贵金属商品、黑色系商品、化工商品、能源商品、软商品、农副商品、贵金属延期等	熟悉并掌握不同类型大宗商品的用途、供需关系、标准合约、行情信息、价格变动的影响因素及实战交易实例，为投资者的交易实战打下坚实的基础
第10～13章	讲解大宗商品投资中的各种技术分析方法，如K线、趋势线、分时图、趋势通道、均线及各种技术指标等	要想在大宗商品市场中成为赢家，必须精通技术分析，因为技术分析可以提供精准的进场与出场点，可以大大提高投资者的赢利能力
第14、15章	讲解大宗商品交易的实战策略和实炒大宗商品	提升大宗商品投资者的实际投资水平，即提高其投资技巧和策略，从而成为大宗商品市场中的稳定赢家

本书适合的读者

本书适用于新老大宗商品投资者、中小散户、职业操盘手和专业大宗商品分析师，更适用于那些有志于在这个充满风险的征程上默默前行的征战者和屡败屡战、愈挫愈勇并最终战胜失败、战胜自我的勇者阅读。

创作团队

本书由周峰、陆佳编著，以下人员对本书的编写提出过宝贵意见并参与了部分编写工作，他们是刘志隆、王冲冲、吕雷、王高缓、梁雷超、张志伟、周飞、葛钰秀、张亮、王英茏、陈税杰等。由于时间仓促，加之水平有限，书中的缺点和不足之处在所难免，敬请读者批评指正。

目　　录

第 1 章
大宗商品交易快速入门

大宗商品投资是当前流行的，并且越来越热门的投资方式之一，因为投资大宗商品，没有过分复杂的基本面分析，大宗商品的基本面是透明的，投资者只需根据日常生活中的常识就可以实现相当不错的投资收益。本章首先讲解大宗商品的基础知识，如什么是大宗商品、大宗商品期货与大宗商品现货的区别、大宗商品的特点和风险；然后讲解大宗商品的类型及大宗商品与股票的区别；最后讲解大宗商品行情分析软件的下载、安装和使用方法。

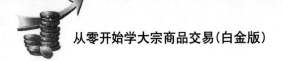

1.1 什么是大宗商品交易

要进行大宗商品交易，就要知道什么是大宗商品、大宗商品交易的特点、大宗商品交易的风险，下面具体讲解。

1.1.1 什么是大宗商品

大宗商品是指可进入流通领域(非零售环节)，具有商品属性且用于工农业生产与消费的大批量买卖的物质商品。

大宗商品一般包括金属商品、能源化工商品和大宗农产品等类型，其中石油化工、金属、煤炭能源等大宗商品属于国家战略控制和调节的商品，如动力煤、焦炭、铜等，这些商品的数量影响到国家战略方针的制定。所以，这类大宗商品从上市交易开始，就具有商品和金融双重属性。

农林类大宗商品是非战略商品，包括糖、棉花、大米等。虽然这些商品在行业战略上也占有重要的地位，但不会影响到大的国家战略的制定和实施。这些行业与民生密切相关，一旦外资介入控制了这些行业，也会对经济安全和稳定造成很大影响，如前些年发生的"大豆产业沦陷"事件就非常发人深省。

1.1.2 大宗商品现货交易和大宗商品期货交易

大宗商品交易包括大宗商品现货交易和大宗商品期货交易，下面分别讲解。

1. 大宗商品现货交易

大宗商品现货交易方式是从传统现货贸易衍生而来的，其"现货"特点主要体现在两个方面，具体如下。

一是"现货"价格，即交易过程中合同的订立和转让价格是当日现货商品市场价格。

二是"现货"交割，即合同订立当日就可申请实物交割，交割配对成功后即可进行实物交割。

大宗商品现货交易大多是省级平台，国家级的现货交易平台只有一个，就是上海黄金交易所。

2. 大宗商品期货交易

大宗商品期货交易作为一种特殊的交易方式，其形成经历了从大宗商品现货交易到大宗商品远期交易，最后到大宗商品期货交易的复杂演变过程，它是人们在贸易过程中不断追求交易效率、降低交易成本与风险的结果。在现代发达的市场经济体系中，大宗商品期货市场作为重要的组成部分，与大宗商品现货市场、大宗商品远期市场共同构成既各有分工又密切联系的多层次的有机体。

3. 大宗商品期货交易与大宗商品现货交易的区别

大宗商品期货交易与大宗商品现货交易的区别如图 1.1 所示。

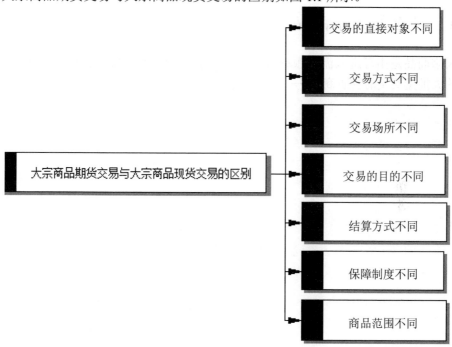

图 1.1　大宗商品期货交易与大宗商品现货交易的区别

1) 交易的直接对象不同

大宗商品现货交易的直接对象是商品本身，有样品、有实物、看货定价。而大宗商品期货交易的直接对象是期货合约，是买进或卖出多少手或多少张期货合约。

2) 交易方式不同

大宗商品现货交易一般是一对一谈判签订合同，具体内容由双方商定，签订合同之后若不能兑现，就要诉诸法律。大宗商品期货交易是以公开、公平竞争的方式进行交易。一对一谈判交易(或称私下对冲)被视为违法。

3) 交易场所不同

大宗商品现货交易一般分散进行，如粮油、日用工业品、生产资料都是由一些贸易公司、生产厂商、消费厂家分散进行交易的，只有一些生鲜和个别农副产品是以批发市场的形式来进行集中交易。但是，大宗商品期货交易必须在交易所内依照法规进行公开、集中交易，不能进行场外交易。

4) 交易的目的不同

大宗商品现货交易是一手钱、一手货的交易，马上或一定时期内进行实物交收和货款结算。大宗商品期货交易的目的不是到期获得实物，而是通过套期保值回避价格风险或投资获利。

5) 结算方式不同

大宗商品现货交易是货到款清，无论时间多长，都是一次或数次结清。大宗商品期货交易由于实行保证金制度，必须每日结算盈亏，实行逐日盯市制度。

6) 保障制度不同

大宗商品现货交易有《中华人民共和国合同法》等法律的保护，合同不兑现即毁约时要用法律或仲裁的方式解决。期货交易除了国家的法律和行业、交易所规则之外，主要是由保证金制度为保障，以保证到期兑现。

7) 商品范围不同

大宗商品现货交易的品种是一切进入流通领域的商品；而大宗商品期货交易的品种是有限的，主要是农产品、石油、金属商品以及一些初级原材料和金融产品。

4. 大宗商品期货交易与大宗商品远期交易的区别

大宗商品期货交易与大宗商品远期交易不同的地方有 5 点，如图 1.2 所示。

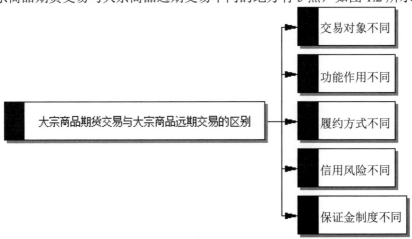

图 1.2　大宗商品期货交易与大宗商品远期交易的区别

1) 交易对象不同

大宗商品期货交易的对象是标准化合约；大宗商品远期交易的对象主要是实物商品。

2) 功能作用不同

大宗商品期货交易的主要功能之一是发现价格；大宗商品远期交易中的合同缺乏

流动性，所以不具备发现价格的功能。

3）履约方式不同

大宗商品期货交易有实物交割和对冲平仓两种履约方式；大宗商品远期交易最终的履约方式是实物交收。

4）信用风险不同

大宗商品期货交易实行每日无负债结算制度，信用风险很小；大宗商品远期交易从交易达成到最终实物交割有很长一段时间，此间市场会发生各种变化，任何不利于履约的行为都可能出现，信用风险很大。

5）保证金制度不同

大宗商品期货交易有特定的保证金制度；大宗商品远期交易是否收取或收多少保证金由交易双方私下商定。

1.1.3 大宗商品交易的特点

1. 大宗商品现货交易的特点

大宗商品现货交易的特点共有 5 个，如图 1.3 所示。

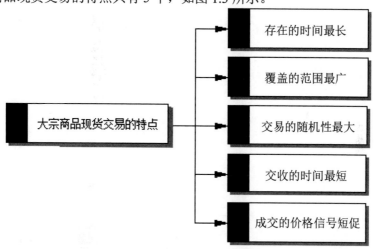

图 1.3 大宗商品现货交易的特点

1）存在的时间最长

现货交易是一种最古老的交易方式，同时也是一种在实践过程中不断创新、灵活变化的交易方式。最早的物物交换即是一种现货交易方式，随着社会经济的发展，商品交换的广度和浓度不断扩大，现货交易方式的具体做法也不断增多。从最初的物物交换，发展到后来普遍采用的零售、批发、代理交易，现金、信用、票据、信托交易等，大多数是现货交易的具体应用形式。

2) 覆盖的范围最广

由于现货交易不受交易对象、交易时间、交易空间等方面的限制，因此，它又是一种运用最广泛的交易方式。任何商品都可以通过现货交易来完成，人们在任何时候、任何地点都可以通过现货交易获得自己所需要的商品。在人们的日常生活中接触最多的也是"一手钱，一手货"的现货交易。

3) 交易的随机性最大

由于现货交易没有其他特殊的限制，交易又较灵活方便，因此，交易的随机性最大。

4) 交收的时间最短

这是现货交易区别于远期合同交易与期货交易的根本所在。现货交易通常是即时成交，货款两清，或在较短的时间内实行商品的交收活动。应当指出，某些交易方式，例如信用交易中的赊销方式虽然实物交割与货款交付在时间上有一定的间隔，但仍属于现货交易的范畴。

5) 成交的价格信号短促

由于现货交易是一种即时的或在很短的时间内就完成的商品交收的交易方式，因此，买卖双方成交的价格只能反映当时的市场行情，不能代表未来市场变动情况，因而现货价格不具有指导生产与经营的导向作用。如果生产者或经营者以现货价格安排未来的生产与经营活动，要承担很大的价格波动风险。现货交易的这一特点是它的不足之处。

2. 大宗商品期货交易的特点

大宗商品期货交易的特点共有 6 个，如图 1.4 所示。

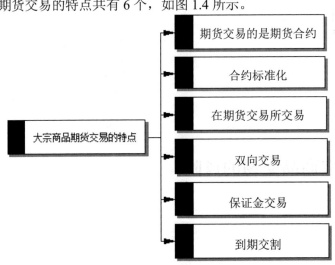

图 1.4　大宗商品期货交易的特点

1) 期货交易的是期货合约

期货买卖的对象并不是铜那样的实物或者股票价格指数那样的金融指标，而是和这些东西有关的合约，一份合约代表了买卖双方所承担的履行合约的权利和义务。前面我们讲了，合约对标的物(也就是大豆、股票价格指数等)的相关属性和时间地点等问题提前进行了详细的规定，买卖合约的双方都要遵守这个规定。买卖双方对合约报出价格，买方买的是合约，卖方卖的也是合约。

2) 合约标准化

同一家交易所对标的物相同的合约都做出同样的规定。例如，在上海期货交易所上市交易的铜期货合约，每张合约的内容都是一样的，交易品种都是阴极铜，交易单位都是 5 吨，交割品级都要符合国标 GB/T 467—1997 标准，其他的有关规定包括报价单位、最小变动价位、每日价格最大波动限制、交易时间、最后交易日、最低交易保证金、交易手续费等，这些规定对每份铜期货合约来说都是相同的。

3) 在期货交易所交易

大部分期货都在期货交易所上市。期货交易所不仅有严密的组织结构和章程，还有特定的交易场所和相对制度化的交易、结算、交割流程。因此，期货交易往往被称为场内交易。我国国内的期货产品都是在期货交易所交易的。

4) 双向交易

我们既可以先买一张期货合约，在合约到期之前卖出平仓(或者到期时接受卖方交割)，也可以先卖一张合约，在合约到期之前买进平仓(或者到期时交出实物或者通过现金进行交割)。就算手头一张合约也没有，依然可以先卖出。

5) 保证金交易

进行期货买卖的时候，不需要支付全部金额，只要交出一定比例(通常为 5%～10%)的金额作为履约的担保就行了，这个一定比例的金额就是保证金。

6) 到期交割

期货合约是有到期日的，合约到期需要进行交割履行义务，了结合约。商品期货到期交割的是商品，合约的卖方要把铜或者大豆这样的标的物运到指定的交易仓库，被买方拉走，这被称为实物交割。

1.1.4　大宗商品交易的风险

任何投资都存在一定的风险，我们在投资大宗商品时也同样存在风险，能够对风险概率的发生进行有效管理，那么风险就有可能带来利润。大宗商品交易的风险主要表现在 5 个方面，如图 1.5 所示。

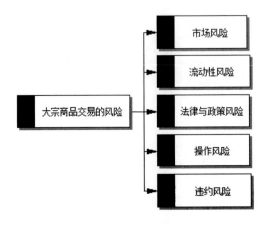

图 1.5　大宗商品交易的风险

1. 市场风险

市场风险是指由于市场价格的变化而使金融资产遭受的风险，它通常表现为金融工具或其组合的价值随市场因素的变动而带来的变化。市场风险可分为利率风险、汇率风险、价格风险以及衍生产品市场风险等。

2. 流动性风险

流动性风险主要有两种形式：一种是指由于市场流动性不足，导致金融资产无法按合理价格迅速进行交易所造成的风险，这是金融资产向货币转换过程中的流动性问题；另一种是指机构现金流不能满足支付需要带来的风险，这是货币数量不足带来的流动性风险，如基金提前赎回风险、银行的挤兑风险等。

3. 法律与政策风险

法律风险是指金融机构签署的交易合同，因不符合法律或监管部门的规定，而不能得到实际履行，从而给金融机构造成损失的风险。

政策风险是指宏观经济政策变化给微观主体带来的风险。政府通常会采用一些政策手段对经济进行调节，如财政政策、货币政策等。这些政策的变动本身会给金融市场带来一定的影响，是宏观经济风险的重要部分。

4. 操作风险

操作风险是指由于金融机构的信息系统、交易系统或内部风险监控系统控制失灵而造成意外损失的风险。这种风险一般由人为错误、系统失灵、操作程序发生错误或控制失效而引起。它包括："人员风险"(包括员工操作不熟练、不敬业或有欺诈)、"过程风险"(包括模型风险、交易风险、控制风险等)、"技术风险"(包括系统失效、程序错误、通信故障等)。

5. 违约风险

违约风险，又称信用风险，是指交易对手未能履行约定契约中的义务而造成经济损失的风险。在大宗商品交易中，面对一些突发的大行情，很多投资者由于仓位较重，很可能会爆仓，即投资者亏损大于账户中的保证金。如果爆仓导致了亏空且由投资者的原因引起，投资者需要将亏空补足，否则会面临法律追索。

1.2　大宗商品的类型

大宗商品可以分为六大类，分别是有色金属商品、贵金属商品、黑色系商品、能源化工商品、农副商品、软商品，如图 1.6 所示。

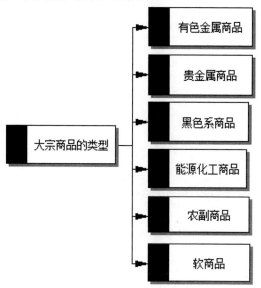

图 1.6　大宗商品的类型

1.2.1　有色金属商品

有色金属商品，通常是指除去铁(有时也除去锰和铬)和铁基合金以外的所有金属。有色金属可分为重金属(如铜、铅、锌)、轻金属(如铝、镁)以及稀有金属(如钨、钼、锗、锂、镧、铀)。

有色金属商品是国民经济、人民日常生活及国防工业、科学技术发展必不可少的基础材料和重要的战略物资。农业现代化、工业现代化、国防和科学技术现代化都离不开有色金属商品。例如，飞机、导弹、火箭、卫星、核潜艇等尖端武器以及原子

从零开始学大宗商品交易(白金版)

能、电视、通信、雷达、电子计算机等尖端技术所需的构件或部件大多数是由有色金属中的轻金属和稀有金属制成的。此外，没有镍、钴、钨、钼、钒、铌等有色金属，也就没有合金钢的生产。有色金属在某些用途(如电力工业等)上，使用量也是相当大的。现在世界上许多国家，尤其是工业发达国家，竞相发展有色金属工业，增加有色金属的战略储备。

在大宗商品交易中，有色金属商品交易的主要品种是铜、铝、锌、铅等，如图1.7所示。

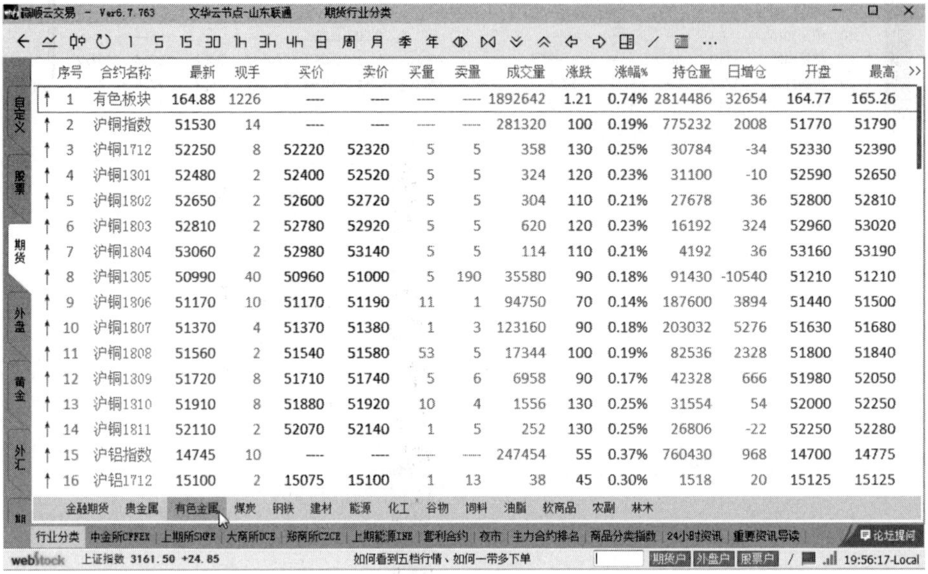

图 1.7　有色金属商品

1.2.2　贵金属商品

贵金属商品包括八种金属元素：金(Au)、银(Ag)、铂(Pt)、钯(Pd)、铑(Rh)、铱(Ir)、锇(Os)、钌(Ru)，这些金属由于在地壳中含量少，勘探开采提炼难度高，所以被称为贵金属。

贵金属商品，由于其独特的物理化学性能，在应用领域为其他任何金属材料所无法代替，更在某些应用领域起着决定性和关键性的作用。大多数贵金属拥有美丽的色泽，对化学药品的抵抗力相当大，保值性强。

无论是大宗商品现货交易，还是大宗商品期货交易，贵金属交易商品都主要是指黄金和白银。期货中的贵金属商品报价信息如图1.8所示。

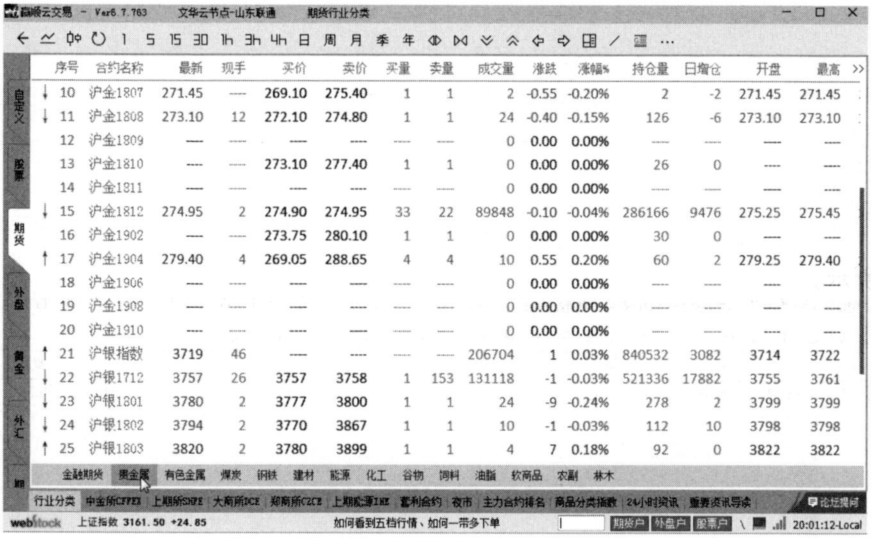

序号	合约名称	最新	现手	买价	卖价	买量	卖量	成交量	涨跌	涨幅%	持仓量	日增仓	开盘	最高
10	沪金1807	271.45	----	269.10	275.40	1	1	2	-0.55	-0.20%	2	-2	271.45	271.45
11	沪金1808	273.10	12	272.10	274.80	1	1	24	-0.40	-0.15%	126	-6	273.10	273.10
12	沪金1809	----	----	----	----	----	----	0	0.00	0.00%	----	----	----	----
13	沪金1810	----	----	273.10	277.40	1	1	0	0.00	0.00%	26	0	----	----
14	沪金1811	----	----	----	----	----	----	0	0.00	0.00%	----	----	----	----
15	沪金1812	274.95	2	274.90	274.95	33	22	89848	-0.10	-0.04%	286166	9476	275.25	275.45
16	沪金1902	----	----	273.75	280.10	1	1	0	0.00	0.00%	30	0	----	----
17	沪金1904	279.40	4	269.05	288.65	4	4	10	0.55	0.20%	60	2	279.25	279.40
18	沪金1906	----	----	----	----	----	----	0	0.00	0.00%	----	----	----	----
19	沪金1908	----	----	----	----	----	----	0	0.00	0.00%	----	----	----	----
20	沪金1910	----	----	----	----	----	----	0	0.00	0.00%	----	----	----	----
21	沪银指数	3719	46	----	----	----	----	206704	1	0.03%	840532	3082	3714	3722
22	沪银1712	3757	26	3757	3758	1	153	131118	-1	-0.03%	521336	17882	3755	3761
23	沪银1801	3780	2	3777	3800	1	1	24	-9	-0.24%	278	2	3799	3799
24	沪银1802	3794	2	3770	3867	1	1	10	-1	-0.03%	112	10	3798	3798
25	沪银1803	3820	2	3780	3899	1	1	4	7	0.18%	92	0	3822	3822

图 1.8　期货中的贵金属商品报价信息

现货中的贵金属商品报价信息如图 1.9 所示。

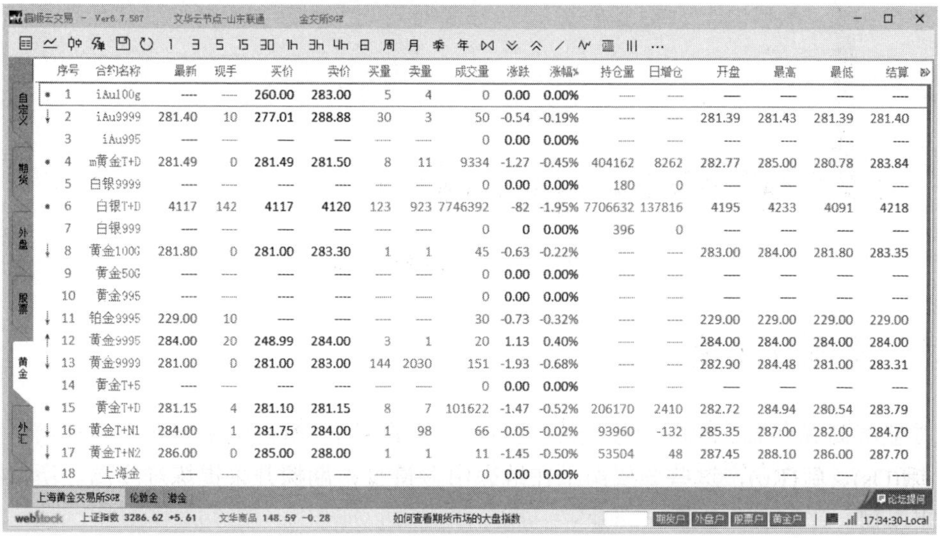

序号	合约名称	最新	现手	买价	卖价	买量	卖量	成交量	涨跌	涨幅%	持仓量	日增仓	开盘	最高	最低	结算
1	iAu100g	----	----	260.00	283.00	5	4	0	0.00	0.00%	----	----	----	----	----	----
2	iAu9999	281.40	10	277.01	288.88	30	3	50	-0.54	-0.19%	----	----	281.39	281.43	281.39	281.40
3	iAu995	----	----	----	----	----	----	0	0.00	0.00%	----	----	----	----	----	----
4	m黄金T+D	281.49	0	281.49	281.50	8	11	9334	-1.27	-0.45%	404162	8262	282.77	285.00	280.78	283.84
5	白银9999	----	----	----	----	----	----	0	0.00	0.00%	180	0	----	----	----	----
6	白银T+D	4117	142	4117	4120	123	923	7746392	-82	-1.95%	7706632	137816	4195	4233	4091	4218
7	白银999	----	----	----	----	----	----	0	0	0.00%	396	0	----	----	----	----
8	黄金100G	281.80	0	281.00	283.30	1	1	45	-0.63	-0.22%	----	----	283.00	284.00	281.80	283.35
9	黄金50G	----	----	----	----	----	----	0	0.00	0.00%	----	----	----	----	----	----
10	黄金995	----	----	----	----	----	----	0	0.00	0.00%	----	----	----	----	----	----
11	铂金9995	229.00	10	----	----	----	----	30	-0.73	-0.32%	----	----	229.00	229.00	229.00	229.00
12	黄金9995	284.00	20	248.99	284.00	3	1	20	1.13	0.40%	----	----	284.00	284.00	284.00	284.00
13	黄金9999	281.00	0	281.00	283.00	144	2030	151	-1.93	-0.68%	----	----	282.90	284.48	281.00	283.31
14	黄金T+5	----	----	----	----	----	----	0	0.00	0.00%	----	----	----	----	----	----
15	黄金T+D	281.15	4	281.10	281.15	8	7	101622	-1.47	-0.52%	206170	2410	282.72	284.94	280.54	283.79
16	黄金T+N1	284.00	1	281.75	284.00	1	98	66	-0.05	-0.02%	93960	-132	285.35	287.00	282.00	284.70
17	黄金T+N2	286.00	0	285.00	288.00	1	1	11	-1.45	-0.50%	53504	48	287.45	288.10	286.00	287.70
18	上海金	----	----	----	----	----	----	0	0.00	0.00%	----	----	----	----	----	----

图 1.9　现货中的贵金属商品报价信息

1.2.3　黑色系商品

黑色系商品，就是指黑色的大宗商品，主要包括煤矿商品(如焦煤、焦炭、动力煤等)、钢铁(如螺纹钢、铁矿石、热卷板、硅铁、锰硅等)、建材(如玻璃等)。

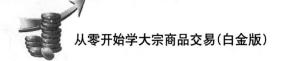

2015 年年底到 2017 年 3 月，黑色系商品出现了牛市上涨行情，成交量急剧增加，波动幅度巨大，赚钱效应明显，受到了市场的追捧。这波上涨行情的主要原因是钢铁供给侧结构改革持续推进，造成钢铁产量的减少。

以最具代表性的螺纹钢为例，截至 2016 年 4 月 22 日，RB1610 合约年内涨幅高达 46%。4 月 21 日当天，RB1610 合约成交量达 2236 万手，创历史新高。

根据交易规则，一手 RB1610 合约对应 10 吨螺纹钢。也就是说，当天成交量对应 2.236 亿吨螺纹钢。中国产业信息网数据显示，2014 年，中国螺纹钢产量仅为 2.1527 亿吨。换言之，一天的期货成交量超过了 2014 年一年的产量。

在大宗商品交易中，黑色系商品交易的主要品种是动力煤、螺纹钢、铁矿石、焦炭等，如图 1.10 所示。

序号	合约名称	最新	现手	买价	卖价	买量	卖量	成交量	涨跌	涨幅%	持仓量	日增仓	开盘	最高
↑ 8	焦煤1805	1199.0	2	1172.0	1199.0	2	34	606	96.5	8.75%	710	-416	1198.5	1199.0
↑ 9	焦煤1806	1310.5	2	1301.0	1400.5	1	1	4	4.0	0.31%	6	0	1344.5	1344.5
↓ 10	焦煤1807	1254.0	---	1220.5	---	1	---	2	-0.5	-0.04%	8	-2	1254.0	1254.0
11	焦煤1808	---	---	1186.0	---	1	---	0	0.0	0.00%	12	0	---	---
↑ 12	焦煤1809	1248.0	48	1247.5	1248.0	3	5	317946	19.5	1.59%	339732	-25034	1250.0	1259.0
↑ 13	焦煤1810	1253.5	4	1210.0	1308.0	1	1	8	30.0	2.45%	12	2	1255.0	1255.0
↑ 14	焦煤1811	1277.0	2	1166.5	---	1	---	4	46.0	3.74%	2	0	1247.5	1277.0
↑ 15	焦炭指数	2019.0	2	---	---	---	---	324286	19.5	0.98%	279094	-37238	2027.5	2039.0
16	焦炭1712	---	---	1840.0	2128.5	1	1	0	0.0	0.00%	2	0	---	---
↑ 17	焦炭1801	1958.0	2	1957.5	1958.0	13	16	2374	28.0	1.45%	5474	770	1948.5	1969.0
18	焦炭1802	---	---	1807.5	---	1	---	0	0.0	0.00%	2	0	---	---
19	焦炭1803	---	---	---	---	---	---	0	0.0	0.00%	---	---	---	---
20	焦炭1804	---	---	---	---	---	---	0	0.0	0.00%	---	---	---	---
↑ 21	焦炭1805	1885.5	8	1885.5	1900.0	14	2	480	4.5	0.24%	3490	-78	1910.0	1912.5
↓ 22	焦炭1806	1928.0	---	1906.0	1970.0	2	1	2	-22.0	-1.13%	8	0	1928.0	1928.0
23	焦炭1807	---	---	1840.0	2128.5	1	1	0	0.0	0.00%	28	0	---	---

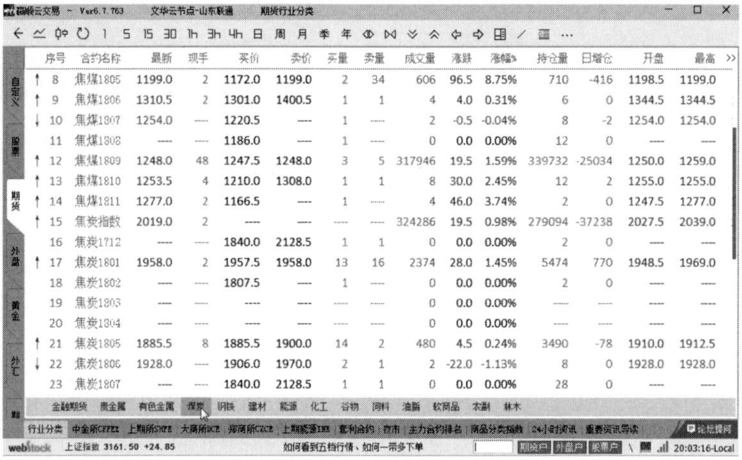

图 1.10　黑色系商品报价信息

1.2.4　能源化工商品

能源是指可产生各种能量(如热量、电能、光能和机械能等)或可做功等物质的统称，是指能够直接取得或者通过加工、转换而取得有用能的各种资源，包括煤炭、原油、天然气、煤层气、水能、核能、风能、太阳能、地热能、生物质能等一次能源，电力、热力、成品油等二次能源，其他新能源和可再生能源。

化工与能源的密切关系还表现在化石燃料及其衍生的产品不仅是能源，而且还是化学工业的重要原料。以石油为基础，形成了现代化的强大的石油化学工业，生产出成千上万种石油化工产品。在化工生产中，有些物料既是某种加工过程(如合成气生产)中的燃料，同时又是原料，两者合而为一。所以化工生产既是生产二次能源的部门，本身又往往是耗能的大户。

在大宗商品交易中，能源化工商品的主要品种是橡胶、PTA、塑料、PVC 等，如图 1.11 所示。

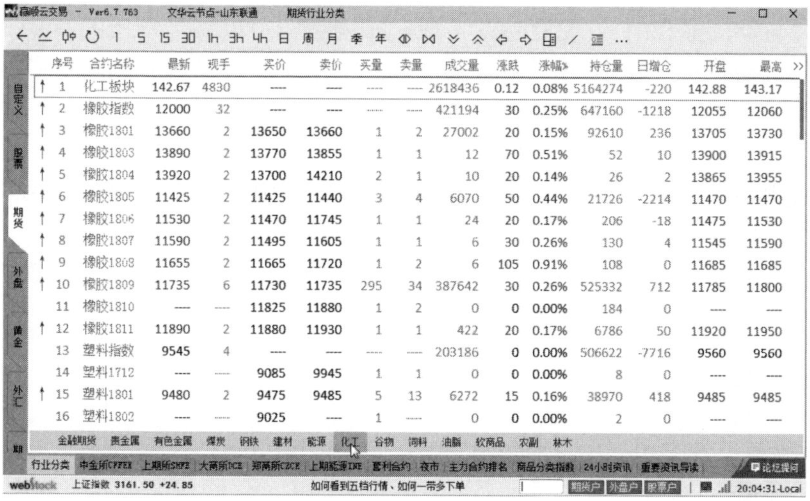

序号	合约名称	最新	现手	买价	卖价	买量	卖量	成交量	涨跌	涨幅%	持仓量	日增仓	开盘	最高
1	化工板块	142.67	4830	----	----		----	2618436	0.12	0.08%	5164274	-220	142.88	143.17
2	橡胶指数	12000	32	----	----		----	421194	30	0.25%	647160	-1218	12055	12060
3	橡胶1801	13660	2	13650	13660	1	2	27002	20	0.15%	92610	236	13705	13730
4	橡胶1803	13890	2	13770	13855	1	1	12	70	0.51%	52	10	13900	13915
5	橡胶1804	13920	2	13700	14210	2	1	10	20	0.14%	26	2	13865	13955
6	橡胶1805	11425	2	11425	11440	3	4	6070	50	0.44%	21726	-2214	11470	11470
7	橡胶1806	11530	1	11470	11745	1	1	24	20	0.17%	206	-18	11475	11530
8	橡胶1807	11590	2	11495	11605	2	1	6	30	0.26%	130	1	11545	11590
9	橡胶1808	11655	2	11665	11720	1	2	6	105	0.91%	108	0	11685	11685
10	橡胶1809	11735	6	11730	11735	295	34	387642	30	0.26%	525332	712	11785	11800
11	橡胶1810	----		11825	11880	1	1		0	0.00%	184	0		
12	橡胶1811	11890	2	11880	11930	1	1	422	20	0.17%	6786	50	11920	11950
13	塑料指数	9545	4	----	----		----	203186	0	0.00%	506622	-7716	9560	9560
14	塑料1712	----		9085	9945	1	1		0	0.00%	8	0		
15	塑料1801	9480	2	9475	9485	5	13	6272	15	0.16%	38970	418	9485	9485
16	塑料1802	----												

图 1.11　能源化工商品报价信息

1.2.5　农副商品

农副商品主要包括谷物(如大豆、小麦、玉米、大米等)、饲料(如豆粕、菜粕等)、食用油脂(如豆油、棕榈油、菜籽油等)，还包括鸡蛋和淀粉。

在大宗商品交易中，农副商品的主要品种是大豆、玉米、豆粕、菜粕、豆油、棕榈油、菜籽油、鸡蛋、淀粉等，如图 1.12 所示。

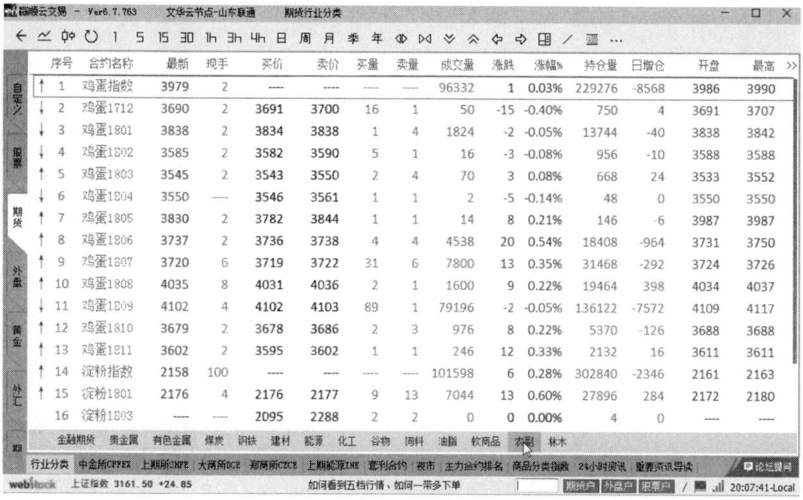

序号	合约名称	最新	现手	买价	卖价	买量	卖量	成交量	涨跌	涨幅%	持仓量	日增仓	开盘	最高
1	鸡蛋指数	3979	2	----	----		----	96332	1	0.03%	229276	-8568	3986	3990
2	鸡蛋1712	3690	2	3691	3700	16	1	50	-15	-0.40%	750	4	3691	3707
3	鸡蛋1801	3838	2	3834	3838	1	4	1824	-2	-0.05%	13744	-40	3838	3842
4	鸡蛋1802	3585	2	3582	3590	5	1	16	-3	-0.08%	956	-10	3588	3588
5	鸡蛋1803	3545	2	3543	3550	2	4	70	3	0.08%	668	24	3533	3552
6	鸡蛋1804	3550		3546	3561	1	1	2	-5	-0.14%	48	0	3550	3550
7	鸡蛋1805	3830	2	3782	3844	1	1	8		0.21%	146	-6	3987	3987
8	鸡蛋1806	3737	2	3736	3738	4	1	4538	20	0.54%	18408	-964	3731	3750
9	鸡蛋1807	3720	6	3719	3722	31	6	7800	13	0.35%	31468	-292	3724	3726
10	鸡蛋1808	4035	8	4031	4036	2	1	1600	9	0.22%	19464	398	4034	4037
11	鸡蛋1809	4102	4	4102	4103	89	2	79196	-2	-0.05%	136122	-7572	4109	4117
12	鸡蛋1810	3679	2	3678	3686	2	3	976	8	0.22%	5370	-126	3683	3686
13	鸡蛋1811	3602	2	3595	3602	1	3	246	12	0.33%	2132	16	3611	3611
14	淀粉指数	2158	100	----	----		----	101598	6	0.28%	302840	-2346	2161	2163
15	淀粉1801	2176	4	2176	2177	9	13	7044	13	0.60%	27896	284	2172	2180
16	淀粉1802	----		2055	2288	2	1							

图 1.12　农副商品报价信息

1.2.6 软商品

软商品与硬商品相对应(硬商品，一般是指金银等可以充当货币的商品，特别是金，它天生就是货币)，是指除了金银等可以充当货币的商品以外的其他商品。硬商品和软商品的主要区别是：硬商品具有可以充当一般等价物的功能，而软商品则没有这个功能。

在大宗商品交易市场中，软商品主要是指白糖、棉花、橙汁、可可、咖啡等商品。在国内期货市场，软商品的主要交易品种是白糖和棉花，如图 1.13 所示。

序号	合约名称	最新	现手	买价	卖价	买量	卖量	成交量	涨跌	涨幅%	持仓量	日增仓	开盘	最高
1	软商板块	152.88	66	---	---	----	----	118718	-0.06	-0.04%	1347554	8228	152.86	153.22
2	郑棉指数	15985	2	---	---	----	----	61578	-25	-0.16%	601046	4508	15990	16045
3	郑棉1805	15150	12	15140	15155	50	25	204	-10	-0.07%	44504	20	15150	15150
4	郑棉1807	15360	4	15285	15310	8	1	18	5	0.03%	1790	18	15350	15360
5	郑棉1809	15695	2	15690	15695	312	25	39670	-30	-0.19%	298446	2088	15705	15760
6	郑棉1811	---	----	16075	16090	1	1	0	0	0.00%	78	0	---	---
7	郑棉1901	16475	4	16470	16475	85	65	21686	-25	-0.15%	256188	2382	16500	16540
8	郑棉1903	---	----	16585	16660	1	2	0	0	0.00%	40	0	---	---
9	白糖指数	5416	60	---	---	----	----	57252	2	0.04%	746506	3718	5415	5426
10	白糖1805	5280	2	5275	5280	28	10	164	3	0.06%	31910	0	5282	5282
11	白糖1807	---	----	5334	5358	1	1	0	0	0.00%	934	0	---	---
12	白糖1809	5420	60	5420	5421	73	135	53102	2	0.04%	604602	2896	5419	5430
13	白糖1811	---	----	5405	5442	4	5	0	0	0.00%	354	0	---	---
14	白糖1901	5448	6	5447	5448	7	5	3278	7	0.13%	90942	774	5450	5457
15	白糖1903	---	----	5400	5430	2	2	0	0	0.00%	54	0	---	---
16	白糖1905	5380	2	5379	5381	1	2	670	7	0.13%	16920	46	5376	5386

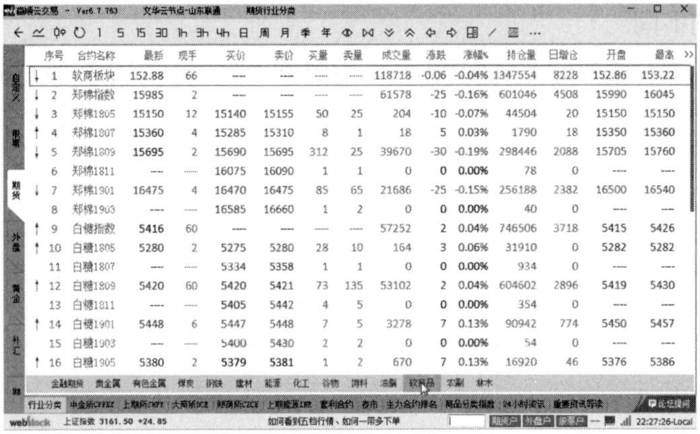

图 1.13　软商品报价信息

1.3 大宗商品与股票的区别

大宗商品相对于股票来说，更容易赚钱，操作更简单。这在于它的双向交易模式(既可做多，也可做空)。股票是 T+1(今天买进，第二个交易日才能卖出)，大宗商品是 T+0，即大宗商品可以当天交易多次。另外，大宗商品的种类比较少，投资者容易选择。大宗商品与股票的具体区别有 7 点，如图 1.14 所示。

图 1.14　大宗商品与股票的区别

1. 投资对象不同

股票投资的是企业的价格。大宗商品投资属于大宗商品交易，是一种未来的交易，交易的对象是商品，如

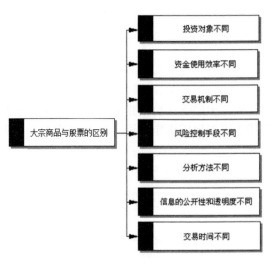

果在未来某一时期进行交割，那么现在的交易是一种对未来商品的买卖；如果不进行交割，那么现在的交易只是一种预期，一种对未来价格走势的预期。

2. 资金使用效率不同

股票交易实行全额现金交易，投资者资金量的大小决定交易量的多少，面对突发行情时，资金的调度成为制约投资者交易的主要问题。大宗商品交易实行保证金制度，资金放大作用比较明显，在控制风险的前提下，面对突发行情，投资者可以有足够的时间和资金进行操作。

3. 交易机制不同

目前股票市场不具备做空机制(融券做空限制多，并且不是所有股票都可以融券做空)，股票实行 T+1 交易结算制度。大宗商品交易具备多空两种交易机制，实行 T+0 交易结算制度。

股票今天买进，今天是不能卖出的，只有到第二个交易日才能卖出。但大宗商品交易可以随时买进卖出，没有限制，这样交易起来就比较灵活方便。

股票是只有涨了才有钱赚；而大宗商品交易是涨了可以赚钱，跌了同样也可以赚钱，这就是双向收益，也是一个双向选择，这样可以降低投资风险。

4. 风险控制手段不同

虽然股票和现货交易都规定了风险控制制度，比如涨跌停板制度等，但因为制度设计本身的关系，目前投资者很难回避股票市场的系统风险，同时缺少做空机制，投资者回避市场风险的唯一方法只能是卖出股票。由于现货交易具有多空两种形式，因此控制市场风险的手段就比较丰富。除了盘中 T+0 交易控制风险外，还可以利用套现保值功能回避市场风险。另外，现货交易的限仓制度和强制平仓制度也是区别于股票交易的主要风险控制制度。

5. 分析方法不同

大宗商品市场与股票市场的技术分析方法有共性，但从基本面分析方法上看，是有区别的。大宗商品投资的对象主要是大宗商品，因此分析大宗商品本身的价格走势特别重要，大宗商品价格走势的特点主要体现在大宗商品的供求上，影响大宗商品价格的基本因素比较确定和固定。股票基本面分析比较复杂，主要是具体上市公司的经营状况。

6. 信息的公开性和透明度不同

大宗商品市场相对于股票市场信息透明度更高，信息传播渠道更明确。

7. 交易时间不同

股票的交易日为每周一至周五(国家法定节假日除外)。每一交易日的交易时间为：早盘 9:30—11:30；午盘 13:00—15:00。

大宗商品的交易日为每周一至周五(国家法定节假日除外)。每一交易日的交易时间为：夜盘 21:00—2:30；早盘 9:00—11:30；午盘 13:30—15:00。15:00—15:30 为交收申报时间。

在这里可以看到，大宗商品的交易时间比较长，并且增加了夜盘，方便白天工作比较忙的投资者。

需要强调指出的是，大宗商品交易与股票交易的社会经济功能也不一致，股票提供筹资与社会资源重新配置功能；大宗商品交易提供回避风险和价格发现功能。

1.4 大宗商品行情分析软件

要想在大宗商品市场中盈利，不仅要时时关注全球动态，特别是与大宗商品价格走势相关的信息，还要不断学习投资技术和策略。通过基本面分析，投资者可以预测未来一段时间内价格是要涨，还是要跌，但在具体进行买卖操作时，还需要技术分析来落实，来把关。

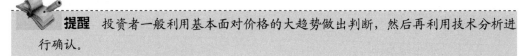

提醒 投资者一般利用基本面对价格的大趋势做出判断，然后再利用技术分析进行确认。

为了更好地进行大宗商品投资，下面来讲解一下大宗商品行情分析软件——赢顺云行情软件的下载、安装与基本操作技巧。

1.4.1 大宗商品行情分析软件的下载与安装

在浏览器的地址栏中输入"http://www.cifco.net"，然后按 Enter 键，就进入中国国际期货有限公司网站的首页，如图 1.15 所示。

图 1.15 中国国际期货有限公司网站的首页

单击右侧的"软件下载"超链接，进入软件下载页面，在这里可以看到常见的期货行情分析软件，如文华行情软件(文华 WH6 高清版)、澎博行情软件等，其中以文华行情软件的功能最为强大，如图 1.16 所示。

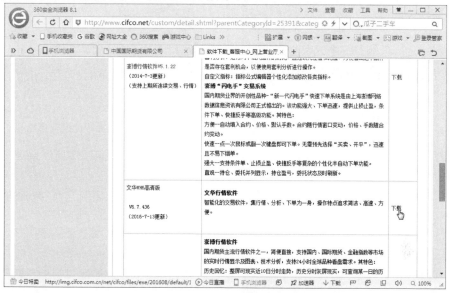

图 1.16　软件下载页面

　　单击"文华行情软件(文华 WH6 高清版)"对应的"下载" 超链接，弹出"新建下载任务"对话框，如图 1.17 所示。

图 1.17　文件下载对话框

　　单击"下载"按钮，就可以成功下载文华行情软件。

　　下载成功后，就可以看到文华行情软件的安装文件图标，然后双击该图标，弹出安装对话框，如图 1.18 所示。

　　单击"开始安装"按钮，就可以选择软件的安装路径，默认是 C 盘下，如图 1.19 所示。

图 1.18　安装对话框　　　　　　　图 1.19　选择软件的安装路径

若想修改安装目录，只需单击"浏览"按钮即可。这时采用默认值，单击"下一步"按钮，就可以解压文件并安装，如图 1.20 所示。

文件解压完成后，就成功安装了软件，并显示安装成功，如图 1.21 所示。

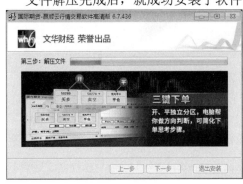

图 1.20　解压文件　　　　　　　　图 1.21　安装成功

软件安装成功后，就会在桌面上看到期货软件的快捷图标，如图 1.22 所示。

图 1.22　期货软件的快捷图标

1.4.2　大宗商品行情分析软件的基本使用方法

双击桌面上期货软件的快捷图标，就可以进入期货行情分析软件，默认状态下看到的是上海期货交易所交易品种的报价信息，如图 1.23 所示。

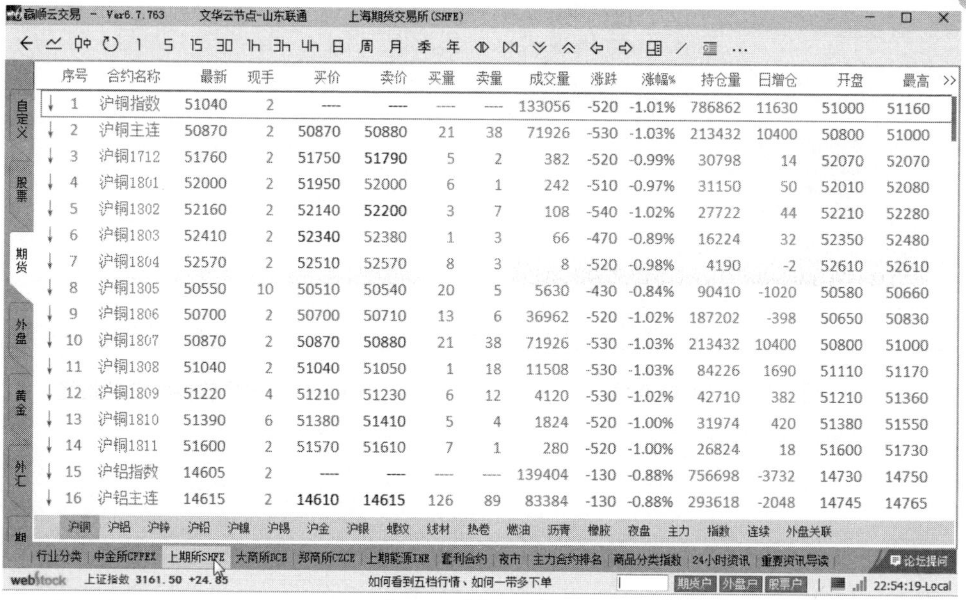

临顺云交易 — Ver6.7.763　　文华云节点-山东联通　　上海期货交易所(SHFE)

序号	合约名称	最新	现手	买价	卖价	买量	卖量	成交量	涨跌	涨幅%	持仓量	日增仓	开盘	最高
1	沪铜指数	51040	2	----	----	----	----	133056	-520	-1.01%	786862	11630	51000	51160
2	沪铜主连	50870	2	50870	50880	21	38	71926	-530	-1.03%	213432	10400	50800	51000
3	沪铜1712	51760	2	51750	51790	5	2	382	-520	-0.99%	30798	14	52070	52070
4	沪铜1801	52000	2	51950	52000	6	1	242	-510	-0.97%	31150	50	52010	52080
5	沪铜1302	52160	2	52140	52200	3	7	108	-540	-1.02%	27722	44	52210	52280
6	沪铜1803	52410	2	52340	52380	1	3	66	-470	-0.89%	16224	32	52350	52480
7	沪铜1804	52570	2	52510	52570	8	3	8	-520	-0.98%	4190	-2	52610	52610
8	沪铜1305	50550	10	50510	50540	20	5	5630	-430	-0.84%	90410	-1020	50580	50660
9	沪铜1806	50700	2	50700	50710	13	6	36962	-520	-1.02%	187202	-398	50650	50830
10	沪铜1807	50870	2	50870	50880	21	38	71926	-520	-1.03%	213432	10400	50800	51000
11	沪铜1308	51040	2	51040	51050	1	18	11508	-530	-1.03%	84226	1690	51110	51170
12	沪铜1809	51220	4	51210	51230	6	12	4120	-520	-1.00%	42710	382	51210	51360
13	沪铜1810	51390	6	51380	51410	5	4	1824	-520	-1.00%	31974	420	51380	51550
14	沪铜1811	51600	2	51570	51610	7	1	280	-520	-1.00%	26824	18	51600	51730
15	沪铝指数	14605	2	----	----	----	----	139404	-130	-0.88%	756698	-3732	14730	14750
16	沪铝主连	14615	2	14610	14615	126	89	83384	-130	-0.88%	293618	-2048	14745	14765

沪铜　沪铝　沪锌　沪铅　沪镍　沪锡　沪金　沪银　螺纹　线材　热卷　燃油　沥青　橡胶　夜盘　主力　指数　连续　外盘关联

行业分类　中金所CFFEX　上期所SHFE　大商所DCE　郑商所CZCE　上期能源INE　套利合约　夜市　主力合约排名　商品分类指数　24小时资讯　重要资讯导读　论坛提问

webstock　上证指数 3161.50 +24.85　　如何看到五档行情、如何一带多下单　　期货户 外盘户 股票户　　22:54:19-Local

图 1.23　上海期货交易所交易品种的报价信息

单击窗口下方的不同标签，就可以看到不同期货交易所交易品种的报价信息。

如果想查看某期货合约的分时走势图，只需单击该合约即可。假设单击"沪铜指数"，就可以看到沪铜指数的分时走势图，如图 1.24 所示。

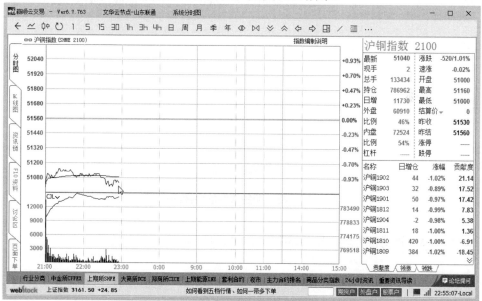

图 1.24　沪铜指数的分时走势图

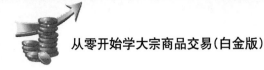

在分时走势图下，再按 Enter 键就可以看到沪铜指数的日 K 线图，如图 1.25 所示。

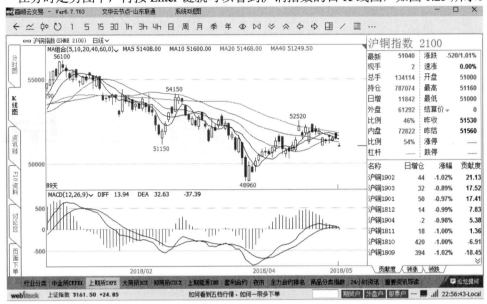

图 1.25　沪铜指数的日 K 线图

单击工具栏中的"30"，就可以看到 30 分钟 K 线图；单击"1"，就可以看到 1
分钟 K 线图；单击"周"，就可以看到周 K 线图。30 分钟 K 线图如图 1.26 所示。

图 1.26　沪铜指数的 30 分钟 K 线图

第 2 章
有色金属商品的交易技巧

当今，有色金属已成为决定一个国家经济、科学技术、国防建设等发展的重要物质基础，是提升国家综合实力和保障国家安全的关键性战略资源。作为有色金属生产第一大国，我国在有色金属研究领域，特别是在复杂低品位有色金属资源的开发和利用上取得了长足进展。本章讲解了 4 种常见有色金属商品的交易技巧，即铜、铅、锌、铝的交易技巧。在讲解每种有色金属商品时，都从 6 个方面剖析讲解，即有色金属的基础知识、供给与需求、标准合约、影响价格变动的因素、信息的查看、交易实例。

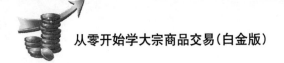

2.1 铜的交易技巧

铜是人类最早使用的金属。早在史前时代，人们就开始采掘露天铜矿，并用获取的铜制造武器、工具和其他器皿，铜的使用对早期人类文明的进步影响非常深远。

2.1.1 初识铜

金属铜，化学符号 Cu，原子量 63.54，比重 8.92，熔点 1083℃。纯铜呈浅玫瑰色或淡红色，表面形成氧化铜膜后，外观呈紫铜色，如图 2.1 所示。

图 2.1 铜

铜具有许多可贵的物理化学特性，具体如下。

- 热导率和电导率都很高，仅次于银，大大高于其他金属。该特性使铜成为电子电气工业中举足轻重的材料。
- 化学稳定性强，具耐腐蚀性。可用于制造接触腐蚀性介质的各种容器，因此广泛应用于能源及石化工业、轻工业中。
- 抗张强度大，易熔接，具有可塑性、延展性。纯铜可拉成很细的铜丝，制成很薄的铜箔。能与锌、锡、铅、锰、钴、镍、铝、铁等金属形成合金，可用于机械冶金工业中的各种传动件和固定件。
- 结构上刚柔并济，且具多彩的外观，可用于建筑和装饰。

2.1.2 铜的供给与需求

铜的供给与需求，要从国际市场和国内市场两个方面来看。

1. 国际市场

从国家分布来看，世界铜资源主要集中在智利、美国、赞比亚等国。智利是世界上铜资源最丰富的国家，探明储量达 1.5 亿吨，约占世界总储量的 1/4；美国探明储量 9100 万吨，居第二；赞比亚居第三。

铜消费相对集中在发达国家和地区。西欧是世界上铜消费量最大的地区，中国从 2002 年起超过美国成为第二大市场并且是最大的铜消费国。2000 年后，发展中国家铜消费的增长率远高于发达国家。西欧、美国的铜消费量占全球铜消费量的比例呈递减趋势，而以中国为代表的亚洲(除日本以外)国家和地区的铜消费量则成为铜消费的主要增长点。

世界金属统计局最新公布的数据显示，2018 年 1 月和 2 月，全球精炼铜产量为 390 万吨，较上年增加 5.2%，其中中国大幅增加 11 万吨，智利产量增加 1.9 万吨。2018 年 1 月和 2 月，全球铜消费量为 390 万吨，去年同期消费量为 360 万吨，其中中国铜消费量较上年同期增加 35.5 万吨，已占全球消费总量的 52%以上，同期，欧盟 28 国铜产量小幅增加 0.1%，消费量增加 0.8%。所以，当前精炼铜供需基本平衡。

2. 国内市场

我国探明的铜资源储量为 6752.17 万吨，主要分布在江西、云南、湖北、西藏、甘肃、安徽、山西、黑龙江 8 省区。

我国虽然铜资源贫乏，但却是世界主要的精炼铜生产国之一。2014 年阴极铜产量达 208.2 万吨，占世界总产量的 13%，仅次于智利。自 20 世纪 90 年代以来，我国铜的消费进入一个迅速发展时期，这与我国的经济建设和改革开放有很大关系。我国经济的高速发展和大规模的基础建设是促进铜消费快速增长的主要原因。而发达国家制造业向中国等发展中国家转移的战略也是今后我国铜消费进一步增长的重要因素。

我国是个铜资源短缺的国家，铜的进口构成中原料比重较大，主要包括精铜、粗铜、废杂铜和铜精矿。出口量很少，且以半成品、加工品为主。

2.1.3 铜标准合约

铜标准合约如表 2.1 所示。

表 2.1 铜标准合约

交易品种	阴极铜
交易单位	5 吨/手
报价单位	元(人民币)/吨
最小变动价位	10 元/吨
每日价格最大波动限制	不超过上一交易日结算价±4%
合约月份	1—12 月

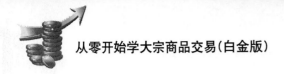
续表

交易时间	上午：9:00—11:30，下午：13:30—15:00，晚上：21:00—凌晨 1:00
最后交易日	合约交割月份 15 日(遇法定假日顺延)
最后交割日	合约交割月份 16~20 日(遇法定假日顺延)
交割等级	标准品：标准阴极铜，符合国标 GB/T 467—1997 标准阴极铜规定，其中主成分铜加银含量不小于 98.95%。 替代品：a. 高纯阴极铜，符合国标 GB/T 467—1997 高纯阴极铜规定。 b. LME 注册阴极铜，符合 BS EN1978:1998 标准(阴极铜级别代号 CU-CATH-1)
交割地点	交易所指定交割仓库
最低交易保证金	合约价值的 5%
交易手续费	不高于成交金额的万分之二(含风险准备金)
交割方式	实物交割
交易代码	CU
上市交易所	上海期货交易所

2.1.4　影响铜价格变动的因素

影响铜价格变动的因素很多，下面具体讲解。

1. 库存

体现供求关系的一个重要指标是库存。铜库存可以分为五大块：境外显性库存(即通常所说的 LME 库存)、境外隐性库存、保税区库存、境内显性库存(SHFE 库存)和境内隐性库存。隐性库存就是非公开的，在各厂商、贸易商、加工商及国储的铜库存。保税区铜库存是指在海关核准的保税仓库里存放的精炼铜。保税区库存受到海关的直接监控，一般在进出境口岸附近储存。

2018 年 4 月，LME 库存在 30 万吨左右，上期库存在 15 万吨左右，而保税区的库存在 50 万吨左右。保税区的库存对精炼铜的供给和市场行情具有一定影响。

2. 国际国内经济形势

铜是重要的工业原材料，其需求量与经济形势密切相关。经济增长时，铜需求增加，从而带动铜价上升；经济萧条时，铜需求萎缩，从而促使铜价下跌。

在分析宏观经济时，有两个指标是很重要的：一是经济增长率，或者说是 GDP 增长率；另一个是工业生产增长率。

3. 进出口政策

进出口政策，尤其是关税政策是通过调整商品的进出口成本，从而控制某一商品的进出口量来平衡国内供求状况的重要手段。

4. 铜行业发展趋势的变化

消费是影响铜价的直接因素，而用铜行业的发展则是影响消费的重要因素。

例如，20 世纪 90 年代后，发达国家在建筑行业中管道用铜增幅巨大，建筑业成为铜消费最大的行业，从而促进了 90 年代中期国际铜价的上升，美国的住房开工率也成了影响铜价的因素之一。2003 年以来，中国房地产、电力的发展极大地促进了铜消费的增长，从而成为支撑铜价的因素之一。在汽车行业，制造商正在倡导用铝代替铜以降低车重，从而减少该行业的用铜量。

此外，随着科技的日新月异，铜的应用范围在不断拓宽，铜在医学、生物、超导及环保等领域已开始发挥作用。IBM 公司已采用铜代替硅芯片中的铝，这标志着铜在半导体技术应用方面的最新突破。这些变化将不同程度地影响铜的消费。

5. 铜的生产成本

生产成本是衡量商品价格水平的基础。铜的生产成本包括冶炼成本和精炼成本。不同矿山测算铜生产成本的方法有所不同，最普遍的经济学分析是采用"现金流量保本成本"，该成本随副产品价值的提高而降低。20 世纪 90 年代后生产成本呈下降趋势。

目前国际上火法炼铜平均综合现金成本约为 62 美分/磅，湿法炼铜平均成本约 40 美分/磅。湿法炼铜的产量目前约占总产量的 20%。国内生产成本的计算方法与国际上有所不同。

6. 基金的交易方向

基金业的历史虽然很长，但直到 20 世纪 90 年代才得到蓬勃发展。与此同时，基金参与商品期货交易的程度也大幅度提高。从最近十年的铜市场演变来看，基金在诸多的大行情中都起到了推波助澜的作用。

基金有大有小，操作手法也相差很大。一般而言，基金可以分为两大类，一类是宏观基金，如套利基金，其规模较大，少则几十亿美元，多则上百亿美元，主要进行战略性长线投资。另一类是短线基金，这是由 CTA 所管理的基金，规模较小，一般在几千万美元左右，靠技术分析进行短线操作，所以又称技术性基金。

尽管由于基金的参与，铜价的涨跌可能出现过度，但价格的总体趋势不会违背基本面，从 COMEX 的铜价与非商业性头寸(普遍被认为是基金的投机头寸)的变化来看，铜价的涨跌与基金的头寸之间有非常好的相关性。由于基金对宏观基本面的理解更为深刻并具有"先知先觉"，所以了解基金的动向也是把握行情的关键。

7. 汇率

国际上铜的交易一般以美元标价，而目前国际上几种主要货币均实行浮动汇率制。随着 1999 年 1 月 1 日欧元的正式启动，国际外汇市场形成美元、欧元和日元三足鼎立之势。由于这三种主要货币之间的比价经常发生较大变动，以美元标价的国际铜价也会受到汇率的影响。

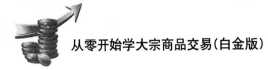

根据以往的经验，日元和欧元汇率的变化会影响铜价短期内产生波动，但不会改变铜市场的大趋势。汇率对铜价有一些影响，但决定铜价走势的根本因素是铜的供求关系，汇率因素不能改变铜市场的基本格局，而只是在涨跌幅度上可能产生影响。

2.1.5　铜信息的查看

可以利用大宗商品行情分析软件来查看铜的信息。

打开大宗商品行情分析软件，单击菜单栏中的"资讯"|"24 小时实时资讯"命令，可以看到当前最新的实时资讯信息，如图 2.2 所示。

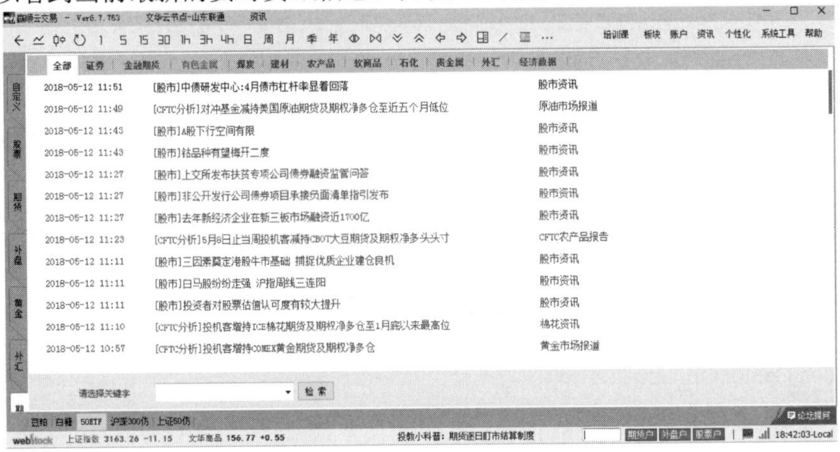

图 2.2　24 小时实时资讯信息

单击"有色金属"标签，切换到"有色金属"选项卡，就可以看到有色金属的实时资讯信息，如图 2.3 所示。

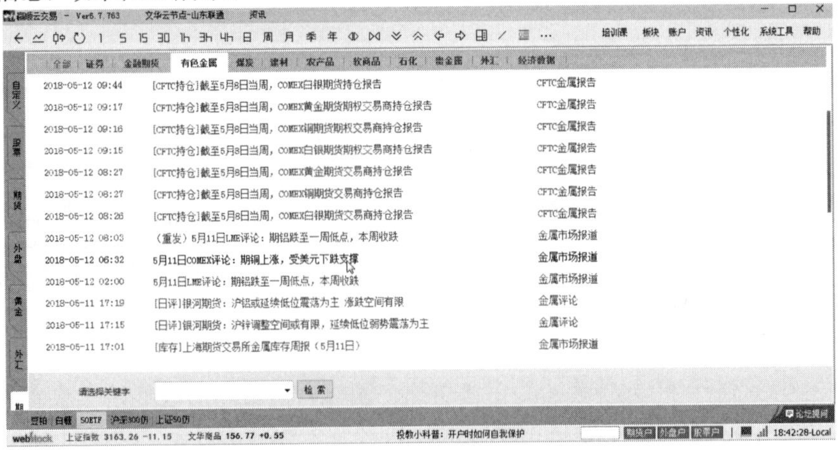

图 2.3　有色金属的实时资讯信息

在有色金属的实时信息中，就可以关注铜的最新信息。要想查看某条信息，只需双击其标题即可。在这里双击的是"5 月 11 日 COMEX 评论：期铜上涨，受美元下跌支撑"，如图 2.4 所示。

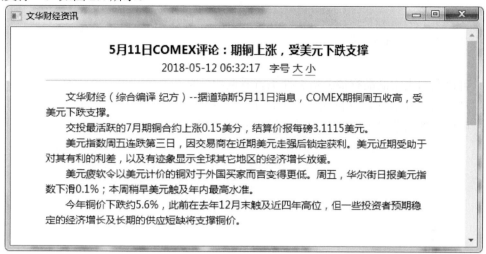

图 2.4　关注铜的最新信息

单击菜单栏中的"资讯"|"重要资讯导读"命令，就可以看到交易提示信息、头条信息、外盘和夜盘信息等，如图 2.5 所示。

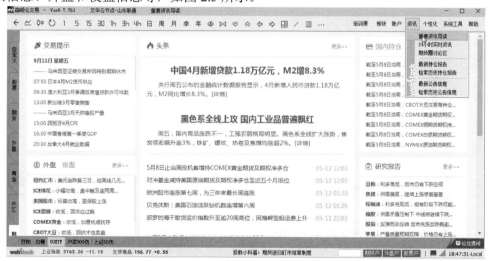

图 2.5　重要资讯导读

单击菜单栏中的"资讯"|"最新持仓报告"命令，就可以看到所有期货品种的最新持仓报告，如图 2.6 所示。

图2.6 所有期货品种的最新持仓报告

单击"请选择交易品种"下拉列表框对应的下拉按钮，然后选择"沪铜"选项，单击"检索"按钮，就可以看到沪铜成交量和持仓量信息，如图2.7所示。

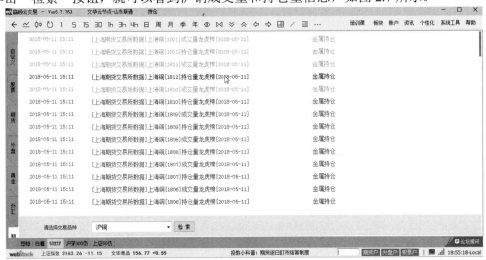

图2.7 沪铜成交量和持仓量信息

单击"[上海期货交易所数据]上海铜[1812]持仓量龙虎榜[2018-05-11]"，就可以看到上海铜[1812]持仓量龙虎榜，如图2.8所示。

单击"[上海期货交易所数据]上海铜[1812]成交量龙虎榜[2018-05-11]"，就可以看到上海铜[1812]成交量龙虎榜信息，如图2.9所示。

文华财经资讯

[上海期货交易所数据]上海铜[1812]持仓量龙虎榜[2018-05-11]

2018-05-11 15:11:09　字号 大 小

		多头持仓量龙虎榜				空头持仓量龙虎榜		
	会员号	会员名	多头持仓	增减	会员号	会员名	空头持仓	增减
1	121	格林大华	8553		58	国贸期货	5691	
2	103	永安期货	2007	1	148	中信期货	1747	-1
3	240	广发期货	979	-1	103	永安期货	1543	
4	1	招金期货	517	-25	25	铜冠金源	1328	
5	186	徽商期货	435	-2	3	建信期货	982	
6	9	五矿经易	354	-31	2	中钢期货	631	-2
7	42	光大期货	350		49	金瑞期货	567	
8	178	弘业期货	286	-1	372	中银国际	535	
9	298	同信久恒	279	11	47	迈科期货	488	
10	268	中信建投	241		4	国泰君安	304	8
11	151	创元期货	188		59	瑞达期货	266	-2
12	238	安粮期货	168	-4	82	国投安信	170	
13	25	铜冠金源	123		163	东证期货	132	
14	49	金瑞期货	111		116	首创期货	120	
15	311	兴证期货	101	100	272	银河期货	114	10
16	253	华泰期货	88	7	30	恒泰期货	79	-1
17	316	东兴期货	69		312	金信期货	68	
18	332	华信期货	49	-1	121	格林大华	62	
19	385	国富期货	41	5	268	中信建投	50	
20	7	东海期货	40		1	招金期货	45	10
	合　计		14979	59	合　计		14922	22

图 2.8　上海铜[1812]持仓量龙虎榜信息

文华财经资讯

[上海期货交易所数据]上海铜[1812]成交量龙虎榜[2018-05-11]

2018-05-11 15:11:09　字号 大 小

	会员号	会员名	成交量	增减
		成交量龙虎榜		
1	78	海通期货	135	-38
2	311	兴证期货	128	101
3	1	招金期货	35	30
4	9	五矿经易	31	9
5	96	南华期货	29	2
6	272	银河期货	29	5
7	385	国富期货	27	-3
8	108	金汇期货	25	25
9	319	西部期货	24	5
10	298	同信久恒	23	-20
11	148	中信期货	22	-9
12	55	中天期货	15	15
13	257	华西期货	15	
14	186	徽商期货	12	-17
15	271	渤海期货	12	8
16	338	广州期货	10	8
17	323	东吴期货	9	4
18	4	国泰君安	8	7
19	253	华泰期货	8	5
20	69	申万期货	4	-4
	合　计		601	130

图 2.9　上海铜[1812]成交量龙虎榜信息

通过沪铜成交量和持仓量龙虎榜信息，可以看到哪些机构在加仓，哪些机构在减仓，这样更加有利于投资者对沪铜后期走势进行判断。

还可以利用生意社网站来查看铜信息。

在浏览器的地址栏中输入"http://www.100ppi.com",然后按 Enter 键,就可进入生意社网站的首页,如图 2.10 所示。

图 2.10　生意社网站的首页

在"搜索"前面的文本框中输入"铜",然后单击"搜索"按钮,就可以看到铜商品的最新报价信息,如图 2.11 所示。

图 2.11　铜商品的最新报价信息

在铜商品的最新报价信息页面的右侧，可以看到"铜业网 cu.100ppi.com"，然后单击，就可进入铜业网，看到铜的重点资讯信息和国内动态信息，如图 2.12 所示。

图 2.12　铜的重点资讯信息和国内动态信息

要想查看哪条信息，只需双击该信息标题即可。

2.1.6　铜交易实例

在分析国内铜期货价格走势时，还要关注一下外盘铜价格的走势。打开期货行情分析软件，单击左侧的"外盘"标签，切换到"外盘"选项卡，再单击下方的"外盘加权指数"标签，就可以看到伦铜综合的报价信息，如图 2.13 所示。

图 2.13　伦铜综合的报价信息

双击伦铜综合的报价信息，就可以看到伦铜综合的日 K 线图，如图 2.14 所示。

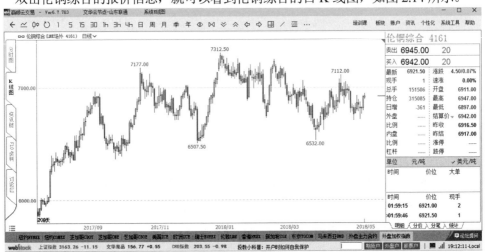

图 2.14　伦铜综合的日 K 线图

下面通过具体实例来讲解沪铜期货实战交易。

(1) 进行基本面分析，分析一下当前沪铜期货的操作策略，即是做多，还是做空。

(2) 根据当前沪铜期货合约的持仓量选择主力合约，主力合约的日 K 线图如图 2.15 所示。

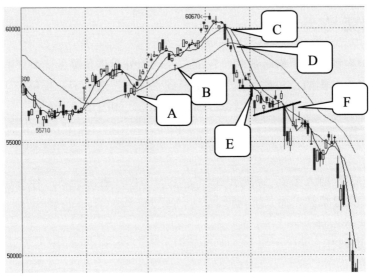

图 2.15　沪铜的日 K 线图

(3) 沪铜的价格创下 55710 的低点后，开始在低位盘整，震荡盘整 14 个交易日后，向上突破，站上了所有均线。这意味着后市将迎来震荡上涨行情。

(4) 价格向上突破后，震荡上行十几个交易日，又开始回调，回调到 30 日均线附近，价格连续收阳线，这表明 30 日均线附近支撑较强，所以 A 处是不错的做多位置。

(5) 随后价格开始上涨，连续上涨十几个交易日后，又开始回调，这次也是回调到 30 日均线附近得到支撑，即 B 处，所以 B 处是不错的新的做多位置。

(6) 接着价格又开始震荡上涨，这一波创出 60670 高点，但在创出高点这一天价格收了一根带有上影线的阴线，这表明上方压力较大。

(7) 随后价格在高位震荡，震荡 4 个交易日后，一根大阴线杀跌，跌破了 5 日和 10 日均线，即 C 处，这意味着高位震荡结束，后市可能要大幅下跌，所以如果手中还有多单，要第一时间及时出局。如果手中有高位空单，可以耐心持有，没有空单的，可以逢高建立空单。

(8) 接着价格继续下跌，跌破了 30 日均线，即 D 处。由于这一波是沿着 30 日均线上涨的，所以这一波上涨就结束了，后市将迎来一波下跌行情。即要坚持逢高做空，这样就会有不错的收益。

(9) 价格连续下跌 7 个交易日后，出现了反弹，反弹三天，但反弹很弱。随后继续下跌，当价格跌破震荡平台低点时，是短线空单比较好的介入点，即 E 处。

(10) 随后价格开始横向震荡盘整，但需要注意的是，震荡盘整很弱，即每次上涨到前期震荡平台低点时，就会受压下行，所以每次反弹到震荡平台低点时，都可以轻仓介入空单。

(11) 随后价格震荡下跌，但从反弹角度来看，反弹都比较弱，所以每次快速拉高反弹时，都是不错的做空机会，如 F 处。

(12) 从其后走势看，价格震荡下跌后，又来了一波快速下跌行情。所以只要坚持逢高做空，耐心持有，就会有不错的投资收益。

2.2　铅的交易技巧

早在 7000 年前人类就已经认识铅了。它分布广，容易提取，容易加工，既有很高的延展性，又很柔软，而且熔点低。

2.2.1　初识铅

铅的化学符号是 Pb，原子序数为 82，熔点 327.502℃，沸点 1740℃，密度 11.3437 克/厘米^3，硬度 1.5，质地柔软，抗张强度小，如图 2.16 所示。

图 2.16　铅

没有氧化层的铅色泽光亮，密度高，硬度非常低，延伸性很强。它的导电性能相当低，抗腐蚀性能很高，因此它往往用作装腐蚀力强的物质(比如硫酸)的容器。加入少量锑或其他金属可以提高它的抗腐蚀性。

金属铅在空气中受到氧、水和二氧化碳的作用，其表面会很快氧化生成保护薄膜；加热后，铅能很快与氧、硫、卤素化合；铅与冷盐酸、冷硫酸几乎不发生反应，能与热或浓盐酸、硫酸反应；铅与稀硝酸反应，但与浓硝酸不反应；铅能缓慢溶于强碱性溶液。

2.2.2　铅的用途

铅在许多工业领域中得到应用，铅板和铅管广泛用于制酸工业、蓄电池、电缆包皮及冶金工业设备的防腐衬里。铅能吸收放射性射线，可作原子能工业及 X 射线仪器设备的防护材料。

铅能与锑、锡、铋等配制成各种合金，如熔断保险丝、印刷合金、耐磨轴承合金、焊料、榴霰弹弹丸、易熔合金及低熔点合金模具等。铅的化合物四乙基铅可作汽油抗爆添加剂和颜料，还可以作建筑工业隔音和装备上的防震材料等。

2.2.3　铅标准合约

铅标准合约如表 2.2 所示。

表 2.2　铅标准合约

交易品种	铅
交易单位	25 吨/手

报价单位	元(人民币)/吨
最小变动价位	5 元/吨
每日价格最大波动限制	不超过上一交易日结算价±5%
合约交割月份	1—12 月
交易时间	上午：9:00—11:30，下午：13:30—15:00，晚上：21:00—凌晨 1:00
最后交易日	合约交割月份的 15 日(遇法定假日顺延)
交割日期	最后交易日后连续五个工作日
交割品级	标准品：铅锭，符合国标 GB/T 469—2005 Pb98.994 规定，其中铅含量不小于 98.994%
交割地点	交易所指定交割仓库
最低交易保证金	合约价值的 8%
最小交割单位	25 吨
交割方式	实物交割
交易代码	PB
上市交易所	上海期货交易所

2.2.4　影响铅价格变动的因素

影响铅价格变动的因素很多，下面具体讲解一下。

1. 供求关系

根据微观经济学原理，当某一商品供大于求时，其价格下跌；反之则上扬。同时，价格反过来又会影响供求，即当价格上涨时，供应会增加而需求减少，反之就会出现需求上升而供给减少，因此价格和供求互为影响。体现供求关系的一个重要指标是库存。铅的库存分报告库存和非报告库存。报告库存又称"显性库存"，是指交易所库存。非报告库存，又称"隐性库存"，是指全球范围内的生产商、贸易商和消费商手中持有的库存。由于这些库存不会定期对外公布，难以统计，故一般以交易所库存来衡量库存变化。

2. 国际国内经济发展状况

铅是重要的有色金属品种，铅的消费与经济的发展高度相关，当一个国家或地区经济快速发展时，铅消费亦会出现同步增长。同样，经济的衰退会导致铅在一些行业中消费的下降，进而导致铅价的波动。在分析宏观经济时，有两个指标是很重要的，一是经济增长率，或者说是 GDP 增长率；另一个是工业生产增长率。

3. 下游行业的景气程度

铅的主要用途是制造铅酸蓄电池,而铅酸蓄电池主要用于汽车、通信电源、电动自行车等,因而铅的下游需求行业相对集中,这些行业的景气程度直接影响着铅的消费。分析这些下游行业的变化可以对铅的消费有比较全面的把握。

4. 铅的生产成本

生产成本是衡量商品价格水平的基础。不同矿山和冶炼企业测算铅的生产成本的方法有所不同,最普遍的经济学分析是采用"现金流量保本成本",该成本随副产品价值的提高而降低,在铅冶炼过程中,副产品白银的产量较大,因而白银的价格变化对铅的生产成本也有影响。

2.2.5 铅信息的查看

铅信息的查看方法与铜信息的查看方法一样,既可以通过大宗商品行情分析软件来查看,又可以通过生意社网站来查看,下面简单讲解。

打开大宗商品行情分析软件,单击菜单栏中的"资讯"|"24 小时实时资讯"命令,可以看到当前最新的实时资讯信息。单击"有色金属"标签,切换到"有色金属"选项卡,就可以看到有色金属的实时资讯信息,如图 2.17 所示。

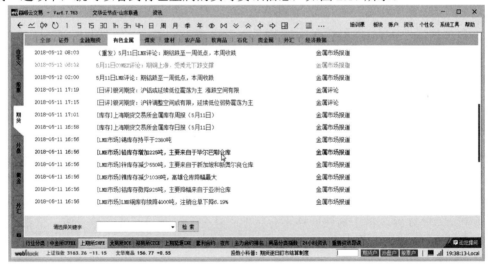

图 2.17　有色金属的实时资讯信息

在有色金属的实时信息中,就可以关注铅的最新信息。要想查看某条信息,只需双击其标题即可。在这里双击的是"[LME 市场]铅库存增加 225 吨,主要来自于毕尔巴鄂仓库",如图 2.18 所示。

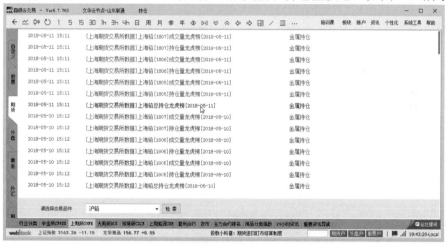

图 2.18　铅当时的最新信息

单击菜单栏中的"资"|"最新持仓报告"命令，就可以看到所有期货品种的最新持仓报告。单击"请选择交易品种"下拉列表框对应的下拉按钮，然后选择"沪铅"选项，单击"检索"按钮，就可以看到沪铅成交量和持仓量信息，如图 2.19 所示。

图 2.19　沪铅成交量和持仓量信息

想要查看哪个合约的沪铅成交量或持仓量，只需双击该合约的标题即可。单击"[上海期货交易所数据]上海铅总持仓龙虎榜[2018-05-11]"，就可以看到上海铅总持仓量龙虎榜，如图 2.20 所示。

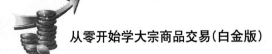

[上海期货交易所数据]上海铅总持仓龙虎榜[2018-05-11]

2018-05-11 15:11:09 字号 大 小

		多头总持仓龙虎榜					空头总持仓龙虎榜		
	会员号	会员名	多头持仓	增减	会员号	会员名	空头持仓	增减
1	78	海通期货	6772	114	148	中信期货	7646	2802
2	103	永安期货	4181	829	9	五矿经易	5678	642
3	148	中信期货	3737	277	272	银河期货	4027	-91
4	372	中银国际	2756	7	49	金瑞期货	2980	-403
5	292	方正中期	2217	-114	3	建信期货	2963	110
6	49	金瑞期货	2028	-121	96	南华期货	2292	132
7	161	招商期货	1674	201	139	中粮期货	1662	4
8	4	国泰君安	1593	194	292	方正中期	1602	36
9	67	中财期货	1550	6	178	弘业期货	1599	30
10	139	中粮期货	1478	-343	82	国投安信	1477	79
11	9	五矿经易	1431	440	338	广州期货	1441	-54
12	96	南华期货	1312	123	315	云晨期货	1351	-81
13	311	兴证期货	1234	403	25	铜冠金源	1281	35
14	253	华泰期货	1223	285	2	中钢期货	1074	
15	116	首创期货	1220	38	163	东证期货	1052	-33
16	275	鲁证期货	1218	1	103	永安期货	988	-57
17	47	迈科期货	1148	-62	275	鲁证期货	935	36
18	298	同信久恒	1129	2	268	中信建投	773	-10
19	42	光大期货	1008	299	116	首创期货	624	2
20	3	建信期货	991	-55	320	大有期货	621	-19
	合	计	39900	2524	合	计	42066	3160

图 2.20　上海铅总持仓量龙虎榜信息

利用生意社网站来查看铅信息的具体操作如下。

在浏览器的地址栏中输入"http://www.100ppi.com",然后按 Enter 键,就可进入生意社网站的首页。在"搜索"前面的文本框中输入"铅",然后单击"搜索"按钮,就可以看到铅商品的最新报价信息,如图 2.21 所示。

商品名称	报价单位	规格	报价类型	报价	发布时间
·铅	纪帆贸易	品名:1#铅锭	经销价	19000元/吨	2018-05-11
·铅	上海坤泰	品名:1#铅锭	经销价	19150元/吨	2018-05-11
·铅	上海华通	品名:1#铅锭	市场价	19200元/吨	2018-05-11
·铅	南储	品名:1#铅锭	市场价	19100元/吨	2018-05-11
·铅	长江有色	品名:1#铅锭	市场价	19200元/吨	2018-05-11
·铅	上海物贸	品名:1#铅锭	市场价	1917.5元/吨	2018-05-11
·铅	上海坤泰	品名:1#铅锭	经销价	18950元/吨	2018-05-10
·铅	纪帆贸易	品名:1#铅锭	经销价	18800元/吨	2018-05-10
·铅	南储	品名:1#铅锭	市场价	18900元/吨	2018-05-10
·铅	长江有色	品名:1#铅锭	市场价	19000元/吨	2018-05-10
·铅	上海物贸	品名:1#铅锭	市场价	19025元/吨	2018-05-10
·铅	纪帆贸易	品名:1#铅锭	经销价	18800元/吨	2018-05-09
·铅	上海坤泰	品名:1#铅锭	经销价	18950元/吨	2018-05-09
·铅	上海华通	品名:1#铅锭	市场价	19000元/吨	2018-05-09
·铅	南储	品名:1#铅锭	市场价	18900元/吨	2018-05-09
·铅	长江有色	品名:1#铅锭	市场价	19000元/吨	2018-05-09
·铅	上海物贸	品名:1#铅锭	市场价	19025元/吨	2018-05-09
·铅	上海坤泰	品名:1#铅锭	经销价	18950元/吨	2018-05-08

生意社商品站

铅业网 pb.100ppi.com

涨跌榜　　2018年05月11日

商品名称	当日均价	七日涨跌幅
·液化天然气	3818.75	+17.36%
·废纸	3194.29	+15.80%
·瓦楞原纸	4612.50	+13.19%
·混二甲苯	6673.33	+8.80%
·二氯甲烷	3288.33	-7.93%
·甲苯	6406.88	+7.76%
·氟化铝(干法)	11428.57	-7.30%
·萤石	2460.00	-7.17%
·正丁醇(工业	8125.00	+6.73%
·TDI	27800.00	+6.51%

商品导航

·能源

甲醇 柴油 石油焦 汽油 液化气
石脑油 MTBE 燃料油 沥青 炼
焦煤 焦炭 天然气

图 2.21　铅商品的最新报价信息

在铅商品的最新报价信息页面的右侧,可以看到"铅业网 pb.100ppi.com",然后单击,就可进入铅业网,看到铅的重点资讯信息和国内动态信息,如图 2.22 所示。

图 2.22　铅的重点资讯信息和国内动态信息

要想查看哪条信息，只需双击该信息的标题即可。

2.2.6　铅交易实例

在分析国内铅期货的价格走势时，还要关注一下外盘铅价格的走势。打开期货行情分析软件，单击左侧的"外盘"标签，切换到"外盘"选项卡，再单击下方的"外盘加权指数"标签，就可以看到伦铅综合报价信息。

双击伦铅综合报价信息，就可以看到伦铅综合的日 K 线图，如图 2.23 所示。

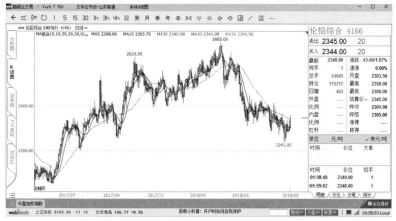

图 2.23　伦铅综合的日 K 线图

下面通过具体实例来讲解沪铅期货实战交易。

(1) 进行基本面分析和伦铅行情分析，分析当前沪铅期货的操作策略，是做多，还是做空。

(2) 根据当前沪铅期货合约的持仓量选择主力合约，主力合约的日 K 线图如图 2.24 所示。

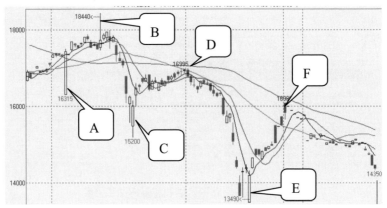

图 2.24　沪铅的日 K 线图

(3) 在 A 处，沪铅收了一根低开高走的大阳线，这表明价格仍有继续上涨的动力，所以后市可以沿着均线逢低做多。

(4) 价格经过 11 个交易日的上涨，最高创出 18440 高点。在这里要注意的是，在创出高点这一天，收了一根带有长长上影线的阳线，这表明上方压力较大，多单要特别小心。

(5) 随后价格在高位震荡 4 个交易日，在第 5 个交易日，价格大幅下跌，5 日和10 日均线出现死叉，这时如果手中还有多单，要及时出局，并且可以沿着 5 日均线做空。

(6) 价格连续下跌几天后，在 C 处，价格连续拉出大阳线，这表明下跌动力已不强，空单要保护盈利，要么主动止盈，要么当价格站上 5 日均线后止盈。

(7) 随后价格出现了反弹，但反弹力度很弱，经过 17 个交易日的反弹，反弹到30 日均线附近，价格再度出现下跌，即 D 处，所以这里是不错的做空位置。

(8) 价格先是震荡下跌，随后又快速下跌，这一次也是大阳线拉起见底，即 E 处，所以在这里空单要保护盈利，要么主动止盈，要么当价格站上 5 日均线后止盈。

(9) 随后价格再度出现反弹，反弹到 60 日均线附近，即 F 处，再度选择下行，所以 F 处也是不错的做空位置。

2.3　锌的交易技巧

金属锌，化学符号 Zn，属化学元素周期表第 Ⅱ 族副族元素，是六种基本金属之一。

锌是一种白色略带蓝灰色金属，具有金属光泽，在自然界中多以硫化物状态存在。

2.3.1　初识锌

锌是重要的有色金属原材料，目前，锌在有色金属的消费中仅次于铜和铝，锌具有良好的压延性、耐磨性和抗腐性，能与多种金属制成物理、化学性能更加优良的合金。原生锌企业生产的主要产品有：金属锌、锌基合金、氧化锌。这些产品用途非常广泛，主要有以下几个方面。

1. 镀锌

镀锌是指将锌用作防腐蚀的镀层(如镀锌板)，广泛用于汽车、建筑、船舶、轻工等行业，约占锌用量的46%。

锌具有优良的抗大气腐蚀性能，所以锌主要用于钢材和钢结构件的表面镀层。由于锌合金板具有良好的抗大气腐蚀性，近年来西方国家也开始尝试着直接用它做屋顶覆盖材料，用它做屋顶板材使用年限可长达 120～140 年，而且可回收再用，而用镀锌铁板做屋顶材料的使用寿命一般为 5～10 年。

2. 用于制造铜合金材(如黄铜)

用于汽车制造和机械行业，约占 15%。

锌具有适用的机械性能。锌本身的强度和硬度不高，但加入铝、铜等合金元素后，其强度和硬度均大为提高，尤其是锌铜钛合金的出现，其综合机械性能已接近或达到铝合金、黄铜、灰铸铁的水平，其抗蠕变性能也大幅提高。因此，锌铜钛合金目前已经被广泛应用于小五金生产中。

3. 用于铸造锌合金

主要为压铸件，用于汽车、轻工等行业，约占 15%。

许多锌合金的加工性能都比较优良，道次加工率可达 60%～80%。中压性能优越，可进行深拉延，并具有自润滑性，延长了模具寿命，可用钎焊或电阻焊或电弧焊(需在氢气中)进行焊接，表面可进行电镀、涂漆处理，切削加工性能良好。在一定条件下具有优越的超塑性能。

此外，锌具有良好的抗电磁场性能。锌的导电率是标准电工铜的 29%，在射频干扰的场合，锌板是一种非常有效的屏蔽材料；同时由于锌是非磁性的，适合做仪器仪表零件的材料及仪表壳体及钱币；同时，锌自身及与其他金属碰撞不会产生火花，适合作井下防爆器材。

4. 用于制造氧化锌

广泛用于橡胶、涂料、搪瓷、医药、印刷、纤维等工业，约占 11%。

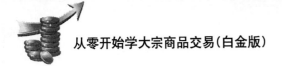

5. 用于制造干电池

以锌饼、锌板形式存在，约占 13%。

锌具有适宜的化学性能。锌可与 NH_4Cl 发生作用，放出 H+正离子。锌—二氧化锰电池正是利用锌的这个特点，用锌合金做电池的外壳，既是电池电解质的容器，又参加电池反应构成电池的阳极。它的这一性能也被广泛地应用于医药行业。

2.3.2　锌的供给与需求

下面来具体讲解锌的供给与需求。

1. 锌的供给

20 世纪 90 年代以来，中国一直是位居世界前列的锌矿生产国。澳大利亚则从 20 世纪 80 年代以来始终是世界重要锌矿生产国，排名第二，此外，加拿大、美国、秘鲁等也是重要的锌生产国。

由于我国不仅具有良好的锌资源条件，而且拥有相对宽松的环保政策，因此锌工业近几年保持高速增长的势头，产业规模不断扩大。

2. 锌的需求

世界精炼锌消费大国或地区主要有中国大陆、美国、日本、德国、韩国、意大利、印度、比利时和中国台湾等，年消费量均在 30 万吨以上。近年来，锌锭消费量增加较多的国家或地区主要有中国、德国、印度、中国台湾和俄罗斯等；消费量下降幅度较大的则是美国、韩国、比利时、意大利和法国等。

由于我国锌消费的高速增长，从 2000 年起我国的锌消费水平就已经超过了美国，成为世界第一大锌消费国并一直维持至今。

在我国，锌的最终消费主要集中在建筑、通信、电力、交通运输、农业、轻工、家电、汽车等行业，中间消费主要是镀锌钢材、压铸锌合金、黄铜、氧化锌以及电池。由于中国经济持续增长，中国建筑业、汽车工业等行业的需求强劲导致了锌消费领域的需求大幅增长。

从最终消费看，与前几年相比，目前家电和建筑行业的需求增长放慢，而电力、通信、农业、交通运输、轻工行业的需求增长加快。

从中间消费领域看，镀锌钢材增长最快，压铸行业次之。房屋建筑对彩涂板和镀锌管的需求非常旺盛；电力、通信、高速公路和农业对镀锌铁塔、镀锌管的消耗随着这些行业的高速发展而大幅增长。另外，电池和氧化物行业锌用量每年也有一定比例的增长。

2.3.3　锌标准合约

锌标准合约如表 2.3 所示。

表 2.3 锌标准合约

交易品种	锌
交易单位	5 吨/手
报价单位	元(人民币)/吨
最小变动价位	5 元/吨
每日价格最大波动限制	不超过上一交易日结算价±4%
合约月份	1—12 月
交易时间	上午：9:00—11:30，下午：13:30—15:00，晚上：21:00—凌晨 1:00
最后交易日	合约交割月份的 15 日(遇法定假日顺延)
最后交割日	最后交易日后连续五个工作日
交割等级	标准品：锌锭，符合国标 GB 470－1997 标准中 ZN98.995 规定，其中锌含量不小于 98.995%
交割地点	交易所指定交割仓库
最低交易保证金	合约价值的 5%
交易手续费	不高于成交金额的万分之二(含风险准备金)
最小交割单位	25 吨
交割方式	实物交割
交易代码	ZN
上市交易所	上海期货交易所

2.3.4 影响锌价格变动的因素

影响锌价格变动的因素很多，下面具体讲解。

1. 供求关系

供求关系直接影响着商品的市场定价，当市场供求关系处于暂时平衡时，该商品的市场价格会在一个窄小的区间波动；当供求关系处于失衡时，价格会大幅波动。

在锌的期货市场上，投资者可关注体现锌供求关系变化的一个指标——库存。库存又可分为报告库存和非报告库存，报告库存又称"显性库存"，是期货交易所定期公布的指定交割仓库锌的库存数量。非报告库存主要是指全球范围内的生产商、贸易商和消费者手中持有的锌的数量，由于这些库存无专门机构进行统计和对外发布，所以这些库存又称为"隐性库存"。

2. 国际国内经济形势

锌已成为重要的有色金属品种，特别是在发达国家或地区，锌的消费与经济的发展高度相关，而在国内锌与经济的正相关性也高于 0.9。当一个国家或地区经济快速发展时，锌消费亦会出现同步增长。同样，经济的衰退会导致锌在一些行业中消费的下降，进而导致锌价的波动。

3. 锌应用趋势的变化

目前中国钢材的镀锌率只有 20%左右，与日本、美国等发达国家 55%～60%的比例相比还有很大差距。近年来，汽车、家电、高速公路及优质建材等对镀锌板的需求上升，促使国内镀锌行业的投资建设迅猛发展。

4. 锌冶炼成本

目前，锌的冶炼成本主要由锌原辅材料费、燃料和动力费、人工成本、制造成本和其他费用组成。锌精矿价格、燃料及电价的变化都会对锌的冶炼成本产生较为明显的影响。

5. 基金的交易方向

全球机构投资者所持有的资产总值约为 50 万亿美元，直接投资到商品市场的投资为 1200 亿美元，越来越庞大的资金进入商品市场投资，使基金的交易方向成为左右锌价格的另一个重要因素。

2.3.5　锌信息的查看

锌信息的查看方法与铜信息的查看方法一样，既可以通过大宗商品行情分析软件来查看，又可以通过生意社网站来查看，下面进行简单讲解。

打开大宗商品行情分析软件，单击菜单栏中的"资讯"|"24 小时实时资讯"命令，可以看到当前最新的实时资讯信息。单击"有色金属"标签，切换到"有色金属"选项卡，就可以看到有色金属的实时资讯信息。

在有色金属的实时信息中，就可以关注铅的最新信息。要想查看某条信息，只需双击其标题即可。

单击菜单栏中的"资讯"|"新持仓报告"命令，就可以看到所有期货品种的最新持仓报告。单击"请选择交易品种"下拉列表框对应的下拉按钮，然后选择"沪锌"选项，单击"检索"按钮，就可以看到沪锌成交量和持仓量信息，如图 2.25 所示。

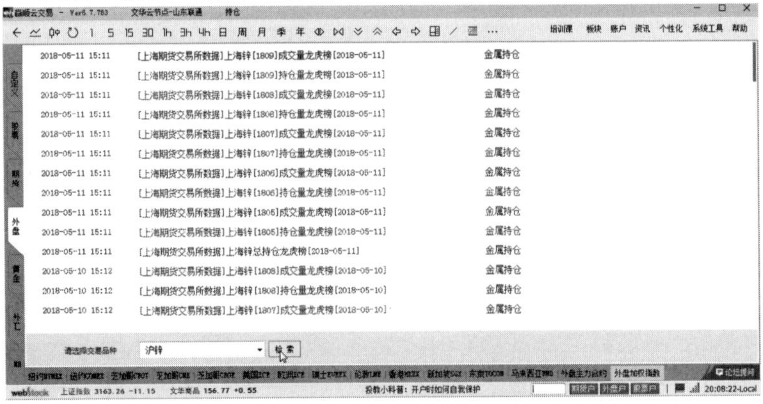

图 2.25　沪锌成交量和持仓量信息

想要查看哪个合约的沪锌成交量或持仓量，只需双击其标题即可。

利用生意社网站来查看锌信息的具体步骤如下。

在浏览器的地址栏中输入"http://www.100ppi.com"，然后按 Enter 键，就可进入生意社网站的首页。在"搜索"前面的文本框中输入"锌"，然后单击"搜索"按钮，就可以看到锌商品的最新报价信息，如图 2.26 所示。

图 2.26 锌商品的最新报价信息

在锌商品最新报价信息页面的右侧，可以看到"锌业网 zn.100ppi.com"，然后单击，就可进入锌业网，看到锌的重点资讯信息和国内动态信息，如图 2.27 所示。

图 2.27 锌的重点资讯信息和国内动态信息

要想查看哪条信息，只需双击该信息的标题即可。

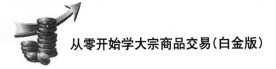

2.3.6 锌交易实例

在分析国内锌期货价格走势时，还要关注一下外盘锌价格的走势。打开期货行情分析软件，单击左侧的"外盘"标签，切换到"外盘"选项卡，再单击下方的"外盘加权指数"标签，就可以看到伦锌综合的报价信息。

双击伦锌综合的报价信息，就可以看到伦锌综合的日 K 线图，如图 2.28 所示。

图 2.28　伦锌综合的日 K 线图

下面通过具体实例来讲解沪锌期货实战交易。

(1) 进行基本面分析，分析一下当前沪锌期货的操作策略，即做多，还是做空。

(2) 根据当前沪锌期货合约的持仓量选择主力合约，主力合约的日 K 线图如图 2.29 所示。

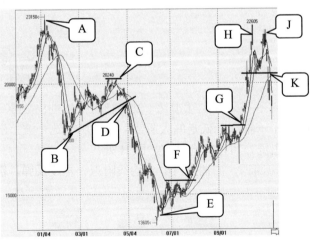

图 2.29　沪锌的日 K 线图

（3）在 A 处，价格收出一根中阴线，由于价格上涨幅度过大，所以这里要警惕了。

（4）随后价格在高位震荡后，再度下跌，跌破所有均线后，价格开始快速下跌，连续下跌十几个交易日，最低点为 17700，然后快速反弹，但没有过 10 日均线，接着价格再度下跌，但下跌都是低开高走，并且收盘都为阳线。在 B 处，价格虽然创出 17600 新低，但收了一根小阳线。这意味着价格下跌已无力，短线空单出局，波段空单要谨慎。想抄底做多的，可以轻仓去试。

（5）随后价格就开始反弹，先是站上 5 日和 10 日均线，当价格站上 5 日和 10 日均线时，就可以以 5 日均线为止损，顺势做多，上方可以看到 30 日均线附近。

（6）接着就开始横向盘整了，盘整了三个多月。在 C 处，价格第三次上冲 20240 高点，但仍没有冲过去，所以这里可以轻仓试空。

（7）随后价格开始低开低走，在 30 日均线附近横向盘整 6 个交易日，然后再度跳空低开，即 D 处，在这里需要注意的是，这里已跌破了震荡三个月的上升趋势线，并且均线已形成明显的空头排列。这意味着震荡行情结束，后市将迎来震荡下跌行情，所以，高位空单可以耐心持有，没有空单的，可以在这里做空。

（8）随后价格沿着 5 日和 10 日均线开始大幅下跌，连续下跌 20 多个交易日后，创出 13605 低点。需要注意的是，在创出低点这一天，价格收出一根带有长长上影线的阳线，即 E 处。说明这里有抄底资金，短线空单要注意保护盈利。

（9）接着价格开始反弹，先是反弹到 30 日均线附近，然后开始横向盘整，这样均线开始慢慢走好，形成了多头排列。然后在 F 处，价格向上突破，所以 F 处是最好的重仓做多位置。

（10）然后价格开始沿着 5 日均线上涨，所以中线多单可以沿着 5 日均线持有，短线多单在急拉时减仓，在回调到 5 日均线附近时，可以继续介入多单。

（11）价格沿着 5 日均线上涨十几个交易日后，再度震荡，但始终在 30 日均线上方，所以每次回调到 30 日均线附近，都是不错的做多位置。

（12）在 G 处，价格再度向上突破，并且均线仍是多头排列，所以 G 处是新的重仓做多位置。

（13）随后价格沿着 5 日均线上涨十几个交易日，然后创出 22605 高点，但在创出高点这一天，价格收了一根高开低走的大阴线，这意味着这一波上涨很可能要结束，所以多单要及时止盈出局，可以轻仓试空，即 H 处。

（14）接着价格快速回调，回调到 10 日均线附近，再度反弹。需要注意的是，这一波上涨没有创出新高，即 J 处，所以这里是最佳的做空位置。

（15）随后价格开始快速下跌，并且跌破了第一次回调的低点，即 K 处，这样就形成了双顶形态，所以 K 处是最佳的做空位置和时机。

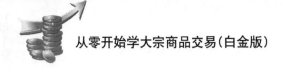
2.4 铝的交易技巧

近五十年来，铝已成为世界上应用最为广泛的金属之一。特别是近年来，铝作为节能、降耗的环保材料，无论应用范围还是用量都在进一步扩大。尤其是在建筑业、交通运输业和包装业，这三大行业的铝消费一般占当年铝消费总量的 60%左右。

2.4.1 初识铝

铝是一种轻金属，其化合物在自然界中分布极广，地壳中铝的储量为 400～500 亿吨，仅次于氧和硅，居第三位。在金属品种中，仅次于钢铁，为第二大类金属。铝具有特殊的化学、物理特性，不仅重量轻、质地坚，而且具有良好的延展性、导电性、导热性、耐热性和耐核辐射性，是国民经济发展的重要基础原材料。

铝的比重为 2.7，密度为 2.72 克/厘米^3，约为一般金属的 1/3。工业纯铝的力学性能除了与纯度有关外，还与材料的加工状态有关。由于铝的塑性很好，具有延展性，便于各种冷、热压力加工，它既可以制成厚度仅为 0.006 毫米的铝箔，也可以冷拔成极细的丝。通过添加其他元素还可以将铝制成合金，使它硬化，强度甚至超过结构钢，但仍可保持质轻的优点。

铝锭的生产由铝土矿开采、氧化铝生产、铝的电解等生产环节构成。

在建筑业，由于铝在空气中的稳定性和阳极处理后的极佳外观，特别是在铝合金门窗、铝塑管、装饰板、铝板幕墙等方面的应用。

在交通运输业，为减轻交通工具自身的重量，减少废气排放对环境的污染，摩托车、各类汽车、火车、地铁、飞机、船只等交通运输工具开始大量采用铝及铝合金作为构件和装饰件。随着铝合金加工材料的硬度和强度不断提高，航空航天领域使用的比例开始逐年增加。

在包装业，各类软包装用铝箔、全铝易拉罐、各类瓶盖及易拉盖、药用包装等用铝范围也在扩大。

在其他消费领域，电子电气、家用电器(如冰箱、空调等)、日用五金等方面的使用量和使用前景越来越广阔。

2.4.2 铝的供给与需求

铝的供给与需求要从国际市场和国内市场两个方面来看。

1. **国际市场**

铝土矿储在世界各地分布极不均匀，储量在 10 亿吨以上的国家有几内亚、澳大利亚、巴西、中国、牙买加及印度等，这些国家铝土矿总储量占全球铝土矿的 73%左右。其中，澳大利亚、南美、非洲等地区的铝土矿品质较好，储量大，开采成本低。

尽管铝早在 1746 年就被科学家们所发现，但直到 19 世纪中期，铝的电解才步入大工业化生产。随着电解铝生产成本的逐年下降和产量的迅速提高，铝被广泛应用于各个领域，并带动了铝的消费出现同步增长。

2. **国内市场**

中国是世界上主要铝土矿储量国之一。中国的铝土矿 97%分布在山西、河南、贵州、广西、四川、山东、云南七个省区，特点是铝硅比低，生产工艺复杂，露天矿少，开采成本相对较高。

中国经济持续高速发展，带动了铝消费相关行业的高增长率。尤其是在建筑、交通运输和包装三大领域，铝已经逐渐成为消费的主体。从消费地域看，目前已基本形成了华南、华东国内最大的两大铝消费地区，而以重庆为中心的西南地区正成为新的铝消费地区。

我国原铝产量和消费量虽然已跃居世界前列，但在产品品种、成本、技术、管理、环保、劳动生产率等方面与一些西方国家相比仍存在一定差距。所以目前只能说，我国是原铝生产和消费大国，但还不是铝工业强国。

2.4.3　铝标准合约

铝标准合约如表 2.4 所示。

表 2.4　铝标准合约

交易品种	铝
交易单位	5 吨/手
报价单位	元(人民币)/吨
最小变动价位	10 元/吨
每日价格最大波动限制	不超过上一交易日结算价±3%
合约月份	1—12 月
交易时间	上午：9:00—11:30，下午：13:30—15:00，晚上：21:00—凌晨 1:00
最后交易日	合约交割月份的 15 日(遇法定假日顺延)
最后交割日	合约交割月份的 16 日至 20 日(遇法定假日顺延)

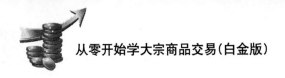

续表

交割等级	标准品：铝锭，符合国标 GB/T 1196—2002 标准中 AL98.70 规定，其中铝含量不低于 98.70% 替代品：LME 注册铝锭，符合 P1020A 标准
交割地点	交易所指定交割仓库
最低交易保证金	合约价值的 5%
交易手续费	不高于成交金额的万分之二(含风险准备金)
交割方式	实物交割
交易代码	AL
上市交易所	上海期货交易所

2.4.4　影响铝价格变动的因素

影响铝价格变动的因素很多，下面进行具体讲解。

1. 供求关系的影响

供求关系直接影响着商品的市场定价，当市场供求关系处于暂时平衡时，该商品的市场价格会在一个窄小的区间波动；当供求关系处于失衡时，价格会大幅波动。在铝的期货市场上，投资者可关注体现铝供求关系变化的一个指标——库存。

铝的库存又可分为报告库存和非报告库存，报告库存又称"显性库存"，是期货交易所定期公布其指定交割仓库铝的库存数量。非报告库存主要是指全球范围内的生产商、贸易商和消费者手中持有的铝的数量，由于这些库存无专门机构进行统计和对外发布，所以这些库存又称为"隐性库存"。

2. 氧化铝供应的影响

氧化铝的成本占铝锭生产成本的 28%～34%。由于国际氧化铝市场高度集中，全球大部分氧化铝(80%～90%)都通过长期合约的方式进行销售，因此可供现货市场买卖的氧化铝少之又少。

近年来，中国电解铝生产规模不断扩大，导致国内对氧化铝的需求也在不断增长，目前约有 2/3 的进口氧化铝需要从现货市场购买。中国在国际市场上大量采购氧化铝，直接推动了国际氧化铝价格的大幅上涨。不断上涨的氧化铝价格使电解铝生产企业的生产成本大幅上升，经济效益大幅下滑，多数企业陷入微利或亏损的窘境。

3. 电价的影响

电解铝产业又称"电老虎"行业，目前国内外铝厂每吨铝平均耗电均控制在 1.5 万千瓦时/吨以下。西方国家铝锭生产的经验显示，当电费超过铝生产成本的 30%时被认为是危险的生产。

4. 经济形势的影响

铝已成为重要的有色金属品种，特别是在发达国家或地区，铝的消费已经与经济的发展高度相关。当一个国家或地区经济快速发展时，铝消费亦会出现同步增长。同样，经济的衰退会导致铝在一些行业中消费的下降，进而导致铝价的波动。此外，与铝相关的一些金属价格的波动、国际石油价格的波动、各国产业政策的变化都会对铝价产生影响。

5. 铝应用趋势变化的影响

汽车制造、建筑工程、电线电缆等主要行业在铝锭使用方面和使用量上的变化，都会对铝的价格产生重大影响。

6. 铝生产工艺的改进与革新对铝价的影响

随着计算机技术在铝电解行业的迅速应用，带动了电解过程中物理场的深入研究和有关数学模型的建立，使电解槽的设计更趋合理，电槽容量大幅度增加。现在世界上电解铝工业生产的最大容量已经达到了 300 千安以上，电流效率达到 94%～96%，吨铝直流电耗下降 13000～13400 千瓦时。可以预见，随着大容量高效能的智能化铝电解技术的普及和广泛应用，铝生产成本还会继续下降。

2.4.5　铝信息的查看

铝信息的查看方法与铜信息的查看方法一样，既可以通过大宗商品行情分析软件来查看，还可以通过生意社网站来查看，下面进行简单讲解。

打开大宗商品行情分析软件，单击菜单栏中的"资讯"|"24 小时实时资讯"命令，可以看到当前最新的实时资讯信息。单击"有色金属"标签，切换到"有色金属"选项卡，就可以看到有色金属的实时资讯信息，如图 2.30 所示。

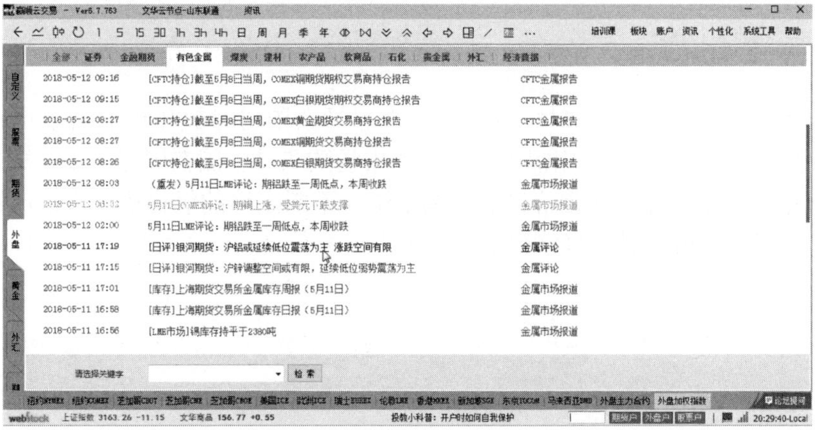

图 2.30　有色金属的实时资讯信息

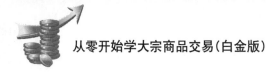

在有色金属的实时信息中，就可以关注铝的最新信息。要想查看某条信息，只需双击其标题即可。

单击菜单栏中的"资讯"|"最新持仓报告"命令，就可以看到所有期货品种的最新持仓报告。单击"请选择交易品种"下拉列表框对应的下拉按钮，然后选择"沪铝"选项，单击"检索"按钮，就可以看到沪铝成交量和持仓量信息，如图2.31所示。

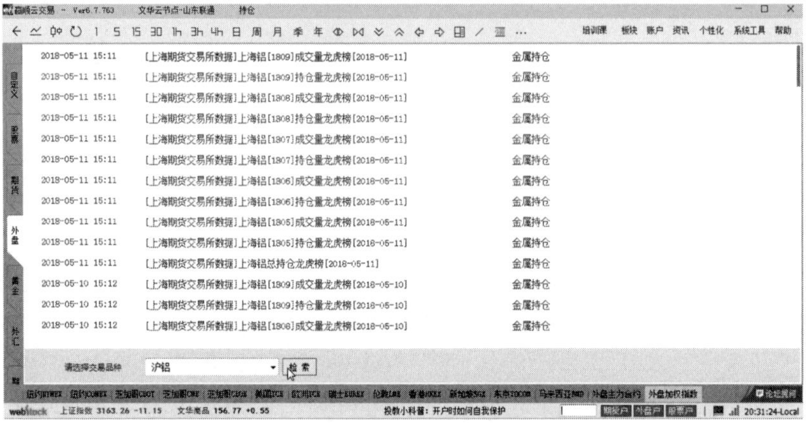

图2.31　沪铝成交量和持仓量信息

想要查看哪个合约的沪铝成交量或持仓量，只需双击其信息标题即可。

利用生意社网站来查铝锌信息的具体操作步骤如下。

在浏览器的地址栏中输入"http://www.100ppi.com"，然后按Enter键，就可进入生意社网站的首页。在"搜索"前面的文本框中输入"铝"，然后单击"搜索"按钮，就可以看到铝商品的最新报价信息，如图2.32所示。

图2.32　铝商品的最新报价信息

在铝商品最新报价信息页面的右侧，可以看到"铝业网 al.100ppi.com"，然后单击，就可进入铝业网，看到铝的重点资讯信息和国内动态信息，如图 2.33 所示。

图 2.33　铝的重点资讯信息和国内动态信息

　　要想查看哪条信息，只需双击该信息标题即可。

2.4.6　铝交易实例

　　在分析国内铝期货价格走势时，还要关注一下外盘铝价格的走势。打开期货行情分析软件，单击左侧的"外盘"标签，再单击下方的"外盘加权指数"标签，切换到"外盘加权指数"选项卡，就可以看到伦铝综合的报价信息。

　　双击伦铝综和的报价信息，就可以看到伦铝综合的日 K 线图，如图 2.34 所示。

图 2.34　伦铝综合的日 K 线图

下面通过具体实例来讲解沪铝期货实战交易。

(1) 进行基本面分析，分析当前沪铝期货的操作策略，即做多，还是做空。

(2) 根据当前沪铝期货合约的持仓量选择主力合约，主力合约的日 K 线图如图 2.35 所示。

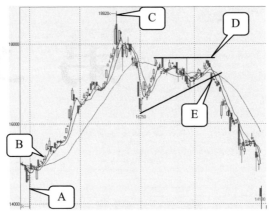

图 2.35　沪铝的日 K 线图

(3) 在 A 处，价格出现见底 K 线，即收盘时收了一根带有长长下影线的阳线，这表明下方支撑很强，下跌波段已完成，后市有望震荡后，开始新的一波上涨行情，所以在这里可以轻仓逢高建立多单。

(4) 随后价格开始震荡上行，先是站上所有均线，均线形成多头排列，然后又在 B 处向上突破，所以 B 处是一个不错的短线加仓做多位置。

(5) 接着价格就开始不断上涨，并且 10 日均线是其趋势线，即每当价格回调到 10 日均线附近，就是比较好的做多位置。如果按这种方法做单，这一波上涨，就可以获得丰厚的投资收益。

(6) 价格经过几波拉涨之后，在创出 18820 高点这一天，价格收了一根大阴线，这是一个见顶 K 线，即 C 处，所以多单要及时获利了结。并且要开始转变思路，由前期的逢低做多，改为逢高做空。

(7) 随后价格回调到 10 日均线附近，再反弹，但反弹的高度不高，然后震荡，震荡后，开始快速下跌。

(8) 价格快速下跌后，又开始反弹盘整，在高位盘整了两个多月，盘整形态为上升三角形。所以每当价格反弹到上升三角形上边线时，就可以做空，所以 D 处是不错的做空位置。

(9) 当价格跌破上升三角形的下边线时，是最佳重仓做空的时机，即 E 处。

(10) 从其后走势看，如果在 E 处做空，短时间内，就会获得丰厚的投资收益。

第3章
贵金属商品的交易技巧

继"炒股""炒房"之后,炒贵金属,即炒金和炒银又成为投资者的最爱。原因在于黄金、白银的商品属性和金融属性共同决定了黄金、白银作为一种硬货币,已经成为抵御通货膨胀的最好工具。本章讲解了贵金属商品的交易技巧,即黄金、白银的交易技巧。在讲解时,从6个方面剖析讲解,即贵金属的基础知识、供给与需求、标准合约、影响价格变动的因素、信息的查看、交易实例。

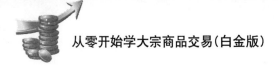

3.1 黄金的交易技巧

黄金,自古以来被视为五金之首,有"金属之王"的称号。所以黄金有价,且价值含量比较高。

3.1.1 什么是黄金

有一种物质:

有耀眼而美丽的光芒永不磨损褪色;

具有良好的延展性,一盎司可打成90多千米长的细丝,接近从北京到天津的距离;

能够永久保存,从古代至今共有15多万吨被挖掘保存下来;

密度高,全世界的存量用一艘大油轮可以装下;

稀有,已探明未开采的储量约7万吨,只可供开采25年。

这是什么?这就是黄金,如图3.1所示。

图 3.1 黄金

黄金,又称金,化学符号 Au,原子序数是 79,即金的原子核周围有 79 个带负电荷的旋转电子。金的密度较大,在 20℃时为 19.32 克/厘米^3;金的熔点和沸点都很高,熔点高达 1063℃,沸点高达 2808℃,所以有"真金不怕烈火炼"的赞美之词。

黄金的意义不仅仅是以化学物质为唯一存在,它所具有的自然与社会双重属性,使其能够充当商品、货币、金融资产等多种角色。

3.1.2 黄金的标价方式

黄金的标价方式共有 4 种,具体如下。

1. 黄金的重量计量

黄金重量的主要计量单位为:盎司、克、千克(公斤)、吨等。国际上通用的黄金计量单位为盎司,我们常看到的世界黄金价格都是以盎司为计价单位。

1 盎司=31.103481 克

目前，在中国国内一般习惯于用克来作为黄金的计量单位，这个计量单位与国际市场约定俗成的习惯计量单位"盎司"是不同的，国内投资者投资黄金必须首先适应这种计量单位上的差异。

2. 黄金的纯度计量

黄金及其制品的纯度称作"成色"，市场上的黄金制品成色标识有两种：一种是百分比，如 G999 等；另一种是 K 金，如 G24K、G22K 和 G18K 等。我国对黄金制品印记和标识牌有规定，一般要求有生产企业代号、材料名称、含量印记等，无印记的为不合格产品。国际上也是如此。但对于一些特别细小的制品也允许不打标记。

3. 用"K 金"表示黄金纯度的方法

国家标准 GB11887—89 规定，每开(英文 carat、德文 karat 的缩写，常写作"K")含金量为 4.166%，所以，各开金含金量分别为(括号内为国家标准)：

12K = 12×4.166% = 49.992%(500 ‰)
18K = 18×4.166% = 74.998%(750 ‰)
24K = 24×4.166% = 99.984%(999 ‰)

24K 金常被人们认为是纯金，但实际含金量为 99.98%，折为 23.988K。

4. 用文字表达黄金纯度的方法

有的金首饰上或金条金砖上打有文字标记，其规定为：足金，即含金量不小于 990‰，通常是将黄金重量分成 1000 份的表示法，如金件上标注 9999 的为 99.99%，而标注 586 的为 58.6%。比如在上海黄金交易所中交易的黄金主要是 9999 与 9995 成色的黄金。

3.1.3　黄金在当前经济生活中的角色

历经了几千年的演变，如今，黄金在经济与社会生活中的用途十分广泛，具体有 4 种，如图 3.2 所示。

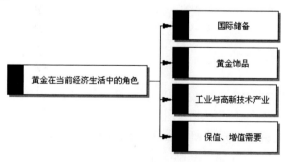

图 3.2　黄金在当前经济生活中的角色

1. 国际储备

黄金的货币属性是人类文明几千年来形成的，而且在没有商品交流、信息沟通的情况下，均受到各国的推崇。在 20 世纪 40 年代，发达国家中 5 个主要的黄金储备国与发展中国家双方的黄金储备总量几乎相同；到 60 年代末，所有国家的黄金储备都在增长，但发达国家的黄金储备增长比例更大。

无论历史如何变迁，黄金始终是世界各国的资产储备手段，截至 2018 年 1 月，全球官方黄金储备共计 33726.2 吨，黄金储备作为一种战略储备资产，在抵抗风险、稳定币值方面都发挥着重要作用。

2. 黄金饰品

黄金饰品在人类几千年的历史中始终是财富和华贵的象征。随着社会的发展和高科技的出现，用金制作的珠宝、饰品、摆件的范围和样式不断拓宽深化。现如今，随着人们收入水平的不断提高、财富的不断增加，黄金饰品的需求量正在逐年增加。

3. 工业与高新技术产业

由于黄金所特有的物理、化学性质：良好的导电性和导热性；对红外线的反射能力接近 100%；良好的工艺性，极易加工成超薄金箔、微米金丝和金粉，很容易镀到其他金属、陶器及玻璃的表面上；极高抗腐蚀的稳定性；在金的合金中具有各种触媒性质；在一定压力下金容易被熔焊和锻焊；可制成超导体与有机金等，使它广泛运用于工业和现代高新技术产业中，如电子、通信、宇航、化工、医疗等领域。

4. 保值、增值需要

在通货膨胀或金融危机时期，为了避免货币购买力的损失，实物资产包括不动产(房屋)、贵金属(黄金、白银等)、珠宝、古董、艺术品等往往会成为资金追逐的对象。另外，投资黄金，利用金价波动，投资者还可以赚取利润，实现其增值功能。

3.1.4 黄金的供给与需求

下面来具体讲解黄金的供给与需求。

1. 黄金的供给

世界现查明的黄金资源量为 8.9 万吨，储量基础为 7.7 万吨，储量为 4.8 万吨。黄金储量和储量基础的静态保证年限分别为 19 年和 39 年。

南非占世界查明黄金资源量和储量基础的 50%，占世界储量的 38%；美国占世界查明资源量的 12%，占世界储量基础的 8%，世界储量的 12%。除南非和美国外，主要的黄金资源国是俄罗斯、乌兹别克斯坦、澳大利亚、加拿大、巴西等。

世界黄金市场的供应主要有以下几个方面：世界各产金国的新产金；苏联向世界市场售出的黄金；回收的再生黄金；一些国家官方机构，如央行黄金储备、国际货币基金组织以及私人抛售的黄金。

1) 新产金

矿产金的生产是黄金供应的主要来源，近十年世界矿产黄金的总量变化不大，基本维持在 2500 吨上下，但地区的产量变化较大。非洲、北美洲、大洋洲黄金产量呈下降趋势，而拉丁美洲、亚洲的产量逐渐上升。年产 100 吨以上的国家有南非、澳大利亚、美国、中国、秘鲁、俄罗斯、印度尼西亚和加拿大。

近年来，我国黄金产量有较大幅度的增长。我国黄金的生产主要来自三个方面：黄金企业矿产金、有色金属冶炼企业产金、黄金冶炼企业产金。

2) 再生金

再生金是指通过回收旧首饰及其他含金产品重新提炼的金。再生金产量与金价高低成正相关关系。

再生金产量主要来自制造用金量高的地区，如印度次大陆、北美、欧洲、亚洲，这些地区是再生金主要产地。

3) 官方机构售金

各国央行出售黄金是黄金市场供应的重要组成部分。中央银行是世界上黄金的最大持有者。

提醒　黄金市场的黄金供给主要有三种性质。第一是经常性供给，来自世界主要产金国，此类供给是稳定的。第二是诱发性供给，这是由于其他因素刺激导致的供给，主要是金价上扬致使囤金者获利抛售，或使黄金矿山加速开采。第三是调节性供给，这是一种阶段性不规则供给。例如，产油国因油价低迷，会因收入不足而抛售一些黄金。

2. **黄金的需求**

黄金的需求包括三种，分别是工业消费需求、世界储备的需求和投资需求。

1) 工业消费需求

黄金的工业消费需求主要有以下几方面：首饰业、电子业、牙科、官方金币、金章和仿金币等。

一般来说，世界经济的发展速度决定了黄金的工业总需求，例如在微电子领域，越来越多地采用黄金作为保护层；在医学以及建筑装饰等领域，尽管科技的进步使黄金的替代品不断出现，但黄金以其特殊的金属性质使其需求量仍呈上升趋势。电子产品、牙科、金牌、仿金币等工业需求弹性较大，但是需求所占比例较小，一般不高于 10%。

2) 世界储备的需求

黄金储备是央行用于防范金融风险的重要手段之一，也是衡量一个国家金融健康的重要指标。从目前各中央银行的情况来看，俄罗斯、中国、日本作为经济政治大国，黄金储备量偏小。作为一个在世界经济中有巨大影响力的国家，黄金储备一般应占到外汇储备的 10%。

3) 投资需求

由于黄金具有储备与保值资产的特性，所以黄金还存在投资需求。对于普通投资者，投资黄金主要是在通货膨胀情况下，达到保值的目的。一方面，人们利用金价波动，入市赚取利润；另一方面，可在黄金与其他投资工具之间套利。如当美元贬值、油价上升时，黄金需求量便会有所增加，价格上涨；而当股市上涨，吸引大量资金时，所以黄金需求可能会相应减少，价格下跌。

目前，世界局部地区政治局势动荡，石油、美元价格走势不明，导致黄金价格波动比较剧烈，黄金现货及依附于黄金的衍生品种众多，黄金的投资价值凸显，黄金的投资需求不断放大。

3.1.5 黄金标准合约

黄金标准合约如表 3.1 所示。

表 3.1 黄金标准合约

交易品种	黄金
交易单位	1000 克/手
报价单位	元(人民币)/克
最小变动价位	0.01 元/克
每日价格最大波动限制	不超过上一交易日结算价±5%
合约月份	1—12 月
交易时间	上午：9:00—11:30，下午：13:30—15:00，晚上：21:00—凌晨 2:30
最后交易日	合约交割月份的 15 日(遇法定假日顺延)
最后交割日	最后交易日后连续五个工作日
交割等级	金含量不小于 99.95%的国产金锭及经交易所认可的伦敦金银市场协会(LBMA)认定的合格供货商或精炼厂生产的标准金锭
交割地点	交易所指定交割金库
最低交易保证金	合约价值的 7%
交易手续费	不高于成交金额的万分之二(含风险准备金)
交割方式	实物交割
交易代码	AU
上市交易所	上海期货交易所

3.1.6　影响黄金价格变动的因素

影响黄金价格变动的因素很多，下面具体讲解。

1. 黄金的供求关系

由于黄金兼具商品、货币和金融属性，又是资产的象征，因此黄金价格不仅受商品供求关系的影响，对经济、政治的变动也非常敏感，石油危机、金融危机等都会引起黄金价格的暴涨暴跌。此外，投资需求对黄金价格的变动也有重大影响。

从历史上看，20 世纪 70 年代以前，世界黄金价格基本比较稳定，波动不大。世界黄金的大幅波动是 20 世纪 70 年代以后才发生的事情。例如，1900 年美国实行金本位，当时一盎司 20.67 美元，金本位制保持到经济大萧条时期，1934 年罗斯福将金价提高至一盎司 35 美元。1944 年建立的布雷顿森林体系实际上是一种“可兑换黄金的美元本位”，由于这种货币体系能给战后经济重建带来一定的积极影响，金价保持在 35 美元，一直持续到 1970 年。

近 30 年来，黄金价格波动剧烈，黄金价格最低 253.8 美元/盎司(1999 年 7 月 20 日)，最高 850 美元/盎司(1980 年 1 月 18 日)。1979—1980 年年初是黄金价格波动最为剧烈的阶段。1979 年 11 月 26 日(据 NYMEX 期货价格)黄金价格为 390 美元/盎司，而不到两个月，1980 年 1 月 18 日，黄金价格已涨到 850 美元/盎司，成为 30 年来的最高点。在随后的一年半时间内，价格又跌回 400 美元之下，并且在随后的二十多年里价格基本都在 400 美元以下，尤其在 300～200 美元之间维持了相当长的时间，300 美元以下的价格就持续了 4 年，从 1998 年 1 月至 2002 年 3 月。从 2002 年 3 月底黄金价格恢复到 300 美元之上，2003 年 12 月 1 日重新回到 400 美元，2005 年 12 月 1 日价格突破 500 美元/盎司，2006 年 4 月 10 日突破 600 美元/盎司，2010 年 11 月 9 日达到近期的最高点 1424 美元/盎司，2011 年 9 月 6 日创出 1920.3 美元的高点。2011 年，黄金见顶后，出现了较长时间的回调，在 2015 年 12 月，创出 1046 美元/盎司的低点。随后价格出现了反弹，现在黄金价格在 1320 美元/盎司附近。

造成黄金价格剧烈波动的诱因是 70 年代布雷顿森林体系的瓦解。1973 年，尼克松政府宣布不再承诺美元可兑换黄金，金价彻底和美元脱钩并开始自由浮动。从此，黄金价格的波动最大限度地体现了黄金货币和商品属性的均衡影响。

2. 世界主要货币汇率

美元汇率是影响金价波动的重要因素之一。由于黄金市场价格是以美元标价的，美元升值会促使黄金价格下跌，而美元贬值又会推动黄金价格上涨。美元强弱在黄金价格方面会产生非常重大的影响。但在某些特殊时段，尤其是黄金走势非常强或非常弱的时期，黄金价格也会摆脱美元影响，走出独自的趋势。

美元坚挺一般代表美国国内经济形势良好，美国国内股票和债券将得到投资者竞相追捧，黄金作为价值贮藏手段的功能受到削弱；而美元汇率下降则往往与通货膨胀、股市低迷等有关，黄金的保值功能又再次体现，在美元贬值和通货膨胀加剧时往往会刺激对黄金保值和投机性需求上升。

回顾过去 30 年的历史，美元对其他西方货币坚挺，则世界市场上金价下跌，如果美元小幅贬值，则金价就会逐渐回升。过去十年金价与美元走势存在 80%的逆相关性。

3. 石油供求关系

由于世界主要石油现货与期货市场的价格都以美元标价，石油价格的涨落一方面反映了世界石油供求关系，另一方面也反映出美元汇率的变化和世界通货膨胀率的变化。石油价格与黄金价格间接相互影响。

通过对世界原油价格走势与黄金价格走势进行比较可以发现，世界黄金价格与原油期货价格的涨跌存在正相关关系的时间较多。

4. 世界政局动荡、战争

世界上重大的政治、战争事件都将影响金价。政府为战争或为维持国内经济的平稳增长而大量支出，政局动荡大量，投资者转向黄金保值投资等，都会扩大黄金的需求，刺激金价上扬。如第二次世界大战、美越战争、1976 年泰国政变、1986 年"伊朗门"事件，都使金价有不同程度的上升。再如 2001 年"9·11"事件曾使黄金价格飙升至当年的最高价 300 美元。

除了上述影响金价的因素外，世界金融组织的干预活动、本国和地区中央金融机构的政策法规，也会对世界黄金价格的走势产生重大的影响。

3.1.7　黄金信息的查看

黄金信息的查看方法与铜信息的查看方法一样，既可以通过大宗商品行情分析软件来查看，还可以通过生意社网站来查看，下面进行简单讲解。

打开大宗商品行情分析软件，单击菜单栏中的"资讯"｜"24 小时实时资讯"命令，可以看到当前最新的实时资讯信息。单击"贵金属"标签，切换到"贵金属"选项卡，就可以看到贵金属的实时资讯信息，如图 3.3 所示。

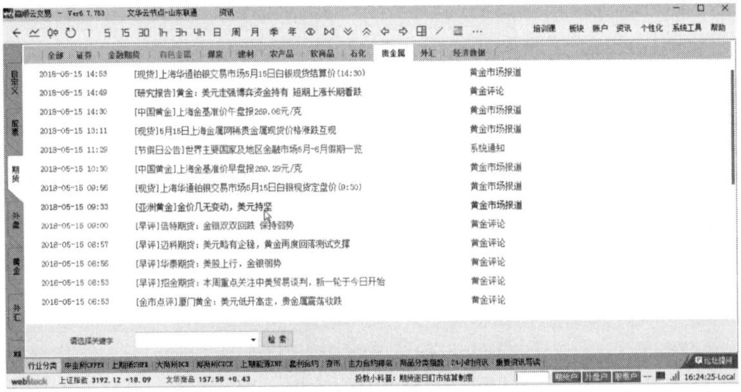

图 3.3　贵金属的实时资讯信息

在贵金属的实时信息中，就可以关注黄金的最新信息。要想查看某条信息，只需双击其标题即可。在这里双击的是"[亚洲黄金]金价几无变动，美元持坚"，如图 3.4 所示。

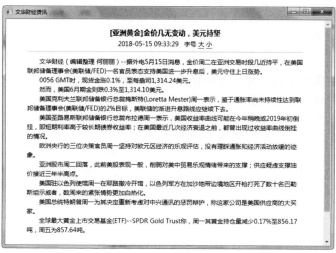

图 3.4　黄金的最新信息

　　单击菜单栏中的"资讯"|"最新持仓报告"命令，就可以看到所有期货品种的最新持仓报告。单击"请选择交易品种"下拉列表框对应的下拉按钮，然后选择"黄金"选项，单击"检索"按钮，就可以看到黄金成交量和持仓量信息，如图 3.5 所示。

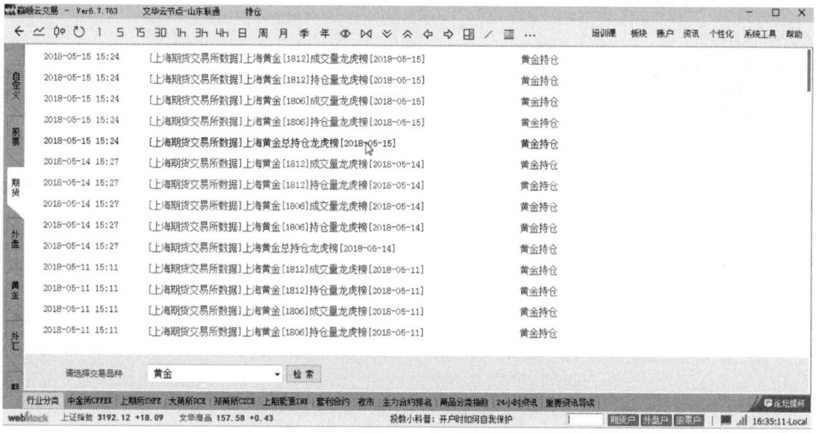

图 3.5　黄金成交量和持仓量信息

　　想要查看某个合约的黄金成交量或持仓量，只需双击其信息标题即可。单击"[上海期货交易所数据]上海黄金总持仓龙虎榜[2018-05-15]"，就可以看到上海黄金总持仓量龙虎榜，如图 3.6 所示。

文华财经资讯

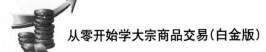

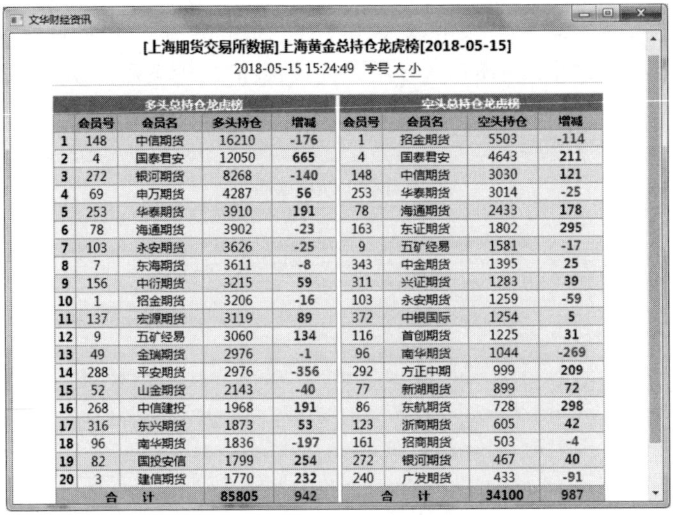

[上海期货交易所数据]上海黄金总持仓龙虎榜[2018-05-15]

2018-05-15 15:24:49 字号 大 小

	多头总持仓龙虎榜				空头总持仓龙虎榜			
	会员号	会员名	多头持仓	增减	会员号	会员名	空头持仓	增减
1	148	中信期货	16210	-176	1	招金期货	5503	-114
2	4	国泰君安	12050	665	4	国泰君安	4643	211
3	272	银河期货	8268	-140	148	中信期货	3030	121
4	69	申万期货	4287	56	253	华泰期货	3014	-25
5	253	华泰期货	3910	191	78	海通期货	2433	178
6	78	海通期货	3902	-23	163	东证期货	1802	295
7	103	永安期货	3626	-25	9	五矿经易	1581	-17
8	7	东海期货	3611	-8	343	中金期货	1395	25
9	156	中衍期货	3215	59	311	兴证期货	1283	39
10	1	招金期货	3206	-16	103	永安期货	1259	-59
11	137	宏源期货	3119	89	372	中粮国际	1254	5
12	9	五矿经易	3060	134	116	首创期货	1225	31
13	49	金瑞期货	2976	-1	96	南华期货	1044	-269
14	288	平安期货	2976	-356	292	方正中期	999	209
15	52	山金期货	2143	-40	77	新湖期货	899	72
16	268	中信建投	1968	191	86	东航期货	728	298
17	316	东兴期货	1873	53	123	浙商期货	605	42
18	96	南华期货	1836	-197	161	招商期货	503	-4
19	82	国投安信	1799	254	272	银河期货	467	40
20	3	建信期货	1770	232	240	广发期货	433	-91
	合计		85805	942	合计		34100	987

图 3.6 上海黄金总持仓量龙虎榜信息

利用生意社网站来查看黄金信息的操作步骤如下。

在浏览器的地址栏中输入“http://www.100ppi.com”，然后按 Enter 键，就可进入生意社网站的首页。在“搜索”前面的文本框中输入“黄金”，然后单击“搜索”按钮，就可以看到黄金商品的最新报价信息，如图 3.7 所示。

商品名称	报价单位	规格	报价类型	报价	发布时间
·黄金	潮宏基	Au不小于(%):99.9	经销价	345元/克	2018-05-15
·黄金	百泰黄金	Au不小于(%):99.9	经销价	335元/克	2018-05-15
·黄金	周生生	Au不小于(%):99.9	经销价	338元/克	2018-05-15
·黄金	周大生	Au不小于(%):99.9	经销价	338元/克	2018-05-15
·黄金	周六福	Au不小于(%):99.9	经销价	369元/克	2018-05-15
·黄金	东祥金店	Au不小于(%):99.9	经销价	335元/克	2018-05-15
·黄金	六福	Au不小于(%):99.9	经销价	338元/克	2018-05-15
·黄金	上海黄金	Au不小于(%):99.99	市场价	269.35元/克	2018-05-15
·黄金	潮宏基	Au不小于(%):99.9	经销价	345元/克	2018-05-14
·黄金	百泰黄金	Au不小于(%):99.9	经销价	335元/克	2018-05-14
·黄金	周生生	Au不小于(%):99.9	经销价	339元/克	2018-05-14
·黄金	周大生	Au不小于(%):99.9	经销价	338元/克	2018-05-14
·黄金	周六福	Au不小于(%):99.9	经销价	369元/克	2018-05-14
·黄金	东祥金店	Au不小于(%):99.9	经销价	335元/克	2018-05-14
·黄金	六福	Au不小于(%):99.9	经销价	338元/克	2018-05-14
·黄金	上海黄金	Au不小于(%):99.99	市场价	270.52元/克	2018-05-14
·黄金	潮宏基	Au不小于(%):99.9	经销价	345元/克	2018-05-11
·黄金	百泰黄金	Au不小于(%):99.9	经销价	335元/克	2018-05-11

商品名称	当日均价	七日涨跌幅
·液化天然气	4418.75	+31.95%
·TDI	30000.00	+14.94%
·混二甲苯	6795.83	+10.35%
·二氯甲烷	3205.00	-10.27%
·废纸	3140.00	+8.87%
·氟化铝(干法)	11428.57	-7.30%
·瓦楞原纸	4637.50	+6.61%
·甲苯	6378.12	+6.32%
·正丁醇(工业	8150.00	+6.02%
·乙二醇	7521.11	-5.86%

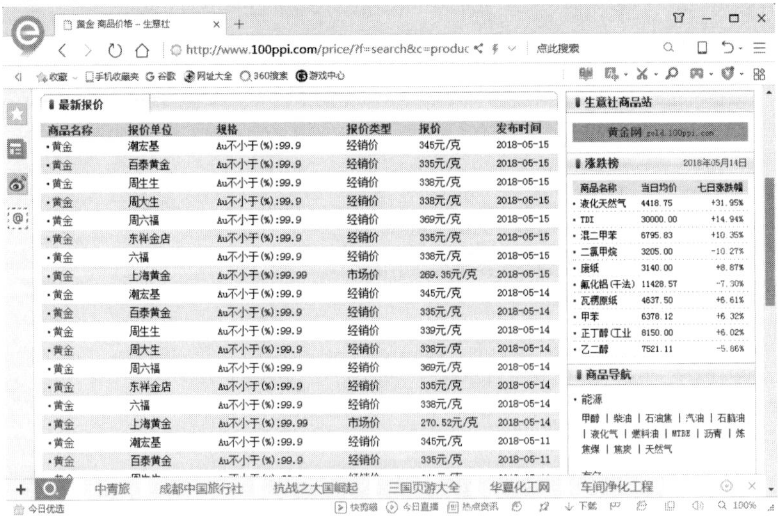

图 3.7 黄金商品的最新报价信息

在黄金商品最新报价信息页面的右侧，可以看到“黄金网 gold.100ppi.com”，然后单击，就可进入黄金产业网，看到黄金的重点资讯信息和国内动态信息，如图 3.8 所示。

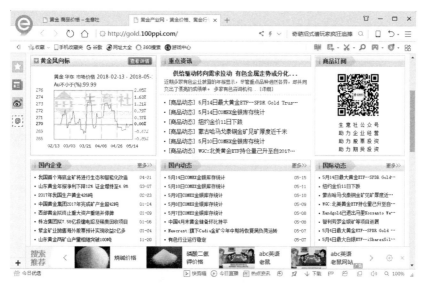

图 3.8　黄金的重点资讯信息和国内动态信息

要想查看某条信息，只需双击该信息标题即可。

3.1.8　黄金交易实例

在分析国内黄金期货价格走势时，还要关注一下外盘黄金价格的走势。打开大宗商品行情分析软件，单击左侧的"外盘"标签，切换到"外盘"选项卡，再单击下方的"外盘加权指数"标签，就可以看到 CMX 金 E 指的报价信息。

双击 CMX 金 E 指的报价信息，就可以看到 CMX 金 E 指的日 K 线图，如图 3.9 所示。

图 3.9　CMX 金 E 指的日 K 线图

下面通过具体实例来讲解沪金期货实战交易。

(1) 进行基本面分析，分析一下当前沪金期货的操作策略，即做多，还是做空。

(2) 根据当前沪金期货合约的持仓量选择主力合约，主力合约的日 K 线图如图 3.10 所示。

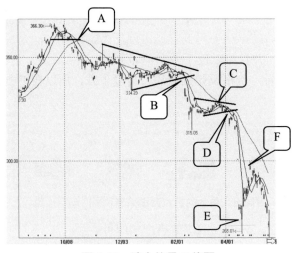

图 3.10　沪金的日 K 线图

提醒　由于沪金完全是跟着 CMX 金 E 指走，并且 CMX 金 E 指有夜盘，而沪金虽有夜盘，但晚上开盘时间为 20:00，所以沪金总是一跳一跳的。

(3) 黄金价格这一波上涨，最高创出 366.3 高点，但收盘收了一根带有上影线的小阳线，表明上方有压力。

(4) 价格回调到 5 日均线附近后，再度上涨，最高上涨到 366.2，然后再回调，回调到 358.92，再度反弹上涨，这次又没有出新高，最高上涨到 365.58。

(5) 随后价格开始下跌，先是跌破 5 日和 10 日均线，然后又跌破了 358.92 低点，这意味着三重顶形态成立，后市将迎来震荡下跌行情，即 A 处。如果手中还有多单要及时出局，有高位猜顶空单可以耐心持有，并且要敢于沿着均线看空做空。

(6) 价格然后沿着均线开始震荡下跌，连续下跌十几个交易日，创出 338.85 低点。然后价格开始横向盘整，但需要注意的是，每次反弹的高点是越来越低，所以仍要坚持逢高做空为主。

(7) 在 B 处，价格跌破了上升趋势线，这意味着震荡行情结束，后市又要开始新的一波下跌，所以 B 处是不错的短线空单介入位置。

(8) 同理，D 处，也是不错的空单介入位置。

(9) 在价格反弹过程中，如果价格反弹到下降趋势线附近时，也是不错的做空位置，即 C 处。

（10）价格经过几波下跌之后，创出 265.01 低点，即 E 处。需要注意的是，价格在创出新低这一天，收了一根带有长长下影线的中阳线，这意味着短线下跌行情结束，价格要开始反弹了。所以空单要及时获利了结，耐心等高点再介入空单。短线高手可以轻仓介入多单，搏反弹。

（11）随后价格连续反弹 7 个交易日，最高反弹到 299.77，并且这一天，价格收了一根带有上影线的小阴线，这表明上方已出现压力。由于当前是反弹行情，所以抄底多单要及时获利了结，并且可以反手做空，即 F 处。

（12）从其后走势看，价格反弹到位后，再度下跌，所以在 F 处做空，短期会有不错的投资收益。

3.2　白银的交易技巧

自古以来，白银就一直与黄金一起被视为财富的象征。"货币天然不是金银，但金银天生就是货币"下面来了解白银。

3.2.1　什么是白银

银的化学符号是 Ag，来自拉丁文 Argertum，是"浅色、明亮"的意思。因为银的颜色是白色，所以被称为"白银"。其原子序数是 47，相对原子质量为 107.870，熔点 960.8℃，沸点 2210℃，密度 10.50 克/厘米^3(20℃)，熔化热为 11.40 千焦/摩尔，汽化热为 251.20 千焦/摩尔。白银如图 3.11 所示。

图 3.11　白银

白银质软，有良好的柔韧性和延展性，延展性仅次于金，能压成薄片，拉成细丝。银对光的反射性达到 91%。常温下，卤素能与银缓慢地化合，生成卤化银。银不与稀盐酸、稀硫酸和碱发生反应，但能与氧化性较强的浓硝酸和浓盐酸发生化学反应。

白银的主要用途建立在三大支柱上：工业、摄影和珠宝银器。这三大类的白银总需求占到白银需求的 85%左右。

白银不仅有着良好的电热传导特性，还具有较高的感光性和发光特性，被应用于工业、摄影、首饰、货币制造等方面。

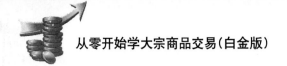
与黄金相比，白银因供应充足且价值较低，故更多且更早地应用于造币，进入流通领域，很多国家均建立银本位制，把银币作为主流货币。

3.2.2 白银的用途

白银的主要用途有两项，第一项是货币功能，第二项是工业与高新技术产业。

1. 货币功能

白银具有货币属性，在历史上很长一段时期内同黄金一样充当货币。国际货币史上，除了出现金本位外，还出现过银本位。随着货币制度改革、信用货币的产生，银币逐渐退出了流通领域。目前铸造的银币主要是投资银币和纪念银币。另外，白银的其他投资实物如投资银条消费也在不断增加。

2. 工业与高新技术产业

白银具有最好的导电导热性能、良好的柔韧性、延展性和反射性等，所以白银的工业应用和装饰功能的应用越来越多。白银主要应用于电子电气工业、摄影业、太阳能、医学等领域及首饰、银器和银币的制作。

白银的多功能性使它在大多数行业中的应用不可替代，特别是需要高可靠性、更高精度和安全性的高技术行业。白银可用于厚膜浆料，网孔状和结晶状的白银可以作为化学反应的催化剂。硝酸银用于镀银，可制作银镜。碘化银可用于人工降雨。

银离子和含银化合物可以杀死或者抑制细菌、病毒、藻类和真菌，反应类似汞和铅。因为白银具有对抗疾病的效果，所以又被称为亲生物金属。

3.2.3 白银的供求关系

白银的供求关系主要包括三部分，分别是白银生产、白银消费和白银贸易。

1. 白银生产

白银生产主要可分为矿产银和再生银两种。基于白银矿产资源多数是伴生，因此矿产银分为独立银矿原生矿产银和铜铅锌等基本金属伴生副产矿产银；而再生银主要从含银固体废弃物(如有价废渣、废件等)和贵金属表面处理的镀液、照相行业定影废液显影等废液中回收，如图 3.12 所示。

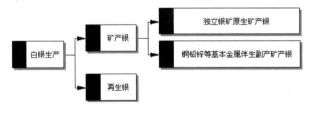

图 3.12 白银生产

世界矿产白银生产主要集中在白银资源相对丰富的国家和地区，而再生银生产主要集中在一些白银消费大国，目前中国、秘鲁、墨西哥、澳大利亚、玻利维亚、俄罗斯、智利、美国、波兰、哈萨克斯坦是世界最大的 10 个白银生产国。

根据世界白银协会和中国有色金属工业协会统计数据，2017 年这 10 个国家矿产白银产量为 19268 吨，占全球矿产白银总产量的 80%以上。中国矿产白银产量以铜铅锌副产矿产白银为主，而海外主要产银国家矿产白银产量则呈现独立银矿、铅锌副产、黄金铜副产三足鼎立的局面。

2. 白银消费

世界白银实物消费主要来自工业制造领域、摄影业、珠宝首饰、银器和铸币印章(此处统计不含金融投资衍生白银需求)。传统白银消费领域摄影业因数码技术的发展对白银的需求呈下降趋势，但仍占有一定比重；工业领域和珠宝首饰业对白银的消费在经济增长的带动下总体呈现增长态势，工业需求受经济波动周期影响较大。

全球摄影业用银继续下降，由于传统卤化银工艺逐步被数码技术所取代，摄影业用银预计将继续保持下降趋势。

近年来，全球珠宝首饰白银需求总体是下降的。其中美国、欧洲等发达国家和地区需求下降明显，而新兴经济体中如中国、印度等国家白银需求增长。

3. 白银贸易

全球白银贸易主要发生在美国、英国、日本、印度、意大利、中国等国家。目前全球白银的贸易与交易两大中心是英国伦敦和美国纽约，全球最大的白银现货交易市场——伦敦金银协会(LBMA)位于伦敦；而全球最主要的黄金白银期货交易所之一的纽约商品交易所(COMEX)位于纽约。

欧洲是世界上最主要的白银供应短缺地区之一，造成这种结构性短缺的主要原因是由于欧洲国家矿产银和再生银产量都比较小，而 LBMA 等市场的存在促使白银的流通贸易更加频繁；另外，欧洲国家如意大利等国家白银珠宝首饰业发达，每年可消费大量白银。

目前中国是全球最大的白银生产国，由于国内白银市场开放晚、消费刚刚起步，多年来中国是世界上最主要的白银出口国之一。

3.2.4　白银标准合约

白银期货标准合约如表 3.2 所示。

表 3.2　白银期货标准合约

交易品种	白银
交易单位	15 千克/手
报价单位	元(人民币)/千克

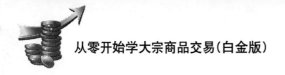

续表

最小变动价位	1 元/千克
每日价格最大波动限制	不超过上一交易日结算价±5%
合约月份	1—12 月
交易时间	上午：9:00—11:30，下午：13:30—15:00，晚上：21:00—凌晨 2:30
最后交易日	合约交割月份 15 日(遇法定假日顺延)
最后交割日	最后交易日后连续五个工作日
交割品级	标准品：符合国标 GB/T 4135—2002 IC-Ag99.99 规定，其中银含量不低于 99.99%
交割地点	交易所指定交割仓库
最低交易保证金	合约价值的 7%
交易手续费	不高于成交金额的万分之二(含风险准备金)
交割方式	实物交割
交割单位	30 千克
交易代码	AG
上市交易所	上海期货交易所

3.2.5　影响白银价格变动的因素

影响白银价格变动的因素很多，下面进行具体讲解。

1. 黄金对白银的影响

在贵金属投资市场中有一种说法，"金银不分家"，对黄金利多的因素，通常也会利多白银；反之，利空黄金的因素，也会给白银带来下行压力。

黄金白银同作为贵金属，具有一些共同的特征，因而金价与银价紧密相关。经常跟踪各种贵金属走势的投资者都知道，黄金和白银的走势相关性极大，有时白银先于黄金突破，有时白银的走势滞后于黄金的走势，但最终白银会赶上黄金。这就意味着我们可以通过观察走势领先的黄金或者白银来判断另外一个品种的走势。

2003—2007 年，黄金价格从 350 美元/盎司上涨到 835 美元/盎司，同期白银价格从 4.5 美元/盎司上涨至 15.8 美元/盎司。

2008 年年初，当黄金冲击 1000 美元/盎司历史高位之时，受贵金属的联动因素推动，白银价格也不断走强，3 月中旬已达到 21 美元/盎司，创 1980 年以来的最高值。

2009 年，黄金全年上涨 25.5%，同期白银全年上涨 48.7%，涨幅接近黄金的一倍。

2010 年，黄金全年上涨 29.6%，同期白银全年上涨 83%，涨幅是黄金的 2.8 倍。

2011 年，黄金全年上涨 10.2%，同期白银却走了一个过山车行情，全年不但没有上涨，而是略微下跌，下跌幅度为 9.76%。

2015 年 12 月，银价一路下跌，最低创出 13.16 美元/盎司。

从 2015 年 12 月到 2016 年 7 月，银价反弹 7 个月，创出 21.13 美元高点，随后再次回调，回调时间长达 1 年多，最低回调到 14.31 美元/盎司。到 2018 年 5 月 14 日，白银收盘价格为 16.49 美元/盎司。

另外，黄金与白银的比率，也可以给我们一些指引。从趋势上来看，黄金和白银的比率与白银的价格没有明显的相关性，但是当黄金和白银的比率接近阶段性顶部或底部时，就会对黄金及白银价格走势产生指导意义。

提醒　当黄金与白银的比率接近 40 时，白银的价格处于阶段性高位；而当黄金与白银的比率接近 80 时，银价往往处于阶段性底部。

2. 美元对白银的影响

在国际市场上，白银和美元是直接对价的商品，所用的单位为美元/盎司，因此美元走势每一个微弱的动作都会直接影响白银价格的走势。美元与白银一般呈负相关，即美元涨，则白银跌；美元跌，则白银涨。

但在某些特殊时段，尤其是白银走势非常强或非常弱的时期，银价也会摆脱美元走势的影响。2005 年第四季度，由于国际对冲基金普遍看好石油、贵金属等商品类投资品种，大资金纷纷介入，导致白银价格与美元的互动关系一度失效，银价出现了独立的走势，投资者今后在分析黄金与美元走势时必须充分考虑这一因素。

总体来说，在基本面、资金面和供求关系等因素均正常的情况下，白银与美元的逆向互动关系仍是投资者判断银价走势的重要依据。

3. 原油对白银的影响

在进行白银投资时，还要关注被称为"工业的血液"的黑金——原油。在国际大宗商品市场上，原油是最为重要的大宗商品之一。自西方工业革命后，原油一直充当着现代工业社会运行的重要战略物资，它在国际政治、经济、金融领域占有举足轻重的地位，"石油美元"的出现足以说明原油在当今世界经济中的重要性。

油价波动将直接影响世界经济的发展，这是不争的事实。美国的经济发展与原油市场的关联度尤其紧密，因为美国的经济总量和原油消费量均居世界第一位。美国经济强弱走势直接影响着美国资产质量的变化，从而引起美元涨跌，进一步影响白银价格的变化。

当油价连续狂涨时，国际货币基金组织就会调低未来经济增长的预期。油价已经成为衡量全球经济是否健康成长的"晴雨表"中不可或缺的重要组成部分。高油价也就意味着经济增长不确定性的增加以及通胀预期的逐步升温。

白银与原油之间存在着正相关的关系，也就是说，白银价格和原油价格总体上是同向变动的。

4. 季节性供求对白银的影响

白银作为一种商品，具有固定的实物消费旺季和淡季，把握好白银实物的消费季节性规律，对分析白银波动的大趋势有非常大的帮助。

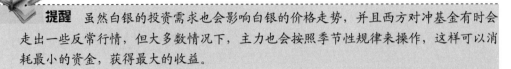

提醒 虽然白银的投资需求也会影响白银的价格走势，并且西方对冲基金有时会走出一些反常行情，但大多数情况下，主力也会按照季节性规律来操作，这样可以消耗最小的资金，获得最大的收益。

白银的消费旺季大致分布在每年年末和年初中国春节前后，而淡季分布在第二季度和第三季度。下面来统计一下从 2004 年(这一年上海金交所成立)到 2016 年，这 12 年以来每个月的上涨次数，如表 3.3 所示。

表 3.3　从 2004 年到 2016 年，这 12 年以来每个月的上涨次数

月　份	上涨次数
1 月	7
2 月	9
3 月	6
4 月	5
5 月	7
6 月	4
7 月	9
8 月	6
9 月	8
10 月	9
11 月	8
12 月	7

从表 3.3 中可以看出，3 月、4 月、6 月和 8 月，这 4 个月份上涨次数较少，可以定义为消费淡季。实际上也是如此，3～4 月因为处在中国春节之后，消费能力下降；6 月和 8 月也是消费的间隔期。在保持长期多头思维的情况下，这 4 个月要警惕白银价格回调。当然这 4 个月出现的低点，也正好是中线建仓的机会。

2 月、7 月、9 月和 11 月，这 4 个月上涨次数较多，我们可以定义为消费旺季。其中，2 月是中国的传统消费旺季；7 月是金银商的集体进货时段；9 月和 11 月是印度和西方国家的传统实物消费旺季。所以在这 4 个月中，无论是中长线投资者，还是短线投资者，都应保持多头思维。

3.2.6　白银信息的查看

白银信息的查看方法与黄金信息的查看方法一样，既可以通过大宗商品行情分析

软件来查看，还可以通过生意社网站来查看，下面进行简单讲解。

打开大宗商品行情分析软件，单击菜单栏中的"资讯"|"24 小时实时资讯"命令，可以看到当前最新的实时资讯信息。单击"贵金属"标签，切换到"贵金属"选项卡，就可以看到贵金属的实时资讯信息，如图 3.13 所示。

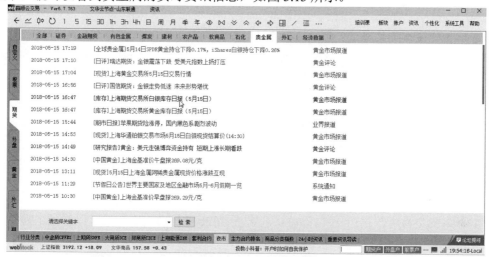

图 3.13　贵金属的实时资讯信息

在贵金属的实时信息中，就可以关注白银的最新信息。要想查看某条信息，只需双击其标题即可。在这里双击的是"[库存]上海期货交易所白银库存日报(5 月 15 日)"，如图 3.14 所示。

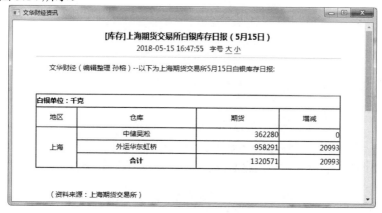

图 3.14　白银的最新信息

单击菜单栏中的"资讯"|"最新持仓报告"命令，就可以看到所有期货品种的最新持仓报告。单击"请选择交易品种"下拉列表框对应的下拉按钮，然后选择"白银"选项，单击"检索"按钮，就可以看到白银成交量和持仓量信息，如图 3.15 所示。

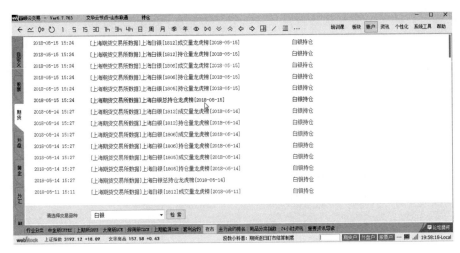

图 3.15　白银成交量和持仓量信息

想要查看哪个合约的黄金成交量或持仓量，只需双击其信息标题即可。单击"[上海期货交易所数据]上海白银总持仓龙虎榜[2018-05-15]"，就可以看到上海白银总持仓量龙虎榜，如图 3.16 所示。

[上海期货交易所数据]上海白银总持仓龙虎榜[2018-05-15]
2018-05-15 15:24:49　字号 大 小

	多头总持仓龙虎榜				空头总持仓龙虎榜		
	会员号	会员名	多头持仓	增减	会员号	会员名	空头持仓	增减
1	253	华泰期货	18000	-1427	148	中信期货	37161	-775
2	163	东证期货	16814	1224	4	国泰君安	24132	-132
3	103	永安期货	15905	-467	103	永安期货	19364	3373
4	292	方正中期	15819	-747	3	建信期货	13240	-3105
5	3	建信期货	11581	384	1	招金期货	12765	-2180
6	148	中信期货	11227	224	9	五矿经易	10775	205
7	240	广发期货	10514	-23	78	海通期货	10124	13
8	78	海通期货	9714	-6631	292	方正中期	9852	-67
9	58	国贸期货	9707	6899	138	瑞龙期货	8811	1622
10	4	国泰君安	9362	607	253	华泰期货	7829	315
11	82	国投安信	8984	30	311	兴证期货	7624	1712
12	288	平安期货	8806	-325	116	首创期货	7306	17
13	275	鲁证期货	8631	59	49	金瑞期货	7030	200
14	116	首创期货	7735	334	29	国海良时	6111	-46
15	49	金瑞期货	7599	-232	69	申万期货	5831	-184
16	138	瑞龙期货	7425	2468	47	迈科期货	5291	2
17	139	中粮期货	7279	-161	272	银河期货	4418	-103
18	156	中衍期货	7008	-94	316	东兴期货	4374	-218
19	268	中信建投	6459	1	139	中粮期货	4078	-451
20	9	五矿经易	5942	-47	343	中金期货	3972	37
	合　计		204511	2076	合　计		210088	235

图 3.16　上海白银总持仓量龙虎榜信息

利用生意社网站来查看白银信息的操作步骤如下。

在浏览器的地址栏中输入"http://www.100ppi.com"，然后按 Enter 键，就进入生意社网站的首页。在"搜索"前面的文本框中输入"白银"，然后单击"搜索"按钮，就可以看到白银商品的最新报价信息，如图 3.17 所示。

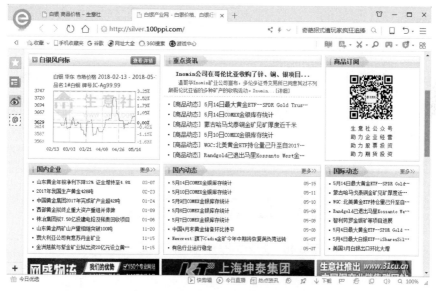

图 3.17　白银商品的最新报价信息

在白银商品的最新报价信息页面的右侧，可以看到"白银网 silver.100ppi.com"，然后单击，就可进入白银产业网，看到白银的重点资讯信息和国内动态信息，如图 3.18 所示。

图 3.18　白银的重点资讯信息和国内动态信息

要想查看某条信息，只需双击该信息标题即可。

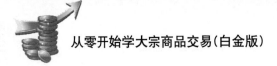

3.2.7　白银交易实例

在分析国内白银期货价格走势时，还要关注一下外盘白银价格的走势。打开大宗商品行情分析软件，单击左侧的"外盘"标签，再单击下方的"外盘加权指数"标签，切换到"外盘加权指数"选项卡，就可以看到 CMX 银 E 指的报价信息。

双击 CMX 银 E 指的报价信息，就可以看到 CMX 银 E 指的日 K 线图，如图 3.19 所示。

图 3.19　CMX 银 E 指的日 K 线图

下面通过具体实例来讲解沪银期货实战交易。

(1) 进行基本面分析和 CMX 银 E 指行情分析，分析当前沪银期货的操作策略，即做多，还是做空。

(2) 2012 年 5 月 10 日，白银期货上市，下面先来看 CMX 银 E 指 5 月 10 日之前的价格走势图，如图 3.20 所示。

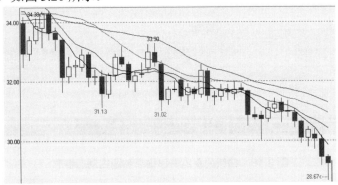

图 3.20　CMX 银 E 指的日 K 线图

(3) 在这里可以看到在白银期货上市之前，CMX 银 E 指处在明显的下跌趋势中，并且是沿着 5 日均线下行的，所以每当价格反弹到 5 日均线附近都可以做空。

5 月 9 日，CMX 银 E 指的收盘价为 29.24 美元/盎司，折合成人民币为 5977 元。

提醒　1 美元/盎司=1×人民币对美元汇率×1000÷31.1035。

再来看一下，白银期货主力合约 1209，其上市开始价格为 6196 元，明显大于 5977 元，并且当前国际伦敦银是明显的下跌趋势，所以操作策略为逢高做空。

如果上市当天逢高做空，当天就会有不错的收益，并且价格连续下跌 5 天，如果波段持有，就会有相当不错的投资收益，如图 3.21 所示。

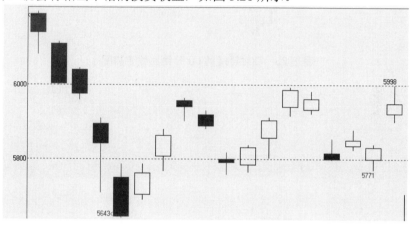

图 3.21　白银期货的日 K 线走势图

CMX 银 E 指跌破前期低点附近，即最低下跌到 26.78 附近，止跌开始反弹，随后陷入了震荡，震荡区间为 27 到 29，如图 3.22 所示。

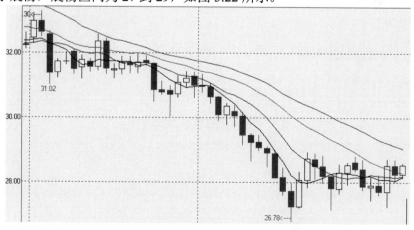

图 3.22　CMX 银 E 指在 27～29 区间震荡

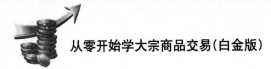

当 CMX 银 E 指陷入震荡时，白银期货也可以采取高抛低吸的策略进行短线操作，操作空间为 5750～6000，如图 3.23 所示。

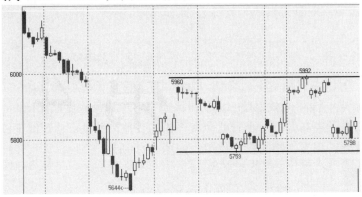

图 3.23　白银期货的 60 分钟 K 线走势图

第4章
黑色系商品的交易技巧

在炒股过程中，我们都知道板块效应，即同一板块内的股票之间因具有同一特点或同一题材而具有有机的联系，在市场运行中因这种"板块结构"形成的"板块连动"，要升同升，要跌同跌。同样，在大宗商品中，也有板块效应，黑色系商品就是一个板块，具有同涨同跌效应。本章讲解了 4 种常见黑色系商品的交易技巧，即钢材、铁矿石、焦炭、动力煤的交易技巧。在讲解每种黑色系商品时，都从 6 个方面剖析讲解，即黑色系商品的基础知识、供给与需求、标准合约、影响价格变动的因素、信息的查看、交易实例。

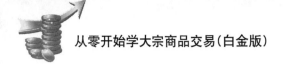

4.1 钢材的交易技巧

钢材期货包括两种，分别是线材和螺纹钢，下面详细讲解。

4.1.1 初识钢材品种

下面分别讲解线材和螺纹钢。

1. 线材

直径 5 mm 的热轧圆钢和 10mm 以下的螺纹钢，通称线材。线材大多用卷材机卷成盘卷供应，故又称为盘条或盘圆。线材如图 4.1 所示。

图 4.1 线材

线材主要用作钢筋混凝土的配筋和焊接结构件或再加工(如拔丝、制钉等)原料。按钢材分配目录，线材包括普通低碳钢热轧盘条、电焊盘条、爆破线用盘条、调质螺纹盘条、优质盘条。用途较广泛的线材主要是普通低碳钢热轧盘条，也称普通线材，它是由 Q195、Q215、Q235 普通碳素钢热轧而成，公称直径为 5.5～14.0 mm，一般轧成每盘重量为 100～200kg，现在多采用无扭高速线材轧机上轧制并在轧制后采取控制冷却，直径为 5.5～22.0mm 的最大盘重可达 2500 kg。

线材是用量很大的钢材品种之一。轧制后可直接用于钢筋混凝土的配筋和焊接结构件，也可经再加工使用。

例如，经拉拔成各种规格钢丝，再捻制成钢丝绳、编织成钢丝网和缠绕成型及热处理成弹簧；经热、冷锻打成铆钉和冷锻及滚压成螺栓、螺钉等；经切削、热处理制成机械零件或工具等。

线材一般用普通碳素钢和优质碳素钢制成。按照钢材分配目录和用途不同，线材包括普通低碳钢热轧圆盘条、优质碳素钢盘条、碳素焊条盘条、调质螺纹盘条、制钢丝绳用盘条、琴钢丝用盘条以及不锈钢盘条等。

我国是世界上最大的线材生产国，年产量占世界生产总量的 1/3 以上。线材也是我国第二大钢材生产品种，在国内钢铁产量比重一直较高。

2. 螺纹钢

螺纹钢即带肋钢筋，分为热轧带肋钢筋和冷轧带肋钢筋。螺纹钢亦称变形钢筋或异形钢筋。其与光圆钢筋的区别是表面带有纵肋和横肋，通常带有二道纵肋和沿长度方向均匀分布的横肋。螺纹钢属于小型型钢钢材，主要用于钢筋混凝土建筑构件的骨架。在使用中要求有一定的机械强度、弯曲变形性能及工艺焊接性能。生产螺纹钢的原料钢坯为经镇静熔炼处理的碳素结构钢或低合金结构钢，成品钢筋为热轧成型、正火或热轧状态交货。螺纹钢如图 4.2 所示。

图 4.2　螺纹钢

螺纹钢常用的分类方法有两种：一是以几何形状分类，根据横肋的截面形状及肋的间距不同进行分类或分型，如英国标准(BS 4449)中，将螺纹钢分为 I 型、II 型。这种分类方式主要反映螺纹钢的握紧性能。二是以性能分类(级)，例如我国标准(GB 1499)中，按强度级别(屈服点/抗拉强度)将螺纹钢分为 3 个等级；日本工业标准(JISG 3112)中，按综合性能将螺纹钢分为 5 个种类；英国标准(BS 4461)中，也规定了螺纹钢性能试验的若干等级。此外，还可按用途对螺纹钢进行分类，如分为钢筋混凝土用普通钢筋及预应力钢筋混凝土用热处理钢筋等。

我国是螺纹钢生产大国，由于我国固定资产投资规模较大，螺纹钢基本上用于满足内需，其出口数量并不多。

近年来，钢材的进口量很小，而出口量相对比较大，且逐年快速上升，但是，净出口量占钢筋产量的比例很低。

4.1.2　钢材的供给与需求

以螺纹钢和线材为主的建筑钢材一直占据着我国钢材生产的半壁江山。2000 年以前，小型材(以螺纹钢为主)的比重在 25%左右；2001 年以后，随着世界制造业向我国的转移，我国板管带材产销所占的比重逐步增加，建筑钢材所占比重逐年下降。2001—2017 年，我国螺纹钢产量由 4389.7 万吨(小型材产量)增加到 10136.6 万吨，占钢材产量的比重由 28%下降到 18%。

华东地区是我国螺纹钢的最大产区，占总产量的 40%左右，其次为华北地区，占总产量的 25%左右，再次为中南地区，占总产量的 15%左右。西南、东北、西北地区螺纹钢产量所占比重较低，分别为 9%、5%和 6%。

螺纹钢的生产非常分散。螺纹钢产量列前 10 位的分别为沙钢、唐钢、莱钢、济钢、武钢、首钢、马钢、萍钢、建龙、新兴铸管，位居前三位的沙钢、唐钢、莱钢，其螺纹钢产量所占的比重在 5%以上，其他企业产量比重均在 4%以下。可见，螺纹钢的生产也相当分散，并以地方企业和民营企业为主，这与螺纹钢和线材产品附加值低、运输半径相对较短、主要以满足区域市场为主的特点相一致。

螺纹钢主要为建筑用钢材，由于我国正处于城镇化快速发展的历史阶段，对建筑钢材需求很大。螺纹钢消费一直占据着我国钢材生产的较大比重。

线材主要用于建筑行业，附加值相对较低。此外，还有一定数量的高牌号(高端)产品，其附加值也较高，主要用于拉拔钢丝(如制作钢丝绳、桥梁与山地索道用钢索等)。

4.1.3　钢材标准合约

线材标准合约如表 4.1 所示。

表 4.1　线材标准合约

交易品种	线材
交易单位	10 吨/手
报价单位	元(人民币)/吨
最小变动价位	1 元/吨
每日价格最大波动限制	不超过上一交易日结算价±5%
合约月份	1—12 月
交易时间	上午：9:00—11:30，下午：13:30—15:00，晚上：21:00—23:00
最后交易日	合约交割月份的 15 日(遇法定假日顺延)
最后交割日	最后交易日后连续五个工作日
交割等级	标准品：符合国标 GB 1499.1—2008《钢筋混凝土用钢 第 1 部分：热轧光圆钢筋》HPB235 牌号的 ϕ 8mm 线材。替代品：符合国标 GB 1499.1—2008《钢筋混凝土用钢 第 1 部分：热轧光圆钢筋》HPB235 牌号的 ϕ 6.5mm 线材
交割地点	交易所指定交割仓库
最低交易保证金	合约价值的 7%
交易手续费	不高于成交金额的万分之二(含风险准备金)
最小交割单位	300 吨
交割方式	实物交割
交易代码	WR
上市交易所	上海期货交易所

螺纹钢标准合约如表 4.2 所示。

表 4.2　螺纹钢标准合约

交易品种	螺纹钢
交易单位	10 吨/手
报价单位	元(人民币)/吨
最小变动价位	1 元/吨
每日价格最大波动限制	不超过上一交易日结算价±5%
合约月份	1—12 月
交易时间	上午：9:00—11:30，下午：13:30—15:00，晚上：21:00—23:00
最后交易日	合约交割月份的 15 日(遇法定假日顺延)
最后交割日	最后交易日后连续五个工作日
交割等级	标准品：符合国标 GB 1499.2—2007《钢筋混凝土用钢 第 2 部分：热轧光圆钢筋》HRB400 或 HRBF400 牌号的 $\phi 16mm$、$\phi 18mm$、$\phi 20mm$、$\phi 22mm$、$\phi 25mm$ 螺纹钢
交割地点	交易所指定交割仓库
最低交易保证金	合约价值的 7%
交易手续费	不高于成交金额的万分之二(含风险准备金)
最小交割单位	300 吨
交割方式	实物交割
交易代码	RB
上市交易所	上海期货交易所

4.1.4　影响钢材价格变动的因素

钢材价格周期性波动是钢铁行业市场周期的综合反映，它是价格→效益→投资→产能→供求关系连锁作用的结果。总体来看，影响钢材价格变化的主要因素有以下几个：一是生产成本，这是钢材价格变动的基础；二是供求关系，这是影响钢材价格变化的关键因素；三是市场体系，有缺陷的市场体系可能会放大供求关系的失衡，造成价格的大起大落。

1. 成本要素构成

成本要素构成包括原材料成本、能源成本、人工成本、折旧与利息。

- 原材料成本：铁矿石是钢铁生产最重要的原材料。不同的钢铁企业采购的进口矿石、国产矿石的价格、数量不同，且各自高炉的技术经济指标不同，因此各个钢铁企业的原材料成本相差较大。
- 能源成本：焦炭是钢铁生产必需的还原剂、燃料和料柱骨架。同时，钢铁生产还要大量消耗炼焦煤、水、电、风、气、油等公用介质。不同的钢铁企业采购的这些公用介质的价格、数量不同，且各自的技术经济指标不同，因此各个钢铁企业的能源和公用介质的成本相差较大。

- 人工成本：人工成本是钢铁行业的重要成本。虽然我国的实物劳动生产率与发达国家存在很大的差距，但单位工时成本(主要是人均收入水平)的差距更大。因此，我国钢铁吨发货量中的人力成本约为发达国家的 1/3，为国外平均数的 1/2。总体上看，我国钢铁企业间人工成本的差距不太明显。
- 折旧与利息：设备投入大是钢铁行业的重要特征。从全球范围看，除日本采用快速折旧外，美国、欧洲、韩国和我国的钢铁企业一般采用正常折旧，而俄罗斯的折旧速度最慢。由于钢铁行业是资金密集型产业，我国钢铁企业的资产负债率普遍在 50%以上，因此国家货币政策的变化将严重影响钢铁企业的财务费用。

2. 供求关系与经济周期

尽管生产成本是钢铁产品价格变化的基础，但供求关系是影响价格走势的重要因素。在成本相对稳定的情况下，当供过于求时，价格就会下跌；供不应求时，价格就会上涨。

4.1.5　钢材信息的查看

钢材信息的查看方法与铜信息的查看方法一样，既可以通过大宗商品行情分析软件来查看，还可以通过生意社网站来查看，下面简单讲解一下。

打开大宗商品行情分析软件，单击菜单栏中的"资讯"|"24 小时实时资讯"命令，可以看到当前最新的实时资讯信息。单击"建材"标签，切换到"建材"选项卡，就可以看到建材大宗商品的实时资讯信息，如图 4.3 所示。

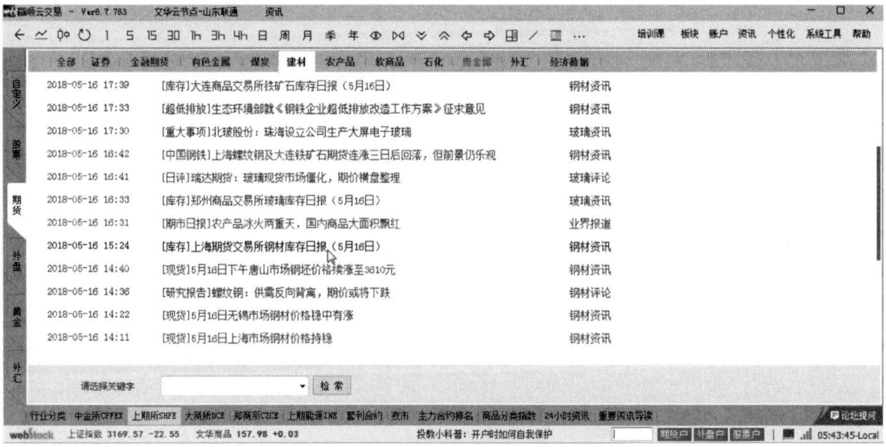

图 4.3　建材大宗商品的实时资讯信息

在建材大宗商品的实时信息中，就可以关注钢材的最新信息。要想查看某条信息，只需双击其标题即可。在这里双击的是“[库存]上海期货交易所钢材库存日报(5 月 16 日)”，如图 4.4 所示。

[库存]上海期货交易所钢材库存日报（5月16日）

2018-05-16 15:24:54　字号 大 小

文华财经（编辑整理 赵清威）--以下为上海期货交易所5月16日钢材库存日报：

螺纹钢单位：吨			
地区	仓库	期货	增减
上海	上港物流共青	0	0
广东	广物物流	0	0
江苏	中储无锡	591	0
	惠龙港	8881	0
	期晟万林	0	0
	金驹物流	0	0
	中储南京	0	0
	合计	9472	0
浙江	浙江康运	0	0
	康运崇贤库	0	0
	康运宁波库	0	0
	合计	0	0
天津	中储陆通	0	0
	中储塘沽	0	0
	合计	0	0
总计		9472	0
线材单位：吨			
地区	仓库	期货	增减

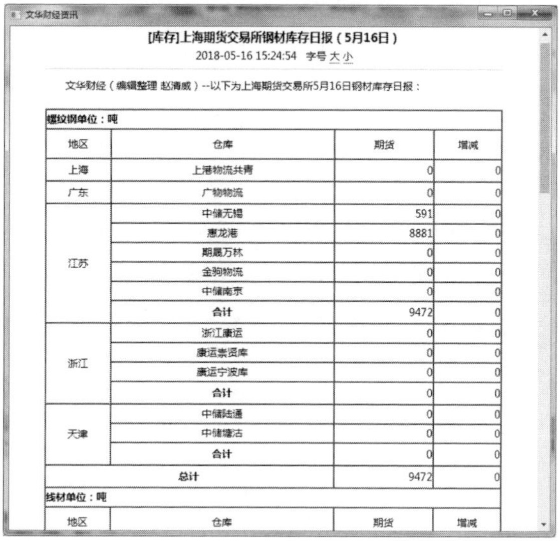

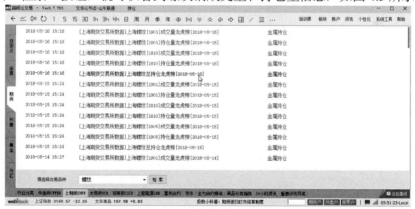

图 4.4　钢材的最新信息

单击菜单栏中的“资讯”|“最新持仓报告”命令，就可以看到所有期货品种的最新持仓报告。单击“请选择交易品种”下拉列表框对应的下拉按钮，然后选择“螺纹”选项，单击“检索”按钮，就可以看到螺纹钢成交量和持仓量信息，如图 4.5 所示。

图 4.5　螺纹钢成交量和持仓量信息

想要查看某个合约的螺纹钢成交量或持仓量，只需双击其信息标题即可。单击“[上海期货交易所数据]上海螺纹总持仓龙虎榜[2018-05-16]”，就可以看到上海螺纹总持仓量龙虎榜，如图 4.6 所示。

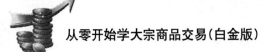

[上海期货交易所数据]上海螺纹总持仓龙虎榜[2018-05-16]

2018-05-16 15:16:21 字号 大 小

	会员号	会员名	多头持仓	增减		会员号	会员名	空头持仓	增减
		多头总持仓龙虎榜					空头总持仓龙虎榜		
1	103	永安期货	121040	-10268		103	永安期货	95419	1893
2	272	银河期货	91930	7102		78	海通期货	79623	-2570
3	253	华泰期货	84383	-517		148	中信期货	71773	889
4	148	中信期货	57364	-15376		253	华泰期货	57596	1092
5	292	方正中期	53007	389		123	浙商期货	56407	-2852
6	7	东海期货	51819	12917		292	方正中期	40531	-2643
7	69	申万期安	49360	-631		275	鲁证期货	39804	-1429
8	4	国泰君安	47137	-3534		272	银河期货	38421	251
9	78	海通期货	43182	-2908		4	国泰君安	38130	3216
10	123	浙商期货	40082	751		7	东海期货	35764	1337
11	136	信达期货	36177	-1815		96	南华期货	34646	-3426
12	89	金元期货	33781	382		82	国投安信	34100	947
13	42	光大期货	30406	5662		385	国富期货	32610	-461
14	96	南华期货	26612			277	一德期货	31902	-260
15	275	鲁证期货	26380	-18341		163	东证期货	30027	-203
16	49	金瑞期货	22142	-1253		69	申万期安	29425	-320
17	274	中辉期货	21023	-447		270	前海期货	23434	-623
18	277	一德期货	18679	1680		161	招商期货	23244	2917
19	59	瑞达期货	17346	-477		3	建信期货	21715	332
20	163	东证期货	16700	-576		240	广发期货	20497	172
	合	计	888550	-27260		合	计	835068	-1741

图 4.6　上海螺纹总持仓量龙虎榜信息

利用生意社网站来查看螺纹钢信息的操作步骤如下。

在浏览器的地址栏中输入"http://www.100ppi.com",然后按 Enter 键,就进入生意社网站的首页。在"搜索"前面的文本框中输入"螺纹钢",然后单击"搜索"按钮,就可以看到螺纹钢商品的最新报价信息,如图 4.7 所示。

图 4.7　螺纹钢商品的最新报价信息

在螺纹钢商品的最新报价信息页面的右侧,可以看到"螺纹钢网 brb.100ppi.com",然后单击,就可进入螺纹钢产业网,看到螺纹钢的重点资讯信息和国内动态信息,如图 4.8 所示。

图 4.8　螺纹钢的重点资讯信息和国内动态信息

要想查看某条信息，只需双击该信息标题即可。

4.1.6　钢材交易实例

下面通过具体实例来讲解螺纹钢期货实战交易。

(1) 进行基本面分析，分析当前螺纹钢期货的操作策略，即做多，还是做空。

(2) 根据当前螺纹期货合约的持仓量选择主力合约，主力合约的日 K 线图如图 4.9 所示。

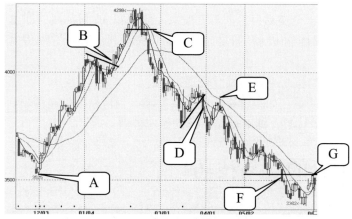

图 4.9　螺纹钢的日 K 线图

（3）价格经过一波下跌之后，创出 3532 低点。但需要注意的是，在创出新低这一天，价格收了一根带有下影线的小阳线，这表明下方买盘力量已出现，短线空单要小心了。同时，可以以 3532 为止损位轻仓试多。

（4）随后价格开始大阳线上涨，站上了 5 日和 10 日均线，这意味着新的上涨波段开始了，抄底多单持有，空单出局。并且可以继续介入多单。

（5）接着价格就开始沿着 5 日均线上涨，先是站上了 30 日均线，均线形成了多头排列。价格连续上涨 23 个交易日，创出 4087 高点，然后价格开始震荡调整，经过 9 个交易日的调整后，价格仍在 30 日均线上方，并且又开始上涨，在 B 处价格突破调整三角形的上边线，所以 B 处是新的重仓做多位置。因为这里是新的上涨行情的开始，这样，短时间就会获利丰厚。

（6）随后价格就沿着 5 日均线，开始新的一波上涨行情，这一波上涨，持续了 10 个交易日，最高创出 4298 高点。需要注意的是，在创出高点这一天，价格收了一根带有上影线的阳线，虽然上涨力量仍在，但上方已出现压力。

（7）在创出高点的第二个交易日，价格没有继续上涨，而是收了一根大阴线，这表明单边上涨行情可能结束，后市可能会震荡了。

（8）价格在高位震荡几天，然后一根大阴线跌了下来，并且跌破震荡平台的低点，即 C 处。这里需要注意，从形态来看，这里形成了一个小双顶结构，这预示着上涨行情已结束，后市开始新的下跌波段。另外，从均线上看，这根大阴线跌破 5 日和 10 日均线，后市就可以沿着 5 日均线看空做空了。

（9）价格沿着 5 日均线震荡下跌，先是跌破 30 日均线，然后均线形成空头排列。

（10）价格连续下跌十几个交易日后，出现了一波反弹，这一波反弹用了 8 个交易日，反弹到 30 日均线附近，然后又开始下跌，在 D 处，价格跌破上升趋势线，这表明反弹结束，所以 D 处是相当不错的短线做空位置。

（11）价格下跌 3 个交易日后，再度反弹，反弹到 30 日均线，即 E 处，由于前几次都是反弹到 30 日均线附近，价格开始新的一波下跌，所以 E 处是相当不错的做空位置。

（12）同理，G 处也是不错的做空位置。

（13）需要注意的是，如果价格横向震荡盘整，当价格跌破震荡平台的下边线，是不错的短线介入空单位置，即 F 处是不错的做空位置。

4.2 铁矿石的交易技巧

铁矿石作为钢铁原料，在黑色系商品中占有举足轻重的地位，下面来具体讲解铁矿石。

4.2.1　初识铁矿石

凡是含有可经济利用铁元素的矿石都叫铁矿石。铁矿石的种类很多，用于炼铁的主要有磁铁矿(Fe_3O_4)、赤铁矿(Fe_2O_3)和菱铁矿($FeCO_3$)等。

磁铁矿是一种氧化铁的矿石，主要成分为 Fe_3O_4，是 Fe_2O_3 和 FeO 的复合物，呈黑灰色，比重大约 5.15，含铁 72.4%，氧 27.6%，具有磁性。在选矿时可利用磁选法，处理非常方便；但是由于其结构细密，故被还原性较差。经过长期风化作用后即变成磁铁矿。磁铁矿如图 4.10 所示。

赤铁矿也是一种氧化铁的矿石，主要成分为 Fe_2O_3，呈暗红色，比重大约为 5.26，含铁 70%，氧 30%，是最主要的铁矿石，如图 4.11 所示。

菱铁矿是含有碳酸亚铁的矿石，主要成分为 $FeCO_3$，呈青灰色，比重在 3.8 左右。这种矿石多半含有相当多数量的钙盐和镁盐。由于碳酸根在高温 800～900℃时会吸收大量的热而放出二氧化碳，所以我们多半先把这一类矿石加以焙烧之后再加入鼓风炉，如图 4.12 所示。

图 4.10　磁铁矿　　　　图 4.11　赤铁矿　　　　图 4.12　菱铁矿

4.2.2　铁矿石的供给与需求

根据国际钢铁协会的数据，全球铁矿石产量从 2000 年后显著提升，在 2009 年有所回落之后，2010 年至今基本保持了每年 20 亿吨左右的产量。截至 2017 年年末，全球铁矿石产量为 20.06 亿吨。

从国别层面来看，巴西、澳大利亚、中国、印度四国的铁矿石产量分别为 4.23 亿吨、8.11 亿吨、1.23 亿吨和 1.43 亿吨，合计已占全球铁矿石产量的 74.78%。

由于矿产相对较为丰富的俄罗斯、印度受到国家政策限制，产量大多供国内需求；中国铁矿石储量较高但是品位较低，开采成本高，国内需求尚未能满足。从铁矿石产量来看，澳大利亚以及巴西成为铁矿石主要供应国，其中四大矿山控制了超过 70%的铁矿石海运市场，因此，全球铁矿石主要来自澳大利来和巴西，澳巴铁矿石主要来自四大矿山。

> **提醒** 铁矿石的品位指的是铁矿石中铁元素的质量分数,通俗来说就是含铁量。比如说,铁矿石的品位为62,指的是其中铁元素的质量分数为62%。

四大矿山2016年年报显示,淡水河谷2016年产量为3.49亿吨,力拓为2.81亿吨,必和必拓为2.26亿吨,FMG为1.69亿吨,合计总产量为10.25亿吨,占全球铁矿石产量的51%。

由于铁矿石唯一下游需求是炼钢,因此,可以通过分析粗钢需求来预测铁矿石需求。从粗钢表观消费量来看,2017年全年,全球粗钢表观需求量约为16.17亿吨,中、美、日、韩、印度是铁矿石需求大国,五国合计粗钢表观消费量占全球的63.33%。而其中,中国的粗钢表观需求达7亿吨,占全球的43.29%。

4.2.3 铁矿石的国际化

所谓铁矿石期货国际化,就是在现有境内铁矿石期货合约和基础制度不变的前提下,在现有平台上引入境外交易者和境外经纪机构参与境内铁矿石期货交易的制度安排,通过市场的对外开放,形成包括境内、境外客户在市场参与新结构,进一步提高期货价格的国际代表性。

1. 为什么要实施铁矿石期货国际化

铁矿石本身是一个国际化程度非常高的品种。在铁矿石期货品种上引入境外交易者,可以丰富和完善境内铁矿石期货市场参与者结构,提高铁矿石价格的国际代表性和公信力,使其更加客观、准确地反映国际铁矿石市场供需关系变化情况,为全球铁矿石贸易参与者提供一个更加公平、公正、透明的价格基准和避险工具,进一步拓宽铁矿石期货服务实体的广度和深度。

2. 境外交易者参与境内铁矿石期货的方法

境外交易者参与境内铁矿石期货的方法有两种,一是通过境内期货公司直接参与交易;二是通过境外经纪机构转委托境内期货公司参与交易。

3. 铁矿石国际化的意义

铁矿石国际化的意义主要表面在以下4个方面。

第一,促进国际铁矿石贸易定价机制的优化完善,更好地发挥铁矿石期货的价格发现功能。

第二,提供更好的风险对冲工具,帮助国内外企业平抑价格波动的风险。

第三,提升国内期货价格的海外影响力,推动国际铁矿石贸易采取基差定价。

第四,落实我国资本市场对外开放战略,助推建设有国际竞争力的中国资本市场。

4. 铁矿石国际化的特点

铁矿石国际化的特点如下。

第一，实物交割。与国际上现金交割方式不同，我国采取实物交割方式。

第二，人民币计价。采用人民币进行计价和结算。

第三，交易标的。国际化后，大商所铁矿石期货以完税后的 62%铁品位的进口粉矿作为交易基准品，铁品位在 60%以上的粉矿和精矿可以替代交割，盘面价格含税。

4.2.4 铁矿石标准合约

铁矿石标准合约如表 4.3 所示。

表 4.3 铁矿石标准合约

交易品种	铁矿石
交易单位	100 吨/手
报价单位	元(人民币)/吨
最小变动价位	0.5 元/吨
涨跌停板幅度	上一交易日结算价的 4%
合约月份	1、2、3、4、5、6、7、8、9、10、11、12 月
交易时间	上午：9:00—11:30，下午：13:30—15:00，晚上：21:00—23:30
最后交易日	合约月份第 10 个交易日
最后交割日	最后交易日后第 3 个交易日
交割等级	大连商品交易所铁矿石交割质量标准
交割地点	大连商品交易所铁矿石指定交割仓库及指定交割地点
最低交易保证金	合约价值的 5%
交割方式	实物交割
交易代码	I
上市交易所	大连商品交易所

4.2.5 影响铁矿石价格变动的因素

影响铁矿石价格的主要因素有 8 项，具体如下。

1. 成本因素

铁矿石的成本受一系列因素影响，如矿山开采设备的价格；人工成本；开采所需水、电价格；相关税费以及海运费用等均会影响铁矿石到岸成本，从而对铁矿石市场价格产生影响。

2. 政策因素

铁矿石是国际大宗贸易商品,其价格受各种政策因素影响,如产地国的进出口政策、进口国关税政策以及消费国的钢铁产业发展政策等均会对铁矿石价格造成影响。

3. 产量变化

铁矿石的产能及产量的增长与减少对市场价格也有影响。矿山企业在由于设备检修、自然条件等原因造成停产或减产时,铁矿石价格也会发生相应变化。

4. 国际贸易价格

我国铁矿石进口依存度高,国际矿石价格与国内价格联动性强,国际市场价格的变动将传递到国内,从而对铁矿石市场价格造成影响。

5. 下游需求变化

铁矿石的市场价格同样也会随着下游需求的变化而波动,下游消费量增长而供应不足时将会使市场价格上升,下游消费减弱而上游供应充足时市场价格将下降。

6. 替代产品价格

当铁矿石市场价格较高而替代产品如废钢价格相对较低时,就会影响价格走低。

7. 产品库存变化

库存的变化也会影响铁矿石的市场价格,如地区库存量升高,贸易商愿意出货,价格会走低;地区库存量不足,贸易商囤货,将推动价格走高。

8. 宏观经济形势

宏观经济的健康快速发展,对铁矿石市场具有很强的支撑和拉动作用。宏观经济主要是通过影响下游产业的需求,进而影响铁矿石市场变化。换言之,宏观经济表现是铁矿石市场需求的晴雨表,对其价格变动有重要影响,当宏观经济运行良好,建筑业、汽车制造业等相关行业对钢材的需求较为强劲时,相应会带动铁矿石的需求,支撑其价格在高位运行。

4.2.6 铁矿石信息的查看

铁矿石信息的查看方法与钢材信息的查看方法一样,既可以通过大宗商品行情分析软件来查看,还可以通过生意社网站来查看,下面简单讲解。

打开大宗商品行情分析软件,单击菜单栏中的"资讯"|"24 小时实时资讯"命令,可以看到当前最新的实时资讯信息。单击"建材"标签,切换到"建材"选项卡,就可以看到建材大宗商品的实时资讯信息,如图 4.13 所示。

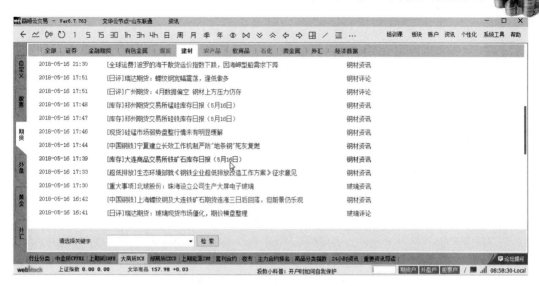

图 4.13　建材大宗商品的实时资讯信息

在建材大宗商品的实时信息中，就可以关注铁矿石的最新信息。要想查看某条信息，只需双击其标题即可。在这里双击的是"[库存]大连商品交易所铁矿石库存日报(5月16日)"，如图 4.14 所示。

[库存]大连商品交易所铁矿石库存日报（5月16日）

2018-05-16 17:39:29　字号 大 小

文华财经（编辑整理 赵清威）--以下为大连商品交易所5月16日铁矿石库存日报：（单位：手）

品种	仓库/分库	昨日仓单量	今日仓单量	增减
铁矿石	连云港港	0	500	500
铁矿石	日照港股份	0	2,500	2,500
铁矿石	曹妃甸港	0	100	100
铁矿石	瑞钢联(连云港)	0	200	200
铁矿石	山东华信(日照港)	800	800	0
铁矿石	中建材(日照港)	1,000	1,500	500
铁矿石	河钢国际(京唐港)	1,500	1,500	0
铁矿石	河钢国际(曹妃甸港)	1,500	1,500	0
铁矿石	唐港储运	0	600	600
铁矿石	大有资源(京唐港)	1,000	1,000	0
铁矿石	青岛港	0	400	400
铁矿石小计		5,800	10,600	4,800

图 4.14　铁矿石的最新信息

单击菜单栏中的"资讯"|"最新持仓报告"命令，就可以看到所有期货品种的最新持仓报告。单击"请选择交易品种"下拉列表框对应的下拉按钮，然后选择"铁矿石"选项，单击"检索"按钮，就可以看到铁矿石成交量和持仓量信息，如图 4.15 所示。

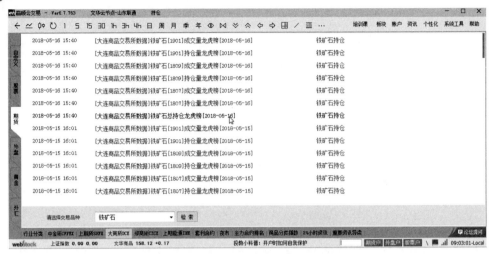

图 4.15　铁矿石成交量和持仓量信息

想要查看某个合约的铁矿石成交量或持仓量，只需双击其信息标题即可。单击"[大连商品交易所数据]铁矿石总持仓龙虎榜[2018-05-16]"，就可以看到铁矿石总持仓量龙虎榜，如图 4.16 所示。

[大连商品交易所数据]铁矿石总持仓龙虎榜[2018-05-16]

2018-05-16 15:40:06 字号 大 小

	多头总持仓龙虎榜			空头总持仓龙虎榜		
	会员号	会员名	多头持仓	增减	会员号	会员名	空头持仓	增减
1	49	海通期货	63914	10568	49	海通期货	65387	9559
2	184	东证期货	52926	-1904	58	方正中期	61715	-173
3	110	中信期货	47396	-5771	110	中信期货	57282	1569
4	125	国投安信	46813	-2557	184	东证期货	50405	-1710
5	30	国泰君安	42483	-3978	125	国投安信	49289	4041
6	109	永安期货	42056	611	56	申银万国	45946	3259
7	71	中信建投	40604	-2406	109	永安期货	45927	1488
8	51	银河期货	34556	-1397	51	银河期货	42683	-2992
9	133	兴证期货	31063	-5316	196	一德期货	35683	1468
10	122	华泰期货	28086	452	122	华泰期货	33454	-1906
11	56	申银万国	27527	-485	210	招商期货	33043	17
12	18	宏源期货	24109	-1421	133	兴证期货	29887	-5547
13	80	国富期货	22788	-1993	30	国泰君安	28283	-3564
14	105	光大期货	21957	-15	206	金瑞期货	26319	3240
15	206	金瑞期货	21179	3125	80	国富期货	25381	-2930
16	173	广发期货	20637	-4204	18	宏源期货	25018	-486
17	210	招商期货	19700	919	97	浙商期货	17922	-825
18	196	一德期货	18665	-1777	151	国海良时	17382	-2761
19	58	方正中期	18652	-1199	173	广发期货	16532	64
20	43	鲁证期货	18276	3129	160	冠通期货	14279	-4050
	合	计	643387	-15619	合	计	721817	-2239

图 4.16　铁矿石总持仓量龙虎榜信息

利用生意社网站来查看铁矿石信息的操作步骤如下。

在浏览器的地址栏中输入"http://www.100ppi.com"，然后按 Enter 键，就进入生意社网站的首页。在"搜索"前面的文本框中输入"铁矿石"，然后单击"搜索"按钮，就可以看到铁矿石商品的最新报价信息，如图 4.17 所示。

图 4.17　铁矿石商品的最新报价信息

在铁矿石商品的最新报价信息页面的右侧，可以看到"铁矿石网 ironore.100ppi.com"，然后单击，就可进入铁矿石产业网，看到铁矿石的重点资讯信息和国内动态信息，如图 4.18 所示。

图 4.18　铁矿石的重点资讯信息和国内动态信息

要想查看某条信息，只需双击该信息标题即可。

4.2.7　铁矿石交易实例

下面通过具体实例来讲解铁矿石期货实战交易。

(1) 进行基本面分析，分析当前铁矿石期货的操作策略，即做多，还是做空。

(2) 根据当前铁矿石期货合约的持仓量选择主力合约，主力合约的日 K 线图如图 4.19 所示。

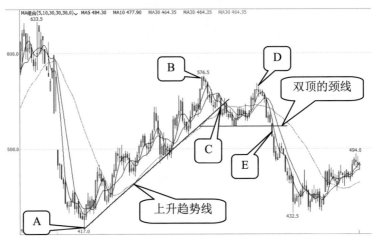

图 4.19　铁矿石的日 K 线图

(3) 铁矿石的价格经过一波快速下跌之后，创出 417 元的低点。需要注意的是，在创出 417 元低点这一天，价格却收了一根带有长长上下影线的见底 K 线，即 A 处。

(4) 随后价格开始震荡上涨，先是站上 5 日和 10 日均线，这样就可以沿着 5 日和 10 日均线看上涨了。

(5) 第一波上涨，正好上涨到 30 日均线附近，价格受压收了一根十字线，表明价格要回调了。接着价格就出现较快的回调，需要注意的是，价格没有再创新低，并且价格企稳后，均线开始走好，价格站上所有均线，所以就可以沿着均线继续做多。

(6) 随后价格沿着 30 日均线开始一波一波震荡上涨，最高创出 576.5 元高点，即 B 处。价格创出 576.5 元高点后，开始连续 4 天收阴，表明价格上方压力很大。接着价格略做反弹之后，又跌破 30 日均线，也跌破了上升趋势线，即 C 处，这表明价格上涨趋势已走坏。

(7) 价格经过一波较深下跌之后，再度反弹上涨，最高反弹到 569 元，即 D 处。需要注意的是，这一波上涨没有再创新高。随后再度下跌，并且在 E 处跌破双顶的颈线，这表明价格要开始下跌。

(8) 从其后走势可以看出，价格跌破双顶的颈线后，出现了快速下跌。

4.3 焦炭的交易技巧

焦炭为焦煤干馏后残存的固态产物，形态呈不规则块状，富含大小不等的气孔结构，质地坚硬，颜色为银灰或黑色，如图 4.20 所示。

图 4.20 焦炭

焦炭的主要成分是碳元素，含少量氢、氧、氮、硫及少量其他元素。焦炭主要用于冶金工业，是高炉冶炼的重要原料；同时也被广泛用于铸造行业，少量被化肥或燃气工业用于制造水煤气，近年来也有焦炭应用于电弧炉炼钢操作。

4.3.1 初识焦炭

烟煤在隔绝空气的条件下，加热到 950～1050℃，经过干燥、热解、熔融、黏结、固化、收缩等阶段最终制成焦炭，这一过程叫高温炼焦(高温干馏)。由高温炼焦得到的焦炭用于高炉冶炼、铸造和气化。炼焦过程中产生的经回收、净化后的焦炉煤气既是高热值的燃料，又是重要的有机合成工业原料。

冶金焦是高炉焦、铸造焦、铁合金焦和有色金属冶炼用焦的统称。由于 90%以上的冶金焦均用于高炉炼铁，因此往往把高炉焦称为冶金焦。

铸造焦是专用于化铁炉熔铁的焦炭。铸造焦是化铁炉熔铁的主要燃料。其作用是熔化炉料并使铁水过热，支撑料柱保持其良好的透气性。因此，铸造焦应具备块度大、反应性低、气孔率小、具有足够的抗冲击破碎强度、灰分和硫分低等特点。

焦炭主要用于高炉炼铁和用于铜、铅、锌、钛、锑、汞等有色金属的鼓风炉冶炼，起还原剂、发热剂和料柱骨架的作用。

炼铁高炉采用焦炭代替木炭，为现代高炉的大型化奠定了基础，是冶金史上的一座重大里程碑。为使高炉操作达到较好的技术经济指标，冶炼用焦炭(冶金焦)必须具有适当的化学性质和物理性质，包括冶炼过程中的热态性质。

焦炭除大量用于炼铁和有色金属冶炼(冶金焦)外，还可用于铸造、化工、电石和铁合金，其质量要求有所不同。例如，铸造用焦，一般要求粒度大、气孔率低、固定碳高和硫分低；化工气化用焦，对强度要求不严，但要求反应性好，灰熔点较高；电石生产用焦要求尽量提高固定碳含量。

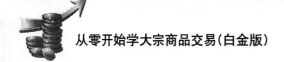

4.3.2　焦炭的供给与需求

近 10 年我国焦炭产量逐年提高,只有 2008 年略有下降,2006 年至 2016 年期间的增长幅度达到 190%,年均增长率为 12.83%。

2016 年,我国焦炭总产量为 3.55 亿吨,其中华北地区为 1.47 亿吨,东北地区为 0.32 亿吨,华东地区为 0.69 亿吨,中南地区为 0.41 亿吨,西南地区为 0.36 亿吨,西北地区为 0.29 亿吨。各地区焦炭产量占全国的比重相对稳定,华北地区多年来一直保持第一。

由于我国炼焦企业主要集中于华北、华东和东北地区,所以这三个地区焦炭产量之和占全国的比重在 70% 以上。这里的华北地区是通常所说的行政区划,包括山西、河北、内蒙古、天津和北京,若从地理位置来看,山东、河南与河北相邻,且均位于华北平原,若将这两个省纳入,华北地区焦炭产量占全国总产量的 60%。

我国焦炭消费量逐年增加。2016 年,国内粗钢和生铁产量分别达到 56803 万吨和 54375 万吨,同比增长 12.90% 和 15.90%,强力拉动了我国焦炭需求的增长。尽管焦炭出口大幅度下降 1159 万吨,降幅达 95.5%,以及重点大中型钢铁企业入炉焦比下降,节约焦炭近 1000 万吨,但我国焦炭表观消费量仍然高达约 3.526 亿吨(按中国炼焦行业协会调研分析数据测算),同比增长约 3700 万吨,增长约 11.78%,因此 2016 年是我国焦炭消费历史上消费最多的一年,也是我国生铁产量增加最多、高炉炼铁入炉焦比降低幅度最大的一年。

2016 年,我国焦炭总消费量为 2.94 亿吨,其中华北地区为 1.07 亿吨,东北地区为 0.34 亿吨,华东地区为 0.86 亿吨,中南地区为 0.38 亿吨,西南地区为 0.19 亿吨,西北地区为 0.11 亿吨。

4.3.3　焦炭标准合约

焦炭标准合约如表 4.4 所示。

表 4.4　焦炭标准合约

交易品种	冶金焦炭
交易单位	5 吨/手
报价单位	元(人民币)/吨
最小变动价位	1 元/吨
涨跌停板幅度	上一交易日结算价的 4%
合约月份	1、2、3、4、5、6、7、8、9、10、11、12 月
交易时间	上午:9:00—11:30,下午:13:30—15:00,晚上:21:00—23:30

续表

最后交易日	合约月份第 10 个交易日
最后交割日	最后交易日后第 2 个交易日
交割等级	大连商品交易所焦炭交割质量标准
交割地点	大连商品交易所焦炭指定交割仓库
最低交易保证金	合约价值的 5%
交易手续费	不超过 8 元/手
交割方式	实物交割
交易代码	J
上市交易所	大连商品交易所

4.3.4 影响焦炭价格变动的因素

焦炭价格变动的基本因素是市场供求关系，其他因素都是通过影响供求关系来影响价格的，如图 4.21 所示。

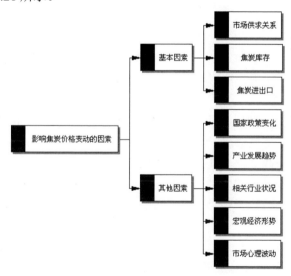

图 4.21 影响焦炭价格变动的因素

1. 基本因素

影响焦炭价格变动的基本因素主要有 3 个，分别是市场供求关系、焦炭库存和焦炭进出口。

1) 市场供求关系

价格分析最重要的就是研究供求关系。供求关系指在市场经济条件下，商品供给和需求之间相互联系、相互制约的关系，它是生产和消费之间的关系在市场上的反映。当供大于求时，其价格下跌；反之则上扬。同时价格反过来又会影响供求，即当价格上涨时，供应会增加而需求减少，反之就会需求上升而供给减少，因此价格和供求互为影响。

2) 焦炭库存

库存状况是供求关系分析的一个重要指标。生产商、贸易商、消费者主要是根据焦炭价格的变化和自身的库存能力来调整库存。库存是分析焦炭价格趋势的重要指标。例如，占全国焦炭出口75%的天津港，已成为中国出口焦炭价格的风向标。

库存可分两种，分别是报告库存和非报告库存。

- 报告库存又称"显性库存"，是指交易所库存。
- 非报告库存，又称"隐性库存"，是指全球范围内的生产商、贸易商和消费者手中持有的库存。由于这些库存不会定期对外公布，难以统计，故一般都以交易所库存来衡量。

3) 焦炭进出口

分析焦炭供求关系，要关注中国焦炭的进出口情况。由于焦炭出口价格基本上与国内价格联动，所以要关注国内焦炭价格的变动。

2. 其他因素

影响焦炭价格变动的其他因素主要有 5 个，分别是国家政策变化、产业发展趋势、相关行业状况、宏观经济形势和市场心理波动。

1) 国家政策变化

国家政策对价格的影响是显而易见的。随着节能减排工作的推进，政府关闭了很多小煤窑，煤炭供应依然会偏紧，所以煤价还会上涨，煤价的上涨必然推动焦炭价格的上涨。国家进出口政策，尤其是关税政策是通过调整商品的进出口成本从而控制某一商品的进出口量来平衡国内供求状况的重要手段。此外，山西省大规模整合煤炭产业、国家调整出口关税税率都会影响焦炭的价格。各省加快淘汰焦化落后产能也会使煤炭供应趋紧。

2) 产业发展趋势

消费是影响焦炭价格的直接因素，而用焦炭行业的发展则是影响消费的重要因素。其中生产成本是衡量商品价格水平的基础。

3) 相关行业状况

关注上下游产品的价格变化以及其他能源资源类产品价格的变化趋势有助于焦炭价格的分析研究。如上游的主焦煤和炼焦配煤的资源短缺、国际石油价格的波动、钢铁行业的产能释放等。

4) 宏观经济形势

焦炭是重要的工业原材料，其需求量与经济形势密切相关。经济增长时，焦炭需求就会增加，从而带动焦炭价格上升；经济萧条时，焦炭需求萎缩，从而促使焦炭价格下跌。

在分析宏观经济时，有两个指标是很重要的：一是经济增长率，或者说是 GDP 增长率；另一个是工业生产增长率。宏观经济的发展周期、景气状况，经济发展趋势、汇率变动等，也会对焦炭价格产生影响。

5) 市场心理波动

投资者的心理因素也会影响交易市场上焦炭商品的价格变化。心理因素起助涨助跌的作用。当投资者信心崩溃时，往往使市场加速下跌；当投资者信心满满时，往往让市场更加疯狂。

4.3.5　焦炭信息的查看

焦炭信息的查看方法与钢材信息的查看方法一样，即可以通过大宗商品行情分析软件来查看，还可以通过生意社网站来查看，下面简单进行讲解。

打开大宗商品行情分析软件，单击菜单栏中的"资讯" | "24 小时实时资讯"命令，可以看到当前最新的实时资讯信息。单击"煤炭"标签，切换到"煤炭"选项卡，就可以看到煤炭大宗商品的实时资讯信息，如图 4.22 所示。

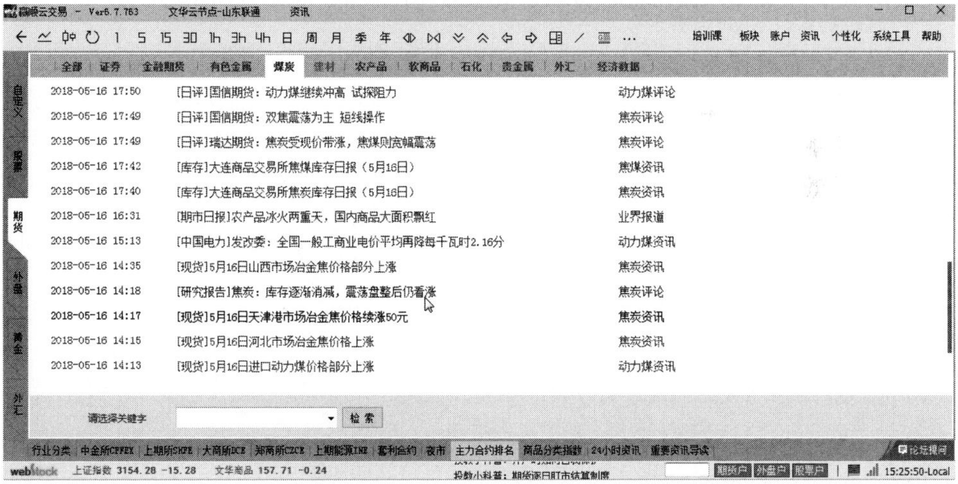

图 4.22　煤炭大宗商品的实时资讯信息

在煤炭大宗商品的实时信息中，就可以关注焦炭的最新信息。要想查看某条信息，只需双击其标题即可。在这里双击的是"[研究报告]焦炭：库存逐渐消减，震荡盘整后仍看涨"，如图 4.23 所示。

文华财经资讯

[研究报告]焦炭：库存逐渐消减，震荡盘整后仍看涨

2018-05-16 14:18:17 字号 大 小

征稿(作者：国投安信期货 曹颖)--近日黑色系期货盘面呈现出原料强成材弱的局面，其中焦炭涨幅尤甚。截止昨夜盘，焦炭1809合约上涨0.33%至2104.5元/吨，至此焦炭主力合约已经完成了从阶段性低点1692.5元/吨上涨至今的一波持续上涨。累计涨幅高达24.3%，属于黑色原材料补涨行情中的绝对领先者。后市焦炭行情能否再接再厉继续上冲，依然要回到供需再平衡的根本上来。

首先从需求端来看，随着钢厂的持续复产，焦炭需求存在较明确的利好。据我们估算，螺纹及热卷的炼钢毛利水平仍高至1402元/吨、1382元/吨。在持续高利润刺激下，钢厂摆脱环保束缚后就会迅速尝试达到满产状态。据mysteel数据显示，剔除2016以前淘汰落后产能的高炉产能利用率从77.21%的阶段性低点已回升至当前的85.3%，距离去年91.18%的高点仍尚有一定提升空间。具体的钢厂提产空间究竟有多少，从最新4月下旬的数据来看，全国日均生铁产量为195.2万吨，距离2017年7月中旬的高点207万吨尚有6%的提升空间。即使环保限产常态化会导致高炉开工无法达到近满产状态，但3%～4%的生铁产量提升空间还是可期的。

再从补库性需求来看，目前钢厂的焦炭库存有一定程度的持续下滑。据mysteel数据显示，110家样本钢厂焦炭库存从三月份495万吨的阶段性高点回落至当前447万吨，

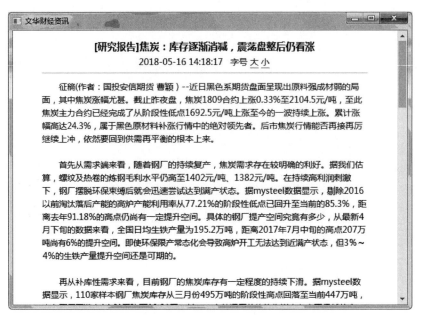

图 4.23 焦炭的最新信息

单击菜单栏中的“资讯”|“最新持仓报告”命令，就可以看到所有期货品种的最新持仓报告。单击“请选择交易品种”下拉列表框对应的下拉按钮，然后选择“焦炭”选项，单击“检索”按钮，就可以看到焦炭成交量和持仓量信息，如图 4.24 所示。

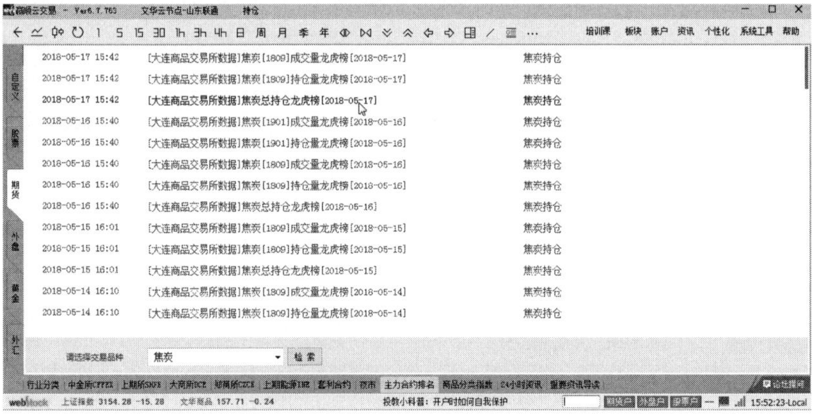

图 4.24 焦炭成交量和持仓量信息

想要查看某个合约的焦炭成交量或持仓量，只需双击其信息标题即可。单击“[大连商品交易所数据] 焦炭总持仓龙虎榜[2018-05-17]”，就可以看到焦炭总持仓量龙虎榜，如图 4.25 所示。

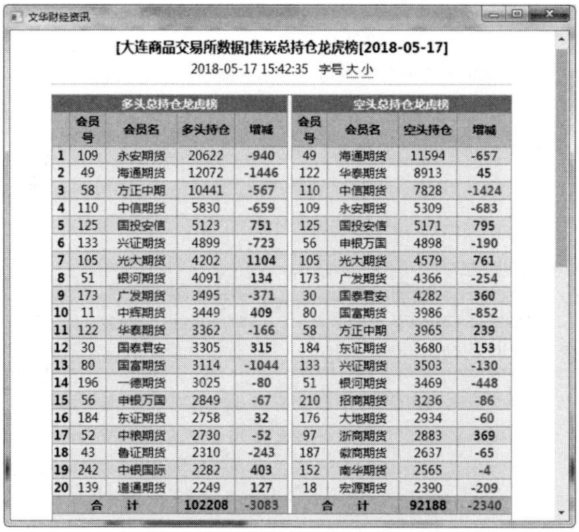

[大连商品交易所数据]焦炭总持仓龙虎榜[2018-05-17]

2018-05-17 15:42:35　字号 大 小

	多头总持仓龙虎榜				空头总持仓龙虎榜			
	会员号	会员名	多头持仓	增减	会员号	会员名	空头持仓	增减
1	109	永安期货	20622	-940	49	海通期货	11594	-657
2	49	海通期货	12072	-1446	122	华泰期货	8913	45
3	58	方正中期	10441	-567	110	中信期货	7828	-1424
4	110	中信期货	5830	-659	109	永安期货	5309	-683
5	125	国投安信	5123	751	125	国投安信	5171	795
6	133	兴证期货	4899	-723	56	申银万国	4898	-190
7	105	光大期货	4202	1104	105	光大期货	4579	761
8	51	银河期货	4091	134	173	广发期货	4366	-254
9	173	广发期货	3495	-371	30	国泰君安	4282	360
10	11	中辉期货	3449	409	80	国富期货	3986	-852
11	122	华泰期货	3362	-166	58	方正中期	3965	239
12	30	国泰君安	3305	315	184	东证期货	3680	153
13	80	国富期货	3114	-1044	133	兴证期货	3503	-130
14	196	一德期货	3025	-80	51	银河期货	3469	-448
15	56	申银万国	2849	-67	210	招商期货	3236	-86
16	184	东证期货	2758	32	176	大地期货	2934	-60
17	52	中粮期货	2730	-52	97	浙商期货	2883	369
18	43	鲁证期货	2310	-243	187	徽商期货	2637	-65
19	242	中银国际	2282	403	152	南华期货	2565	-4
20	139	道通期货	2249	127	18	宏源期货	2390	-209
	合　计		102208	-3083	合　计		92188	-2340

图 4.25　焦炭总持仓量龙虎榜信息

利用生意社网站来查看焦炭信息的操作步骤如下。

在浏览器的地址栏中输入“http://www.100ppi.com”，然后按 Enter 键，就可进入生意社网站的首页。在“搜索”前面的文本框中输入“焦炭”，然后单击“搜索”按钮，就可以看到焦炭商品的最新报价信息，如图 4.26 所示。

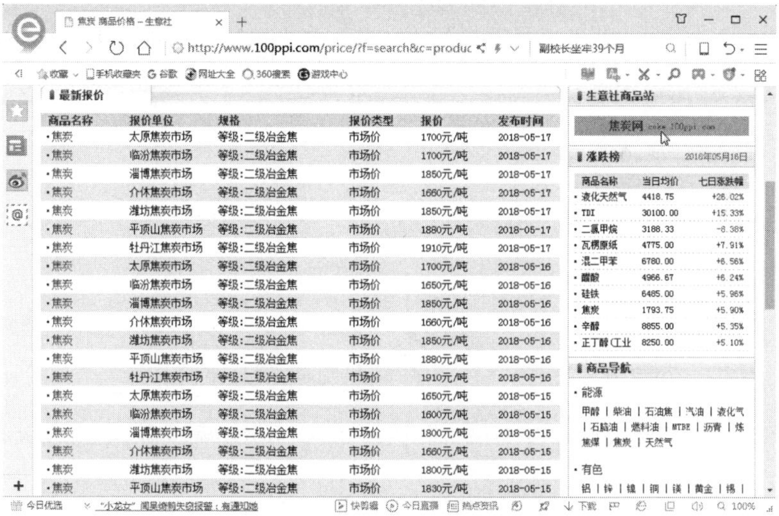

商品名称	报价单位	规格	报价类型	报价	发布时间
·焦炭	太原焦炭市场	等级:二级冶金焦	市场价	1700元/吨	2018-05-17
·焦炭	临汾焦炭市场	等级:二级冶金焦	市场价	1700元/吨	2018-05-17
·焦炭	淄博焦炭市场	等级:二级冶金焦	市场价	1850元/吨	2018-05-17
·焦炭	介休焦炭市场	等级:二级冶金焦	市场价	1660元/吨	2018-05-17
·焦炭	潍坊焦炭市场	等级:二级冶金焦	市场价	1850元/吨	2018-05-17
·焦炭	平顶山焦炭市场	等级:二级冶金焦	市场价	1880元/吨	2018-05-17
·焦炭	牡丹江焦炭市场	等级:二级冶金焦	市场价	1910元/吨	2018-05-17
·焦炭	太原焦炭市场	等级:二级冶金焦	市场价	1700元/吨	2018-05-16
·焦炭	临汾焦炭市场	等级:二级冶金焦	市场价	1650元/吨	2018-05-16
·焦炭	淄博焦炭市场	等级:二级冶金焦	市场价	1850元/吨	2018-05-16
·焦炭	介休焦炭市场	等级:二级冶金焦	市场价	1660元/吨	2018-05-16
·焦炭	潍坊焦炭市场	等级:二级冶金焦	市场价	1850元/吨	2018-05-16
·焦炭	平顶山焦炭市场	等级:二级冶金焦	市场价	1880元/吨	2018-05-16
·焦炭	牡丹江焦炭市场	等级:二级冶金焦	市场价	1910元/吨	2018-05-16
·焦炭	太原焦炭市场	等级:二级冶金焦	市场价	1650元/吨	2018-05-15
·焦炭	临汾焦炭市场	等级:二级冶金焦	市场价	1600元/吨	2018-05-15
·焦炭	淄博焦炭市场	等级:二级冶金焦	市场价	1800元/吨	2018-05-15
·焦炭	介休焦炭市场	等级:二级冶金焦	市场价	1660元/吨	2018-05-15
·焦炭	潍坊焦炭市场	等级:二级冶金焦	市场价	1800元/吨	2018-05-15
·焦炭	平顶山焦炭市场	等级:二级冶金焦	市场价	1830元/吨	2018-05-15

图 4.26　焦炭商品的最新报价信息

在焦炭商品的最新报价信息页面的右侧，可以看到“焦炭网 coke.100ppi.com”，然后单击，就可进入焦炭产业网，看到焦炭的重点资讯信息和国内动态信息，如图 4.27 所示。

图 4.27　焦炭的重点资讯信息和国内动态信息

要想查看某条信息，只需双击该信息标题即可。

4.3.6　焦炭交易实例

下面通过具体实例来讲解焦炭期货实战交易。

(1) 进行基本面分析，分析当前焦炭期货的操作策略，即做多，还是做空。

(2) 根据当前焦炭期货合约的持仓量选择主力合约，主力合约的日 K 线图如图 4.28 所示。

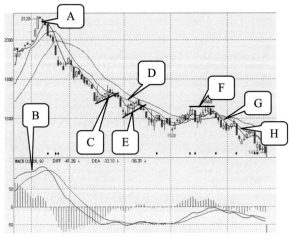

图 4.28　焦炭的日 K 线图

（3）焦炭经过一波上涨，创出 2120 高点，随后价格没有继续上涨，而是震荡下跌，并且在 A 处，价格收了一根带有下影线的诱多见底 K 线，这意味着主力在使用一切办法诱多，并且在高位建立空单。

（4）随后价格继续大幅下跌，连续跌破 5 日、10 日和 20 日均线，并且 MACD 指标在高位出现了死亡交叉，这意味着新的一波下跌行情开始了。所以前期空单可以耐心持有，并且可以继续逢高建立空单。

（5）价格连续下跌 15 个交易日后，开始反弹，这一波反弹很弱，虽然反弹了 7 个交易日，但仍没有突破 20 日均线，然后一根中阴线下跌，跌破了上升趋势线，这意味着反弹结束，后市又开始下跌，所以 C 处是不错的短线做空位置。

（6）接着价格又连续下跌 5 个交易日，又开始反弹，这一波反弹也很弱，反弹 5 个交易日，仍只反弹到 20 日均线附近，所以 D 处是不错的高位做空位置。

（7）随后价格开始下跌，跌破了上升趋势线，即 E 处，所以 E 处是不错的短线做空位置。

（8）接着价格震荡下跌，然后出现较强的反弹，时间为一个月左右。需要注意的是，在 F 处，价格有个假突破，即突破了震荡平台的高点后，价格又跌了回来，所以突破是假的，因此在 F 处，多单要及时获利了结，并且可以轻仓建立空单。

（9）随后价格开始震荡下跌，跌破所有均线，开始新的一波下跌。在下跌过程中，价格出现反弹，反弹到 20 日均线附近，都是不错的卖出位置，所以 G 处和 H 处，都是不错的做空位置。

4.4 动力煤的交易技巧

从广义上来讲，凡是以发电、机车推进、锅炉燃烧等为目的，产生动力而使用的煤炭都属于动力用煤，简称动力煤。

4.4.1 初识动力煤

褐煤、长焰煤、不黏煤、弱黏煤、贫煤以及黏结性较差的气煤等都属于动力用煤的范畴。优质动力煤一般指灰分低(<15%)、硫分低(<1.5%)、发热量高的动力用煤。动力煤如图 4.29 所示。

煤炭的质量是火电厂在锅炉设计和生产过程中重要的基本依据。燃料煤的特性包括两个方面：一是煤特性，二是灰特性。

图 4.29　动力煤

煤特性是指煤的水分、灰分、挥发分、固定碳、元素含量(碳、氢、氧、氮、硫等)、发热量、着火温度、可磨性、粒度等。这些指标与燃烧、加工(例如磨成煤粉)、输送和储存有直接关系。

灰特性是指煤灰的化学成分、高温下的特性以及比电阻等。这些特性对燃烧后的清洁程度、对钢材的腐蚀性以及煤灰的清除等有很大的影响。

4.4.2　动力煤的供给与需求

我国煤炭探明储量的 80%以上分布在华北、西北地区,其中西北地区和华北地区分别占全国保有探明储量的 52%和 35%,其次为西南地区占 6%,中南地区占 2%,东北地区仅占 1%。工业发达的华东地区仅占全国煤炭保有探明储量的 4%。

在全国各省市中,山西、内蒙古、河南、陕西动力煤产量位居各省区前四位。在我国煤炭企业中,神华、同煤和兖矿动力煤产量位居煤炭企业前三位。

总体上来看,中国动力煤资源储量丰富。2017 年中国动力煤查明资源储量占中国煤炭保有资源储量的 76%左右。

我国动力煤消费在煤炭消费中占据很大的比重,电力行业是中国动力煤的主要消费行业。目前中国电煤需求量占到了动力煤总需求量的 60%以上,未来电煤需求的增加是动力煤需求增长的主要因素。

4.4.3　动力煤标准合约

动力煤标准合约如表 4.5 所示。

表 4.5　动力煤标准合约

交易品种	动力煤
交易单位	200 吨/手
报价单位	元(人民币)/吨
最小变动价位	0.2 元/吨
每日价格波动限制	上一交易日结算价±4%及《郑州商品交易所期货交易风险控制管理办法》相关规定
最低交易保证金	合约价值的 5%
合约交割月份	1—12 月
交易时间	上午:9:00—11:30,下午:13:30—15:00,晚上:21:00—23:30
最后交易日	合约交割月份的第 5 个交易日
最后交割日	车(船)板交割:合约交割月份的最后 1 个日历日 标准仓单交割:合约交割月份的第 7 个交易日

交割品级	见《郑州商品交易所期货交割细则》
交割地点	交易所指定交割地点
交割方式	实物交割
交易代码	TC
上市交易所	郑州商品交易所

4.4.4　影响动力煤价格变动的因素

影响动力煤价格变动的因素具体如下。

1. 市场供求

市场供求是决定动力煤价格的主要因素。市场供求主要包括生产因素、储备机制、物流配送、深加工市场等。特别是季节性供求关系的影响较大。

每年随着冬季用煤高峰的来临，煤价会在 8 月、9 月逐渐上升，夏季用煤高峰和冬季用煤高峰来临前相比，对价格的影响并不明显。

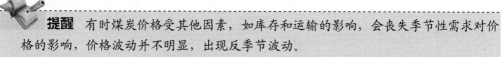

提醒 有时煤炭价格受其他因素，如库存和运输的影响，会丧失季节性需求对价格的影响，价格波动并不明显，出现反季节波动。

2. 成本因素

从动力煤价格结构来看，动力煤价格主要有生产成本和运输成本以及各涉及单位的利润构成。注意，运输对动力煤价格的影响举足轻重，在分析时，要考虑到该因素。

3. 国际市场煤价和煤炭进出口

从历史走势来看，国内市场煤炭价格和国际市场煤炭价格的联动性并不强，但国际市场的煤价会影响我国煤炭出口，所以对于国际市场煤价也要多关注。

4. 其他能源的价格变化

煤炭和石油都是最基本的能源。石油价格的上涨对煤炭市场也有一定影响。例如2003 年年末，石油价格大幅上扬，对煤炭价格上涨起到了推波助澜的作用。

5. 煤炭库存

煤炭的库存可以在一定程度上反映出商品的供求关系。煤炭库存积压时说明供大于求，煤炭价格就会下跌；反之，煤炭库存不足说明供不应求，煤炭价格就会上涨。

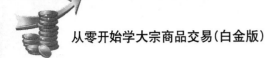

4.4.5　动力煤信息的查看

动力煤信息的查看方法与钢材信息的查看方法一样,既可以通过大宗商品行情分析软件来查看,还可以通过生意社网站来查看,下面进行简单讲解。

打开大宗商品行情分析软件,单击菜单栏中的"资讯"|"24 小时实时资讯"命令,可以看到当前最新的实时资讯信息。单击"煤炭"标签,切换到"煤炭"选项卡,就可以看到煤炭大宗商品的实时资讯信息,如图 4.30 所示。

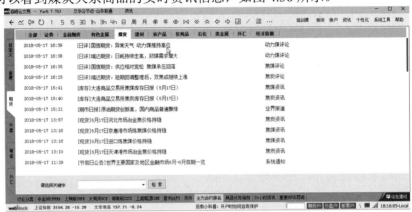

图 4.30　煤炭大宗商品的实时资讯信息

在煤炭大宗商品的实时信息中,就可以关注动力煤的最新信息。要想查看某条信息,只需双击其标题即可。在这里双击的是"[日评]国信期货:异常天气动力煤维持高位",如图 4.31 所示。

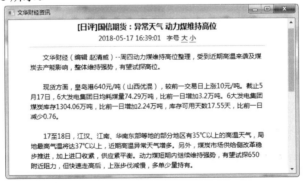

图 4.31　动力煤的最新信息

单击菜单栏中的"资讯"|"最新持仓报告"命令,就可以看到所有期货品种的最新持仓报告。单击"请选择交易品种"下拉列表框对应的下拉按钮,然后选择"动力煤"选项,单击"检索"按钮,就可以看到动力煤成交量和持仓量信息,如图 4.32 所示。

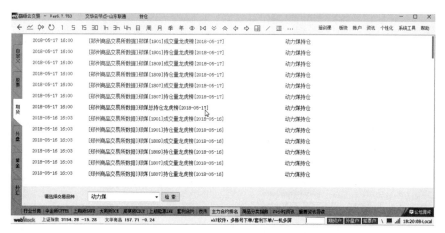

图 4.32　动力煤成交量和持仓量信息

想要查看某个合约的动力煤成交量或持仓量，只需双击其信息标题即可。单击"[郑州商品交易所数据]郑煤总持仓龙虎榜[2018-05-17]"，就可以看到动力煤总持仓量龙虎榜，如图 4.33 所示。

[郑州商品交易所数据]郑煤总持仓龙虎榜[2018-05-17]

2018-05-17 16:00:24 字号 大 小

	会员号	会员名	多头持仓	增减	会员号	会员名	空头持仓	增减
		多头总持仓龙虎榜				**空头总持仓龙虎榜**		
1	188	永安期货	35943	2662	111	光大期货	15624	2152
2	7	华泰期货	11930	-1470	51	银河期货	15051	401
3	113	浙商期货	11034	308	58	鲁证期货	14144	-36
4	111	光大期货	10952	-1846	7	华泰期货	11142	248
5	83	海通期货	9229	1983	188	永安期货	11101	-201
6	55	中信期货	9191	-407	186	国泰君安	9769	-132
7	51	银河期货	9123	-2065	268	兴证期货	9141	2327
8	268	兴证期货	8916	-1761	55	中信期货	8036	-1160
9	58	鲁证期货	8249	-1012	39	方正中期	7767	-376
10	186	国泰君安	8102	175	262	一德期货	6654	690
11	95	大地期货	7630	305	206	中电投先融	6633	60
12	39	方正中期	7377	601	100	中银国际	5597	239
13	212	南华期货	6358	-232	212	南华期货	4909	-281
14	173	广发期货	5172	-833	68	中粮期货	4898	61
15	11	宝城期货	4989	15	222	海证期货	4579	-691
16	262	一德期货	4590	644	203	宏源期货	4272	231
17	209	华安期货	4465	65	11	宝城期货	4177	1614
18	9	国投安信期货	4198	58	20	弘业期货	4088	-236
19	234	新湖期货	4022	-511	234	新湖期货	4061	-132
20	18	国信期货	3890	-4	173	广发期货	3928	-166
		合　计	175360	-3325		合　计	155571	4612

图 4.33　郑煤总持仓量龙虎榜信息

利用生意社网站来查看动力煤信息的操作步骤如下。

在浏览器的地址栏中输入"http://www.100ppi.com"，然后按 Enter 键，就进入生意社网站的首页。在"搜索"前面的文本框中输入"动力煤"，然后单击"搜索"按钮，就可以看到动力煤商品的最新报价信息，如图 4.34 所示。

图 4.34　动力煤商品的最新报价信息

在动力煤商品的最新报价信息页面的右侧，可以看到"动力煤网 sc.100ppi.com"，然后单击，就可进入动力煤产业网，看到动力煤的重点资讯信息和国内动态信息，如图 4.35 所示。

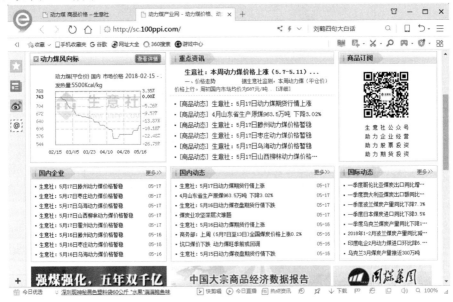

图 4.35　动力煤的重点资讯信息和国内动态信息

要想查看某条信息，只需双击该信息标题即可。

4.4.6　动力煤交易实例

下面通过具体实例来讲解动力煤期货实战交易。

(1) 进行基本面分析，分析一下当前动力煤期货的操作策略，即做多，还是做空。

(2) 根据当前动力煤期货合约的持仓量选择主力合约，主力合约的日 K 线图如图 4.36 所示。

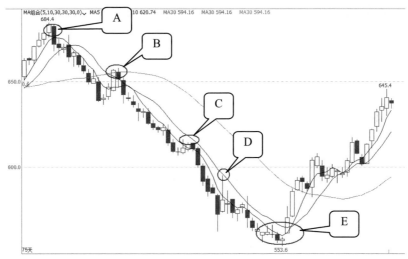

图 4.36　动力煤的日 K 线图

(3) 动力煤的价格经过连续上涨之后，创出 684.4 元新高，但创出新高后，第二个交易日价格没有继续上涨，反而大幅下跌，并且收盘跌破 5 日均线，这表明价格很可能走低，因为前面价格是沿着 5 日均线上涨的，即 A 处。

(4) 价格跌破 5 日均线后，开始沿着 5 日均线下跌，所以每当价格反弹到 5 日均线附近，就可以做空。

(5) 沿着 5 日均线连续下跌 10 个交易日后，跌破了 30 日均线，这表明价格进入空头趋势。随后价格出现了反弹，反弹到 30 日均线附近，价格再度受压下行，即 B 处，所以 B 处是比较好的做空位置。

(6) 接着价格再度跌破 5 日均线，所以空单可以继续持有，并且在价格反弹到 5 日均线附近，就可以继续做空。

(7) 随后价格继续沿着 5 日均线下跌，所以每当价格反弹到 5 日均线附近，都可以继续介入空单。

(8) 价格连续下跌之后，出现了反弹，但反弹 4 天仅反弹到 10 日均线附近，即 C 处，所以 C 处也是不错的做空机会。

(9) 同理，D 处也是不错的做空位置。

(10) 价格经过 2 个多月的下跌之后，创出 553.6 元低点。价格创出低点之后，第二个交易日出现了中阳线上涨，并且站上 10 日均线，即 E 处，这表明价格已阶段性见底，要出现大幅度反弹或反转上涨行情了，所以手中还有空单的投资者要及时获利了结，并且可以在 E 处介入多单。

(11) 从其后走势可以看出，动力煤价格在 E 处见底后，价格出现了大幅度上涨行情，介入多单的投资者，短时间内就会有丰厚的投资收益。

第5章
化工商品的交易技巧

化工商品与黑色系商品一样，也是一个板块，板块内的大宗商品有同涨同跌现象。化工商品不同于黑色系商品，化工商品原材料的下游用户有相当一部分是直接从事消费品生产的，此部分需求是刚需，所以要从需求方面多分析。另外，化工商品大多以原油为基础，所以要分析原油的价格走势。本章讲解了 4 种常见化工商品的交易技巧，即橡胶、PVC、塑料、PTA 的交易技巧。在讲解每种化工商品时，都从 6 个方面剖析讲解，即化工商品的基础知识、供给与需求、标准合约、影响价格变动的因素、信息的查看、交易实例。

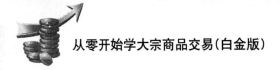

5.1　橡胶的交易技巧

通常所说的天然橡胶，是指从巴西橡胶树上采集的天然胶乳，经过凝固、干燥等加工工序而制成的弹性固状物。天然橡胶是一种以聚异戊二烯为主要成分的天然高分子化合物，分子式是$(C_5H_8)_n$，其橡胶烃(聚异戊二烯)含量在 90%以上，还含有少量的蛋白质、脂肪酸、糖分及灰分等。

5.1.1　初识橡胶

天然橡胶的物理特性。天然橡胶在常温下具有较高的弹性，稍带塑性，具有非常好的机械强度，滞后损失小，在多次变形时生热低，因此其耐屈挠性也很好，并且因为是非极性橡胶，所以电绝缘性能良好。

天然橡胶的化学特性。因为有不饱和双键，所以天然橡胶是一种化学反应能力较强的物质，光、热、臭氧、辐射、屈挠变形和铜、锰等金属都能促进橡胶的老化，不耐老化是天然橡胶的致命弱点。但是，添加了防老剂的天然橡胶，有时在阳光下曝晒两个月依然看不出多大变化，在仓库内贮存三年后仍可以照常使用。

天然橡胶的耐介质特性。天然橡胶有较好的耐碱性能，但不耐浓强酸。由于天然橡胶是非极性橡胶，只能耐一些极性溶剂，而在非极性溶剂中则溶胀，因此，其耐油性和耐溶剂性很差。一般来说，烃、卤代烃、二硫化碳、醚、高级酮和高级脂肪酸对天然橡胶均有溶解作用，但其溶解度受塑炼程度的影响，而低级酮、低级酯及醇类对天然橡胶则是非溶剂。

天然橡胶按形态可以分为两大类：固体天然橡胶(胶片与颗粒胶)和浓缩胶乳。在日常使用中，固体天然橡胶占了绝大部分比例。

胶片按制造工艺和外形的不同，可分为烟片胶、风干胶片、白皱片、褐皱片等。烟片胶是天然橡胶中最具代表性的品种，一直是用量最大、应用最广的一个胶种。烟片胶一般按外形来分级，分为特级、一级、二级、三级、四级、五级共六级，达不到五级的则列为等外胶。

颗粒胶(即标准胶)是按国际上统一的理化效能、指标来分级的，这些理化性能包括杂质含量、塑性初值、塑性保持率、氮含量、挥发物含量、灰分含量及色泽指数七项，其中以杂质含量为主导性指标，依杂质的多少分为 5L、5、10、20 及 50 共五个级别。

上海期货交易所天然橡胶合约的交割等级为国产一级标准胶 SCR5 和进口烟片胶 RSS3，其中国产一级标准胶 SCR5 通常也称为 5 号标准胶，执行国家技术监督局发布实施的天然橡胶 GB/T 8081—1999 的各项品质指标。进口烟片胶 RSS3 执行国际橡胶品质与包装会议确定的"天然橡胶等级的品质与包装国际标准"(绿皮书)(1979 年版)。

由于天然橡胶具有上述一系列物理化学特性，尤其是其优良的回弹性、绝缘性、隔水性及可塑性等特性，并且经过适当处理后还具有耐油、耐酸、耐碱、耐热、耐寒、耐压、耐磨等性质，所以具有广泛用途。

例如日常生活中使用的雨鞋、暖水袋、松紧带；医疗卫生行业所用的外科医生手套、输血管、避孕套；交通运输上使用的各种轮胎；工业上使用的传送带、运输带、耐酸和耐碱手套；农业上使用的排灌胶管、氨水袋；气象测量用的探空气球；科学试验用的密封、防震设备；国防上使用的飞机、坦克、大炮、防毒面具；甚至连火箭、人造地球卫星和宇宙飞船等高精尖科学技术产品都离不开天然橡胶。目前，世界上部分或完全用天然橡胶制成的物品已达 7 万种以上。

5.1.2　橡胶的供给与需求

橡胶的供给与需求要从国际市场和国内市场两个方面来看。

1. 国际市场

天然橡胶的供给。天然橡胶树属热带雨林乔木，种植地域基本分布于南北纬 15°以内，主要集中在东南亚地区，约占世界天然橡胶种植面积的 90%。生产国主要有泰国、印度尼西亚、马来西亚、中国、印度、越南、缅甸、斯里兰卡等，尤以前三国为主，产量占世界产量的 60%以上，且将所产天然橡胶的绝大部分用于出口。其中，泰国和印度尼西亚的出口占产量比高达 90%以上。泰国、印度尼西亚和马来西亚的割胶期一般在 4 月到次年 2 月。

天然橡胶的需求。天然橡胶的主要消费地集中在东亚、美国和西欧。其中，东亚的消费量居世界第一。2016 年，中国、日本合计消费占全球的 30%，几乎占到 1/3 强。其中，中国消费量约占 18%，居世界第一，而美国则由原先天然橡胶消费量最大的国家下降为第二位，约占全球的 15%，西欧的消费量约占全球的 14%。

2. 国内市场

天然橡胶的供给。我国天然橡胶产区有海南、云南、广东、广西以及福建等地，主要集中在海南、云南两省。一般情况下，海南割胶季节从每年的 3 月 25 日至 12 月 25 日，云南从每年的 4 月至 11 月 25 日。近几年，我国干胶年产量在 40 万～60 万吨，处于世界前五位。

天然橡胶的需求。我国天然橡胶消费量居世界第一，同时自给率也从原先的 50%左右下降到 30%多。随着中国成为"世界工厂"，天然橡胶的需求量将继续加大。

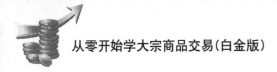

5.1.3　橡胶标准合约

橡胶标准合约如表 5.1 所示。

表 5.1　橡胶标准合约

交易品种	天然橡胶
交易单位	5 吨/手
报价单位	元(人民币)/吨
最小变动价位	5 元/吨
每日价格最大波动限制	不超过上一交易日结算价±3%
合约月份	1、3、4、5、6、7、8、9、10、11 月
交易时间	上午：9:00—11:30，下午：13:30—15:00，晚上：21:00—23:30
最后交易日	合约交割月份的 15 日(遇法定假日顺延)
最后交割日	合约交割月份的 16 日至 20 日(遇法定假日顺延)
交割等级	标准品：1. 国产一级标准橡胶(SCR5)，质量符合国标 GB/T 8081—1999。2. 进口 3 号烟胶片(RSS3)，质量符合《天然橡胶等级的品质与包装国际标准(绿皮书)》
交割地点	交易所指定交割仓库
最低交易保证金	合约价值的 5%
交易手续费	不高于成交金额的万分之一点五(含风险准备金)
交割方式	实物交割
交易代码	RU
上市交易所	上海期货交易所

5.1.4　影响橡胶价格变动的因素

影响橡胶价格变动的因素很多，下面进行具体讲解。

1. 天然橡胶国际供求情况

供求情况是影响天然橡胶期货价格最根本的因素。目前，全球天然橡胶生产大国是泰国、印度尼西亚、马来西亚、中国、越南和印度，由于中国、印度自身用胶量大，而越南产量绝对数量目前无法与上述前三者相比，因此天然橡胶主要出口国是泰国、印度尼西亚和马来西亚，三国已经于 2002 年成立天然橡胶地区销售联盟(ITRCo)，统一实行限产保价措施(保底价为 80 美分/千克)，并且，越南和斯里兰卡也正在积极准备加入该组织。然而，由于 2002 年下半年起，天然橡胶价格呈现强劲的上涨趋势，有迹象表明，天然橡胶地区销售联盟中，有些国家因为天然橡胶价格的上涨，对天然橡胶的减产措施得不到有效执行，因此，天然橡胶地区销售联盟对于天然橡胶限产保价措施的实施情况值得观察。如果价格跌至限价附近，三国联盟只有真正将限产报价措施付诸实践，才会对世界范围天然橡胶的供给产生实质性影响，从而影响天然橡胶价格。

全球天然橡胶消费量最大的国家和地区是美国、中国、西欧和日本，其中，中国自身的天然橡胶产量能满足约 1/3 的本国消费量，其余需要进口，而美国、西欧和日本则完全依赖进口。

显而易见，上述三大天然橡胶主要出口国和三个主要进口国和地区之间对天然橡胶的供求关系和天然橡胶的价格起着最基本，也是最重要的影响作用。另外，还要关注越南、印度、斯里兰卡等国天然橡胶种植、生产的发展趋势。

2. 国际、国内经济大环境

天然橡胶作为一种重要的工业原料，其价格波动与国际、国内经济大环境可以说休戚相关。当经济大环境向好，市场需要发展及需求充足时，对天然橡胶的需求量就会增加，从而推动其价格上涨。相反，当经济大环境向恶，市场悲观情绪严重、需求不足时，对天然橡胶的需求就会减少，从而促使其价格下跌，1997 年亚洲金融危机爆发导致胶价一落千丈就是一个明证。因此，国际、国内经济大环境的好坏将影响天然橡胶价格的长期走势。

3. 主要用胶行业的发展情况

天然橡胶消费量最大的行业就是汽车工业(约占天然橡胶消费总量的 65%)，而汽车工业的发展可以带动轮胎制造业的进步。因此，汽车工业以及相关轮胎行业的发展情况将会影响天然橡胶的价格。尤其是汽车工业，它的发展情况直接关系到轮胎的产量，从而影响全球天然橡胶的需求和价格。在欧美、日本等国汽车工业相对进入稳定发展之后，天然橡胶的需求也相对趋于平稳。比较而言，中国的汽车工业未来有很大的发展空间，因此，国内天然橡胶价格受汽车工业和轮胎行业发展影响的程度将加强。

4. 合成橡胶的生产及应用情况

橡胶制品随着工艺的不断改进，原材料的选用也有所变化，许多产品已经做到利用合成橡胶替代天然橡胶。伴随着合成橡胶工业的不断发展，其价格也越来越具有竞争性。当天然橡胶供给紧张或价格上涨时，许多生产商会选择使用合成橡胶，两者的互补性将会越来越强。

同时，由于合成橡胶属于石化类产品，自然而然，其价格受其上游产品——石油的影响。事实上，石油价格一直是不断波动的，因此，石油价格的波动也会通过影响合成橡胶的价格而作用于天然橡胶的价格。

5. 自然因素

天然橡胶树的生长对地理、气候条件有一定的要求，适宜割胶的胶树一般只有5～7 年的树龄，因此，可用于割胶的天然橡胶树的数量短时期内无法改变。而影响天然橡胶产量的主要因素具体如下所述。

- 季节因素：进入开割季节，胶价下跌；进入停割季节，胶价上涨。
- 气候因素：台风或热带风暴、持续的雨天、干旱、霜冻等都会降低天然橡胶的产量而使胶价上涨。
- 病虫害因素：如白粉病、红根病、炭疽病等，这些都会影响天然橡胶树的生长，甚至导致死亡，对天然橡胶的产量及价格影响也很大。

6. 汇率变动因素

近几年由于全球经济的不稳定，汇率变动频繁，对天然橡胶价格，尤其进出口业务有一定的影响。因此，在关注国际市场天然橡胶行情的时候，一定要关注各国尤其是三大产胶国以及日元兑美元的汇率变动情况。有资料表明，通过相关性分析，日元对美元汇率与 TOCOM 天然橡胶价格存在一定的相关关系，因此，日元对美元汇率的变动对进口天然橡胶的成本会产生相应影响，从而引起国内胶价的变动。

7. 政治因素

政治因素除了包括各国政府对天然橡胶进出口的政策影响外，更重要的是指国际范围内的突发事件以及已经发生和将要发生的重大事件，例如灾难性事件的发生以及可能发生的战争因素等。政治因素往往会在相关消息传出的短时期内马上导致天然橡胶价格的剧烈波动，并且长期影响其价格走势。

8. 国际市场交易情况的影响

天然橡胶在国际期货市场已经成为一个成熟品种，在东南亚各国的期货交易所占有一定的市场份额。因此，天然橡胶期货交易的主要场所，如日本的 TOCOM 和 OME、中国的 SHFE、新加坡的 SICOM 以及马来西亚的 KLCE 等期货交易所的交易价格互相之间也有不同程度的影响。

对于国内天然橡胶期货投资者来说，在从事 SHFE 天然橡胶期货交易时，既要关注国外主要天然橡胶期货市场的交易情况，同时，又要关心国内海南、云南、青岛等现货市场的报价信息。

5.1.5 橡胶信息的查看

橡胶信息的查看方法与铜信息的查看方法一样，既可以通过大宗商品行情分析软件来查看，还可以通过生意社网站来查看，下面进行简单讲解。

打开大宗商品行情分析软件，单击菜单栏中的"资讯"|"24 小时实时资讯"命令，可以看到当前最新的实时资讯信息。单击"石化"标签，切换到"石化"选项卡，就可以看到石化大宗商品的实时资讯信息，如图 5.1 所示。

图 5.1　石化大宗商品的实时资讯信息

在石化大宗商品的实时信息中，就可以关注橡胶的最新信息。要想查看某条信息，只需双击其标题即可。在这里双击的是"[亚洲橡胶]5 月 18 日 TOCOM 期胶 1000GMT 晚盘收市价"，如图 5.2 所示。

图 5.2　橡胶的最新信息

单击菜单栏中的"资讯"|"最新持仓报告"命令，就可以看到所有期货品种的最新持仓报告。单击"请选择交易品种"下拉列表框对应的下拉按钮，然后选择"橡胶"选项，单击"检索"按钮，就可以看到橡胶成交量和持仓量信息，如图 5.3 所示。

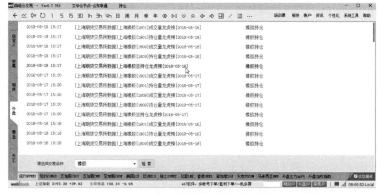

图 5.3　橡胶成交量和持仓量信息

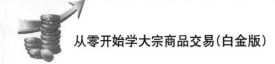

想要查看某个合约的橡胶成交量或持仓量，只需双击其信息标题即可。单击“[上海期货交易所数据]上海橡胶总持仓龙虎榜[2018-05-18]”，就可以看到上海橡胶总持仓量龙虎榜，如图 5.4 所示。

[上海期货交易所数据]上海橡胶总持仓龙虎榜[2018-05-18]

2018-05-18 15:17:19 字号 大 小

	多头总持仓龙虎榜				空头总持仓龙虎榜			
	会员号	会员名	多头持仓	增减	会员号	会员名	空头持仓	增减
1	103	永安期货	13881	-423	103	永安期货	34364	-255
2	148	中信期货	9379	-121	372	中粮国际	14230	312
3	240	广发期货	9279	-438	148	中信期货	13745	241
4	292	方正中期	9271	286	78	海通期货	11505	-175
5	78	海通期货	9179	1100	272	银河期货	11151	1552
6	253	华泰期货	9123	128	253	华泰期货	10774	-1432
7	4	国泰君安	8073	717	121	格林大华	10638	-404
8	272	银河期货	7190	-463	4	国泰君安	10268	297
9	96	南华期货	6742	-355	3	建信期货	8398	-77
10	121	格林大华	6541	15	177	大地期货	8027	564
11	42	光大期货	6200	-359	139	中粮期货	7609	108
12	157	中国国际	5974	34	58	国贸期货	7198	-192
13	163	东证期货	5530	757	59	瑞达期货	6819	531
14	268	中信建投	5190	557	77	新湖期货	6033	8
15	186	徽商期货	4645	-353	292	方正中期	5630	-739
16	69	申万期货	4266	10	163	东证期货	5628	-356
17	59	瑞达期货	4230	-572	125	中大期货	5450	-165
18	82	国投安信	4087	226	96	南华期货	5365	-457
19	125	中大期货	3965	-237	19	宝城期货	5110	-210
20	123	浙商期货	3960	-394	275	鲁证期货	5002	272
	合计		136705	115	合计		192944	-577

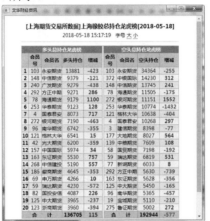

图 5.4　上海橡胶总持仓量龙虎榜信息

利用生意社网站查看天然橡胶信息的操作步骤如下。

在浏览器的地址栏中输入“http://www.100ppi.com”，然后按 Enter 键，就可进入生意社网站的首页。在“搜索”前面的文本框中输入“天然橡胶”，然后单击“搜索”按钮，就可以看到天然橡胶商品的最新报价信息，如图 5.5 所示。

商品名称	报价单位	规格	报价类型	报价	发布时间
天然橡胶	衡水星天	类别:标准胶	经销价	10900元/吨	2018-05-18
天然橡胶	云南赞元	类别:标准胶	经销价	10900元/吨	2018-05-18
天然橡胶	万方贸易	类别:标准胶	经销价	11050元/吨	2018-05-18
天然橡胶	万方贸易	类别:标准胶	经销价	11000元/吨	2018-05-18
天然橡胶	上海巨翊	类别:标准胶	经销价	11100元/吨	2018-05-18
天然橡胶	上海瑞洵	类别:标准胶	经销价	11100元/吨	2018-05-18
天然橡胶	荣融国际	类别:标准胶	经销价	11050元/吨	2018-05-18
天然橡胶	连康明	类别:标准胶	经销价	10900元/吨	2018-05-18
天然橡胶	版纳橡胶	类别:标准胶	经销价	10700元/吨	2018-05-18
天然橡胶	荣融国际	类别:烟胶片	经销价	13350元/吨	2018-05-17
天然橡胶	荣融国际	类别:标准胶	经销价	11100元/吨	2018-05-17
天然橡胶	上海连康明	类别:标准胶	经销价	11200元/吨	2018-05-17
天然橡胶	衡水星天	类别:标准胶	经销价	10900元/吨	2018-05-17
天然橡胶	云南赞元	类别:标准胶	经销价	10900元/吨	2018-05-17
天然橡胶	万方贸易	类别:标准胶	经销价	10700元/吨	2018-05-17
天然橡胶	万方贸易	类别:标准胶	经销价	10650元/吨	2018-05-17
天然橡胶	上海巨翊	类别:标准胶	经销价	11100元/吨	2018-05-17
天然橡胶	上海瑞洵	类别:标准胶	经销价	11100元/吨	2018-05-17
天然橡胶	荣融国际	类别:标准胶	经销价	10650元/吨	2018-05-17

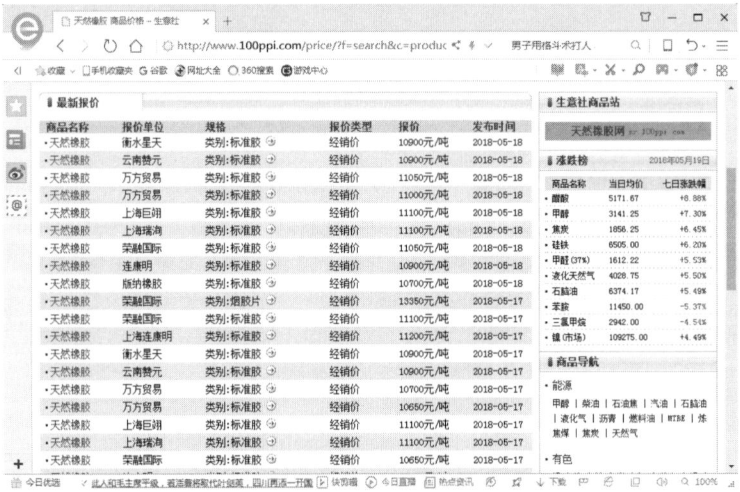

图 5.5　天然橡胶商品的最新报价信息

在天然橡胶商品最新报价信息页面的右侧，可以看到“天然橡胶网 nr.100ppi.com”，然后单击，就可进入天然橡胶产业网，看到天然橡胶的重点资讯信息和国内动态信息，如图 5.6 所示。

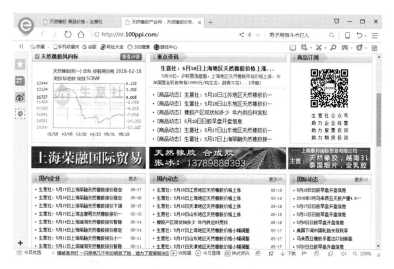

图 5.6　天然橡胶的重点资讯信息和国内动态信息

要想查看某条信息，只需双击该信息标题即可。

5.1.6　橡胶交易实例

在分析国内橡胶期货价格走势时，还要关注外盘橡胶价格的走势。打开期货行情分析软件，单击左侧的"外盘"标签，切换到"外盘"选项卡，再单击下方的"外盘加权指数"标签，就可以看到日胶指数的报价信息。

双击日胶指数的报价信息，就可以看到日胶指数的日 K 线图，如图 5.7 所示。

图 5.7　日胶指数的日 K 线图

下面通过具体实例来讲解橡胶期货实战交易。

(1) 进行基本面分析，分析当前橡胶期货的操作策略，即做多，还是做空。

(2) 根据当前橡胶期货合约的持仓量选择主力合约，主力合约的日 K 线图如图 5.8 所示。

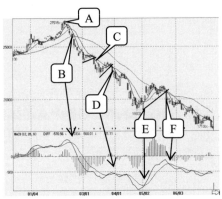

图 5.8　橡胶的日 K 线图

(3) 橡胶的价格经过一波上涨之后，创出 27515 高点。需要注意的是，在创出高点这一天，价格收了一根带有长长上影线的阳线，这表明，上方已出现压力，多单要谨慎一些。

(4) 第二天，价格高开低走，收了一根中阴线，即 A 处，这表明上方压力很大，有人开始在高位出货了，并且有资金开始在高位做空了。所以多单要及时减仓。

(5) 随后几天，价格不断震荡下跌，连续跌破 5 日、10 日和 30 日均线，并且 MACD 指标在高位出现死亡交叉，即 B 处。这是一个价格已见顶，开始下跌的信号，所以如果手中还有多单要第一时间果断出局。手中有空单的，可以耐心持有。没有空单的，要敢于建立空单。

(6) 接着价格开始沿着均线快速下跌，连续下跌 9 个交易日后，开始窄幅横盘整理，由于均线仍在明显的空头行情之中，所以中线空单可以耐心持有。短线空单可以先止盈。有向下突破信号再顺势跟空。

(7) 窄幅横盘整理 5 个交易日后，价格再度向下突破，即 C 处，所以 C 处是极佳的短线做空位置。因为横盘结束，后市又开始新的一波下跌。C 处做空，短期就可以获得丰厚的投资收益。

(8) 价格沿着均线下跌 5 个交易日后，又开始反弹。需要注意的，MACD 指标出现了做多信号，即出现了金叉。按 MACD 指标，这里可以抄底做多，但要明白，均线处在明显的空头行情之中。想做多，只能是轻仓搏反弹，所以在这里可以逢低轻仓做多，有盈利要见好就收。仍重点关注涨不动后的做空机会。

(9) 在这里价格反弹了 7 个交易日，反弹到 10 日均线附近，价格就反弹不动了。然后一根中阴线跌下来，开始一波新的下跌，即 D 处，所以 D 处是不错的顺势跟空位置，如果能及时跟进，短期就可以获得丰厚的投资收益。

> **提醒**　由于 D 处，MACD 指标再度死叉，这意味着这一波下跌可能时间比较长，所以这一波能跟进的，会有翻倍的收益机会。

(10) 随后价格开始了一波比较大的下跌，连续下跌十几个交易日，创出 18830 低点，价格就开始震荡盘底，然后反弹。在 E 处，一根低开高走的中阳线，拉开反弹序幕，并且 MACD 指标出现了做多信号，即出现了黄金交叉，所以 E 处可以介入多单。需要注意的是，这里也是反弹行情，不要期望太高，有盈利就要保护好盈利，并且有不好的信号，多单要及时出局，并且涨不动时，要敢于进场做空。

(11) 从其后走势来看，这里的反弹比较复杂，先反弹 7 个交易日，然后回调，再反弹 5 个交易日。需要注意的是，反弹的高点是越来越低，这意味着后市还会下跌，所以多单要逢高及时出局，并且可以逢高轻仓布局空单。

(12) 在 F 处，一根中阴线再度下跌，跌破了上升趋势线，这意味着反弹结束，后市开始新的一波下跌，所以 F 处，是不错的顺势跟空位置。由于 F 处，MACD 指标再度死叉，这意味着这一波下跌可能时间比较长，所以这一波能跟进的，会有翻倍的收益。

5.2　PVC 的交易技巧

聚氯乙烯(Polyvinyl Chloride)，简称 PVC，是我国重要的有机合成材料。其产品具有良好的物理性能和化学性能，广泛用于工业、建筑、农业、日用生活、包装、电力、公用事业等领域。

5.2.1　初识 PVC

聚氯乙稀是一种无毒、无臭的白色粉末，化学稳定性很高，具有良好的可塑性。除少数有机溶剂外，常温下可耐任何浓度的盐酸、90%以下的硫酸、50%～60%的硝酸及 20%以下的烧碱，对于盐类亦相当稳定；PVC 的热稳定性和耐光性较差，在 140 ℃以上即可开始分解并释放出氯化氢(HCl)气体，致使 PVC 变色。电绝缘性优良，一般不会燃烧，在火焰上能燃烧并释放出 HCl，但离开火焰即自熄，是一种"自熄性""难燃性"物质。主要用于生产透明片、管件、金卡、输血器材、软、硬管、板材、门窗、异型材、薄膜、电绝缘材料、电缆护套、输血料等。

从产品分类看，PVC 属于三大合成材料(合成树脂、合成纤维、合成橡胶)中的合成树脂类，其中包括五大通用树脂：聚乙烯 PE、聚氯乙烯 PVC、聚丙烯 PP、聚苯乙烯 PS、ADS 树脂。

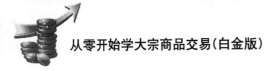

5.2.2 PVC 的供给与需求

1. PVC 的供给

1) 2018 年产能依旧紧张

增量方面，2018 年虽然规划的新产能有近 200 万吨，但大多是高成本的外购电石法，投产时间也集中在下半年，冲击较小。预计 2018 年 PVC 供给增量不会超过 2.5%。

预计 2018 年有近 200 万吨的新增产能将要投放。不过预计这些产能对价格的冲击很小。首先一体化装置比较复杂，顺利开工的要求很高，以恒瑞化工为例，本计划于 2017 年 7 月投产，但至今仍未正式投产；其次，新产能中有不少外购电本来就处于边际，在电石已经紧张的情况下，甚至有可能拉高边际成本；再次，新装置中包括姜钟法等新工艺能否顺利产出产品有较大不确定性，所以总体看来，2018 年新增供给有限，产量增量不会超过 2.5%。

2) 存量方面，产能提升的空间相当有限

在新增被限情况下，增产很大程度上来自老产能的升级改造，但存量产能有 50% 以上投产超过 5 年，且过去几年行业盈利很差，企业对设备维护不足，导致实际产量难以达到理论产能。目前国内行业开工率达到 80%，已处于近几年高位地带。

3) 近几年产量增加有限

2014 年我国 PVC 产量为 1620.5 万吨，2015 年产量下降至 1609.2 万吨，2016 年微幅增加至 1690.2 万吨。

2016 年我国 PVC 供应量同比增加仅有 3.2%~3.7%，而需求量同比增加在 4.8%~6.3%，需求增速超过供应增速。

4) 环保问题。

市场对周期性行业最大的担心来自取暖季过后，2+26 省市限产取消后，供给会出现放量。但实际上 PVC 行业前几年的自发产能出清使留存的企业基本是实力雄厚的大型企业。因此即使环保放松，对 PVC 边际的供给影响也有限。

2. PVC 的需求

2018 年市场虽普遍预期产销量会有所下滑，进而拖累 PVC 需求，但可以判断一方面新开工还会有增长，另一方面非地产的 PVC 需求以及出口今年还将保持增长，预计 2018 年 PVC 整体需求增速将在 6%左右。

2017 年房地产企业的土地购置面积明显提升，且国家规定满再年未动工开发的，政府可无偿收回土地使用权。目前国内商品房库存也下降较多，预计 2018 年新开工面积将有 3%的增长，这将同步拉动 PVC 的地产相关需求。PVC 制品需求与 GDP 关联较强，预计未来还将保持 4%左右的增速。而 PVC 制品出口表现最为突出，特别是 PVC 地板。近两年出口增速都在 25%以上。因此预计 2018 年 PVC 整体需求将在 6%左右。

5.2.3　PVC 标准合约

PVC 标准合约如表 5.2 所示。

表 5.2　PVC 标准合约

交易品种	聚氯乙烯
交易单位	5 吨/手
报价单位	元(人民币)/吨
最小变动价位	5 元/吨
涨跌停板幅度	上一交易日结算价的 4%
合约月份	1、2、3、4、5、6、7、8、9、10、11、12 月
交易时间	每周一至周五上午 9:00—11:30，下午 13:30—15:00
最后交易日	合约月份第 10 个交易日
最后交割日	最后交易日后第 2 个交易日
交割等级	质量标准符合《悬浮法通用型聚氯乙烯树脂(GB/T 5761—2006)》规定的 SG5 型一等品和优等品
交割地点	大连商品交易所指定交割仓库
最低交易保证金	合约价值的 5%
交易手续费	不超过 6 元/手
交割方式	实物交割
交易代码	V
上市交易所	大连商品交易所

5.2.4　影响 PVC 价格变动的因素

影响 PVC 价格变动的因素很多，下面进行具体讲解。

1. 供需状况变化

供需变化对 PVC 市场的影响具体如下。

- 供应面：停车检修、新装置开车，进口量的变化；石化政策性减产，装置意外事故。
- 需求面：下游制品生产和需求淡旺季等。需求旺季为每年春季、秋季，因为这是建筑施工旺季。
- 出口变化：原料和制品。下游行业门槛低导致加工能力大量过剩，旺季淡化，生产周期被提前和拉长，下游加工业利润微薄；恶性竞争导致产品质量下降，假冒伪劣产品盛行影响了使用的积极性。

2. 国际原油市场波动

- 成本传导：原油作为 PVC 的主要原料之一，从原油到 PVC 成本传导是，原油—石脑油—乙烯—氯乙烯—PVC。
- 油价相对稳定或小幅波动时，对 PVC 市场的影响不大，对 PVC 成本的影响主要体现在乙烯(氯乙烯)。
- 成本优势的变化：油价与电石价格的比较优势。
- 成本平衡点：油价 50 美元/桶 VS 电石 3000 元/吨。
- 油价影响市场参与者的心态。

3. 宏观经济形势(建材及房地产、汽车市场)

如果宏观经济形势好，对于 PVC 需求和消费就好，市场价格也比较理想；反之就会比较差。

当然 PVC 的价格，还受原材料价格变化(电石、VCM/EDC)、出口退税、限制使用、贸易保护主义、人民币汇率、出口形势、运输及自然灾害等的影响。

5.2.5　PVC 信息的查看

PVC 信息的查看方法与橡胶信息的查看方法一样，既可以通过大宗商品行情分析软件来查看，还可以通过生意社网站来查看，下面进行简单讲解。

打开大宗商品行情分析软件，单击菜单栏中的"资讯"|"24 小时实时资讯"命令，可以看到当前最新的实时资讯信息。单击"石化"标签，切换到"石化"选项卡，就可以看到石化大宗商品的实时资讯信息，如图 5.9 所示。

图 5.9　石化大宗商品的实时资讯信息

在石化大宗商品的实时资讯信息中，就可以关注 PVC 的最新信息。要想查看某条信息，只需双击其标题即可。在这里双击的是"[现货]PVC 短期回调概率大 但幅度有限"，如图 5.10 所示。

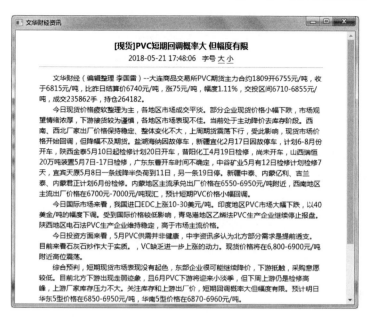

图 5.10　PVC 的最新信息

单击菜单栏中的"资讯"|"最新持仓报告"命令，就可以看到所有期货品种的最新持仓报告。单击"请选择交易品种"下拉列表框对应的下拉按钮，然后选择 PVC 选项，单击"检索"按钮，就可以看到 PVC 成交量和持仓量信息，如图 5.11 所示。

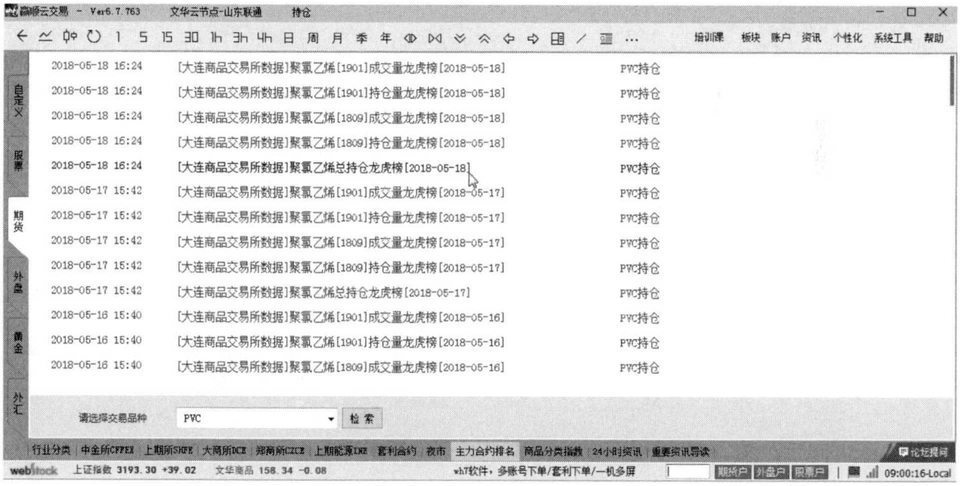

图 5.11　PVC 成交量和持仓量信息

想要查看某个合约的 PVC 成交量或持仓量，只需双击其信息标题即可。单击"[大连商品交易所数据]聚氯乙烯总持仓龙虎榜[2018-05-18]"，就可以看到聚氯乙烯总持仓量龙虎榜，如图 5.12 所示。

	多头总持仓龙虎榜				空头总持仓龙虎榜			
	会员号	会员名	多头持仓	增减	会员号	会员名	空头持仓	增减
1	109	永安期货	20099	911	109	永安期货	19255	-2806
2	152	南华期货	13121	14	58	方正中期	15711	5
3	149	建信期货	11583	-37	56	申银万国	9631	-1924
4	58	方正中期	6504	-211	110	中信期货	7526	456
5	110	中信期货	6256	-617	122	华泰期货	6643	-924
6	11	中辉期货	6223	475	125	国投安信	5999	-962
7	133	兴证期货	5680	839	107	中大期货	5082	611
8	122	华泰期货	5159	-395	102	中财期货	4183	1592
9	56	申银万国	5134	280	133	兴证期货	4031	843
10	30	国泰君安	3838	-391	103	中国国际	3380	28
11	97	浙商期货	3735	93	134	五矿经易	3309	-644
12	134	五矿经易	3075	58	101	先融期货	3000	510
13	101	先融期货	2562	481	51	银河期货	2888	-176
14	51	银河期货	2424	-777	49	海通期货	2670	-1492
15	229	长江期货	2377	-11	195	瑞达期货	2661	54
16	105	光大期货	2265	35	97	浙商期货	2135	20
17	117	弘业期货	2074	-1548	30	国泰君安	2043	340
18	15	新湖期货	2028	-422	206	金瑞期货	1818	-133
19	177	前海期货	1925	-785	160	冠通期货	1817	274
20	78	华信期货	1885	645	71	中信建投	1752	-773
合计			107947	-1363	合计		105534	-5101

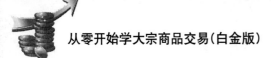

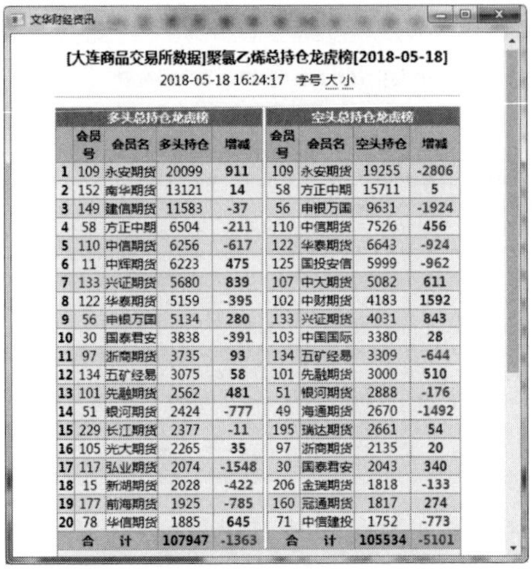

图 5.12 聚氯乙烯总持仓量龙虎榜信息

利用生意社网站来查看 PVC 信息的操作步骤如下。

在浏览器的地址栏中输入“http://www.100ppi.com”，然后按 Enter 键，就可进入生意社网站的首页。在“搜索”前面的文本框中输入“PVC”，然后单击“搜索”按钮，就可以看到 PVC 商品的最新报价信息，如图 5.13 所示。

商品名称	报价单位	规格	报价类型	报价	发布时间
·PVC	山东信发	牌号:SG5	出厂价	6800元/吨	2018-05-18
·PVC	英力特	牌号:SG5	出厂价	6850元/吨	2018-05-18
·PVC	山西榆社	牌号:SG5	出厂价	6710元/吨	2018-05-18
·PVC	三友化工	牌号:SG5	出厂价	7130元/吨	2018-05-18
·PVC	内蒙君正	牌号:SG5	出厂价	6800元/吨	2018-05-18
·PVC	陕西北元	牌号:SG5	出厂价	6850元/吨	2018-05-18
·PVC	昊华宇航	牌号:SG5	出厂价	6850元/吨	2018-05-18
·PVC	吉兰泰盐化	牌号:SG5	出厂价	6950元/吨	2018-05-18
·PVC	四川金路	牌号:SG5	出厂价	7000元/吨	2018-05-18
·PVC	金昱元	牌号:SG5	出厂价	6850元/吨	2018-05-18
·PVC	山东东岳	牌号:SG5	出厂价	6950元/吨	2018-05-18
·PVC	天原集团	牌号:SG5	出厂价	7100元/吨	2018-05-18
·PVC	天原集团	牌号:SG5	出厂价	7100元/吨	2018-05-17
·PVC	山东东岳	牌号:SG5	出厂价	7050元/吨	2018-05-17
·PVC	金昱元	牌号:SG5	出厂价	6850元/吨	2018-05-17
·PVC	四川金路	牌号:SG5	出厂价	7000元/吨	2018-05-17
·PVC	吉兰泰盐化	牌号:SG5	出厂价	6950元/吨	2018-05-17
·PVC	昊华宇航	牌号:SG5	出厂价	6950元/吨	2018-05-17
·PVC	陕西北元	牌号:SG5	出厂价	6850元/吨	2018-05-17
·PVC	内蒙宜化	牌号:SG5	出厂价	6750元/吨	2018-05-17

商品名称	当日均价	七日涨跌幅
·醋酸	5171.67	+8.88%
·甲醇	3141.25	+7.30%
·焦炭	1856.25	+6.45%
·硅铁	6505.00	+6.20%
·甲醛(37%)	1612.22	+5.53%
·液化天然气	4028.75	+5.50%
·石脑油	6374.17	+5.49%
·苯胺	11450.00	-5.37%
·三氯甲烷	2942.00	-4.54%
·镍(市场)	109275.00	+4.49%

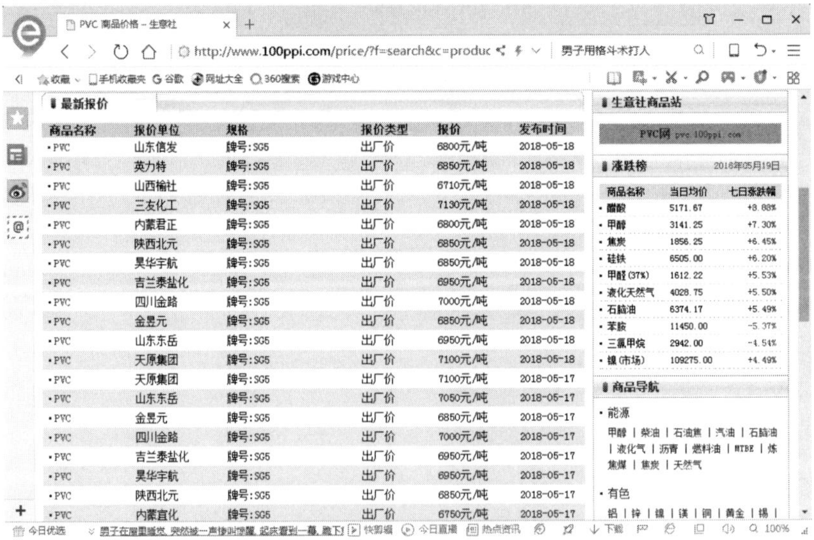

图 5.13 PVC 商品的最新报价信息

在 PVC 商品的最新报价信息页面的右侧，可以看到“PVC 网 pvc.100ppi.com”，然后单击，就可进入 PVC 网，看到 PVC 的重点资讯信息和国内动态信息，如图 5.14 所示。

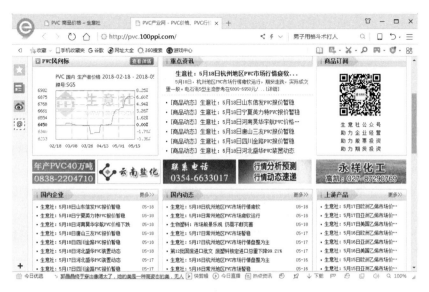

图 5.14　PVC 的重点资讯信息和国内动态信息

要想查看某条信息，只需双击该信息标题即可。

5.2.6　PVC 交易实例

下面通过具体实例来讲解 PVC 期货实战交易。

(1) 进行基本面分析，分析当前 PVC 期货的操作策略，即做多，还是做空。

(2) 根据当前 PVC 期货合约的持仓量选择主力合约，主力合约的日 K 线图如图 5.15 所示。

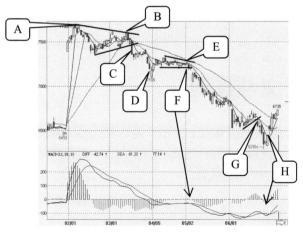

图 5.15　PVC 的日 K 线图

(3) 价格经过一波上涨之后，创出 7700 高点。需要注意的是，在创出高点这一天，价格收了一根中阴线，这意味着上方已有压力，即 A 处。

(4) 随后价格开始震荡下跌，经过一波下跌之后，MACD 指标在高位形成了死亡交叉，这意味着后市价格要走低。

(5) 接着价格开始宽幅震荡整理，但整个震荡整理在一个三角形之中。所以当价格反弹到三角形上边线时，可以轻仓介入空单，即 B 处。

(6) 随后价格跌破了三角形的下边线，这意味着震荡行情结束，后市将迎来震荡下跌行情，即 C 处。所以 C 处是最佳的做空位置，要敢于做空。

(7) 从其后走势看，价格跌破三角形下边线后，就开始快速下跌，连续下跌 10 个交易日，创出 7105 低点，即 D 处。

(8) 在创出低点这一天，价格低开高走，收了一根中阳线，这意味着价格要反弹了。

(9) 随后价格连续反弹三天，然后又开始横盘整理，但横盘整理的高点越来越低，所以横盘后再次下跌的概率比较大，当价格反弹不动时，可以轻仓介入空单，即 E 处。

(10) 在 F 处，价格跌破了横盘整理的下边线，这意味着横盘行情结束，开始新的一波下跌，要果断进场做空。另外，在这里可以看到 MACD 指标再度出现死亡交叉，所以在这里做空，一般会有不错的投资收益。

(11) 从其后走势看，价格开始一波比较长的下跌行情，沿着均线连续下跌 26 个交易日，再出现一波反弹。这一波反弹用了 6 个交易日，但需要注意的是，MACD 指标开始转多，这意味着后市下跌空间已不大。

(12) 在 G 处，价格再度跌破上升趋势线，这意味着新的一波下跌开始。在这里需要注意的是，这一波下跌之后要学会见好就收，因为 MACD 指标已背离。

(13) 从其后走势可以看出，价格连续下跌 4 个交易日，创出 6290 低点，然后就开始快速拉升，并且MACD 二次金叉上攻，所以 H 处是不错的做多位置。

5.3 塑料的交易技巧

塑料，即线性低密度聚乙烯(LLDPE)，是乙烯与少量高级 α-烯烃(如丁烯-1、己烯-1、辛烯-1、四甲基戊烯-1 等)在催化剂的作用下，经高压或低压聚合而成的一种共聚物，密度为 0.915～0.940 克/厘米^3。

5.3.1 初识塑料

按共聚单体类型，LLDPE 可划分为 3 种共聚物：C4(丁烯-1)、C6(己烯-1)和

C8(辛烯-1)。其中，丁烯共聚物是全球生产量最大的 LLDPE 树脂，而己烯共聚物则是目前增长最快的 LLDPE 品种。在 LLDPE 树脂中，共聚单体的典型用量为 5%～10%重量分数，平均用量大约为 7%。

与通常使用的丁烯共聚单体相比，以己烯和辛烯作为共聚单体生产的 LLDPE 具有更为优良的性能。LLDPE 树脂的最大用途在于薄膜的生产，以长链 α-烯烃(如己烯、辛烯)作为共聚单体生产的 LLDPE 树脂制成的薄膜及制品在拉伸强度、冲击强度、撕裂强度、耐穿刺性、耐环境应力开裂性等许多方面均优于用丁烯作为共聚单体生产的 LLDPE 树脂。自 20 世纪 90 年代以来，国外的 PE 生产厂商及用户均趋向于用己烯及辛烯替代丁烯。据悉，用辛烯作共聚单体，树脂性能不一定能比己烯共聚有更进一步的改善，且价格反而贵些，因此目前国外主要 LLDPE 生产商使用己烯来替代丁烯的趋势更为明显。

LLDPE 的主要应用领域是农膜、包装膜、电线电缆、管材、涂层制品等。

从近年来 LLDPE 的消费情况看，薄膜的消费比例一直保持在 77%左右，第二大品种注塑制品的消费比例也一直在 9%上下徘徊。预计未来几年，虽然各项品种的绝对消费量将继续增长，但其消费比例会基本维持目前态势；由于包装膜的需求相对增长较快，农膜的消费比例将会降至 20%左右。

由于 LLDPE 的性能不断改善，其应用领域也不断扩大，未来市场对 LLDPE 的需求增速将大大高于 LDPE 和 HDPE。

5.3.2　塑料的供给与需求

1.　世界塑料的供给与需求情况

1) 世界 LLDPE 生产概况

世界 LLDPE 产能主要集中在北美、亚太、西欧和中东地区，近年来此四地产能分别占全球总产能的 30.9%、28.3%、16.1%和 13.3%，其产能之和占全球总产能的 88.6%。中东是产能增长最快的地区。

分国家看，美国、沙特阿拉伯、加拿大、中国和日本位居世界产能的前五名，五国产能之和约占世界总产能的 55%。

2) 世界 LLDPE 消费概况

从 3 种聚乙烯的消费比例看，HDPE 占总消费量的 32%，LDPE 占 29%，LLDPE 所占比例最高，达 39%。

未来的消费中，薄膜、注塑仍将是 LLDPE 消费的最大领域。

2.　我国塑料的供给与需求情况

1) 我国 LLDPE 供求概况

2016 年我国 LLDPE 产量为 188 万吨，消费量约为 355 万吨，进口约为 170 万吨,对外依存度达 48%,供需缺口较大。虽然随着国内产能的扩增,供给能力增强,对外依存度将不断缩小,但从目前国内外技术实力差距看,未来我国在高档产品,特别是在一些专用料领域,则主要还是依赖进口,这一现状若干年内难以改变。

2) 我国 LLDPE 的消费状况

随着我国经济的快速发展,对 LLDPE 的消费增长也呈加速发展之势。从消费量上看,高密度聚乙烯仍是我国当前消费的最大品种;从增速上看,LLDPE 增长最快,几乎是 HDPE 的一倍,也大大高于 LDPE。近年来,LLDPE 的消费量迅速上升,大有后来居上之势,对 HDPE 的消费霸主地位形成了强烈挑战。

我国 LDPE 主要消费领域是薄膜(包括农膜),占其总消费量的 75%~80%,其他应用领域,如注塑、涂层制品及电线电缆等,占 20%~25%。

在薄膜消费领域,包装膜所占比重最大,在 70%左右;农膜约为 30%。包装薄膜是 LDPE / LLDPE 最大的应用领域,主要有扭结包装膜、收缩包装膜、缠绕包装膜、贴体包装膜、充气包装膜、高阻透性膜(阻气、阻光等)、高耐热性膜、选择渗透膜、保鲜膜、抗菌膜等。全国包装膜的生产能力在 280 万吨/年以上,产量在 225 万吨左右,产品中单膜所占比重较大,近年来复合膜的需求量越来越大,消费比例达包装膜的 10%。

5.3.3 塑料标准合约

塑料标准合约如表 5.3 所示。

表 5.3 塑料标准合约

交易品种	线型低密度聚乙烯
交易单位	5 吨/手
报价单位	元(人民币)/吨
最小变动价位	5 元/吨
涨跌停板幅度	上一交易日结算价的 4%
合约月份	1、2、3、4、5、6、7、8、9、10、11、12 月
交易时间	每周一至周五上午 9:00—11:30;下午 13:30—15:00
最后交易日	合约月份第 10 个交易日
最后交割日	最后交易日后第 2 个交易日
交割等级	大连商品交易所线型低密度聚乙烯交割质量标准
交割地点	大连商品交易所线型低密度聚乙烯指定交割仓库
最低交易保证金	合约价值的 5%
交易手续费	不超过 8 元/手

交割方式	实物交割
交易代码	L
上市交易所	大连商品交易所

5.3.4　影响塑料价格变动的因素

影响塑料价格变动的因素很多，下面进行具体讲解。

1.　上游原料价格波动对 LLDPE 价格的影响

1) PE 的生产流程

PE 的生产流程为：原油(Crude oil)——石脑油(Naphtha)——乙烯(Ethylene/C2)——聚乙烯(Polyethylene，PE)。

线性聚乙烯是聚乙烯的一种，从生产流程中可以看出，原油、石脑油以及乙烯是其上游原料，它们价格的波动将会直接影响到 PE，包括 LLDPE 的价格变化。

上游原料价格的涨跌对 PE 市场形成短期与长期两类影响。短期影响在于上游原料的价格起伏对贸易商产生的心理影响，经销商的"蓄水池"作用使看多或者看空心理的转变与原料价格变化密切相关。比如，油价或单体的连续暴涨可能激发经销商的炒作情绪导致成交放量，推动聚乙烯价格上扬。

作为 LLDPE 的上游原料，原油、石脑油以及单体价格的变化势必会引起 LLDPE 的价格波动，这种影响作用是一种成本驱动，也是一种长期影响。

2) 原油

我们目前所看到的油价是一种期货价格，加之聚乙烯的生产加工有一定周期，因此原油涨跌对于当日 PE 现货而言并不会产生成本方面的影响，它所产生的成本驱动会有一定的延迟性。

3) 石脑油

对于 PE 而言成本方面影响最大的是石脑油，而并非原油。因为目前聚乙烯大部分装置都是一体化的装置，即这些工厂是采购石脑油的，而非乙烯单体。

4) 乙烯单体

原料(单体和α烯烃)在成本因素中占的比例高达 87%以上。而在聚烯烃的生产成本中，其他因素是相对稳定的，因此可以说单体价格的变化是影响聚烯烃成本最主要的因素。

一般而言，从乙烯加工至聚乙烯的成本为 120～150 美元/吨。但如前所述，PE 大部分装置是一体化装置，因此乙烯单体对聚乙烯价格的影响不如石脑油价格来得直接。

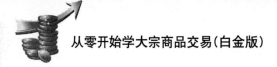

2. 供应方面对 LLDPE 价格的影响

国内方面对 LLDPE 价格的影响主要在于石化的库存、装置的检修与切换以及石化的考核政策。

具体来说，石化库存是社会资源总量的一部分，而这一部分又直接关联着国内石化的定价措施。因此，石化库存的高低是 LLDPE 价格的晴雨表。一般来说，国内石化有各自的设计库容，当库存水平超过正常库存时，迫于销售压力国内石化可能会采取降价的措施以促进销售。反之，当销售顺畅，库存偏低时，也意味着石化存在推涨的潜能。

装置的检修以及切换会导致某个级别或者牌号原有的供应骤减或激增，从而打破原来的供需平衡，引起 LLDPE 价格波动。

再者，石化的考核政策对 LLDPE 的价格也会产生一定影响。例如，中石化的月底停销结算以及中油月度买断，一方面在供应上，另一方面在定价上均会给现货价格带来影响。

进口供应对于国内 LLDPE 市场价格的影响主要体现在数量和价格两方面，其中数量的影响更为主要。在正常情况下，一般国外供应商会有相对固定的数量销往中国大陆市场，因此，供应量的突变会对国内市场的供需平衡产生影响。例如，在国内供应与需求相对平稳的情况下，进口量连续数月萎缩或剧增，必然导致原有的供需平衡局面遭到破坏，在寻求新的平衡的过程中，现货价格会出现较为明显的涨跌。

供应量的变化与其装置检修情况和开工率密切相关，除此之外，也与该供应商国内的内需情况以及周边国家的市场状况有很大关联，如东南亚、中东等。

从长期来看，供应商对中国地区的销售量还与其企业战略有关，如扩产计划、销售格局等。

3. 需求方面对 LLDPE 价格的影响

需求包括实际需求和投机需求。

所谓实际需求，是指下游工厂的生产需求，影响主要涉及以下 3 个方面。

第一，现有库存情况对采购时机的影响。下游工厂的库存同样是社会资源总量的一部分，它的高低与否直接影响着工厂的采购时间，对原料市场的成交是一个不可忽略的影响因素。

第二，下游工厂的生产条件对开工率的影响，直接关联需求量。这主要体现在夏季工厂限电，导致开工率不足。

第三，与下游工厂制品销售相关：①产品销售的淡旺季——如 LLDPE 在中国市场的一个主要用途为农用薄膜，一般春节前后以及 7−9 月是其两个生产旺季，分别集中生产地膜和大棚膜，对 LLDPE 需求旺盛；②产品销售价格的涨跌影响工厂对采购成本的控制，如农用薄膜是利润率较低的下游制品，其产品销路不佳或者价格下跌会直接影响工厂对原料采购的成本控制，从而影响成交量；③各种交易会议的召开对下游工厂的订单情况产生影响，从而促进需求增长。

所谓投机需求，是指贸易商行为，如集中备货或抛售而引起的需求变化。其中主要涉及的方面包括贸易商的库存、资金状况以及心态。

(1) 库存——除却石化库存、下游库存，贸易商的库存就是社会资源量中的另一主要组成部分。贸易商的库存表征着"蓄水池"的容量大小，库存水平偏高意味着市场流通环节不畅，价格上涨乏力，呈现走软迹象；而库存偏低，则表示市场成交尚可，具备上行动力。

(2) 资金状况——贸易商如果存有付汇压力，往往会通过低价销售货源以回笼资金，从而导致市场出现一些超低报价，在行情走势不明朗的情况下，动摇人心。但通常来讲，这种情况对价格的影响有限。

(3) 心态——这意味着贸易商对后市的预期，与其是否备货建仓直接相关，对短期内成交量的影响较为明显，从而引导价格走向。

5.3.5　塑料信息的查看

塑料信息的查看方法与橡胶信息的查看方法一样，既可以通过大宗商品行情分析软件来查看，还可以通过生意社网站来查看，下面进行简单讲解。

打开大宗商品行情分析软件，单击菜单栏中的"资讯"|"24 小时实时资讯"命令，可以看到当前最新的实时资讯信息。单击"石化"标签，切换到"石化"选项卡，就可以看到石化大宗商品的实时资讯信息，如图 5.16 所示。

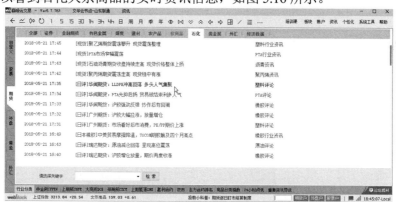

图 5.16　石化大宗商品的实时资讯信息

在石化大宗商品的实时资讯信息中，就可以关注塑料的最新信息。要想查看某条信息，只需双击其标题即可。在这里双击的是"[日评]华闻期货：LLDPE 冲高回落多头人气集聚"，如图 5.17 所示。

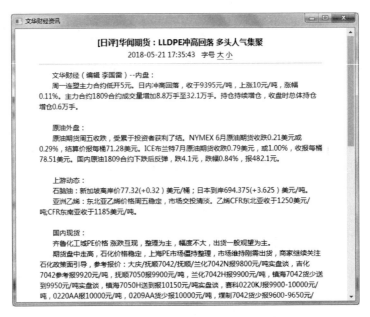

图 5.17　塑料的最新信息

单击菜单栏中的"资讯"|"最新持仓报告"命令，就可以看到所有期货品种的最新持仓报告。单击"请选择交易品种"下拉列表框对应的下拉按钮，然后选择"塑料"选项，单击"检索"按钮，就可以看到塑料成交量和持仓量信息，如图 5.18 所示。

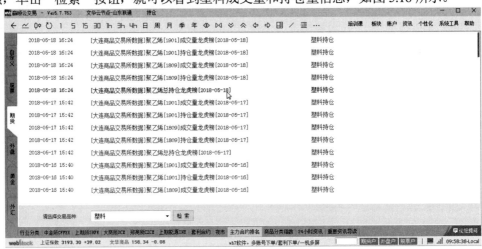

图 5.18　塑料成交量和持仓量信息

想要查看某个合约的塑料成交量或持仓量，只需双击其信息标题即可。单击"[大连商品交易所数据]聚乙烯总持仓龙虎榜[2018-05-18]"，就可以看到塑料总持仓量龙虎榜，如图 5.19 所示。

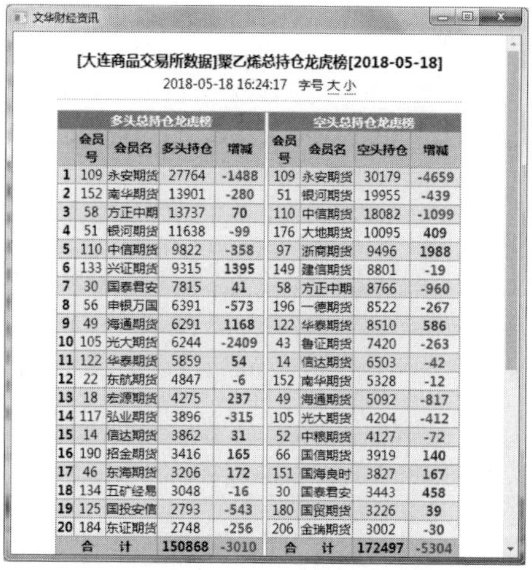

文华财经资讯

[大连商品交易所数据]聚乙烯总持仓龙虎榜[2018-05-18]

2018-05-18 16:24:17　字号 大 小

	多头总持仓龙虎榜				空头总持仓龙虎榜			
	会员号	会员名	多头持仓	增减	会员号	会员名	空头持仓	增减
1	109	永安期货	27764	-1488	109	永安期货	30179	-4659
2	152	南华期货	13901	-280	51	银河期货	19955	-439
3	58	方正中期	13737	70	110	中信期货	18082	-1099
4	51	银河期货	11638	-99	176	大地期货	10095	409
5	110	中信期货	9822	-358	97	浙商期货	9496	1988
6	133	兴证期货	9315	1395	149	建信期货	8801	-19
7	30	国泰君安	7815	41	58	方正中期	8766	-960
8	56	申银万国	6391	-573	196	一德期货	8522	-267
9	49	海通期货	6291	1168	122	华泰期货	8510	586
10	105	光大期货	6244	-2409	43	鲁证期货	7420	-263
11	122	华泰期货	5859	54	14	信达期货	6503	-42
12	22	东航期货	4847	-6	152	南华期货	5328	-12
13	18	宏源期货	4275	237	49	海通期货	5092	-817
14	117	弘业期货	3896	-315	105	光大期货	4204	-412
15	14	信达期货	3862	31	52	中粮期货	4127	-72
16	190	招金期货	3416	165	66	国信期货	3919	140
17	46	东海期货	3206	172	151	国海良时	3827	167
18	134	五矿经易	3048	-16	30	国泰君安	3443	458
19	125	国投安信	2793	-543	180	国贸期货	3226	39
20	184	东证期货	2748	-256	206	金瑞期货	3002	-30
	合	计	150868	-3010	合	计	172497	-5304

图 5.19　聚乙烯总持仓量龙虎榜信息

利用生意社网站来查看塑料信息的操作步骤如下。

在浏览器的地址栏中输入“http://www.100ppi.com”，然后按 Enter 键，就可进入生意社网站的首页。在“搜索”前面的文本框中输入“LLDPE”，然后单击“搜索”按钮，就可以看到塑料商品的最新报价信息，如图 5.20 所示。

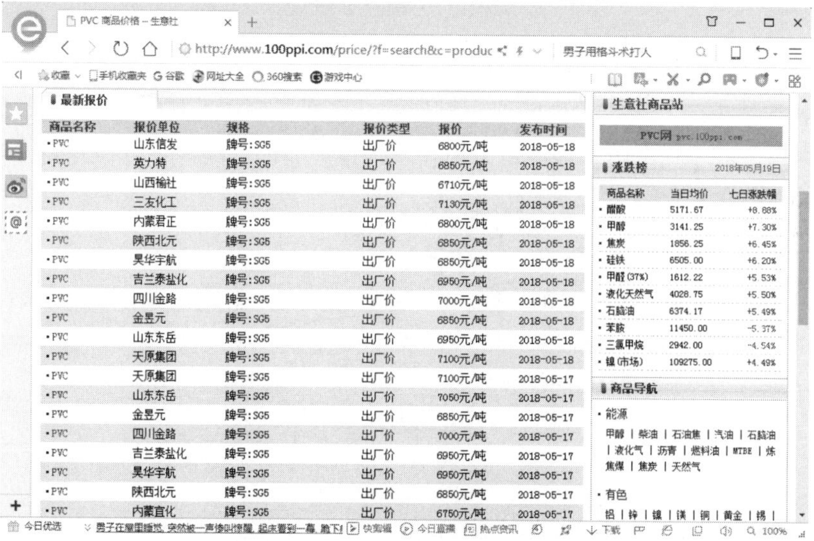

商品名称	报价单位	规格	报价类型	报价	发布时间
·PVC	山东信发	牌号:SG5	出厂价	6800元/吨	2018-05-18
·PVC	英力特	牌号:SG5	出厂价	6850元/吨	2018-05-18
·PVC	山西榆社	牌号:SG5	出厂价	6710元/吨	2018-05-18
·PVC	三友化工	牌号:SG5	出厂价	7130元/吨	2018-05-18
·PVC	内蒙君正	牌号:SG5	出厂价	6800元/吨	2018-05-18
·PVC	陕西北元	牌号:SG5	出厂价	6850元/吨	2018-05-18
·PVC	昊华宇航	牌号:SG5	出厂价	6850元/吨	2018-05-18
·PVC	吉兰泰盐化	牌号:SG5	出厂价	6950元/吨	2018-05-18
·PVC	四川金路	牌号:SG5	出厂价	7000元/吨	2018-05-18
·PVC	金昱元	牌号:SG5	出厂价	6850元/吨	2018-05-18
·PVC	山东东岳	牌号:SG5	出厂价	6950元/吨	2018-05-18
·PVC	天原集团	牌号:SG5	出厂价	7100元/吨	2018-05-18
·PVC	天原集团	牌号:SG5	出厂价	7100元/吨	2018-05-17
·PVC	山东东岳	牌号:SG5	出厂价	7050元/吨	2018-05-17
·PVC	金昱元	牌号:SG5	出厂价	6850元/吨	2018-05-17
·PVC	四川金路	牌号:SG5	出厂价	7000元/吨	2018-05-17
·PVC	吉兰泰盐化	牌号:SG5	出厂价	6950元/吨	2018-05-17
·PVC	昊华宇航	牌号:SG5	出厂价	6950元/吨	2018-05-17
·PVC	陕西北元	牌号:SG5	出厂价	6850元/吨	2018-05-17
·PVC	内蒙宜化	牌号:SG5	出厂价	6750元/吨	2018-05-17

商品名称	当日均价	七日涨跌幅
·醋酸	5171.67	+8.88%
·甲醇	3141.25	+7.30%
·焦炭	1856.25	+6.45%
·硅铁	6505.00	+6.20%
·甲醛(37%)	1612.22	+5.53%
·液化天然气	4028.75	+5.50%
·石脑油	6374.17	+5.49%
·苯胺	11450.00	-5.37%
·三氯甲烷	2942.00	-4.54%
·镍(市场)	109275.00	+4.49%

图 5.20　塑料商品的最新报价信息

在塑料商品的最新报价信息页面的右侧，可以看到“LLDPE 网 pe.100ppi.com”，然后单击，就可进入塑料产业网，看到塑料商品的重点资讯信息和国内动态信息，如图 5.21 所示。

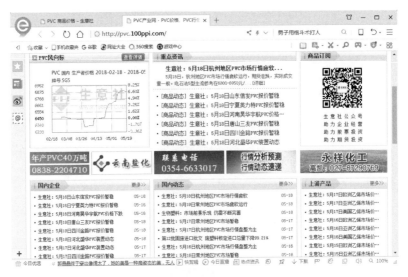

图 5.21　塑料商品的重点资讯信息和国内动态信息

要想查看某条信息，只需双击该信息标题即可。

5.3.6　塑料交易实例

下面通过具体实例来讲解塑料期货实战交易。

(1) 进行基本面分析，分析当前塑料期货的操作策略，即做多，还是做空。

(2) 根据当前塑料期货合约的持仓量选择主力合约，主力合约的日 K 线图如图 5.22 所示。

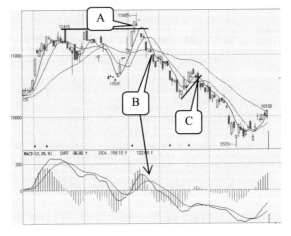

图 5.22　塑料的日 K 线图

（3）在 A 处，一根中阳线向上突破，从理论上来说，价格将开始新的一波上涨，但接下来的价格并没有上涨，而是收了一根带有长长上影线的阴线，这表明突破是假的，后市很可能要迎来下跌行情。所以多单要及时出局，并且可以轻仓布局空单。

（4）随后价格开始快速下跌，连续跌破 5 日、10 日和 30 日均线，并且 MACD 指标在高位出现死亡交叉，即 B 处，这表明新的下跌波段到来。所以手中空单可以耐心持有，并且在 B 处，还可以继续加仓做空。

（5）接着价格继续下跌，经过十几个交易日的下跌后，出现了一波反弹。这一波反弹用了 6 个交易日，然后再度下跌，并且在 C 处，跌破了上升趋势线，所以 C 处是不错的顺势跟空位置。在该位置介入空单，会有不错的投资收益。

（6）随后价格又连续下跌几个交易日，创出 9505 低点在低位震荡，然后 MACD 指标出现金叉做多信号，所以空单要及时止盈出局，并可以反手做点多单。

5.4　PTA 的交易技巧

PTA 是精对苯二甲酸(Pure Terephthalic Acid)的英文简称，在常温下是白色粉状晶体，无毒、易燃，若与空气混合，在一定限度内遇火即可燃烧。

5.4.1　初识 PTA

PTA 为石油的下端产品。石油经过一定的工艺过程生产出石脑油(别名轻汽油)，从石脑油中先提炼出 MX(混二甲苯)，再提炼出 PX(对二甲苯)。PTA 以 PX(配方占 65%～67%)为原料，以醋酸为溶剂，在催化剂的作用下经空气氧化(氧气占 35%～33%)，生成粗对苯二甲酸。然后对粗对苯二甲酸进行加氢精制，去除杂质，再经结晶、分离、干燥，制得精对苯二酸产品，即 PTA 成品。

国际、国内有厂家生产粗对苯二甲酸，如三鑫石化的 EPTA、韩国三南的 QTA 等。生产工艺中少了后面的精制过程。对苯二甲酸成本低，具有价格优势，可满足不同聚酯企业需要。

PTA 是重要的大宗有机原料之一，广泛用于化学纤维、轻工、电子、建筑等国民经济的各个方面。同时，PTA 的应用又比较集中，世界上 90%以上的 PTA 用于生产聚对苯二甲酸乙二醇酯(简称聚酯，PET)。生产 1 吨 PET 需要 0.85～0.86 吨的 PTA 和 0.33～0.34 吨的 MEG(乙二醇)。

聚酯包括纤维切片、聚酯纤维、瓶用切片和薄膜切片。国内市场中，有 75%的 PTA 用于生产聚酯纤维；20%用于生产瓶级聚酯，主要应用于各种饮料尤其是碳酸饮料的包装；5%用于膜级聚酯，主要应用于包装材料、胶片和磁带。可见，PTA 的下游延伸产品主要是聚酯纤维。

聚酯纤维,俗称涤纶,在化纤中属于合成纤维。合成纤维制造业是化纤行业中规模最大、分支最多的子行业,除了涤纶外,其产品还包括腈纶、锦纶、氨纶等。合成纤维产量占化纤总量的 92%,而涤纶纤维占合成纤维的 85%。涤纶分长丝和短纤,长丝约占 62%,短纤约占 38%。长丝和短纤的生产方法有两种:一种是 PTA 和 MEG 生产出切片,用切片熔融后喷丝而成;另一种是 PTA 和 MEG 在生产过程中不生产切片,而是直接喷丝而成。

涤纶可用于制作特种材料如防弹衣、安全带、轮胎帘子线、渔网、绳索、滤布及绝缘材料等。但其主要用途是作为纺织的重要原料。国内纺织品原料中,棉花和化纤占总量的 90%。我国化纤产量位列世界第一,化纤中涤纶占化纤总量的近 80%。因此,涤纶是纺织行业的主要原料。涤纶长丝供纺织企业用来生产化纤布,涤纶短纤一般与棉花混纺。棉纱一般占纺织原料的 60%,涤纶占 30%~35%,不过,二者用量因价格变化而不同。

简单地说,PTA 的原料是 PX,源头是石油。涤纶用 PTA 占总量的 75%,而化纤中 78%为涤纶。这就是“化纤原料 PTA”说法的由来。

5.4.2 PTA 的供给与需求

1. PTA 的生产情况

2000 年以前,中国 PTA 的产量较小,年产量不足 150 万吨。2000 年以后,随着聚酯业的快速发展,对 PTA 的需求增长强劲,PTA 工业开始崛起。PTA 产量从 2000年的 221 万吨猛增至 2005 年年底的 565 万吨,年平均增幅高达 28%,中国 PTA 产能一举超越韩国、美国,成为 PTA 世界第一的生产国。

中国 PTA 主要分三块:进口、民营、中石化,其所占比例分别为 53%、22%、22%。近年来,在扩容中,民营、合资企业数量占优。因此,PTA 的民营、合资企业将逐步占主导地位。

2. PTA 的消费情况

全球 PTA 消费增长在中国。2001 年以来,我国 PTA 的消费经历了快速增长的过程。在高利润、国产化技术成熟、投资成本大幅下降的驱动下,中国聚酯产业迅猛发展,聚酯原料市场因此出现根本性的变化。

中国是世界上最大的聚酯生产国,理所当然地成为世界最大的 PTA 消费国。中国PTA 消费量占世界 PTA 消费总量的 1/3 和亚洲 PTA 消费总量的 1/2。通俗地说,世界上每三吨 PTA 中有 1 吨、亚洲每两吨 PTA 中有 1 吨被中国的聚酯工厂消化。

3. PTA 的进口情况

我国是全球最大的 PTA 进口国。从进口依存度分析,由于下游对 PTA 的需求强劲,国内缺口较大,我国 PTA 消费一直对进口保持较高的依存度。特别是 1999 年以来，进口依存度均在 50%以上。据业内人士预测，随着国内 PTA 产能的扩张以及消费量增速放缓，PTA 进口依存度将趋于下降。

从进口来源分布来看，亚洲国家占总进口量的 95.6%左右，另外 4%的 PTA 来自北美和欧洲。主要进口来源地为韩国、日本、印尼和泰国。近年来，伊朗、沙特以及土耳其也开始向中国输入 PTA。

4. 世界 PTA 市场简介

全球 PTA 的生产集中于亚洲、北美和西欧。2016 年三地产能占全球的 96.7%。亚洲 PTA 产能第一，占全球产能的 70%左右，如果除掉逐步降负的 DMT 装置，亚洲 PTA 产能占全球产能的近 3/4。全球新增的 PTA 产能几乎都在亚洲，而亚洲的新增产能也有 80%～90%集中在中国。中国是世界 PTA 生产和消费的中心。

5.4.3　PTA 标准合约

PTA 标准合约如表 5.4 所示。

表 5.4　PTA 标准合约

交易品种	精对苯二甲酸(PTA)
交易单位	5 吨/手
报价单位	元(人民币)/吨
最小变动价位	2 元/吨
每日价格最大波动限制	不超过上一交易日结算价±4%
合约交割月份	1、2、3、4、5、6、7、8、9、10、11、12 月
交易时间	每周一至周五上午 9:00—11:30；下午 13:30—15:00
最后交易日	交割月第 10 个交易日(法定节假日除外)
交割日	交割月第 12 个交易日(法定节假日除外)
交割品级	符合工业用精对苯二甲酸 SH/T 1612.1—2005 质量标准的优等品 PTA。详见《郑州商品交易所精对苯二甲酸交割细则》
交割地点	交易所指定仓库
最低交易保证金	合约价值的 6%
交易手续费	不高于 4 元/手(含风险准备金)
交割方式	实物交割
交易代码	TA
上市交易所	郑州商品交易所

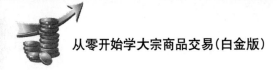

5.4.4　影响 PTA 价格变动的因素

影响 PTA 价格变动的因素很多，下面进行具体讲解。

1. 供给方面

由于我国聚酯产业高速发展，国内 PTA 的产量远远无法满足其需要，缺口靠进口弥补。为了满足国内市场对 PTA 的消费需求，近几年 PTA 产能新建扩建的项目不少。随着这些项目建成投产，国内 PTA 产能会有一个很大的提升，但相对消费需求增长而言仍然会存在一些缺口。与聚酯生产线一年即可投产相比，PTA 项目投产至少需要一年半到两年以上的时间。

PTA 为连续生产、连续消费，而生产和消费可根据市场情况进行调节。同时 PTA 现货交易中以直销为主，上下游产销关系相对稳定，产销率较高。因此，生产厂家库存很少。PTA 的价值高，资金占用多。下游聚酯厂家一般也只是保存 10 多天的消费量。库存量较大的一般为贸易商及现货投机商。

2. 需求方面

需求主要体现在以下两个方面。

1) 聚酯增长决定直接需求

PTA 主要用于生产聚酯。生产 1 吨 PET 需要 0.85～0.86 吨的 PTA。聚酯产业发展状况决定 PTA 的消费需求。1995 年全球聚酯总产能约为 1900 万吨/年，而当时中国的聚酯产能约 190 万吨/年，占全球总产能的 10%；2005 年，全球产能接近 5500 万吨/年，中国的聚酯产能则达到 2163 万吨/年，约占全球总产能的 40%，中国聚酯产能的年均增长率达全球平均水平的 3 倍。2007 年以后，中国聚酯产能将进入一个缓慢增长的周期，增长率将维持在 5%左右。

2) 纺织增长决定终端需求

聚酯产品中涤纶对 PTA 的需求量最大，决定着 PTA 的消费情况。2016 年化纤产量占我国纺织工业纤维加工总量 2690 万吨的 61%，而化纤中涤纶占总量的近 80%。涤纶是纺织行业的主要原料。这就是说，纺织行业的景气程度、发展状况直接影响着涤纶市场消费，进而决定对 PTA 的需求。

全球 GDP 与全球纤维总消费量之间有着密切的互动关系。强势的经济增长带动了终端产品——服装的需求，会为纺织工业提供更大的发展动力。纺织工业发展推动聚酯需求增长，最终影响市场对 PTA 的需求量。

中国是世界上最大的纺织品生产国。从国内来看，国民经济长期稳定增长。中国拥有全世界五分之一的人口，中国人自己的穿衣和家用，占中国生产的纺织品和服装总量的 70%以上。这表明，中国纺织业的发展潜力在内需上，而且内需增长较快。这是包括化纤业在内的纺织行业持续发展的最大动力。同时，纺织品是中国最具有比较竞争优势的大宗出口产品，中国是世界上最大的纺织品出口国。除了内需因素外，国内纺织行业发展还受国际市场贸易摩擦、汇率变化的影响。

3. 石油价格

PTA 的源头为石油。在 2004—2005 年全球 PTA 市场供求基本平衡的情况下，PTA 价格却出现大涨。其中原因在于成本推动。特别是 2004 年以来，世界石油价格一路上涨。在高油价下，作为中间产品的化工市场与原油价格密切相关，同声涨落。PTA 所处的聚酯与化纤行业也不例外。石油上涨带来成本向下游的转移，直接造成 PX 的成本增加，从而影响 PTA 的生产成本。数据分析也表明，PTA 与上游的石油、PX 二者之间存在较高的价格相关性。2001 年至今，PTA 与原油价格的相关性平均为 0.78。因此，投资者参与 PTA 期货，应关注石油价格。

4. 原料价格

PX 是生产 PTA 最直接和最主要的原料，全球范围内超过 90%的 PX 是用来生产 PTA 的，可见 PTA 和 PX 之间关系的密切程度。现货市场中，PTA 的成本价参考公式就是以 PX 为基础的：

$$PTA 成本价 = 0.655 × PX 价 + 1200$$

其中 0.655×PX 价格为原料成本；1200 元为各种生产费用。

PTA 与 PX 之间存在较高的价格相关性。2001 年至今，PTA 与 PX 的价格相关性平均为 0.91。PTA 价格在很大程度上受制于原料 PX，尤其在 PTA 价格与成本相当接近甚至倒挂时，原料价格的作用力非常明显。

5. 棉花市场价格走势

PTA 的下游产品是涤纶，与棉花同为纺织品的原料。二者是一种替代关系。二者的价格关系会影响各自在纺织配料中的用量，从而影响对 PTA 的需求。近两年来，棉花价格的低位运行状况，就明显抑制了化纤产品价格上涨的可能。

6. 国内外装置检修情况

PTA 生产装置每年需要检修一次。PTA 生产企业会选择淡季或市场行情不好的月份进行装置检修，以降低市场风险，从而会对市场供应造成影响。

7. 人民币的汇率变化

我国是全球最大的纺织品生产国和出口国。一方面，人民币升值可降低纺织品的出口竞争力，而纺织品市场形势反过来也将直接影响到化纤产业及上游 PTA 行业的发展。另一方面，人民币升值意味着按美元计价的进口 PX 价格更具吸引力，有可能促使相应的报价上升。

5.4.5　PTA 信息的查看

PTA 信息的查看方法与橡胶信息的查看方法一样，既可以通过大宗商品行情分析软件来查看，还可以通过生意社网站来查看，下面进行简单讲解。

打开大宗商品行情分析软件，单击菜单栏中的"资讯"|"24 小时实时资讯"命令，可以看到当前最新的实时资讯信息。单击"石化"标签，切换到"石化"选项卡，就可以看到石化大宗商品的实时资讯信息，如图 5.23 所示。

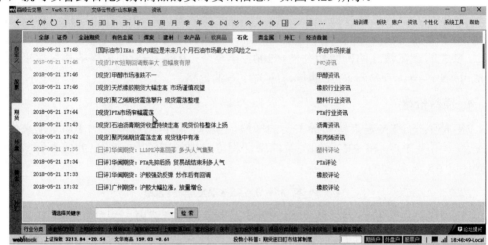

图 5.23　石化大宗商品的实时资讯信息

在石化大宗商品的实时信息中，就可以关注 PTA 的最新信息。要想查看某条信息，只需双击其标题即可。在这里双击的是"[现货]PTA 市场窄幅震荡"，如图 5.24 所示。

图 5.24　PTA 的最新信息

单击菜单栏中的"资讯"|"最新持仓报告"命令，就可以看到所有期货品种的最新持仓报告。单击"请选择交易品种"下拉列表框对应的下拉按钮，然后选择 PTA 选项，单击"检索"按钮，就可以看到 PTA 成交量和持仓量信息，如图 5.25 所示。

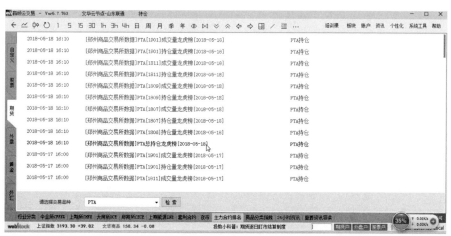

图 5.25　PTA 成交量和持仓量信息

想要查看某个合约的 PTA 成交量或持仓量，只需双击其信息标题即可。单击"[郑州商品交易所数据] PTA 总持仓龙虎榜[2018-05-18]"，就可以看到 PTA 总持仓量龙虎榜，如图 5.26 所示。

[郑州商品交易所数据]PTA总持仓龙虎榜[2018-05-18]

2018-05-18 16:10:47　字号 大 小

	多头总持仓龙虎榜				空头总持仓龙虎榜		
	会员号	会员名	多头持仓	增减	会员号	会员名	空头持仓	增减
1	188	永安期货	97965	-228	51	银河期货	89045	-9
2	183	华鑫期货	43890	51	212	南华期货	53707	2355
3	7	华泰期货	43521	1520	101	国贸期货	52786	-259
4	83	海通期货	36936	-603	216	建信期货	48726	8032
5	55	中信期货	35221	1294	7	华泰期货	47997	-7577
6	51	银河期货	33915	740	111	光大期货	41799	689
7	186	国泰君安	30912	369	10	招商期货	41181	-756
8	101	国贸期货	28195	-2471	188	永安期货	38883	-891
9	68	中粮期货	27885	4757	202	中辉期货	28204	29
10	142	东航期货	22322	1687	234	新湖期货	25285	-64
11	234	新湖期货	22018	-208	236	通惠期货	24821	-784
12	111	光大期货	21228	-75	39	方正中期	24078	-338
13	268	兴证期货	18651	-447	107	美尔雅	23064	103
14	236	通惠期货	16689	1000	114	信达期货	20421	2559
15	38	申银万国	15706	301	179	上海中期	20081	884
16	109	东证期货	15479	910	16	格林大华期货	17302	181
17	173	广发期货	13980	-841	121	瑞达期货	14573	-15
18	113	浙商期货	13598	-1039	190	国海良时	13378	75
19	212	南华期货	13491	186	215	深圳瑞龙	11257	1974
20	39	方正中期	13257	413	88	中原期货	11204	-67
	合　计		564859	7316		合　计	647792	6121

图 5.26　PTA 总持仓量龙虎榜信息

利用生意社网站来查看 PTA 信息的操作步骤如下。

在浏览器的地址栏中输入"http://www.100ppi.com"，然后按 Enter 键，就进入生意社网站的首页。在"搜索"前面的文本框中输入"PTA"，然后单击"搜索"按钮，就可以看到 PTA 商品的最新报价信息，如图 5.27 所示。

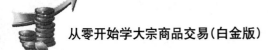

图 5.27　PTA 商品的最新报价信息

在 PTA 商品的最新报价信息页面的右侧，可以看到"PTA 网 pta.100ppi.com"，然后单击，就可进入 PTA 产业网，看到 PTA 的重点资讯信息和国内动态信息，如图 5.28 所示。

图 5.28　PTA 的重点资讯信息和国内动态信息

要想查看某条信息，只需双击该信息标题即可。

5.4.6　PTA 交易实例

下面通过具体实例来讲解 PTA 期货实战交易。

(1) 进行基本面分析，分析当前 PTA 期货的操作策略，即做多，还是做空。

(2) 根据当前 PTA 期货合约的持仓量选择主力合约，主力合约的日 K 线图如图 5.29 所示。

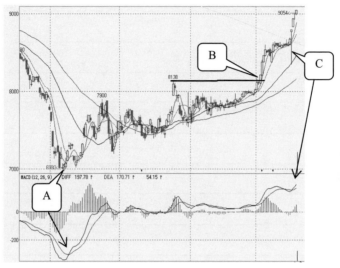

图 5.29　PTA 的日 K 线图

(3) PTA 经过一波暴跌之后，创出 6980 低点，随后价格开始反弹，并且 MACD 指标在低位出现金叉，即 A 处，这意味着暴跌行情已结束，后市又开始报复性的反弹行情了。所以在 A 处，空单要及时获利了结，并且可以介入多单。

(4) 随后价格开始震荡反弹，然后进行长期的横盘整理。需要注意的是，在横盘整理期间，价格始终在 30 日均线附近或上方，并且 MACD 指标在 0 轴的上方，这意味着价格震荡后，有向上突破的迹象。

(5) 在 B 处，一根中阳线向上突破，由于震荡时间较长，所以后市有望迎来一波不错的趋势性上涨行情。因此 B 处是极佳的顺势做多位置。在这个位置做多，短期就可以获得不错的投资收益。

(6) 随后连续上涨几个交易日，然后又横盘整理，由于均线在明显的多头行情之中，所以中线多单可以耐心持有，短线空单可以止盈。

(7) 窄幅震荡几个交易日，价格瞬间打出一个低点，并开始上涨，即 C 处。所以这里是一个极佳的做多位置，因为这是一个明显的见底 K 线。另外，MACD 指标又发出金叉买入信号，所以 C 处介入多单，短期就会有不错的投资收益。

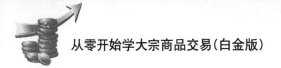
学习心得

第6章
能源商品的交易技巧

在全球经济高速发展的今天，国际能源安全已上升到国家的高度，各国都制定了以能源供应安全为核心的能源政策。我国是原油进口大户，为了争夺原油能源的定价权，于2018年3月26日上市原油期货。本章讲解了两种常见能源商品的交易技巧，即原油和燃料油的交易技巧。在讲解每种能源商品时，都从6个方面剖析讲解，即能源商品的基础知识、供给与需求、标准合约、影响价格变动的因素、信息的查看、交易实例。

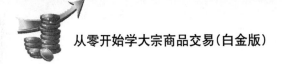

6.1 原油的交易技巧

原油是世界上最重要的动力燃料与化工原料，广泛用于生产生活的各个方面。

6.1.1 初识原油

原油，即石油，也称"黑色金子"，习惯上称直接从油井中开采出来未加工的石油为原油，它是一种由各种烃类组成的黑褐色或暗绿色黏稠液态或半固态的可燃物质，如图 6.1 所示。

图 6.1 原油

原油由不同的碳氢化合物混合组成，其主要成分是烷烃，此外石油中还含硫、氧、氮、磷、钒等元素。原油可溶于多种有机溶剂，不溶于水，但可与水形成乳状液。

原油按不同的标准，可以分为不同的类型。

按组成来分类，原油可分为 3 类，分别是石蜡基原油、环烷基原油和中间基原油。

按硫含量来分类，原油可分为四类，分别是超低硫原油、低硫原油、含硫原油和高硫原油。

按比重来分类，原油可分为 3 类，分别是轻质原油、中质原油、重质原油。

石油主要被用作燃料油和汽油，燃料油和汽油组成世界上最重要的一种能源。石油也是许多化学工业产品，如溶剂、化肥、杀虫剂和塑料等的原料。

6.1.2 原油的供给与需求

全球原油资源地理分布很不均衡，油气资源主要集中在北半球，更具体地说，是集中在两大纬度带，一个在北纬 20°～40°，拥有驰名世界的海湾及墨西哥湾两大油区和北非产油区，集中了世界已探明石油储量的 51.3%；另一个在北纬 50°～70°，有著名的北海油区、伏尔加及西伯利亚油区和阿拉斯加湾油区。

世界原油剩余探明储量排名前 10 位的国家依次为：沙特阿拉伯、加拿大、伊朗、伊拉克、科威特、委内瑞拉、阿联酋、俄罗斯、利比亚和尼日利亚，我国位居第 13 位。

未来非欧佩克国家石油产量增长将主要来自独联体、中南美和非洲地区。OPEC 国家石油产量增长将主要来自中东地区，中东石油产量占世界总产量的比例将逐年提高，世界对中东石油的依赖程度将更大。

> **提醒**　OPEC，音译为欧佩克，成立于 1960 年 9 月 14 日，1962 年 11 月 6 日在联合国秘书处备案，成为正式的国际组织。其宗旨是协调和统一成员国的石油政策，维护各自的和共同的利益。现有 11 个成员，分别是：沙特阿拉伯、伊拉克、伊朗、科威特、阿拉伯联合酋长国、卡塔尔、利比亚、尼日利亚、阿尔及利亚、印度尼西亚和委内瑞拉。

目前，世界石油消费量为 50 亿吨左右，主要集中在北美、亚太和欧洲地区，增长主要源于发展中国家，尤其是亚洲国家。石油输出国组织占全球石油供应量的 40%。该组织预测到 2030 年世界能源需求量将达到 155.80 亿桶油当量。2005—2030 年世界石油需求增长 3430 万桶/日，到 2030 年达到 1.18 亿桶/日。

6.1.3　原油标准合约

原油标准合约如表 6.1 所示。

表 6.1　原油标准合约

交易品种	中质含硫原油
交易单位	1000 桶/手
报价单位	元(人民币)/桶 (交易报价为不含税价格)
最小变动价位	0.1 元(人民币)/桶
涨跌停板幅度	不超过上一交易日结算价±4%
合约交割月份	36 个月以内，其中最近 1—12 个月为连续月份合约，12 个月以后为季月合约
交易时间	上午 9:00—11:30，下午 1:30—3:00，晚上 9:00—凌晨 2:30
最后交易日	交割月份前第一月的最后一个交易日；上海国际能源交易中心有权根据国家法定节假日调整最后交易日
交割日期	最后交易日后连续五个交易日
交割品质	中质含硫原油，基准品质为 API 度 32.0，硫含量 1.5%，具体可交割油种及升贴水由上海国际能源交易中心另行规定

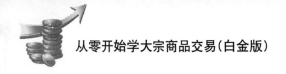

续表

交割地点	上海国际能源交易中心指定交割仓库
最低交易保证金	合约价值的 5%
交割方式	实物交割
交易代码	SC
上市机构	上海国际能源交易中心

6.1.4　原油期货的总体设计思路

我国原油期货的总体设计思路是"国际平台、净价交易、保税交割、人民币计价"。

"国际平台"即交易国际化、交割国际化和结算环节国际化,以方便境内外交易者自由、高效、便捷地参与,并依托国际原油现货市场,引入境内外交易者参与,包括跨国石油公司、原油贸易商、投资银行等,推动形成反映中国和亚太地区原油市场供求关系的基准价格。

"净价交易"就是计价为不含关税、增值税的净价,区别于国内目前期货交易价格均为含税价格的现状,方便与国际市场的不含税价格直接对比,同时避免税收政策变化对交易价格的影响。

"保税交割"就是依托保税油库,进行实物交割,主要是考虑保税现货贸易的计价为不含税的净价,保税贸易对参与主体的限制较少,保税油库又可以作为联系国内外原油市场的纽带,有利于国际原油现货、期货交易者参与交易和交割。

"人民币计价"就是采用人民币进行计价和结算。

6.1.5　为什么我国原油期货市场要引入国际参与者

首先,原油市场是一个非常国际化的市场,原油的贸易是开放的,贸易流向也是多边的。我们建立一个国际化的原油期货市场,可以更准确地反映原油现货市场的真实情况,从而更好地为实体经济服务。

其次,我国的原油对外依存度超过 60%,在原油市场上我国是天然的买家。我们对国际参与者开放,有利于买卖双方的平衡,从而建立一个更健康的市场机制。

第三,引入国际参与者,才能准确地反映亚太地区原油市场的供需平衡,有了国际投资者的参与,可以更有效地增加我国在国际原油市场的话语权。

6.1.6　境外客户的 4 种参与模式

境外客户的 4 种参与模式具体如下。

模式 1：境内期货公司会员直接代理境外客户参与原油期货。

模式 2：境外中介机构接受境外客户委托后，委托境内期货公司会员或者境外特殊经纪参与者(一户一码)参与原油期货。

模式 3：境外特殊经纪参与者接受境外客户委托参与原油期货(直接入场交易，结算、交割委托期货公司会员进行)交易。

模式 4：作为能源中心境外特殊非经纪参与者，参与原油期货交易。

6.1.7　影响原油价格变动的因素

国际原油价格一直是全球市场关注的中心，并且一直受到全球经济状况、政治地缘、区域战争、欧佩克等行业组织、天气气候、原油储备、国际产业需求、国家产业政策、国际市场投机以及国际新能源开发等诸多因素的影响而变化，如图 6.2 所示。

✓　投机因素：国际投机基金的出入
✓　相关市场因素：天然气、外汇、利率……

基本面因素：
✓　欧佩克、非欧佩克的产量
✓　库存报告
✓　炼厂运行
✓　消费和生产的季节性
✓　气候因素
✓　地缘政治
✓　国际经济的发展
✓　替代能源的发展

图 6.2　影响原油价格变动的因素

6.1.8　原油信息的查看

原油信息的查看方法与铜信息的查看方法一样，即可以通过大宗商品行情分析软件来查看，还可以通过生意社网站来查看，下面进行简单讲解。

打开大宗商品行情分析软件，单击菜单栏中的"资讯"|"24 小时实时资讯"命令，可以看到当前最新的实时资讯信息。单击"石化"标签，切换到"石化"选项卡，就可以看到石化大宗商品的实时资讯信息，如图 6.3 所示。

在石化大宗商品的实时信息中，就可以关注原油的最新信息。要想查看某条信息，只需双击其标题即可。在这里双击的是"[中国能源]中国石油：加大国内天然气勘探开发力度"，如图 6.4 所示。

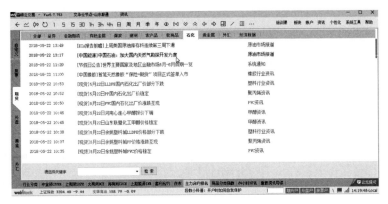

图 6.3　石化大宗商品的实时资讯信息

图 6.4　原油的最新信息

利用生意社网站来查看原油信息的操作步骤如下。

在浏览器的地址栏中输入"http://www.100ppi.com"，然后按 Enter 键，就可进入生意社网站的首页。在"搜索"前面的文本框中输入"原油"，然后单击"搜索"按钮，就可以看到原油商品的最新报价信息，如图 6.5 所示。

图 6.5　原油商品的最新报价信息

6.1.9　原油交易实例

在分析国内原油期货价格走势时，还要关注外盘原油价格的走势。打开大宗商品行情分析软件，单击左侧的"外盘"标签，切换到"外盘"选项卡，再单击下方的"外盘加权指数"标签，就可以看到美原油指的报价信息。

双击美原油指的报价信息，就可以看到美原油指的日 K 线图走势，如图 6.6 所示。

图 6.6　美原油指的日 K 线图

下面通过具体实例来讲解原油期货实战交易。

(1) 进行基本面分析和美原油指行情分析，分析当前原油期货的操作策略，即做多，还是做空。

(2) 2018 年 3 月 26 日，原油期货上市，下面先来看美原油指 3 月 26 日之前的价格走势图，如图 6.7 所示。

图 6.7　美原油指 3 月 26 日之前的日 K 线图

(3) 3 月 23 日(星期五)，美原油指沿着 5 日均线收了一根中阳线，这里是一个看多信号。但需要注意的是，价格离前期高点 65.01 美元/盎司非常近了，这是一个很重要的压力，所以要小心价格不突破就有回调的可能。

(4) 3 月 26 日(星期一)，美原油指早晨 6 点开盘后，略作回调，就开始上冲，在 7:35 左右冲高到 65.01 美元/盎司，没有突破就开始回调，如图 6.8 所示。

图 6.8　3 月 26 日美原油指的分时走势图

(5) 在这里可以看到 65.01 美元/盎司是一个重要压力，只要不突破这个位置就可以做空，即以 65.01 美元/盎司为止损，做空。

(6) 3 月 26 日早上 9:00，中国原油期货上市交易，所以在这里不是做多，而是逢高做空，如图 6.9 所示。

图 6.9　3 月 26 日中国原油期货的分时走势图

(7) 由于原油没有突破 65.01 美元/盎司，所以出现了回调，回调 8 个交易日，因此原油期货上市的前 8 个交易日，都要坚持逢高做空，如图 6.10 所示。

图 6.10　原油期货回调 8 个交易日

(8) 投资者要明白，原油当前价格是在上涨趋势中，价格连续回调 8 个交易日，已回调到位，特别是美原油指正好回调到上升趋势线附近，也是 30 日均线附近，空单要及时获利了结，并且可以在上升趋势线附近介入多单，如图 6.11 所示。

图 6.11　美原油指的上升趋势线

(9) 中国原油期货上市第 9 个交易日，价格创出 397.7 元/桶低点后，就开始一路上涨行情，先是站上 5 日和 10 日均线，然后沿着 5 日和 10 日均线震荡上涨，所以多单可以继续持有，并且每当价格回调到 10 日均线附近时，可以再介入多单，如图 6.12 所示。

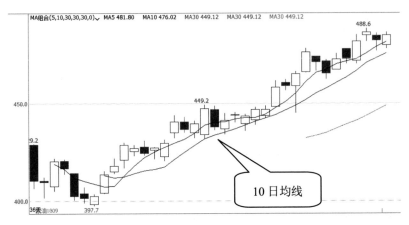

图 6.12　原油期货一路上涨行情

6.2　燃料油的交易技巧

燃料油也叫重油、渣油，为黑褐色黏稠状可燃液体，黏度适中，燃料性能好，发热量大；用作锅炉燃料，雾化性良好，燃料完全，积炭及灰少，腐蚀性小；闪点较高，存储及使用较安全。

6.2.1　初识燃料油

燃料油是原油炼制出的成品油中的一种，广泛用作船舶锅炉燃料、加热炉燃料、冶金炉和其他工业炉燃料。燃料油主要由石油的裂化残渣油和直馏残渣油制成，其特点是黏度大，含非烃化合物、胶质、沥青质多。

燃料油作为炼油工艺过程中的最后一个品种，产品质量控制有着较强的特殊性。最终燃料油产品形成受到原油品种、加工工艺、加工深度等许多因素的制约。根据不同的标准，燃料油可以进行以下分类。

- 根据出厂时是否形成商品，燃料油可以分为商品燃料油和自用燃料油。商品燃料油指在出厂环节形成商品的燃料油；自用燃料油指用于炼厂生产的原料或燃料而未在出厂环节形成商品的燃料油。
- 根据加工工艺流程，燃料油可以分为常压重油、减压重油、催化重油和混合重油。常压重油指炼厂常压装置分馏出的重油；减压重油指炼厂减压装置分馏出的重油；催化重油指炼厂催化、裂化装置分馏出的重油(俗称油浆)；混合重油一般指减压重油和催化重油的混合。
- 根据用途，燃料油可以分为船用燃料油和炉用燃料油(重油)及其他燃料油。

6.2.2　燃料油的供给与需求

燃料油供给与需求要从国际市场和国内市场两个方面来看。

1.　国际市场

世界已探明原油储量为 1.2 万亿桶，70%集中在中东地区，世界石油分布是极不平衡的，仅中东地区就占 68%的可采储量，其余依次为美洲、非洲、俄罗斯和亚太地区，分别占 14%、7%、4.8%和 4.27%。

从供应方面来看，近年来全球各地燃料油供应都呈下降趋势，其中以北美下降的速度最快。

2000 年以来，世界燃料油需求逐年下降，平均每年下降约 1400 万吨。美洲大陆需求下降最为明显。

综合来看，世界燃料油供过于求。2016 年世界燃料油供应过剩 5346 万吨，但是从地区平衡来看，亚太和北美需求短缺，需要从其他地区大量进口；而俄罗斯、拉美和中东地区有较大的燃料油过剩。

2.　国内市场

1996 年年底中国石油探明储量约 32.87 亿桶，居世界第九位。全国分为 6 个含油气区：东部，主要包括东北和华北地区；中部，主要包括陕、甘、宁和四川地区；西部，主要包括新疆、青海和甘肃西部地区；南部，包括苏、浙、皖、闽、粤、湘、赣、滇、黔、桂 10 省区；西藏，包括昆仑山脉以南，横断山脉以西的地区；海上含油气区，包括东南沿海大陆架及南海海域。

我国燃料油主要由中国石油和中国石化两大集团公司生产，少量为地方炼油厂生产。两大集团公司燃料油产量占全国总产量的 70%左右。从燃料油生产地域来看，明显呈现地区集中的态势。华东和东北地区的产量远远大于其他地区。

由于国产资源逐年减少，我国燃料油供应越来越依赖进口，目前燃料油已成为除原油以外进口量最大的石油产品。

我国燃料油消费的主要方式是以燃烧加热为主，少量用于制气原料。我国燃料油的主要消费地区集中在华南、华东地区，占总消费量的 71%左右。另外，东北占 14%，华北占 10%，华中占 5%。华南主要集中在广东省，占该地区消费量的 80%。华东主要是上海、江苏、浙江、山东，占该地区消费量的 72%。

我国燃料油消费主要集中在发电、冶金、化工、轻工等行业。其中电力行业的用量最大，占消费总量的 27%；其次是石化行业，主要用于化肥原料和石化企业的燃料，占消费总量的 25%；近年来需求增加最多的是建材和轻工行业(包括平板玻璃、玻璃器皿、建筑及生活陶瓷等制造企业)，占消费总量的 17%。

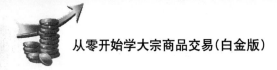

6.2.3 燃料油标准合约

燃料油标准合约如表 6.2 所示。

表 6.2 燃料油标准合约

交易品种	燃料油
交易单位	5 吨/手
报价单位	元(人民币)/吨
最小变动价位	10 元/吨
每日价格最大波动限制	上一交易日结算价±5%
合约月份	1—12 月(春节月份除外)
交易时间	上午 9:00—11:30　下午 13:30—15:00
最后交易日	合约交割月份前一月份的最后一个交易日
最后交割日	最后交易日后连续五个工作日
交割等级	180CST 燃料油(具体质量规定见附件)或质量优于该标准的其他燃料油
交割地点	交易所指定交割仓库
最低交易保证金	合约价值的 8%
交易手续费	不高于成交金额的万分之二(含风险准备金)
交割方式	实物交割
交易代码	FU
上市交易所	上海期货交易所

6.2.4 影响燃料油价格变动的因素

影响燃料油价格变动的因素很多,下面进行具体讲解。

1. 供求关系的影响

供求关系是影响任何一种商品市场定价的根本因素,燃料油也不例外。随着我国经济持续高速地发展,我国对能源的需求也快速增长,到 2015 年国内燃料油的产量仅能满足国内需求的一半,而进口资源占到供应总量的半壁江山,进口数量的增减极大地影响着国内燃料油的供应状况,因此权威部门公布的燃料油进出口数据是判断供求状况的一个重要指标。新加坡普式现货价格(MOPS)是新加坡燃料油的基准价格,也是我国进口燃料油的基准价格,所以 MOPS 及其贴水状况反映了进口燃料油的成本,对我国的燃料油价格影响更为直接。

2. 原油价格走势的影响

燃料油是原油的下游产品,原油价格的走势是影响燃料油供需状况的一个重要因素,因此燃料油的价格走势与原油存在着很强的相关性。据对近几年价格走势的研究,纽约商品交易所 WTI 原油期货和新加坡燃料油现货市场 180CST 高硫燃料油之间的相关度高达 90%以上。WTI 是指美国西得克萨斯中质原油，其期货合约在纽约商品交易所上市。国际上主要的原油期货品种还有 IPE，IPE 是指北海布伦特原油，在英国国际石油交易所上市。WTI 和 IPE 的价格趋势是判断燃料油价格走势的两个重要依据。

3. 产油国特别是 OPEC 各成员国生产政策的影响

自 20 世纪 80 年代以来，非 OPEC 国家石油产量约占世界石油产量的 2/3，最近几年有所下降，但其石油剩余可采储量是有限的，并且各国的生产政策也不统一，因此其对原油价格的影响无法与 OPEC 组织相提并论。OPEC 国家控制着世界上绝大部分石油资源，为了共同的利益，各成员国之间达成的关于产量和油价的协议，能够得到多数国家的支持，所以该组织在国际石油市场中扮演着不可替代的角色，其生产政策对原油价格具有重大的影响。

4. 国际与国内经济的影响

燃料油是各国经济发展中的重要能源，特别是在电力行业、石化行业、交通运输行业、建材和轻工行业使用范围越来越广，燃料油的需求与经济发展密切相关。在分析宏观经济时，有两个指标是很重要的：一是经济增长率，或者说是 GDP 增长率；另一个是工业生产增长率。在经济增长时，燃料油的需求也会增长，从而带动燃料油价格的上升；在经济滑坡时，燃料油需求的萎缩会促使价格下跌。因此，要把握和预测好燃料油价格的未来走势，把握宏观经济的演变是相当重要的。

5. 地缘政治的影响

在影响油价的因素中，地缘政治是不可忽视的重要因素之一。在地缘政治中，世界主要产油国的国内发生革命或暴乱，中东地区爆发战争等，尤其是恐怖主义在世界范围的扩散和加剧，都会对油价产生重要的影响。回顾三十多年来的油价走势不难发现，世界主要产油国或中东地区地缘政治发生的重大变化，都会反映在油价的走势中。

6. 投机因素

国际对冲基金以及其他投机资金是各石油市场最活跃的投机力量，由于基金对宏观基本面的理解更为深刻并具有"先知先觉"的特性，所以基金的头寸与油价的涨跌之间有着非常好的相关性，虽然在基金参与的影响下，价格的涨跌都可能出现过度，但了解基金的动向也是把握行情的关键。

7. 相关市场的影响

汇率的影响。国际上燃料油的交易一般以美元标价，而目前国际上几种主要货币均实行浮动汇率制，以美元标价的国际燃料油价格势必会受到汇率的影响。

利率的影响。利率是政府调控经济的一个重要手段，根据利率的变化，可了解政府的经济政策，从而预测经济发展情况的演变以及其对原油和燃料油的需求影响。所以汇率市场和利率市场都对油价有相当人的影响。

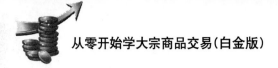

6.2.5 燃料油信息的查看

燃料油信息的查看方法与原油信息的查看方法一样，既可以通过大宗商品行情分析软件来查看，还可以通过生意社网站来查看，下面进行简单讲解。

打开大宗商品行情分析软件，单击菜单栏中的“资讯”|“24 小时实时资讯”命令，可以看到当前最新的实时资讯信息。单击“石化”标签，切换到“石化”选项卡，就可以看到石化大宗商品的实时资讯信息，如图 6.13 所示。

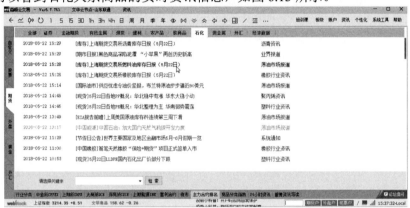

图 6.13 石化大宗商品的实时资讯信息

在石化大宗商品的实时资讯信息中，就可以关注燃料油的最新信息。要想查看某条信息，只需双击其标题即可。在这里双击的是“[库存]上海期货交易所燃料油库存日报(5 月 22 日)”，如图 6.14 所示。

文华财经资讯

[库存]上海期货交易所燃料油库存日报（5月22日）

2018-05-22 15:28:39 字号 大 小

文华财经（编辑整理 李国雷）--以下为上海期货交易所5月22日燃料油库存日报：

燃料油单位：吨			
地区	仓库	期货	增减
上海	洋山石油	0	0
广东	碧辟南沙	0	0
	中油湛江	0	0
	中燃珠海	0	0
	西基油库	0	0
	南沙振戎	0	0
	合计	0	0
浙江	中化兴中	0	0
	海洋仓储	0	0
	合计	0	0
总计		0	0

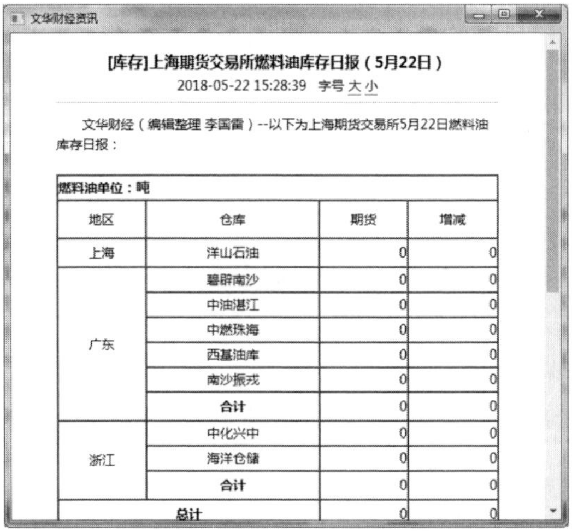

图 6.14 燃料油的最新信息

利用生意社网站来查看燃料油信息的操作步骤如下。

在浏览器的地址栏中输入"http://www.100ppi.com"，然后按 Enter 键，就可进入生意社网站的首页。在"搜索"前面的文本框中输入"燃料油"，然后单击"搜索"按钮，就可以看到燃料油商品的最新报价信息，如图 6.15 所示。

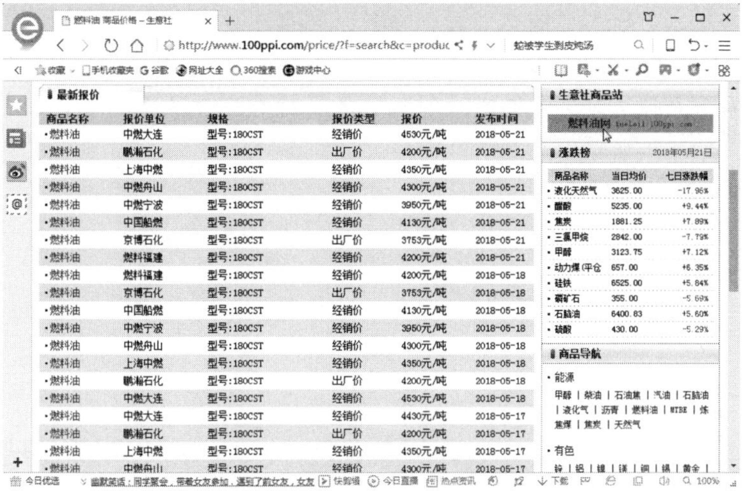

图 6.15　燃料油商品的最新报价信息

在燃料油商品的最新报价信息页面的右侧，可以看到"燃料油网 fueloil.100ppi.com"，然后单击，就可进入燃料油网，看到燃料油的重点资讯信息和国内动态信息，如图 6.16 所示。

图 6.16　燃料油的重点资讯信息和国内动态信息

要想查看某条信息，只需双击该信息标题即可。

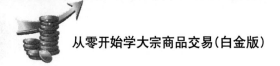

6.2.6　燃料油交易实例

在分析国内燃料油期货价格走势时，还要关注外盘燃料油价格的走势。打开大宗商品行情分析软件，单击左侧的"外盘"标签，切换到"外盘"选项卡，再单击下方的"外盘加权指数"标签，就可以看到美燃油指的报价信息。

双击美燃油指的报价信息，就可以看到美燃油指的日 K 线图，如图 6.17 所示。

图 6.17　美燃油指的日 K 线图

下面通过具体实例来讲解燃料油期货实战交易。

(1) 进行基本面分析，分析当前燃油期货的操作策略，即做多，还是做空。

(2) 再根据当前燃油期货合约的持仓量选择主力合约，主力合约的日 K 线图如图 6.18 所示。

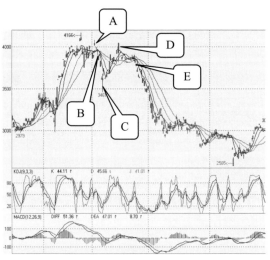

图 6.18　燃料油的日 K 线图

(3) 在 A 处，即 6 月 5 日(星期一)，价格跳空高开，收了一根阴十字星，注意这时 MACD 在下降通道中，KDJ 也出现了顶背离，因此这里要准备下空单了，但由于均线向好，所以不能急于下单。

(4) 6 月 6 日，价格跌停，KDJ 开始向下发散，这一天空单下不了。

(5) 6 月 7 日，价格又跳空高开，但没有创新高，并且当天收了一根带有下影线的阴线，这进一步说明下降趋势可能要来临了。

(6) 6 月 8 日，即 B 处，价格又跳空低开，并且开在所有均线下方，即均线系统走低，所以这里要果断下空单。

(7) 随后 4 天，价格大幅下跌，期民获利丰厚，但第 5 天，即 C 处，价格收了一根阳十字星，这是见顶信号，所以这里空单要减仓或清仓。

(8) 随后价格跳空高开，站上了 5 日均线，虽然其后回调，但还是很快再次站上 5 日均线，这表明反弹开始，在这里尽量不要下多单，因为一不小心，可能会把你套住。

(9) 价格在不断反弹过程中，于 7 月 18 日，即 D 处，创出 4045 高点，但当天却收了一根带有长长下影线的阴线，这表明，价格很可能见顶。

(10) 随后价格横向盘整，均线系统走平，这表明价格快要变盘了，这里要耐心等待时机。

(11) 8 月 13 日，即 E 处，价格虽然收了一根阳线，但却收在所有均线下方，并且 MACD 向下发散，KDJ 指标高位死叉，所以这一天要果断下空单。

(12) 随后价格不断下跌，并且均线系统一直向下运行，这表明下降趋势已开始，这里期民不要做短线了，要有做长线的策略与耐心，这样会在一轮行情中成为真正的大赢家。

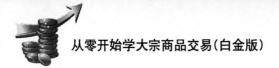
学习心得

第7章
软商品的交易技巧

软商品是社会商品经济发展到一定阶段的必然产物，是现代社会商品体系的重要组成部分。软商品同与其对应的物质资料商品相比，有着自己独特的属性和特征。大力丰富和发展软商品不仅能为社会再生产提供新的生产要素，而且有利于克服过剩经济时代中硬商品的过剩、软商品的稀缺，有利于促进软商品市场的健全，进而在此基础上对进一步推动我国社会主义市场经济的更快发展发挥重要作用。本章讲解了两种常见软商品的交易技巧，即棉花和白糖的交易技巧。在讲解每种软商品时，都从 6 个方面剖析讲解，即能源商品的基础知识、供给与需求、标准合约、影响价格变动的因素、信息的查看、交易实例。

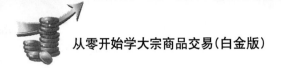

7.1 棉花的交易技巧

20 世纪 80 年代以来，美国、中国和苏联主宰世界棉花生产的格局没有改变，但位序发生了变化，中国已成为头号棉花生产大国，而世界棉花消费量近年保持在 2200 万吨左右。棉花消费集中在中国、印度、欧盟与土耳其、美国、东亚、巴基斯坦等少数国家和地区。我国棉花消费量居世界第一位，占世界总量的 30%左右，而且有增长的趋势。

目前，国际上最大的棉花期货交易中心是纽约期货交易所，它也是国际权威的棉花定价中心。2004 年 6 月 1 日，我国郑州商品交易所推出棉花期货交易。

7.1.1 初识棉花

棉花原产于热带、亚热带地区，是一种一年生、短日照作物，后来生长范围有所扩大。棉花春季(或初夏)时播种，当年现蕾、开花、结实，完成生育周期，到冬季严寒来临时生命终止。相对于其他农产品来讲，棉花生长期较长，受自然因素的影响较大。棉花的用途十分广泛，其纤维除作为纺织工业原料外，还是化学、国防、造纸、医药等工业的重要原料，是人类生活的必需品。

1. 棉花的类型

棉花有 4 类，分别是亚洲棉、非洲棉、陆地棉(又叫细绒棉)、海岛棉(又叫长绒棉)，我国不是棉花原产地，棉种是由国外引进的。我国植棉大约有 2000 年的历史。但到 20 世纪 50 年代末，陆地棉成为我国的主要品种。其次是长绒棉，长绒棉纤维较长，在我国新疆地区有一定产量。

> **提醒** 根据棉花物理形态的不同，棉花可分为籽棉和皮棉。棉农从棉棵上摘下的棉花叫籽棉，籽棉经过去籽加工后的棉花叫皮棉，通常所说的棉花产量，一般指的是皮棉产量。

2. 棉花的分级

棉花分级是在棉花收购、加工、储存、销售环节中确定棉花质量，衡量棉花使用价值和市场价格必不可少的手段，能够充分合理利用资源，满足生产和消费的需要。棉花等级由两部分组成：一是品级分级，二是长度分级。

- 品级分级。一般来说，棉花品级分级是对照实物标准(标样)进行的，这是分级的基础，同时辅助于其他一些措施，如用手扯、手感来体验棉花的成熟度和强度，看色泽特征和轧工质量，依据上述各项指标的综合情况为棉花定级。国标规定，3 级为品级标准级。

- 长度分级。长度分级用手扯尺量法进行，手扯纤维得到棉花的主体长度(一束纤维中含量最多的一组纤维的长度)，用专用标尺测量棉束，得出棉花纤维的长度。各长度值均为保证长度，也就是说，25 毫米表示棉花纤维长度为 25.0～25.9 毫米，26 毫米表示棉花纤维长度为 26.0～26.9 毫米，以此类推。同时国标还规定，28 毫米为长度标准级；5 级棉花长度大于 27 毫米，按 27 毫米计；6、7 级棉花长度均按 25 毫米计。

品级分级与长度分级组合，可将棉花分为 33 个等级，构成棉花的等级序列。如国标规定的标准品是 328，即表示品级为 3 级，长度为 28.0～28.9 毫米的棉花。

7.1.2　棉花的供给与需求

棉花作为一种生活必需品，除了棉花生产国消费外，其他不产棉花的国家也有消费，其所需求的棉花必须从国际棉花市场去获取，甚至一些产棉国由于同时也是棉花消费的大国，需要从国际市场进口棉花，这就形成了产棉国与非产棉国之间、产棉国之间的供求和调剂关系，形成世界进出口棉花市场的选购和推销之间的棉花贸易。

1. 世界棉花进口国与出口国

总体来说，世界棉花的绝大部分贸易量集中在少数大国之间，出口棉花最多的五个国家和地区依次是美国、乌兹别克斯坦、西非、澳大利亚和希腊，合计出口量约占世界出口总量的 65%，其中美国的出口量占世界出口总量的 20%左右。

进口棉花较多的国家和地区分别是中国、墨西哥、土耳其、巴西、朝鲜和俄罗斯等。

2. 我国棉花产区分布

我国适宜种植棉花的区域很广泛，棉区范围大致在北纬 18°～46°，东经 76°～124°，即南起海南岛，北抵新疆的玛纳斯垦区，东起台湾省、长江三角洲沿海地带和辽河流域，西至新疆塔里木盆地西缘，全国除西藏、青海、内蒙古、黑龙江、吉林等少数省(自治区)外，都能种植棉花。我国主要的产棉大省有新疆、河南、山东、河北、湖北、安徽、江苏等。

我国是世界上最大的棉花生产和消费国，也是世界上有影响力的进口国，20 世纪 90 年代初，我国棉纺工业发展较快，国内棉花供不应求，曾经大量进口棉花。

中国的棉花进口量中，以美国陆地棉居多，其次为乌兹别克斯坦和澳大利亚，所以棉花期货合约价格受美棉期货价格影响显著，在分析棉花期货合约价格时，要先分析美棉指数的趋势。

7.1.3 棉花标准合约

棉花标准合约如表 7.1 所示。

表 7.1 棉花标准合约

交易品种	一号棉花
交易单位	5 吨/手(公定重量)
报价单位	元(人民币)/吨
最小变动价位	5 元/吨
每日价格最大波动幅度限制	不超过上一交易日结算价±4%
合约交割月份	1、3、5、7、9、11 月
交易时间	上午:9:00—11:30,下午:13:30—15:00,晚上:21:00—23:30
最后交易日	合约交割月份的第 10 个交易日
最后交割日	合约交割月份的第 12 个交易日
交割品级	基准交割品:328B 级国产锯齿细绒白棉(符合 GB 1103—1999)替代品及其升贴水,详见交易所交割细则
交割地点	交易所指定交割仓库
最低交易保证金	合约价值的 7%
交易手续费	8 元/手(含风险准备金)
交割方式	实物交割
交易代码	CF
上市交易所	郑州商品交易所

7.1.4 影响棉花价格变动的因素

影响棉花价格的因素很多,既要关注国内经济波动周期、利率和汇率变动、自然因素等,还要关注国际形势和进口政策,因为当前我国是主要的棉花进口国。

虽然影响棉花价格变动的因素很多,但期民最需要关注的因素是棉花的供给与需求。

棉花供给具体关注内容如下。

- 前期库存量:前期供应量是构成总供给量的重要部分,其多少体现着前期供应量的紧张程度,供应短缺,价格上涨,供应充裕,价格下降。
- 当期生产量:在充分研究棉花的播种面积、气候状况和生长条件、生产成本以及国家农业政策等因素的变动情况后,对当期产量会有一个较合理的预测。
- 进口量:实际进口量往往会因政治或经济变化而发生变化。因此,应尽可能及时了解和掌握国际形势、价格水平、进口政策和进口量的变化。

棉花需求具体关注内容如下。

- 国内消费量：国内消费量并不是一个固定不变的常数，受多种因素的影响而变化。主要有消费者购买力的变化、人口增长及结构的变化、政府收入与就业政策等。
- 期末结存量：这是分析棉花价格变化趋势最重要的数据之一。如果当年年底存货增加，则表示当年供应量大于需求量，价格就可能会下跌；反之，则会上升。

7.1.5 棉花信息的查看

棉花信息的查看方法与铜信息的查看方法一样，既可以通过大宗商品行情分析软件来查看，还可以通过生意社网站来查看，下面进行简单讲解。

打开大宗商品行情分析软件，单击菜单栏中的"资讯"|"24 小时实时资讯"命令，可以看到当前最新的实时资讯信息。单击"软商品"标签，切换到"软商品"选项卡，就可以看到软商品大宗商品的实时资讯信息，如图 7.1 所示。

图 7.1 软商品大宗商品的实时资讯信息

在软商品大宗商品的实时信息中，就可以关注棉花的最新信息。要想查看某条信息，只需双击其标题即可。在这里双击的是"[日评]华闻期货：天气炒作 郑棉继续上涨"，如图 7.2 所示。

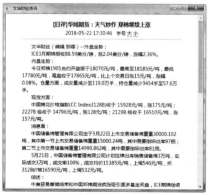

图 7.2 棉花的最新信息

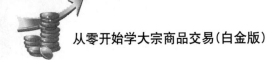

单击菜单栏中的"资讯"|"最新持仓报告"命令，就可以看到所有期货品种的最新持仓报告。单击"请选择交易品种"下拉列表框对应的下拉按钮，然后选择"棉花"选项，单击"检索"按钮，就可以看到棉花成交量和持仓量信息，如图 7.3 所示。

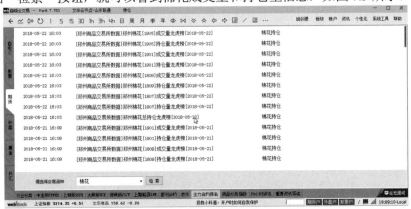

图 7.3　棉花成交量和持仓量信息

想要查看某个合约的棉花成交量或持仓量，只需双击其信息标题即可。单击"[郑州商品交易所数据]郑州棉花总持仓龙虎榜[2018-05-22]"，就可以看到郑州棉花总持仓量龙虎榜，如图 7.4 所示。

[郑州商品交易所数据]郑州棉花总持仓龙虎榜[2018-05-22]
2018-05-22 16:03:49 字号 大 小

	会员号	会员名	多头持仓	增减		会员号	会员名	空头持仓	增减
1	188	永安期货	55197	8679	188	永安期货	68504	1210
2	268	兴证期货	19343	-2093	109	东证期货	42801	-2924
3	109	东证期货	18827	-4191	69	华信期货	40571	-1149
4	7	华泰期货	15546	-30	111	光大期货	29918	728
5	142	东航期货	14935	184	76	长江期货	21638	-906
6	69	华信期货	14789	1059	55	中信期货	21549	4170
7	212	南华期货	12712	1017	68	中粮期货	20793	120
8	55	中信期货	12431	-3285	189	冠通期货	16479	-846
9	168	中信建投	11603	636	16	格林大华期货	14816	411
10	83	海通期货	11562	-2258	207	中国国际	14215	1567
11	186	国泰君安	10549	-1041	9	国投安信期货	13790	-599
12	9	国投安信期货	10331	3043	7	华泰期货	12797	-1157
13	173	广发期货	10108	415	101	国贸期货	11834	-392
14	4	中粮期货	10067	56	51	银河期货	10491	-757
15	51	银河期货	9958	534	241	首创期货	9972	203
16	8	上海大陆	9793	-1395	113	浙商期货	9330	573
17	123	浙江新世纪	9580	318	50	金石期货	9121	-294
18	39	方正中期	8739	-679	149	大有期货	9067	-984
19	68	中粮期货	8500	-923	94	兴业期货	7620	71
20	32	徽商期货	8045	849	203	宏源期货	7426	630
		合　计	282615	895		合　计	392732	-325

图 7.4　郑州棉花总持仓量龙虎榜信息

利用生意社网站来查看棉花信息的具体操作步骤如下。

在浏览器的地址栏中输入"http://www.100ppi.com"，然后按 Enter 键，就进入生意社网站的首页。在"搜索"前面的文本框中输入"皮棉"，然后单击"搜索"按钮，就可以看到棉花商品的最新报价信息，如图 7.5 所示。

图 7.5　棉花商品的最新报价信息

在棉花商品的最新报价信息页面的右侧，可以看到"皮棉网 cotton.100ppi.com"，然后单击，就可进入皮棉产业网，看到棉花的重点资讯信息和国内动态信息，如图 7.6 所示。

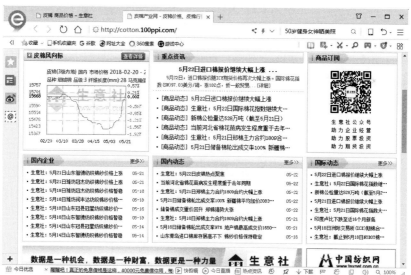

图 7.6　棉花的重点资讯信息和国内动态信息

要想查看某条信息，只需双击该信息标题即可。

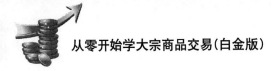

7.1.6　棉花交易实例

在分析国内棉花期货价格走势时，还要关注一下外盘棉花价格的走势。打开大宗商品行情分析软件，单击左侧的"外盘"标签，切换到"外盘"选项卡，再单击下方的"外盘加权指数"标签，就可以看到美棉花指的报价信息。

双击美棉花指的报价信息，就可以看到美棉花指的日 K 线图，如图 7.7 所示。

图 7.7　美棉花指的日 K 线图

下面通过具体实例来讲解棉花期货实战交易。

(1) 进行基本面分析，分析当前棉花期货的操作策略，即做多，还是做空。

(2) 根据当前棉花期货合约的持仓量选择主力合约，主力合约的日 K 线图如图 7.8 所示。

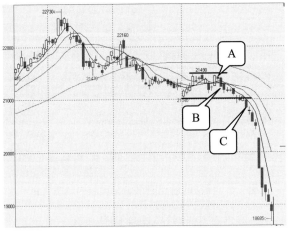

图 7.8　郑棉指数的日 K 线图

(3) 棉花经过一波反弹之后，创出 22730 高点，在创出高点这一天，价格收了一根带有长长上影线的阴线，这表明上方压力较重，多单应注意保护好盈利。

(4) 随后价格开始震荡下跌，先是跌破 5 日均线，然后开始沿着 5 日均线下跌，经过一波下跌之后，开始长时间震荡。

(5) 在震荡过程中，均线开始完全黏合，所以在这个过程中，我们虽然必须保持震荡思维，但心中一定要明白，一旦震荡结束，趋势性行情就会到来。

(6) 在 A 处，价格第二次反弹，没有突破 21490 高点，随后连续下跌。在 B 处，价格跌破了所有均线，均线由黏合开始向下发散，这表明趋势性下跌行情可能到来。

(7) 随后价格继续下跌，在 C 处价格跌破了震荡平台的低点，意味着趋势性下跌行情到来，所以前期空单应继续持有，并且在这里要敢于再下空单。

7.2　白糖的交易技巧

白糖是天然甜味剂，是人类日常生活的必需品，同时也是饮料、糖果、糕点等含糖食品和制药工业中不可或缺的原料。白糖作为一种甜味食料，是人体所必需的三大养分(糖、蛋白质、脂肪)之一，食用后能供给人体较高的热量(1 千克食糖可产生 3900 大卡的热量)。

7.2.1　初识白糖

白糖，又称白砂糖，几乎是由蔗糖分这种单一成分组成的，白糖的蔗糖分含量一般在 95%以上。食糖生产的基本原料是甘蔗和甜菜，甘蔗生长于热带和亚热带地区，甜菜生长于温带地区。

我国甘蔗糖主产区主要集中在南方的广西、云南、广东湛江等地，甜菜糖主产区主要集中在北方的新疆、黑龙江、内蒙古等地。尽管原料不同，但甘蔗糖和甜菜糖在品质上没有什么差别，国家标准对两者同样适用。

我国是重要的食糖生产国和消费国，糖料种植在我国农业经济中占有重要地位，其产量和产值仅次于粮食、油料、棉花，居第四位。

我国食糖产销量仅次于巴西、印度，居世界第三位(如果把欧盟作为一个整体统计，我国食糖产量居世界第四位)。我国食糖的市场化程度很高，国家宏观调控主要依靠国家储备，市场在价格形成过程中起主导作用。

我国是世界上用甘蔗制糖最早的国家之一，已有两千多年的历史。用甜菜制糖是近几十年才开始的。

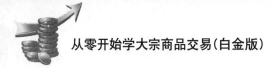

7.2.2　白糖的供给与需求

我国 18 个省区产糖，沿边境地区分布，南方是甘蔗糖，北方为甜菜糖。甘蔗糖占全国白糖产量的 80%以上，近三年达到 90%以上。

按照中国人的饮食习惯，食糖仅仅是调味品，很难达到西方国家食糖消费的水平。我国是世界第四大食糖消费国，多年来我国年消费食糖约 800 万吨，约占世界食糖消费量的 6.2%。

另外，我国人均年消费食糖量(包括各种加工食品用糖)约 8.4 千克，是世界上人均食糖消费最少的国家之一，远远低于全世界人均年消费食糖 23.65 千克的水平，为世界人均年消费食糖量的 1/3，属于世界食糖消费"低下水平"的行列。西方一些发达国家一般人均年消费食糖 35~40 千克，高的达到 50~70 千克。

我国食糖消费与人们生活水平有密切的关系，主要消费区分布在华东、京津、华中、华南和东北地区，其中华东和京津地区的消费量最大。随着我国人民生活水平的迅速提高，我国的食糖消费市场还有极大的拓展空间。由于糖的需求对价格的忍耐力较大，食糖价格常常对大量上升的消费量影响并不大。

7.2.3　白糖标准合约

白糖标准合约如表 7.2 所示。

表 7.2　白糖标准合约

交易品种	白砂糖
交易单位	10 吨/手
报价单位	元(人民币)/吨
最小变动价位	1 元/吨
每日价格最大波动限制	不超过上一个交易日结算价的±4%
涨跌停板幅度	上一交易日结算价的 4%
合约交割月份	1、3、5、7、9、11 月
交易时间	上午：9:00—11:30，下午：13:30—15:00，晚上：21:00—23:30
最后交易日	合约交割月份的第 10 个交易日
交割日期	合约交割月份的第 12 个交易日
交割等级	标准品：一级白糖(符合《郑州商品交易所白砂糖期货交割质量标准》(Q/ZSJ 002—2005))；替代品及升贴水：见《郑州商品交易所白糖交割细则》

交割地点	交易所指定仓库
最低交易保证金	合约价值的 6%
交易手续费	4 元/手(含风险准备金)
交割方式	实物交割
交易代码	SR
上市交易所	郑州商品交易所

7.2.4　影响白糖价格变动的因素

影响白糖价格变动的因素有供求关系，气候与天气，季节性，替代品，节假日，国际、国内政治经济形势等。

1.　供求关系

一般来说，对于供给而言，商品供给的增加会引起价格的下降，供给的减少会引起价格的上扬；对于需求而言，商品需求的增加将导致价格的上涨，需求的减少导致价格的下跌。白糖的供求也遵循同样的规律。

1) 白糖的供给

世界食糖年产量为 1.21 亿～1.40 亿吨，年产量超过 1000 万吨的国家和地区包括巴西、印度、欧盟、中国等，其中巴西年产量超过 2000 万吨。巴西、欧盟、泰国是世界食糖主要出口国家和地区，其产量和供应量对国家市场的影响较大。特别是巴西，作为世界食糖市场最具影响力和竞争力的产糖国，其每年的糖产量、货币汇率及其政府的糖业政策直接影响着国际食糖市场价格的变化走向。中国是世界上重要的产糖国之一，近年来食糖产量维持在 1000 万吨左右。

2) 白糖的需求

世界食糖消费量约 1.24 亿吨，消费量较大的国家和地区包括印度、欧盟、中国、巴西等。从近几年消费情况来看，印度食糖年消费量维持在 1900 万吨左右，欧盟消费量维持在 1500 万吨左右，中国消费量增长至 1100 万吨左右，巴西年消费量为 950 万吨左右。

3) 白糖进出口

食糖进出口对市场的影响很大。食糖进口会增加国内供给总量，食糖出口会导致需求总量增加。对食糖市场而言，要重点关注世界主要出口国和主要进口国有关情况。世界食糖贸易量每年约为 3700 万吨，以原糖为主。主要出口地为巴西、欧盟、泰国、澳大利亚、古巴等。主要进口地为俄罗斯、美国、印尼、欧盟、日本等。主要进口地的消费量和进口量相对比较稳定，而主要出口地的生产量和出口量变化较大，出口地出口量的变化对世界食糖市场的影响比进口地进口量的变化对世界食糖市场的影响大。

我国食糖处于供求基本平衡的状态，略有缺口，进口食糖以原糖为主。食糖进口仍然实行配额管理，2013—2018 年的每年配额均为 194.5 万吨，所以在判断白糖价格走势时，要注意外盘糖的价格走势。

4) 白糖库存

在一定时期内，一种商品库存水平的高低直接反映了该商品供需情况的变化，是商品供求格局的内在反映。因此，了解食糖库存变化有助于了解食糖价格的运行趋势。一般而言，在库存水平提高的时候，供给宽松；在库存水平降低的时候，供给紧张。结转库存水平和白糖价格常常呈现负相关关系。

就我国来讲，国家收储以及工业临时收储加上糖商的周转库存在全国范围内形成一个能影响市场糖价的库存。在糖价过高(过低)时，国家通过抛售(收储)国储糖来调节市场糖价。预估当年及下一年的库存和国家对食糖的收储与抛售对于正确估测食糖价格具有重要意义。

2. 气候与天气

食糖作为农副产品，无论现货价格还是期货价格都会受到气候与天气因素的影响。甘蔗在生长期具有喜高温、光照强、需水量大、吸肥多等特点，因此，对构成气候资源的热、光、水等条件有着特殊的依赖性。干旱、洪涝、大风、冰雹、低温霜冻等天气对生长期的甘蔗具有灾害性的影响，而且这种影响一旦形成便是长期的。

除关注我国的气候和天气外，也应关注食糖主要出口国的气候和天气变化。比如，巴西气候受海洋气候影响，全球气候异常对巴西的影响较大，而甘蔗产量与气候变化息息相关，例如 2000 年巴西旱灾，其食糖产量亦大幅减少 200 万吨左右。

3. 季节性

食糖是季产年销的大宗商品，在销售上就有其固有的、内在的规律。在我国，每年的 10 月至次年的 4 月为甘蔗集中压榨时间，由于白糖集中上市，造成短期内白糖供给十分充足；随着时间的推移和持续不断的消费，白糖库存量也越来越少。价格也往往随之变化，具有季节性特征。

4. 替代品

甜味剂是食糖的主要替代品，它的使用减少了食糖的正常市场份额，对糖的供给、价格有一定的影响。甜味剂包括三种，分别是淀粉糖、糖精和甜蜜素。

5. 节假日

在一年中，春节和中秋节是我国白砂糖消耗最大的节假日。两个节假日前一月由于食品行业的大量用糖，使糖的消费进入高峰期，这个时期的糖价往往比较高。两个节日之后的一段时期，由于白砂糖消费量的降低，糖价往往回落。八九月份是用糖高峰期，月饼、北方的蜜饯、饮料、饼干都需要大量食糖，因而会刺激拉动食糖消费。

6.　国际、国内政治经济形势

世界经济景气与否是决定商品期货价格的重要因素之一。当经济景气时，生产扩张，贸易活跃，从而引起商品需求的增加，推动期货价格的上涨；反之亦然。

国内经济形势的变化，特别是国民经济主要景气指标的变化，将直接影响农产品期货价格的变化。当国内消费指数偏高时，投资者要考虑未来走势；当国家宏观经济宽松时，社会发展稳定，资金供应量较为宽松，不仅经济发展速度加快，而且投入期货市场的资金也增多，反之亦然。

7.2.5　白糖信息的查看

白糖信息的查看方法与棉花信息的查看方法一样，既可以通过大宗商品行情分析软件来查看，还可以通过生意社网站来查看，下面进行简单讲解。

打开大宗商品行情分析软件，单击菜单栏中的"资讯"|"24 小时实时资讯"命令，可以看到当前最新的实时资讯信息。单击"软商品"标签，切换到"软商品"选项卡，就可以看到软商品大宗商品的实时资讯信息，如图 7.9 所示。

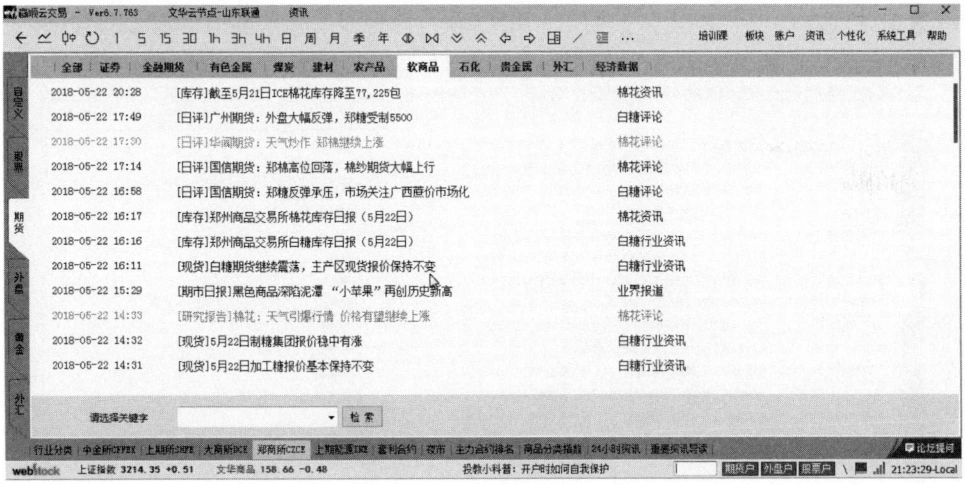

图 7.9　软商品大宗商品的实时资讯信息

在软商品大宗商品的实时信息中，就可以关注白糖的最新信息。要想查看某条信息，只需双击其标题即可。在这里双击的是"[现货]白糖期货继续震荡，主产区现货报价保持不变"，如图 7.10 所示。

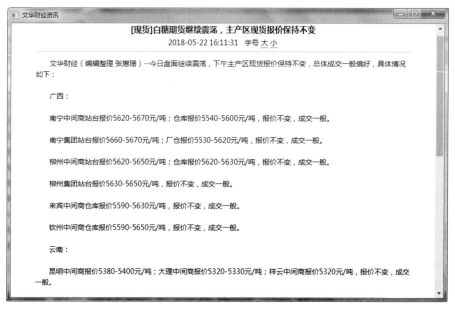

图7.10 白糖的最新信息

单击菜单栏中的"资讯"|"最新持仓报告"命令，就可以看到所有期货品种的最新持仓报告。单击"请选择交易品种"下拉列表框对应的下拉按钮，然后选择"白糖"选项，单击"检索"按钮，就可以看到白糖成交量和持仓量信息，如图 7.11所示。

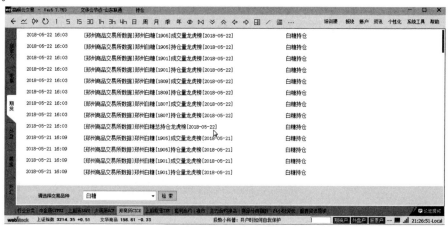

图7.11 白糖成交量和持仓量信息

想要查看某个合约的白糖成交量或持仓量，只需双击其信息标题即可。单击"[郑州商品交易所数据]郑州白糖总持仓龙虎榜[2018-05-22]"，就可以看到郑州白糖总持仓量龙虎榜，如图 7.12所示。

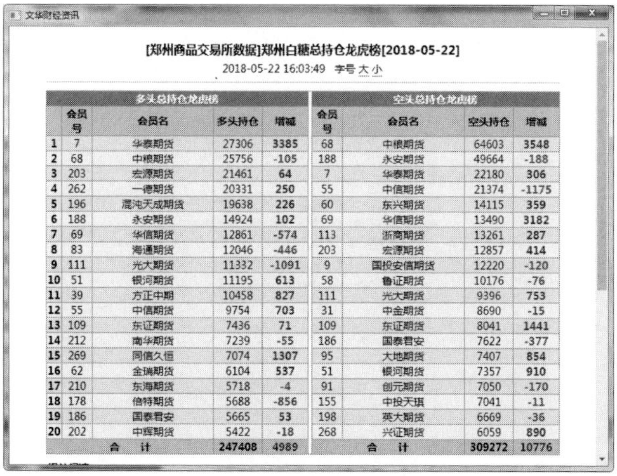

文华财经资讯

[郑州商品交易所数据]郑州白糖总持仓龙虎榜[2018-05-22]

2018-05-22 16:03:49　字号 大 小

	多头总持仓龙虎榜				空头总持仓龙虎榜			
	会员号	会员名	多头持仓	增减	会员号	会员名	空头持仓	增减
1	7	华泰期货	27306	3385	68	中粮期货	64603	3548
2	68	中粮期货	25756	-105	188	永安期货	49664	-188
3	203	宏源期货	21461	64	7	华泰期货	22180	306
4	262	一德期货	20331	250	55	中信期货	21374	-1175
5	196	混沌天成期货	19638	226	60	东兴期货	14115	359
6	188	永安期货	14924	102	69	华信期货	13490	3182
7	69	华信期货	12861	-574	113	浙商期货	13261	287
8	83	海通期货	12046	-446	203	宏源期货	12857	414
9	111	光大期货	11332	-1091	9	国投安信期货	12220	-120
10	51	银河期货	11195	613	58	鲁证期货	10176	-76
11	39	方正中期	10458	827	111	光大期货	9396	753
12	55	中信期货	9754	703	31	中金期货	8690	-15
13	109	东证期货	7436	71	109	东证期货	8041	1441
14	212	南华期货	7239	-55	186	国泰君安	7622	-377
15	269	同信久恒	7074	1307	95	大地期货	7407	854
16	62	金瑞期货	6104	537	51	银河期货	7357	910
17	210	东海期货	5718	-4	91	创元期货	7050	-170
18	178	倍特期货	5688	-856	155	中投天琪	7041	-11
19	186	国泰君安	5665	53	198	英大期货	6669	-36
20	202	中辉期货	5422	-18	268	兴证期货	6059	890
	合　计		247408	4989	合　计		309272	10776

图 7.12　郑州白糖总持仓量龙虎榜信息

利用生意社网站来查看白糖信息的操作步骤如下。

在浏览器的地址栏中输入“http://www.100ppi.com”，然后按 Enter 键，就可进入生意社网站的首页。在“搜索”前面的文本框中输入“白糖”，然后单击“搜索”按钮，就可以看到白糖商品的最新报价信息，如图 7.13 所示。

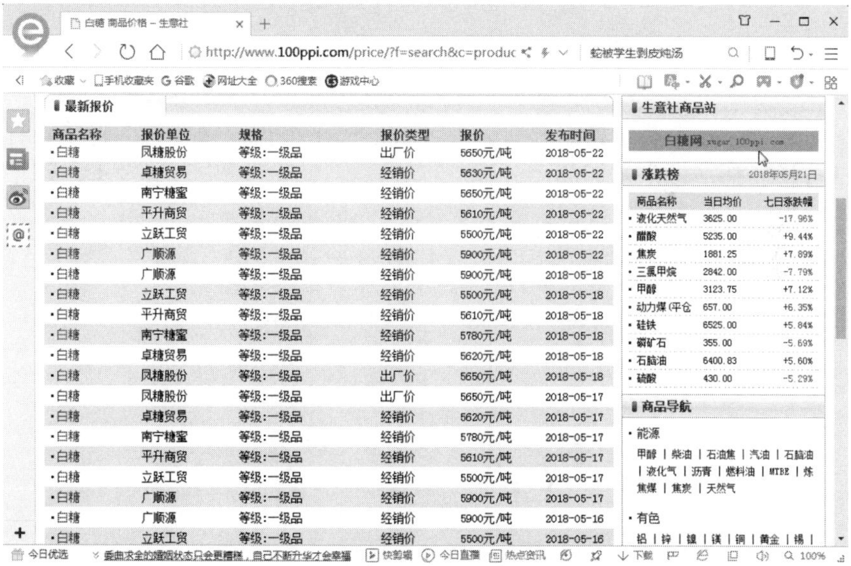

商品名称	报价单位	规格	报价类型	报价	发布时间
·白糖	凤糖股份	等级:一级品	出厂价	5650元/吨	2018-05-22
·白糖	卓糖贸易	等级:一级品	经销价	5630元/吨	2018-05-22
·白糖	南宁糖蜜	等级:一级品	经销价	5650元/吨	2018-05-22
·白糖	平升商贸	等级:一级品	经销价	5610元/吨	2018-05-22
·白糖	立跃工贸	等级:一级品	经销价	5500元/吨	2018-05-22
·白糖	广顺源	等级:一级品	经销价	5900元/吨	2018-05-22
·白糖	广顺源	等级:一级品	经销价	5900元/吨	2018-05-18
·白糖	立跃工贸	等级:一级品	经销价	5500元/吨	2018-05-18
·白糖	平升商贸	等级:一级品	经销价	5610元/吨	2018-05-18
·白糖	南宁糖蜜	等级:一级品	经销价	5780元/吨	2018-05-18
·白糖	卓糖贸易	等级:一级品	经销价	5620元/吨	2018-05-18
·白糖	凤糖股份	等级:一级品	出厂价	5650元/吨	2018-05-18
·白糖	凤糖股份	等级:一级品	出厂价	5650元/吨	2018-05-17
·白糖	卓糖贸易	等级:一级品	经销价	5620元/吨	2018-05-17
·白糖	南宁糖蜜	等级:一级品	经销价	5780元/吨	2018-05-17
·白糖	平升商贸	等级:一级品	经销价	5610元/吨	2018-05-17
·白糖	立跃工贸	等级:一级品	经销价	5500元/吨	2018-05-17
·白糖	广顺源	等级:一级品	经销价	5900元/吨	2018-05-17
·白糖	广顺源	等级:一级品	经销价	5900元/吨	2018-05-16
·白糖	立跃工贸	等级:一级品	经销价	5500元/吨	2018-05-16

生意社商品站

白糖网 sugar 100ppi com

涨跌榜　2018年05月21日

商品名称	当日均价	七日涨跌幅
·液化天然气	3625.00	-17.96%
·醋酸	5235.00	+9.44%
·焦炭	1881.25	+7.89%
·三氯甲烷	2842.00	-7.79%
·甲醇	3123.75	+7.12%
·动力煤(平仓	657.00	+6.35%
·硅铁	6525.00	+5.84%
·磷矿石	355.00	-5.69%
·石脑油	6400.83	+5.60%
·硫酸	430.00	-5.29%

商品导航

·能源

甲醇 | 柴油 | 石油焦 | 汽油 | 石脑油 | 液化气 | 沥青 | 燃料油 | MTBE | 炼焦煤 | 焦炭 | 天然气

·有色

铝 | 锌 | 镍 | 镁 | 铜 | 黄金 | 锡 |

图 7.13　白糖商品的最新报价信息

在白糖商品的最新报价信息页面的右侧，可以看到“白糖网 suger.100ppi.com”，然后单击，就可进入白糖产业网，看到白糖的重点资讯信息和国内动态信息，如图 7.14 所示。

图7.14　白糖的重点资讯信息和国内动态信息

要想查看某条信息，只需双击该信息标题即可。

7.2.6　白糖交易实例

在分析国内白糖期货价格走势时，还要关注一下外盘白糖价格的走势。打开大宗商品行情分析软件，单击左侧的"外盘"标签，切换到"外盘"选项卡，再单击下方的"外盘加权指数"标签，就可以看到糖11号指的报价信息。

双击糖11号指的报价信息，就可以看到糖11号指的日K线图，如图7.15所示。

图7.15　糖11号指的日K线图

下面通过具体实例来讲解白糖期货实战交易。

(1) 进行基本面分析，分析当前白糖期货的操作策略，即做多，还是做空。

(2) 根据当前白糖期货合约的持仓量选择主力合约，主力合约的日 K 线图如图 7.16 所示。

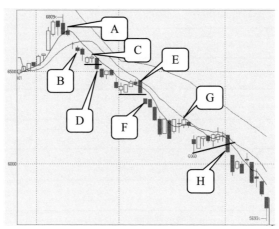

图 7.16 白糖的日 K 线图

(3) 白糖的价格经过一波反弹，创出 6809 高点。在创出高点这一天，价格收了一根带有长长上影线的中阴线，即 A 处，这表明上方压力很大。另外，这根中阴线跌破 5 日均线，预示着价格可能要回调或开始新的一波下跌行情，所以多单要及时获利出局。

(4) 随后价格继续下跌，然后再度跌破 10 日均线，这表明这一波下跌不是回调，很可能是新的波段下跌。

(5) 在 B 处，价格跌破了 10 日均线，所以前期空单可以持有，并且可以继续沿着 5 日均线做空。

(6) 随着价格的不断下跌，虽然出现反弹，但反弹很弱，在反弹到 5 日均线附近时，即 C 处，价格出现了见顶 K 线，所以这里是不错的做空位置。

(7) 通过其后走势会发现，每当价格反弹到 10 日均线附近，价格都会受阻下行，所以 E 处和 G 处都是不错的做空位置。

(8) 价格经过盘整后，如果跌破了整理平台的低点，都是不错的短空位置，即 D、F 和 H 都是不错的短空位置。

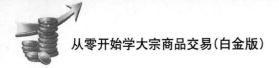
学习心得

第 8 章
农副商品的交易技巧

与前几年曾经风行一时而现今走入低谷的"订单农业"相比较，"期货农业"正以其风险性低、价格提前发现、农民增收效益显著等优势而被农产品交易市场和广大农户所接受。所谓"期货农业"是指农产品订购合同、协议，也叫合同农业或契约农业，具有市场性、契约性、预期性和风险性。订单中规定的农产品收购数量、质量和最低保护价，使双方享有相应的权利、义务和约束力，不能单方面毁约，因为订单是在农产品种养前签订，是一种期货贸易，所以也叫农业订单+期货贸易。本章讲解了 4 种常见农副商品的交易技巧，即大豆、玉米、早籼稻和棕榈油的交易技巧。在讲解每种农副商品时，都从 6 个方面剖析讲解，即农副商品的基础知识、供给与需求、标准合约、影响价格变动的因素、信息的查看、交易实例。

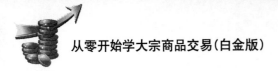

8.1 大豆的交易技巧

大豆属一年生豆科草本植物,别名黄豆。中国是大豆的原产地,已有 4700 多年种植大豆的历史。欧美各国栽培大豆的历史很短,大约在 19 世纪后期才从我国传去。20 世纪 30 年代,大豆栽培已遍及世界各国。

8.1.1 初识大豆

从种植季节看,大豆主要分为春播、夏播。春播大豆一般在 4—5 月播种,9—10 月收获。东北地区及内蒙古等地区均种植一年一季的春播大豆。夏播多为小麦收获后的 6 月播种,9—10 月收获,黄淮海地区种植夏播大豆居多。从种植方式看,东北、内蒙古等大豆主产区,种植方式一般以大田单一种植为主;而其他地区,则多与玉米、花生等作物间作种植。

2002 年 3 月,由于国家转基因管理条例的颁布实施,进口大豆暂时无法参与期货交割,为此,大商所对大豆合约进行拆分,把合约拆分为以食用品质非转基因大豆为标的物的黄大豆 1 号期货合约和以榨油品质转基因、非转基因大豆为标的物的黄大豆 2 号期货合约。

近年来,随着我国榨油业的迅速发展,榨油用大豆已成为我国大豆市场的主流品种,其生产、流通和加工都具有相当规模,形成了完整的产业链条。黄大豆 2 号期货合约的主要特点是以含油率(粗脂肪含量)为核定指标。它将满足榨油相关企业保值避险的需求,有助于吸引更多的大豆压榨、贸易企业积极参与期货套期保值,可有效回避大豆采购和国际贸易中的价格风险,极大地提高企业生产经营的稳定性。

1. 大豆的分类

大豆按种皮的颜色和粒形可分为 5 类,具体如下。

- 黄大豆:种皮为黄色。按粒形又可分为东北黄大豆和一般黄大豆两类。
- 青大豆:种皮为青色。
- 黑大豆:种皮为黑色。
- 其他色大豆:种皮为褐色、棕色、赤色等单一颜色大豆。
- 饲料豆(秣食豆)。

2. 大豆的用途

大豆是一种重要的粮油兼用农产品,既能食用,又可用于榨油。

作为食品,大豆是一种优质高含量的植物蛋白资源,它的脂肪、蛋白质、碳水化合物、粗纤维的组成比例非常接近于肉类食品。大豆的蛋白质含量为 35%~45%,比禾谷类作物高 6～7 倍。氨基酸组成平衡而又合理，尤其富含 8 种人体所必需的氨基酸。大豆制品如豆腐、千张、豆瓣酱、豆腐乳、酱油、豆豉等，味道鲜美，营养丰富，是东亚国家的传统副食品。联合国粮农组织极力主张发展大豆食品，以解决目前发展中国家蛋白质资源不足的问题。

作为油料作物，大豆是世界上最主要的植物油和蛋白饼粕的提供者。每 1 吨大豆可以制出大约 0.2 吨的豆油和 0.8 吨的豆粕。用大豆制取的豆油，油质好，营养价值高，是一种主要食用植物油。作为大豆榨油的副产品，豆粕主要用于补充喂养家禽、猪、牛等的蛋白质，少部分用在酿造及医药工业上。

8.1.2　大豆的供给与需求

大豆供给与需求要从国际市场和国内市场两个方面来看。

1. 国际市场

大豆生产已遍及世界多个国家和地区，其中以北美洲、南美洲和亚洲的种植面积为最大。多年来，世界大豆产量居各类油料作物之首。美国是目前世界上最大的大豆生产国，其产量占世界大豆产量的一半以上。

美国大豆出口量居世界第一位，出口量占其总产量的 1/3 左右。巴西、阿根廷大豆出口量分居世界第二位和第三位。

欧盟是最主要的大豆进口地区，年进口量在 1500 万吨左右；亚太地区是仅次于欧盟的世界第二大豆市场，其中日本每年进口约 500 万吨。中国的进口量近年来迅猛增长，是世界大豆进口增长的源动力之一。

2. 国内市场

中国大豆的最主要产地是黑龙江省，其产量占当年全国产量的 34%，商品量占全国的一半以上。大豆产量在 50 万吨以上的省区还有河北、内蒙古、吉林、江苏、安徽、山东、河南，这 7 省区大豆产量合计占全国大豆产量的 46%。其余 23 个省区市的大豆产量仅占 20%。

1995 年之前我国一直是大豆净出口国。1995—1996 年，我国大豆连续两年减产，国内供给不足，需求却保持旺盛的态势，大豆价格居高不下。为此，国家及时调整大豆进出口政策，增加进口，减少出口。1996 年我国首次成为大豆净进口国，并一直持续至今。我国进口大豆的来源国分别是美国、巴西、阿根廷等。

随着我国城乡居民生活水平的提高，我国对大豆的需求量也呈逐年增加的趋势。首先是大豆压榨需求增幅极大，主要是国内对豆油、豆粕的需求持续快速增长。其次，大豆的食用及工业消费量也一直在稳步增加。

8.1.3 大豆标准合约

大豆标准合约如表 8.1 所示。

表 8.1 大豆标准合约

交易品种	黄大豆 1 号
交易单位	10 吨/手
报价单位	元(人民币)/吨
最小变动价位	1 元/吨
涨跌停板幅度	上一交易日结算价的 3%
合约月份	1、3、5、7、9、11 月
交易时间	上午：9:00—11:30，下午：13:30—15:00，晚上：21:00—23:30
最后交易日	合约月份第 10 个交易日
最后交割日	最后交易日后 7 日(遇法定节假日顺延)
交割等级	具体内容见附表
交割地点	大连商品交易所指定交割仓库
最低交易保证金	合约价值的 5%
交易手续费	4 元/手
交割方式	集中交割
交易代码	A
上市交易所	大连商品交易所

8.1.4 影响大豆价格变动的因素

影响大豆价格变动的因素有供应状况、消费状况、相关商品价格、大豆国际市场价格等。

1. 大豆供应状况

全球大豆分为两个收获期，南美(巴西、阿根廷)大豆的收获期是每年的 4—5 月，而地处北半球的美国、中国的大豆收获期是 9—10 月。因此，每隔 6 个月，大豆都有集中供应。美国是全球大豆最大的供应国，其生产量的变化对世界大豆市场有较大影响。

作为一种农产品，大豆的生产和供应带有很大的不确定性。首先，大豆种植、供应是季节性的。一般来说，在收获期，大豆的价格比较低。其次，大豆的种植面积都在变化，从而对大豆市场价格产生影响。最后，大豆的生长期大约在 4 个月，种植期内气候因素、生长情况、收获进度都会影响大豆产量，进而影响大豆价格。

另外，我国是国际大豆市场最大的进口国之一。因此，国际价格水平和进口量的大小直接影响着国内大豆价格。

2．大豆消费状况

大豆主要进口国是欧盟、日本、中国、东南亚国家和地区。欧盟、日本的大豆进口量相对稳定，而中国、东南亚国家的大豆进口量变化较大。

大豆的食用消费相对稳定，对价格的影响较弱。大豆压榨后，豆油、豆粕产品的市场需求变化不定，影响因素较多。大豆的压榨需求变化较大，对价格的影响较大。

3．相关商品价格

作为食品，大豆的替代品有豌豆、绿豆、芸豆等；作为油籽，大豆的替代品有菜籽、棉籽、葵花籽、花生等。这些替代品的产量、价格及消费的变化对大豆价格也有间接影响。

大豆的价格与它的后续产品豆油、豆粕有直接的关系，这两种产品的需求量变化，可直接导致大豆价格的变化。

4．大豆国际市场价格

中国大豆的进出口量，在世界大豆贸易量中占有较大的比重，大豆国际市场价格与国内大豆价格之间互为影响。大连商品交易所大豆期货价格与芝加哥期货交易所(CBOT)大豆价格趋势相同，同时各自还具有自身的独立性。

8.1.5　大豆信息的查看

大豆信息的查看方法与铜信息的查看方法一样，既可以通过大宗商品行情分析软件来查看，还可以通过生意社网站来查看，下面进行简单讲解。

打开大宗商品行情分析软件，单击菜单栏中的"资讯"|"24 小时实时资讯"命令，可以看到当前最新的实时资讯信息。单击"农产品"标签，切换到"农产品"选项卡，就可以看到农产品大宗商品的实时资讯信息，如图 8.1 所示。

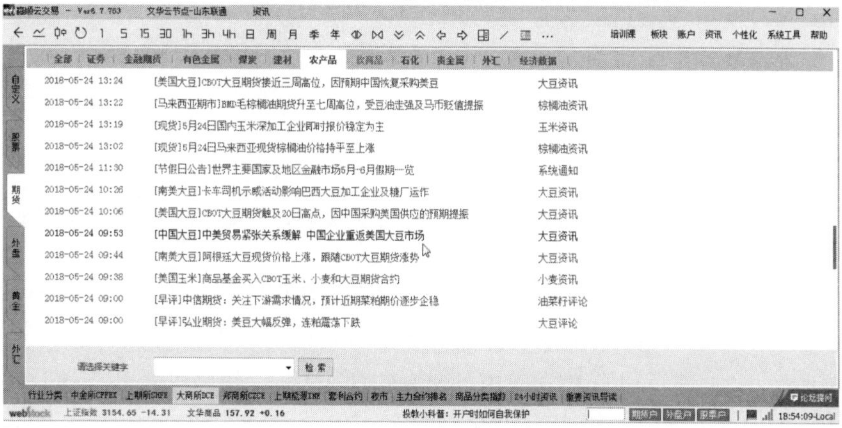

图 8.1　农产品大宗商品的实时资讯信息

从零开始学大宗商品交易(白金版)

在农产品大宗商品的实时信息中，就可以关注大豆的最新信息。要想查看某条信息，只需双击其标题即可。在这里双击的是"[中国大豆]中美贸易紧张关系缓解 中国企业重返美国大豆市场"，如图8.2所示。

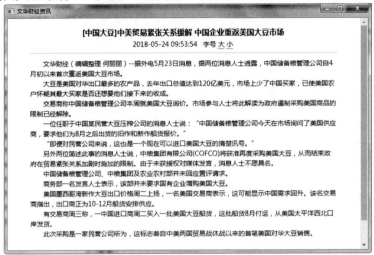

图8.2　大豆的最新信息

单击菜单栏中的"资讯"|"最新持仓报告"命令，就可以看到所有期货品种的最新持仓报告。单击"请选择交易品种"下拉列表框对应的下拉按钮，然后选择"黄大豆"选项，单击"检索"按钮，就可以看到大豆成交量和持仓量信息，如图8.3所示。

图8.3　大豆成交量和持仓量信息

想要查看某个合约的大豆成交量或持仓量，只需双击其标题即可。单击"[大连商品交易所数据]大连豆一总持仓龙虎榜[2018-05-24]"，就可以看到大连豆一总持仓量龙虎榜，如图8.4所示。

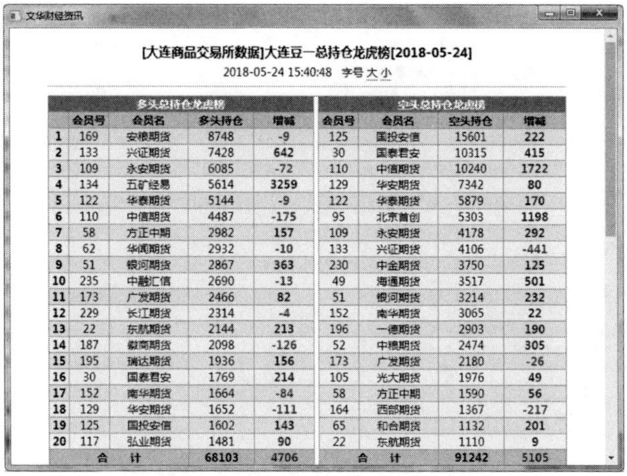

[大连商品交易所数据]大连豆一总持仓龙虎榜[2018-05-24]

2018-05-24 15:40:48　字号 大 小

	多头总持仓龙虎榜				空头总持仓龙虎榜			
	会员号	会员名	多头持仓	增减	会员号	会员名	空头持仓	增减
1	169	安粮期货	8748	-9	125	国投安信	15601	222
2	133	兴证期货	7428	642	30	国泰君安	10315	415
3	109	永安期货	6085	-72	110	中信期货	10240	1722
4	134	五矿经易	5614	3259	129	华安期货	7342	80
5	122	华泰期货	5144	-9	122	华泰期货	5879	170
6	110	中信期货	4487	-175	95	北京首创	5303	1198
7	58	方正中期	2982	157	109	永安期货	4178	292
8	62	华闻期货	2932	-10	133	兴证期货	4106	-441
9	51	银河期货	2867	363	230	中金期货	3750	125
10	235	中融汇信	2690	-13	49	海通期货	3517	501
11	173	广发期货	2466	82	51	银河期货	3214	232
12	229	长江期货	2314	-4	152	南华期货	3065	22
13	22	东航期货	2144	213	196	一德期货	2903	190
14	187	徽商期货	2098	-126	52	中粮期货	2474	305
15	195	瑞达期货	1936	156	173	广发期货	2180	-26
16	30	国泰君安	1769	214	105	光大期货	1976	49
17	152	南华期货	1664	-84	58	方正中期	1590	56
18	129	华安期货	1652	-111	164	西部期货	1367	-217
19	125	国投安信	1602	143	65	和合期货	1132	201
20	117	弘业期货	1481	90	22	东航期货	1110	9
	合　计		68103	4706	合　计		91242	5105

图 8.4　大连豆一总持仓量龙虎榜信息

利用生意社网站来查看大豆信息的操作步骤如下。

在浏览器的地址栏中输入“http://www.100ppi.com”，然后按 Enter 键，就进入生意社网站的首页。在“搜索”前面的文本框中输入“大豆”，然后单击“搜索”按钮，就可以看到大豆商品的最新报价信息，如图 8.5 所示。

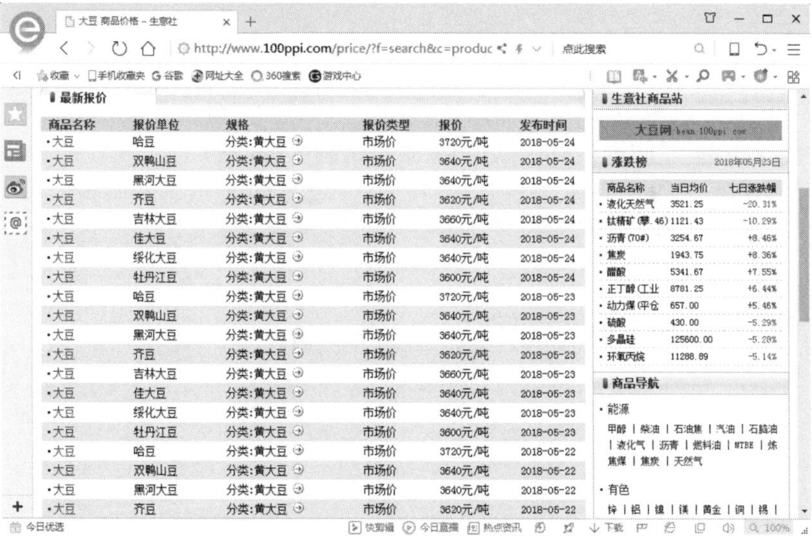

商品名称	报价单位	规格	报价类型	报价	发布时间
大豆	哈豆	分类:黄大豆	市场价	3720元/吨	2018-05-24
大豆	双鸭山豆	分类:黄大豆	市场价	3640元/吨	2018-05-24
大豆	黑河大豆	分类:黄大豆	市场价	3640元/吨	2018-05-24
大豆	齐豆	分类:黄大豆	市场价	3620元/吨	2018-05-24
大豆	吉林大豆	分类:黄大豆	市场价	3660元/吨	2018-05-24
大豆	佳大豆	分类:黄大豆	市场价	3640元/吨	2018-05-24
大豆	绥化大豆	分类:黄大豆	市场价	3640元/吨	2018-05-24
大豆	牡丹江豆	分类:黄大豆	市场价	3600元/吨	2018-05-24
大豆	哈豆	分类:黄大豆	市场价	3720元/吨	2018-05-23
大豆	双鸭山豆	分类:黄大豆	市场价	3640元/吨	2018-05-23
大豆	黑河大豆	分类:黄大豆	市场价	3640元/吨	2018-05-23
大豆	齐豆	分类:黄大豆	市场价	3620元/吨	2018-05-23
大豆	吉林大豆	分类:黄大豆	市场价	3660元/吨	2018-05-23
大豆	佳大豆	分类:黄大豆	市场价	3640元/吨	2018-05-23
大豆	绥化大豆	分类:黄大豆	市场价	3640元/吨	2018-05-23
大豆	牡丹江豆	分类:黄大豆	市场价	3600元/吨	2018-05-23
大豆	哈豆	分类:黄大豆	市场价	3720元/吨	2018-05-22
大豆	双鸭山豆	分类:黄大豆	市场价	3640元/吨	2018-05-22
大豆	黑河大豆	分类:黄大豆	市场价	3640元/吨	2018-05-22
大豆	齐豆	分类:黄大豆	市场价	3620元/吨	2018-05-22

图 8.5　大豆商品的最新报价信息

在大豆商品的最新报价信息页面的右侧，可以看到“大豆网 bean.100ppi.com”，然后单击，就可进入大豆产业网，看到大豆的重点资讯信息和国内动态信息，如图 8.6 所示。

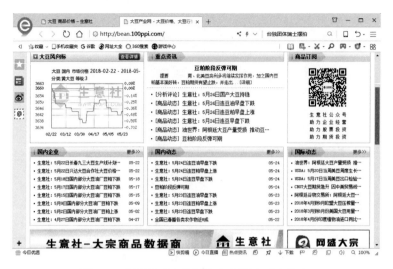

图 8.6　大豆的重点资讯信息和国内动态信息

要想查看某条信息，只需双击该信息标题即可。

8.1.6　大豆交易实例

在分析国内大豆期货价格走势时，还要关注一下外盘大豆价格的走势。打开大宗商品行情分析软件，单击左侧的"外盘"标签，切换到"外盘"选项卡，再单击下方的"外盘加权指数"标签，就可以看到美豆指数的报价信息。

双击美豆指数的报价信息，就可以看到美豆指数的日 K 线图，如图 8.7 所示。

图 8.7　美豆指数的日 K 线图

下面通过具体实例来讲解大豆期货实战交易。

(1) 进行基本面分析，分析当前大豆期货的操作策略，即做多，还是做空。

(2) 根据当前大豆期货合约的持仓量选择主力合约，主力合约的日 K 线图如图 8.8 所示。

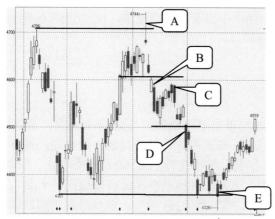

图 8.8　豆一的日 K 线图

(3) 价格在盘中向上突破前期高点 4706，但收盘没有站在 4706 以上，并且收盘收了一根长长的十字线，这表明向上突破是假的，后市可能会下跌，所以多单要及时止盈，然后反手做空单，即在 A 处。

(4) 第二天，价格继续大跌，所以空单可以持有，并且继续逢高做空。

(5) 接着价格再度低开，但价格低开后高走，并且收了一根阳线。需要注意的是，价格已跌了前期小震荡平台的低点，意味着价格还会下跌，所以空单可以耐心持有。

(6) 随后价格继续下跌，然后出现反弹。需要注意的是，价格反弹 5 天后，也没有突破前期震荡平台的低点，这意味着多头反弹力量不强。

(7) 由于 C 处，价格连续收阴线，所以 C 处是一个不错的做空位置。

(8) 接着价格又开始下跌，然后在 D 处，又跌破了低点，这意味着，新的下跌空间打开，可以继续逢高做空。

(9) 价格继续下跌，然后跌到前期大平台的低点附近时，价格出现了反弹。并且在 E 处，价格盘中跌破大平台的低点，但收盘又站在大平台的低点之上，这意味着，跌破大平台低点是诱空，所以后市很可能要有反弹。因此空单要及时止盈，并且可以轻仓逢低介入多单。

8.2　玉米的交易技巧

玉米起源于以墨西哥和危地马拉为中心的中南美洲热带和亚热带高原地区，约 7000 年前美洲的印第安人就已经开始种植玉米。哥伦布发现新大陆后，把玉米带到了

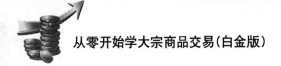

西班牙，随着世界航海业的发展，玉米逐渐传到了世界各地，并成为最重要的粮食作物之一。

大约在 16 世纪中期，中国开始引进玉米，18 世纪又传到印度。目前中国已经成为全球第二大玉米产地。

8.2.1　初识玉米

玉米为禾本科，属一年生草本植物，别名有玉蜀黍、苞谷、珍珠米、御麦、棒子、苞米、六谷和玉籽等。株形高大，叶片宽长，雌雄花同株异位，雄花序长在植株的顶部，雌花序(穗)生在中上部叶腋间，为异花(株)授粉的一年生作物。

在世界谷类作物中，玉米的种植面积和总产量仅次于小麦、水稻而居第 3 位，平均单产则居首位。从北纬 58°到南纬 42°，从低于海平面的中国新疆吐鲁番盆地到3600 米以上的高海拔地区，都能栽种玉米。玉米的播种面积以北美洲最多，其次为亚洲、拉丁美洲、欧洲等。中国的玉米种植面积和总产量均居世界第二位，集中分布在从东北经华北走向西南这一斜长形地带内，其种植面积约占全国玉米面积的 85%。

玉米可按不同方式进行分类，通常的贸易中只把玉米分为粉质和胶质两种类型。根据颜色进行区分，常见的有黄玉米、白玉米两种。常见分类方式还有按籽粒形态与结构分为硬粒型、马齿型、粉质型、甜质型、甜粉型、爆裂型、蜡质型、有稃型、半马齿型 9 个类型；按生育期分为早熟品种、中熟品种、晚熟品种 3 个品种；按籽粒成分与用途分为特用玉米、普通玉米两个品种，其中特种玉米又可分为高赖氨酸玉米、糯玉米、甜玉米、爆裂玉米、高油玉米等。

玉米籽粒中含有 70%~75%的淀粉，10%左右的蛋白质，4%~5%的脂肪，2%左右的多种维生素。籽粒中的蛋白质、脂肪、维生素 A、维生素 B1、维生素 B2 含量均比稻米多。以玉米为原料制成的加工产品有 500 种以上。目前玉米已经成为最主要的饲料作物。玉米占世界粗粮产量的 65%以上，占我国粗粮产量的 90%。玉米是制造复合饲料的最主要原料，一般占 65%~70%。

8.2.2　玉米的供给与需求

玉米供给与需求要从国际市场和国内情况两个方面来看。

1. 国际市场

在过去的几年中，全球玉米出口贸易总量约保持在 7500 万吨，并呈现逐年上升的趋势。20 世纪 90 年代以来，世界玉米贸易量年增长率为 2.14%，高于世界玉米产量的增长率，2017 年度，世界玉米贸易量占玉米总产量的 15%，是贸易量较大的农产品之一。

从出口国看，美国和阿根廷等玉米主产国家是玉米出口大国。美国年出口玉米在5000万吨以上，占全球玉米贸易总量的65%～70%。

玉米的主要进口国集中在亚洲地区，其中日本的年进口量为1500万～1600万吨，马来西亚和印度尼西亚等东南亚国家300万～400万吨，欧盟250万吨，墨西哥400万～500万吨，加拿大300万～500万吨，主要来自美国。

全球每年玉米总消费量从1999—2000年开始就保持在6亿吨以上。玉米的消费主要有四方面，即食用、饲用、工业加工及种用。

玉米是"饲料之王"，20世纪90年代以来，全球饲用玉米的年增长率达到了2.43%，玉米总消费量的年均增长率为2.22%，比世界玉米总产量的增长率高0.4%。目前，饲用玉米消费占总消费比例的70%左右，比20世纪90年代初增加了1.55亿吨，增幅高达31.5%，比同期玉米产量的增幅高了6个百分点，未来随着全球玉米加工产业的发展，对玉米消费的需求还会增加，产需之间的矛盾会更加突出。

2. 国内情况

下面来讲解一下国内的生产情况、进出口情况、消费情况。

1) 生产情况

我国是玉米生产大国，总产量居世界第二，玉米生产区域分布广泛，可分为东北春播玉米区、黄淮海平原夏播玉米区、西北灌溉玉米区、西南山地玉米区、南方丘陵玉米区、青藏高原玉米区六大玉米种植区。

北方的辽、吉、黑、内蒙古、晋、冀、鲁、豫8省区生产了全国70%以上的玉米，尤其是东北地区(含内蒙古)，常年玉米播种面积为780万～800万公顷，正常年份玉米产量为4000万吨左右，占全国玉米总产量的35%左右，是我国最大的玉米商品粮产地。

华北黄淮地区(包括京、津、晋、冀、鲁、豫、苏和皖)常年玉米播种面积为850万～900万公顷，正常年份玉米产量为4000万～4200万吨，产量占全国总产量的35%～40%，但商品率低于东北地区。

长江以南(含长江流域)的省、市和自治区常年玉米播种面积为500万公顷左右，正常年份玉米产量为2600万吨左右，约占全国玉米总产量的18%～20%。

2) 进出口情况

我国玉米出口主要走大连、锦州、营口等港口，其中大连港占到了70%左右，主要出口到韩国、日本、马来西亚、印度尼西亚、菲律宾等国。进口玉米主要来自美国，进口港在东南沿海地区，但数量较少。

3) 消费情况

我国是玉米消费大国，玉米消费主要用于饲料和工业消费，二者占到了80%以上。随着城乡居民生活水平的提高，畜牧业的发展带动了饲料加工业的发展。同时，随着技术进步和工业化水平的提高，包括玉米淀粉、酿造、医药等玉米深加工得到了快速发展，玉米消费正在逐年提高。

工业消费主要涉及酿酒、酒精、淀粉、麦芽糖、调味品等生产领域。从 2001 年开始，还包括汽油醇生产。

8.2.3　玉米标准合约

玉米标准合约如表 8.2 所示。

表 8.2　玉米标准合约

交易品种	黄玉米
交易单位	10 吨/手
报价单位	元(人民币)/吨
最小变动价位	1 元/吨
涨跌停板幅度	上一交易日结算价的 4%
合约月份	1、3、5、7、9、11 月
交易时间	上午：9:00—11:30，下午：13:30—15:00
最后交易日	合约月份第 10 个交易日
最后交割日	最后交易日后第 2 个交易日
交割等级	大连商品交易所玉米交割质量标准(FC/DCE D001—2009)
交割地点	大连商品交易所玉米指定交割仓库
最低交易保证金	合约价值的 5%
交易手续费	不超过 3 元/手
交割方式	实物交割
交易代码	C
上市交易所	大连商品交易所

8.2.4　影响玉米价格变动的因素

影响玉米价格变动的因素有供求情况、气候和货币的汇率。

1. 玉米的供求情况

玉米的供求情况包括供给、需求、库存、相关商品的价格。

1) 玉米的供给

从历年来的生产情况看，国际玉米市场中，美国的产量占 40%以上，中国的产量占近 20%，南美的产量大约占 10%，成为世界玉米的主产区，其产量和供应量对国际市场的影响较大，特别是美国的玉米产量成为影响国际供给的最重要因素。其他各个国家和地区的产量比重都较低，对国际市场的影响很小。

相对于大豆等农产品，我国的玉米生产具有相对独立性，每年进口量较低，出口量相对稳定，每年的国内产量成为影响国内供给的主要因素。一般而言，国内玉米在 10 月底开始陆续上市，上市时正是玉米现货价格走低的时候，到来年 5、6 月份玉米开始走向紧缺，价格开始走高，到 7、8 月份价格达到顶峰。

2）玉米的需求

美国和中国既是玉米的主产国，也是主要消费国，对玉米消费较多的国家还有欧盟、日本、巴西、墨西哥等国家和地区，这些国家和地区消费需求的变化对玉米价格的影响较大，特别是近年来，各主要消费国玉米深加工工业迅速发展，大大推动了玉米消费需求的增加。

从国内情况来看，玉米消费主要来自饲料和加工业，由于受国际市场和疫情的影响，历年来畜牧业一直处于稳定的波动中，直接影响了对饲料的需求，进而影响了对玉米的需求，从而左右了玉米的价格走势。近年来玉米深加工的发展使玉米需求增加，供给趋紧，成为其价格上涨的直接推动力。

3）库存的影响

在一定时期内，一种商品库存水平的高低直接反映了该商品供需情况的变化，是商品供求格局的内在反映。因此，研究玉米库存变化有助于了解玉米价格的运行趋势。一般而言，在库存水平提高的时候，玉米价格走低；在库存水平降低的时候，玉米价格走高，结转库存水平和玉米价格存在负相关关系。

4）相关商品的价格

与玉米关系最密切的粮食品种包括饲料小麦和饲料稻谷。历年的价格实践表明，上述粮食品种在消费过程中具有一定的替代作用。

例如，饲料小麦和玉米的正常比价关系约为 0.9∶1.0，如果两者比价关系超过这一水平且幅度较大，则会引起两种商品在使用上替代情况的发生。因此，小麦和稻谷的价格成为影响玉米价格走势非常重要的因素。

此外，由于玉米现阶段主要用于饲料生产，因此同样用于饲料生产的豆粕价格的变动也会在很大程度上影响玉米的价格。尽管两者间不能相互替代，但是在目前国内豆粕供给充裕的情况下，豆粕价格的涨跌常常是市场饲料产量和需求量增减的直观反映，玉米价格的变动将受到饲料需求量变动的影响。

2.　气候的影响

玉米作为农产品，无论现货价格还是期货价格都会受到天气因素的影响。播种和生长期间，天气情况的改善会使玉米产量由减产转为增产，并导致供求心理预期的变化，玉米价格随之产生下跌压力。反之，玉米价格会由于长期干旱或其他不利天气因素而诱发供给紧张，并产生推动价格上涨的动力。

由于美国是全球最大的玉米生产国和出口国,因此,不仅我国国内天气的变化会对我国期货价格的变化产生影响,美国的天气变化情况也会对我国玉米价格产生较大的影响,其他主产国如南美天气的变化也会对我国玉米价格产生一定的影响。

由于美国和中国处于同一纬度,两国玉米的种植与生长期基本相同,每年 4~9 月是对两国玉米播种面积和天气(主要反映作物的生育状况)炒作的时候,10 月至次年 3 月的南美玉米产区天气情况就成为期货市场关注的要素之一。

一般情况下,玉米价格在收割期供应量达到最高时开始下跌,在春天和初夏供应紧缺及新作产量不确定时达到高点。夏天的中期到晚期时,新作产量情况会逐渐明朗,但也是受天气影响最为关键的时期。因此,对其应该密切关注,至收割期前玉米价格会下跌。玉米价格对天气变化的反映程度最终取决于市场总体的供需情况。

3. 货币的汇率

无论以人民币还是以美元作为玉米价值的货币进行衡量,货币实际币值的波动必然会对玉米的现货价格产生影响,同样也会对期货价格产生影响。由于金融资产与商品期货之间有着一定的连动性,所以总体来说,当货币贬值时,相应地,玉米期货价格会上涨;当货币升值时,期货价格会出现下跌。因此,货币汇率是除了供给量、需求量等决定玉米期货价格的主要因素之外的另一个重要的影响因素。

8.2.5　玉米信息的查看

玉米信息的查看方法与大豆信息的查看方法一样,既可以通过大宗商品行情分析软件来查看,还可以通过生意社网站来查看,下面进行简单讲解。

打开大宗商品行情分析软件,单击菜单栏中的"资讯"|"24 小时实时资讯"命令,可以看到当前最新的实时资讯信息。单击"农产品"标签,切换到"农产品"选项卡,就可以看到农产品大宗商品的实时资讯信息,如图 8.9 所示。

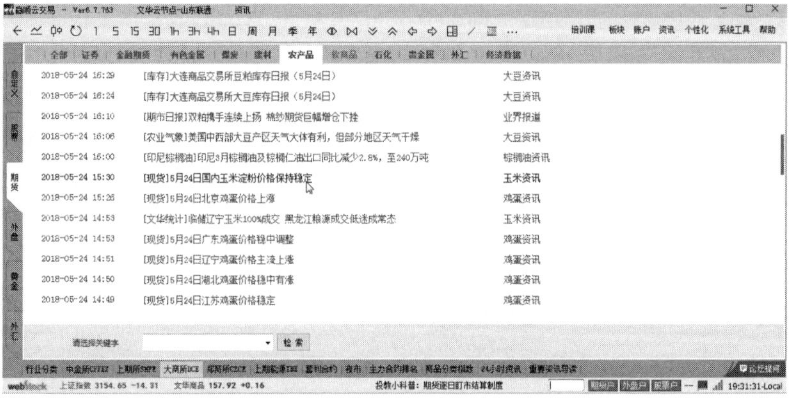

图 8.9　农产品大宗商品的实时资讯信息

在农产品大宗商品的实时信息中，就可以关注玉米的最新信息。要想查看某条信息，只需双击其标题即可。在这里双击的是"[现货]5 月 24 日国内玉米淀粉价格保持稳定"，如图 8.10 所示。

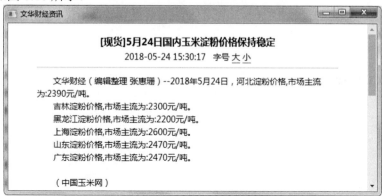

图 8.10　玉米的最新信息

单击菜单栏中的"资讯"|"最新持仓报告"命令，就可以看到所有期货品种的最新持仓报告。单击"请选择交易品种"下拉列表框对应的下拉按钮，然后选择"玉米"选项，单击"检索"按钮，就可以看到玉米成交量和持仓量信息，如图 8.11 所示。

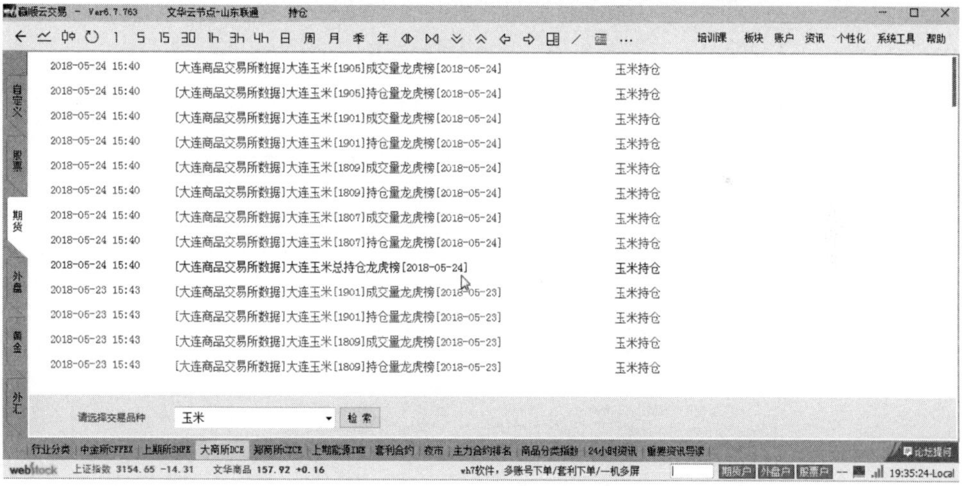

图 8.11　玉米成交量和持仓量信息

想要查看某个合约的玉米成交量或持仓量，只需双击其标题即可。单击"[大连商品交易所数据]大连玉米总持仓龙虎榜[2018-05-24]"，就可以看到大连玉米总持仓量龙虎榜，如图 8.12 所示。

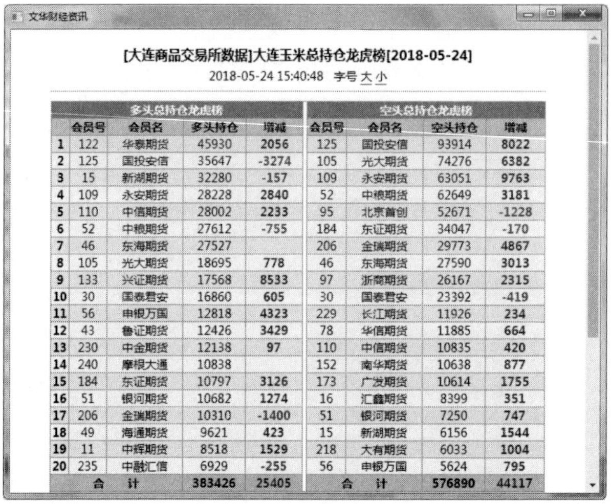

[大连商品交易所数据]大连玉米总持仓龙虎榜[2018-05-24]

2018-05-24 15:40:48 字号 大 小

	多头总持仓龙虎榜				空头总持仓龙虎榜			
	会员号	会员名	多头持仓	增减	会员号	会员名	空头持仓	增减
1	122	华泰期货	45930	2056	125	国投安信	93914	8022
2	125	国投安信	35647	-3274	105	光大期货	74276	6382
3	15	新湖期货	32280	-157	109	永安期货	63051	9763
4	109	永安期货	28228	2840	52	中粮期货	62649	3181
5	110	中信期货	28002	2233	95	北京首创	52671	-1228
6	52	中粮期货	27612	-755	184	东证期货	34047	-170
7	46	东海期货	27527		206	金瑞期货	29773	4867
8	105	光大期货	18695	778	46	东海期货	27590	3013
9	133	兴证期货	17568	8533	97	浙商期货	26167	2315
10	30	国泰君安	16860	605	30	国泰君安	23392	-419
11	56	申银万国	12818	4323	229	长江期货	11926	234
12	43	鲁证期货	12426	3429	78	华信期货	11885	664
13	230	中金期货	12138	97	110	中信期货	10835	420
14	240	摩根大通	10838		152	南华期货	10638	877
15	184	东证期货	10797	3126	173	广发期货	10614	1755
16	51	银河期货	10682	1274	16	汇鑫期货	8399	351
17	206	金瑞期货	10310	-1400	51	银河期货	7250	747
18	49	海通期货	9621	423	15	新湖期货	6156	1544
19	11	中辉期货	8518	1529	218	大有期货	6033	1004
20	235	中融汇信	6929	-255	56	申银万国	5624	795
	合	计	383426	25405	合	计	576890	44117

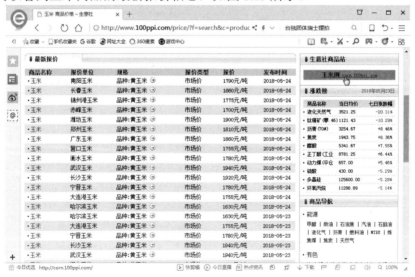

图 8.12　大连玉米总持仓量龙虎榜信息

利用生意社网站来查看玉米信息的操作步骤如下。

在浏览器的地址栏中输入“http://www.100ppi.com”，然后按 Enter 键，就可进入生意社网站的首页。在“搜索”前面的文本框中输入“玉米”，然后单击“搜索”按钮，就可以看到玉米商品的最新报价信息，如图 8.13 所示。

商品名称	报价单位	规格	报价类型	报价	发布时间
·玉米	南阳玉米	品种:黄玉米	市场价	1790元/吨	2018-05-24
·玉米	长春玉米	品种:黄玉米	市场价	1660元/吨	2018-05-24
·玉米	锦州港玉米	品种:黄玉米	市场价	1775元/吨	2018-05-24
·玉米	赤峰玉米	品种:黄玉米	市场价	1700元/吨	2018-05-24
·玉米	潍坊玉米	品种:黄玉米	市场价	1900元/吨	2018-05-24
·玉米	郑州玉米	品种:黄玉米	市场价	1810元/吨	2018-05-24
·玉米	广东玉米	品种:黄玉米	市场价	1860元/吨	2018-05-24
·玉米	营口玉米	品种:黄玉米	市场价	1755元/吨	2018-05-24
·玉米	衡水玉米	品种:黄玉米	市场价	1780元/吨	2018-05-24
·玉米	武汉玉米	品种:黄玉米	市场价	1940元/吨	2018-05-24
·玉米	长沙玉米	品种:黄玉米	市场价	1920元/吨	2018-05-24
·玉米	宁晋玉米	品种:黄玉米	市场价	1780元/吨	2018-05-24
·玉米	大连港玉米	品种:黄玉米	市场价	1755元/吨	2018-05-24
·玉米	哈尔滨玉米	品种:黄玉米	市场价	1630元/吨	2018-05-24
·玉米	哈尔滨玉米	品种:黄玉米	市场价	1630元/吨	2018-05-23
·玉米	大连港玉米	品种:黄玉米	市场价	1755元/吨	2018-05-23
·玉米	宁晋玉米	品种:黄玉米	市场价	1780元/吨	2018-05-23
·玉米	长沙玉米	品种:黄玉米	市场价	1940元/吨	2018-05-23
·玉米	武汉玉米	品种:黄玉米	市场价	1940元/吨	2018-05-23

图 8.13　玉米商品的最新报价信息

在玉米商品的最新报价信息页面的右侧，可以看到“玉米网 corn.100ppi.com”，然后单击，就可进入玉米产业网，看到玉米的重点资讯信息和国内动态信息，如图 8.14 所示。

图 8.14　玉米的重点资讯信息和国内动态信息

要想查看某条信息，只需双击该信息标题即可。

8.2.6　玉米交易实例

下面通过具体实例来讲解玉米期货实战交易。

(1) 进行基本面分析，分析当前玉米期货的操作策略，即做多，还是做空。

(2) 根据当前玉米期货合约的持仓量选择主力合约，主力合约的日 K 线图如图 8.15 所示。

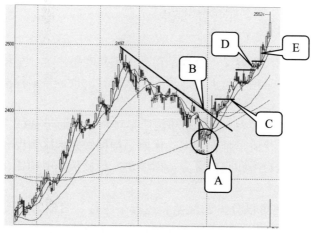

图 8.15　玉米的日 K 线图

(3) 玉米价格创出 2497 高点，但在创出高点这一天，价格收了一根带有上影线的 K 线，这表明上方有压力。

(4) 第二天，价格没有继续上涨，而是收了一根中阴线，这表明空方力量开始增加，上涨行情有可能结束，所以多单要保护好盈利。

(5) 从其后走势看，价格震荡下跌，先是跌破 5 日均线，再跌破 10 日和 30 日均线，开始一波调整行情。

(6) 经过 40 多个交易日的下跌，下跌到 120 均线附近，价格连续震荡盘整，并且都收出小阳线，这预示着下跌力量已不强，空单要及时减仓或直接获利了结观望一下，即在 A 处。

(7) 价格在 120 均线附近震荡 6 个交易日后，一根中阳线向上突破，并且突破了下降趋势线，这意味着下跌行情结束，开始新的一波上涨行情。所以手中还有空单的投资者，要及时离场，然后转变思维，开始逢低做多了，即在 B 处。

(8) 大阳线后，价格连续回调两天，回调到 5 日均线附近，这是比较不错的做多位置，要敢于进场做多。

(9) 随后价格开始震荡上行，多单可以沿着 5 日均线持有。

(10) 需要注意的是，价格震荡几天后，一根中阳线向上突破，此时要敢于顺势做多。所以 C、D 和 E 处，都是不错的顺势做多的位置。

8.3　早籼稻的交易技巧

稻谷，俗称水稻，是我国大宗粮食品种，分为籼稻和粳稻，籼稻籽粒一般呈长椭圆形和细长形，粳稻籽粒一般呈椭圆形。

8.3.1　初识早籼稻

根据稻作期的不同，稻谷又可分为早稻、中稻和晚稻三类。早稻几乎是单一的籼稻，即早籼稻。因此，早籼稻是上市最早的一季稻谷，也是当年种植、当年收获的第一季粮食作物。

早籼稻可以分为普通早籼稻(常规)和优质早籼稻。普通早籼稻一般用于储备，而个体加工企业则以加工优质早籼稻为主。优质早籼稻做配米比例也较大。普通早籼稻和优质早籼稻主要根据粒型和腹白区分。据调研，早籼稻、中籼稻、晚籼稻的优质率估计为 15%、28% 和 76%。

现货中，早籼稻还可以分为长粒型和短粒型两种。它们的用途不同，价格也不同，短粒型主要做米粉，长粒型主要做口粮，现货市场将两者分开收购和储藏。一般认为长粒产量：短粒产量=6：4。

8.3.2　早籼稻的供给与需求

稻谷是我国第一大粮食作物。我国 60%的人口以大米为主食，是世界第一大稻谷生产国和消费国，稻谷的产量和消费量占世界的 30%以上，具有举足轻重的地位。目前，稻谷供求基本平衡，略有结余，库存充裕。

1997 年以来，我国稻谷一直是净出口，年均净出口稻谷约 216 万吨(大米 151 万吨)，占我国稻谷产量的 1%左右，对国内供求和市场价格影响都较小。

早籼稻的用途较为广泛，包括口粮、饲料用粮、工业用粮和种子用粮等。由于早籼稻的优质率不断提高，口感有所改进，生长期间病虫害、农药使用量都较中晚籼稻少得多，加上又比较"出饭"，近年来早籼稻的消费仍以口粮为主。据国家粮油信息中心测算，2012 年早籼稻口粮、饲料用粮、工业用粮、种子用粮的比例约为 67∶24∶7∶2。从发展趋势上看，早籼稻口粮消费逐步减少，饲料用粮和工业用粮较快增长。

作为口粮，由于比较"出饭"，　学生和民工是早籼稻最主要的消费群体。随着加工技术的改进，以早籼稻作为原料加工的蒸谷米，营养价值较普通大米高，已经畅销中东、欧美、非洲等国际市场。

作为工业用粮，早籼稻主要用来生产米粉、啤酒、糖浆等。①米粉是南方地区大众化食品之一。早籼稻脂肪含量低，直链淀粉含量高，最适合做米粉原料，生产出的米粉具有绿色、营养、卫生、保健、耐储存、价格低廉等优点。储存一年以上的早籼稻，水分低、出粉率高，加工出的米粉口感好、韧性大、保管时间长、不易老化。②早籼米是生产啤酒的辅助原料，可以使啤酒获得较好的物理稳定性和透明度，并提高啤酒的生产能力和降低生产成本，是仅次于米粉的以早籼稻为原料的加工产品。③以早籼米为原料生产的高麦芽糖浆，又称白饴糖，是一种麦芽糖含量高、杂质少、熬温高的新型淀粉糖，在饮料、糖果、罐头、面包、糕点、果酱、乳制品、医药等方面广泛应用，可明显改善品质、提高质量、降低成本、延长保存期、调整成品口味。④早籼米还广泛用于生产米制系列食品，如米饼、米糕、速煮米、方便米饭、冷冻米饭等。

在南方早籼稻产区，农民也把早籼稻作为饲料来喂养家禽，有的直接用早籼稻谷，有的则将早籼稻谷或脱壳后的糙米粉碎，再拌以青饲料或浓缩饲料后使用。

早籼稻加工后的副产品，也有多种开发和利用途径：①米糠可以榨米糠油，其下脚料可以提炼植酸钙、谷维素、甾醇等医药产品；②稻壳可用于制作无毒、可自行降解的快餐盒，稻壳燃烧可以发电，稻壳灰可用于制作白炭黑和化肥；③碎米利用微生物发酵可用于生产富含活体有益微生物(双歧杆菌、乳酸菌)的保健功能饮料。

8.3.3　早籼稻标准合约

早籼稻标准合约如表 8.3 所示。

表 8.3　早籼稻标准合约

交易品种	早籼稻
交易单位	10 吨/手
报价单位	元(人民币)/吨
最小变动价位	1 元/吨
涨跌停板幅度	不超过上一个交易日结算价的±4%
合约月份	1、3、5、7、9、11 月
交易时间	每周一至周五(北京时间，法定节假日除外) 上午：9:00—11:30，下午：13:30—15:00
最后交易日	交割月第 10 个交易日
最后交割日	交割月第 12 个交易日
交割等级	基准交割品：符合《郑州商品交易所期货交易用菜籽油》(Q/ZSJ 003—2007)四级质量指标及《郑州商品交易所菜籽油交割细则》规定的菜籽油
交割地点	交易所指定交割仓库
最低交易保证金	合约价值的 6%
交易手续费	不高于 4 元/手(含风险准备金)
交割方式	实物交割
交易代码	ER
上市交易所	郑州商品交易所

8.3.4　影响早籼稻价格变动的因素

随着稻谷生产与流通的市场化程度加深和进程加快，稻谷行情不再是单独演绎，不仅受国家政策、早籼稻供求等基本面因素影响，而且与整个国家宏观经济的发展休戚相关，与其他农产品价格联动，受天气、自然灾害、心理等不可控因素的影响。

1. 供给和需求

(1) 供求因素是决定稻谷价格的根本因素。供给方面主要由三个部分组成。

● 前期库存量：它是构成总产量的重要组成部分，前期库存量的多少体现着供应量的紧张程度，供应短缺，价格上涨，供应充裕，价格下跌。

● 当期生产量：当期生产量主要受种植面积、单产的影响。影响种植面积的主要是农民与其他农产品的比较收益、国家的农业政策等因素；影响单产的主要是天气、科技水平等。必须研究稻谷的播种面积、气候情况、作物生产条件、生产成本以及政府的农业政策等因素的变动情况。

- 商品的进口量：商品的实际进口量往往会因政治或经济的原因而发生变化。因此，应尽可能及时了解和掌握国际形势、价格水平、进口政策和进口量的变化。

(2) 需求方面：通常有国内消费量、出口量和期末商品结存量三部分组成。

- 国内消费量：它并不是一个固定不变的常数，而是受多种因素的影响而变化。主要有消费者购买力的变化、人口增长及结构的变化、政府收入与就业政策。

- 出口量：在产量一定的情况下，出口量增加会减少国内市场的供应；反之，出口量减少会增加国内的供应量。

- 期末商品结存量：这是分析期货商品价格变化趋势最重要的数据之一。如果当年年底存货增加，则表示商品供应量大于需求量，期货价格有可能会下跌；反之，则会上升。

从历年生产情况来看，由于早籼稻品种的特殊性，农业政策和种植结构调整、科技进步等因素对早籼稻的面积和产量影响较大，相应引起早籼稻的价格也发生较大波动。此外，早籼稻库存变化、储备稻谷的轮换、托市粮出库销售的数量和价格等也影响早籼稻的供给量，从而影响到早籼稻的价格。在消费方面，我国早籼稻主要用于口粮、国家储备、工业及饲料消费，总体上呈平稳增长势头。由于早籼稻用于储备的量较大，工业和饲料消费近年来增长也较快，对市场的影响比较明显，特别是常规品种供不应求，价格还有上涨空间。此外，节日和群体消费效应、进口和出口量的变化等也会影响到早籼稻市场的阶段性需求。

2. 国家政策

国家的粮食产业政策影响甚至主导着早籼稻的供求和价格。

第一，各项惠农政策提高了农民种粮积极性，促进了粮食生产，保证了粮食的种植面积和产量，对早籼稻的面积和产量也形成有力支撑。

第二，早籼稻的最低收购价政策和公开竞价拍卖、储备等宏观调控政策则基本主导了早籼稻的价格走势。

3. 收购市场竞争

早籼稻收购市场状况直接影响收购价格的走势。2004 年全面放开粮食收购市场后，早籼稻收购市场入市主体增加，不仅有国有粮食收储企业和地方收储企业，还有产业化龙头企业、民营经营加工企业和个体商贩等，激烈的竞争推动了早籼稻市场价格的提升。

玉米、小麦等都是重要的粮食作物，它们需求的旺盛与否最能反映农业经济的好坏，从长期看，玉米、小麦等价格高低与农业经济发展的快慢有较强的相关性。早籼稻与中晚籼稻、粳稻、小麦、玉米的消费比价关系最为重要，这些替代品的产量、价格及消费的变化对早籼稻价格将产生直接或间接的影响。早籼稻与其他大宗农产品的

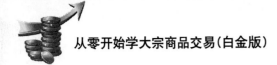

比价关系会对早籼稻的供需产生影响,进而影响早籼稻的产销,导致其未来价格走势发生变化。

4. 成本和收益比较

生产早籼稻谷的种子价格、化肥、农药等成本变化直接导致了稻谷价格的变化。其成本主要包括:种子费、化肥费、农药费、雇工收割费、农膜费、租赁作业费、机械作业费、燃料动力费、技术服务费、工具材料费、修理维护费等。

早籼稻的成本收益情况是影响农民种植积极性的主要因素之一,早籼稻成本对市场价格有一定的影响力,市场粮价过低,农民会惜售;收益情况会影响农民对下一年度的种植安排,收益增加,农民可能会增加种植面积,反之可能会减少种植面积。

近年来,早籼稻种植成本的刚性上涨为早籼稻价格提供了有力支撑。2017年总成本较2014年上涨16.52%,现金成本更是上涨了30.49%,总成本、现金成本4年来平均涨幅分别为4.09%、7.03%。成本上涨,也带动了农民售粮价格上涨。

5. 运输等流通环节成本

由于早籼稻产销加工之间的流通环节较多,加上煤、电、柴油等能源价格的上涨,以及运费成本的增加,明显地增加了早籼稻流通环节的成本,粮食运输成本上升,都对早籼稻价格构成了一定支撑。

6. 天气、自然灾害和心理

早籼稻生长期间易受天气、干旱、台风、暴雨、洪涝和病虫害等自然灾害影响,成为市场炒作的题材。同时,产销各方对市场行情判断往往存在分歧,看涨或看跌的心理进而影响其购销行为,如果农民惜售心理较强,使市场粮源有限,自然会促使价格抬升。

由于多年来我国稻谷基本实现自给有余,早籼稻谷价格走势具有较强的独立性,受国外影响相对较小。但是,我国主要粮食品种价格和国际粮食品种价格之间具有一定的联动性,国外谷物价格的普遍上涨、稻谷库存的偏紧,也会导致国内粮食价格趋升,对早籼稻价格也会构成一定的支撑。

早籼稻谷的价格走势有很强的规律性,一般来说,长期走势由宏观经济形势和粮食总供求关系决定;中期走势主要受年度产量预测、库存量变化,以及相关农业政策的影响,短期走势受季节性周期的波动的影响比较大。早籼稻的价格表现出明显的季节性波动规律。一般来说,每年早稻上市的7月、晚稻上市的10月为稻谷的供应旺季,价格最低,进入11月,稻谷进入消费旺季,现货价格稳步上升,春节左右,稻谷消费进入高峰期,价格也达到年内高点。春节过后价格逐步回落,在4、5月略有反弹,随后一直回落到8、9、10月的低价区,如此循环往复。当然,近几年,受国家收储影响,早籼稻价格出现了反季节性变化,因此,这一规律也会有所变化。

8.3.5　早籼稻信息的查看

早籼稻信息的查看方法与大豆信息的查看方法一样，既可以通过大宗商品行情分析软件来查看，还可以通过生意社网站来查看，下面进行简单讲解。

打开大宗商品行情分析软件，单击菜单栏中的"资讯"|"24 小时实时资讯"命令，可以看到当前最新的实时资讯信息。单击"农产品"标签，切换到"农产品"选项卡，就可以看到农产品大宗商品的实时资讯信息，如图 8.16 所示。

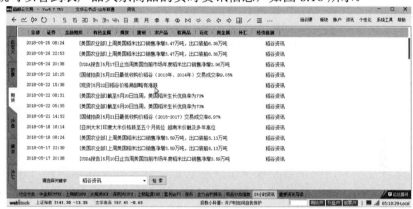

图 8.16　农产品大宗商品的实时资讯信息

在农产品大宗商品的实时信息中，就可以关注早籼稻的最新信息。要想查看某条信息，只需双击其标题即可。在这里双击的是"[现货]5 月 22 日稻谷价格局部略有涨跌"，如图 8.17 所示。

[现货]5月22日稻谷价格局部略有涨跌

2018-05-22 15:38:15　字号 大 小

文华财经（编辑整理 张惠珊）--以下为今日国内稻谷价格汇总；单位：元/吨

地区	品种	等级	价格类型	产地	比上日	18-5-22	18-5-21	周同期	月同期	年同期
龙江虎林	粳稻	中等普通	收购价	本地	0	2860	2860	2940	-	3080
龙江建三江	粳稻	中等普通	收购价	本地	0	2860	2860	2940	-	3100
吉林粮批	粳稻	中等普通	收购价	本地	0	2970	2970	3100	-	3160
吉林松原	粳稻	中等普通	收购价	本地	0	2970	2970	3100	-	3140
江苏新沂	粳稻	中等普通	收购价	本地	0	2800	2800	2800	-	3020
江苏南京	粳稻	中等普通	收购价	本地	0	2800	2800	2800	-	3030
辽宁盘锦	粳稻	中等普通	收购价	本地	0	2970	2970	3100	-	-
安徽安庆	粳稻	中等普通	收购价	本地	-20	2760	2780	2800	-	-
河南信阳	粳稻	中等普通	收购价	本地	-20	2830	2850	2880	-	-
浙江嘉兴	粳稻	中等普通	收购价	本地	0	2760	2760	2760	-	-
云南昆明	粳稻	中等普通	收购价	黑龙江	0	3020	3020	3160	-	-
新疆阿克苏	粳稻	中等普通	收购价	本地	0	2920	2920	3010	-	-
湖南长沙	晚籼稻	中等普通	收购价		0	2500	2500	2500	-	2760
湖南株洲	中籼稻	中等普通	收购价		0	2450	2450	2450	-	2690
江西南昌	中籼稻	中等普通	收购价		30	2550	2520	2580	-	2730
安徽芜湖	晚籼稻	中等普通	收购价		0	2450	2450	2450	-	2640
湖北枝江	晚籼稻	中等普通	收购价		0	2400	2400	2380	-	2720
福建福州	中籼稻	中等普通	批发价		0	2920	2920	2920	-	2780
重庆	中籼稻	中等普通	收购价	北碚	0	2720	2720	2720	-	2820
四川开江	中籼稻	中等普通	收购价		0	2700	2700	2700	-	2760
广东肇庆	中籼稻	中等普通	收购价	江西	0	2810	2810	2810	-	-

图 8.17　早籼稻的最新信息

单击菜单栏中的“资讯”|“最新持仓报告”命令，就可以看到所有期货品种的最新持仓报告。单击“请选择交易品种”下拉列表框对应的下拉按钮，然后选择“稻谷”选项，单击“检索”按钮，就可以看到早籼稻成交量和持仓量信息，如图 8.18 所示。

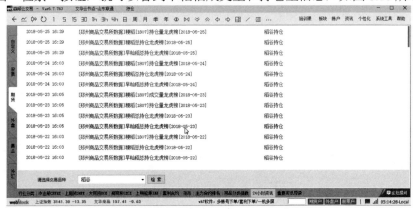

图 8.18　早籼稻成交量和持仓量信息

想要查看某个合约的早籼稻成交量或持仓量，只需双击其标题即可。单击“[郑州商品交易所数据]早籼稻总持仓龙虎榜[2018-05-23]”，就可以看到早籼稻总持仓量龙虎榜，如图 8.19 所示。

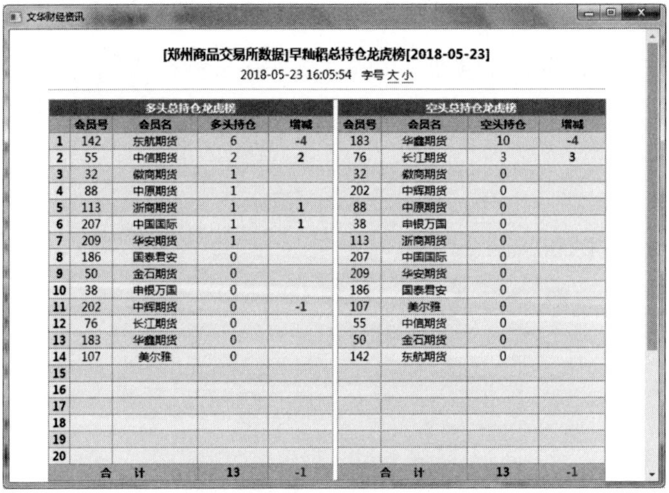

[郑州商品交易所数据]早籼稻总持仓龙虎榜[2018-05-23]

2018-05-23 16:05:54 字号 大 小

	多头总持仓龙虎榜				空头总持仓龙虎榜			
	会员号	会员名	多头持仓	增减	会员号	会员名	空头持仓	增减
1	142	东航期货	6	-4	183	华鑫期货	10	-4
2	55	中信期货	2	2	76	长江期货	3	3
3	32	徽商期货	1		32	徽商期货	0	
4	88	中原期货	1		202	中辉期货	0	
5	113	浙商期货	1	1	88	中原期货	0	
6	207	中国国际	1	1	38	申银万国	0	
7	209	华安期货	1		113	浙商期货	0	
8	186	国泰君安	0		207	中国国际	0	
9	50	金石期货	0		209	华安期货	0	
10	38	申银万国	0		186	国泰君安	0	
11	202	中辉期货	0	-1	107	美尔雅	0	
12	76	长江期货	0		55	中信期货	0	
13	183	华鑫期货	0		50	金石期货	0	
14	107	美尔雅	0		142	东航期货	0	
15								
16								
17								
18								
19								
20								
	合计		13	-1	合计		13	-1

图 8.19　早籼稻总持仓量龙虎榜信息

利用生意社网站来查看早籼稻信息操作步骤如下。

在浏览器的地址栏中输入“http://www.100ppi.com”，然后按 Enter 键，就可进入生意社网站的首页。在“搜索”前面的文本框中输入“早籼稻”，然后单击“搜索”按钮，就可以看到早籼稻商品的最新报价信息，如图 8.20 所示。

图 8.20　早籼稻商品的最新报价信息

在早籼稻商品的最新报价信息页面的右侧，可以看到"早籼稻网 rice.100ppi.com"，然后单击，就可进入早籼稻产业网，看到早籼稻的重点资讯信息和国内动态信息，如图 8.21 所示。

图 8.21　早籼稻的重点资讯信息和国内动态信息

要想查看某条信息，只需双击该信息标题即可。

8.3.6　早籼稻交易实例

下面通过具体实例来讲解早籼稻期货实战交易。

(1) 进行基本面分析，分析当前早籼稻期货的操作策略，即做多，还是做空。

(2) 根据当前早籼稻合约的持仓量选择主力合约，主力合约的日 K 线图如图 8.22 所示。

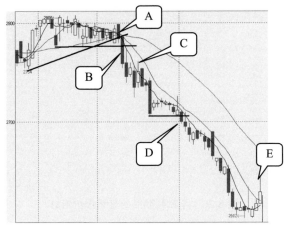

图 8.22　早籼稻的日 K 线图

(3) 期货价格先是经过一波小反弹，创出 2808 高点，然后开始在高位震荡。震荡十几个交易日后，在 A 处，价格高开低走，收了一根中阴线，同时跌破了 5 日、10 日和 30 日均线，出现断头铡刀看空信号，所以在这里如果你手中还有短线多单，要及时离场，并且可以逢高轻仓介入空单。

(4) 随后价格继续下跌，并且跌破了十几个交易日的震荡平台低点，即 B 处。这意味着震荡行情结束，后市将迎来震荡下跌行情，所以没有空单的，要及时介入空单，有空单的耐心持有。

(5) 价格跌破十几个交易日的震荡平台低点后，均线系统开始由黏合变成了空头排列，这样，后市只需沿着均线看空做空即可。

(6) 从其后走势看，价格在下跌过程中虽有反弹，但都没有站上 10 日均线，所以每当价格反弹到 10 日均线附近，就是比较好的做空位置，即 C 处。

(7) 价格经过几天急跌后，开始横盘整理，但需要注意的是均线始终是空头排列，所以要坚持逢高做空。

(8) 在 D 处，价格再度跌破震荡平台的低点，这意味着震荡行情结束，后市将开始新的一波下跌，所以 D 处是不错的空单介入位置。

(9) 随后价格又开始了一波下跌，连续下跌十几个交易日后，又开始震荡，这里短线空单要注意止盈，而波段空单仍要耐心持有，一直到价格收盘站上 10 日均线。

(10) 在 E 处，价格收盘站上了 10 日均线，所有空单都要及时止盈出局。

8.4　棕榈油的交易技巧

棕榈油是从油棕树上的棕果中榨取出来的，它被人们当成天然食品来使用已超过五千年的历史。油棕是一种四季开花结果及长年都有收成的农作物。油棕的商业性生产可保持 25 年。

8.4.1　初识棕榈油

棕榈油是世界上生产效率最高的产油植物，棕榈树通常 2～3 年开始结果，8～15年进入旺产期，到 18～20 年后开始老化、产量降低，这个时候通常需要砍掉重植。

棕榈果生长在棕榈树的大果串上，每个果串大约有 2000 多个棕榈果。棕榈油的原产地在西非。1870 年，棕榈树传入马来西亚，当时只是作为一种装饰植物。直到1917 年才进行第一次商业种植。在 20 世纪 60 年代，马来西亚为了减少对橡胶和咖啡的贸易依赖，开始大规模提高棕榈油的产量。现在经过改良后的棕榈产品已经广泛在热带地区的非洲、拉丁美洲和东南亚种植。其中棕榈油产量高度集中在马来西亚和印度尼西亚。

棕榈油具有两大特点：一是含饱和脂肪酸比较多，稳定性好，不容易发生氧化变质；二是棕榈油中含有丰富的维生素 A(500～700ppm)和维生素 E(500～800ppm)。将棕榈油进行分提，使固体脂与液体油分开，其中固体脂可用来代替昂贵的可可脂作巧克力；液体油用作凉拌、烹饪或煎炸用油，其味清淡爽口。大量未经分提的棕榈油用于制皂工业。用棕榈油生产的皂类能起耐久的泡沫和具有较强的去污能力，棕榈油还可用于马口铁的镀锡及铝箔的碾压。因此，棕榈油在世界上被广泛用于餐饮业、食品制造业及油脂化工业。

8.4.2　棕榈油的供给与需求

全球油料市场主要被大豆、棕榈油、葵花籽和油菜籽四种作物所主导。在油脂中，植物油占整个油脂总量的 82%，其余由黄油、猪脂、牛脂和鱼油等构成。尽管近些年来油脂产量总体在不断增加，但是动物油脂的产量基本上维持不变，油脂产量的增长主要来自植物油脂，在所有植物油中，棕榈油近十年的增长最为显著。

1. 全球棕榈油生产情况

棕榈油产量在近几年出现了快速增长，产量增长的原因在于耕地面积的增加和产量的提高。1989 年以前，全球的棕榈油产量不足 1000 万吨，而在 1997 年以前，产量也只是小幅增长，从 1000 万吨向 2000 万吨小步迈进。1998 年开始，全球的棕榈油产量随着东南亚棕榈油产量的快速提升而实现了飞跃性增长，截至 2017 年，全球的棕榈油产量已经超过 3500 万吨，相当于 20 世纪 50 年代产量的 7 倍。

食用棕榈油和棕榈油工业用途的扩展推动了棕榈油产量的迅猛提升，相对其他油类产品低廉的价格、世界及部分地区经济的快速发展掀起了一个又一个棕榈油用量的高峰，从而推动了东南亚棕榈种植业的蓬勃发展。

虽然目前世界上有约 20 个国家在生产棕榈油，但主要生产国只有三个，它们是马来西亚、印度尼西亚和尼日利亚，这三个国家的总产量占世界棕榈油总产量的 88%。

2. 世界棕榈油的消费状况

近些年来，动物油脂消耗量在全球油脂中的比重大幅下降，从 20 世纪 80 年代末的 24%下降到 17%，而受到世界人口增长和人均消费增长的驱动，植物油脂的消耗却以每年 3%～4%的速度增长。地域性的油脂消耗比例是向发达国家倾斜的，世界上 75%的人口聚集在亚洲和非洲地区，但占世界人口少数的欧洲和美洲却消耗掉 40%的油脂总量。随着经济的发展，发展中国家的油脂增长潜力要高于发达国家。

总体来说，棕榈油的消费主要集中在亚洲国家，欧盟也提高了棕榈油进口量，以抵消因生物燃料行业的需求提高而造成的菜籽油供应缺口。目前，棕榈油主要消费国有印度、欧盟 25 国、中国、印度尼西亚、马来西亚和巴基斯坦，这些国家的消费量占消费总量的 60%。作为一个主要的消费国，我国占全球棕榈油消费总量的 14%，印度占 11%。近几年，我国棕榈油消费增幅最为明显。

8.4.3 棕榈油标准合约

棕榈油标准合约如表 8.4 所示。

表 8.4 棕榈油标准合约

交易品种	棕榈油
交易单位	10 吨/手
报价单位	元(人民币)/吨
最小变动价位	2 元/吨
涨跌停板幅度	上一交易日结算价的 4%
合约月份	1、2、3、4、5、6、7、8、9、10、11、12 月
交易时间	上午：9:00—11:30，下午：13:30—15:00，晚上：21:00—23:30
最后交易日	合约月份第 10 个交易日
最后交割日	最后交易日后第 2 个交易日
交割等级	大连商品交易所棕榈油交割质量标准
交割地点	大连商品交易所棕榈油指定交割仓库
最低交易保证金	合约价值的 5%

交易手续费	不超过 6 元/手
交割方式	实物交割
交易代码	P
上市交易所	大连商品交易所

8.4.4　影响棕榈油价格变动的因素

影响棕榈油供求关系的因素较多，国际贸易形势、国际能源价格、汇率、豆油和菜籽油等相关替代品的价格等都会导致棕榈油价格变化，致使棕榈油价格波动频繁、剧烈。

在植物油品种中，豆油与菜籽油的价格变化高度相关，而棕榈油与豆油、菜籽油价格变化的相关性则要低很多。2006—2017 年数据统计结果显示，棕榈油与豆油的价格变化相关系数为 0.728，与菜籽油的相关系数为 0.725，而豆油与菜籽油之间的相关系数为 0.953。

8.4.5　棕榈油信息的查看

棕榈油信息的查看方法与大豆信息的查看方法一样，既可以通过大宗商品行情分析软件来查看，还可以通过生意社网站来查看，下面进行简单讲解。

打开大宗商品行情分析软件，单击菜单栏中的"资讯"|"24 小时实时资讯"命令，可以看到当前最新的实时资讯信息。单击"农产品"标签，切换到"农产品"选项卡，就可以看到农产品大宗商品的实时资讯信息，如图 8.23 所示。

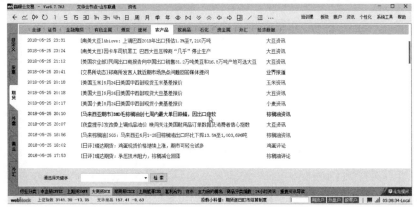

图 8.23　农产品大宗商品的实时资讯信息

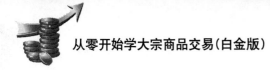

在农产品大宗商品的实时信息中，就可以关注棕榈油的最新信息。要想查看某条信息，只需双击其标题即可。在这里双击的是"[马来西亚期市]BMD 毛棕榈油创七周内最大单日跌幅，因出口疲软"，如图 8.24 所示。

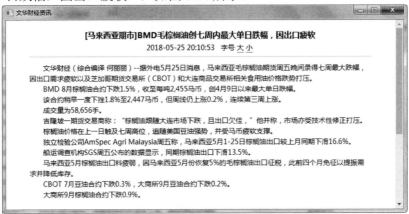

图 8.24　棕榈油的最新信息

单击菜单栏中的"资讯"|"最新持仓报告"命令，就可以看到所有期货品种的最新持仓报告。单击"请选择交易品种"下拉列表框对应的下拉按钮，然后选择"棕榈油"选项，单击"检索"按钮，就可以看到棕榈油成交量和持仓量信息，如图 8.25 所示。

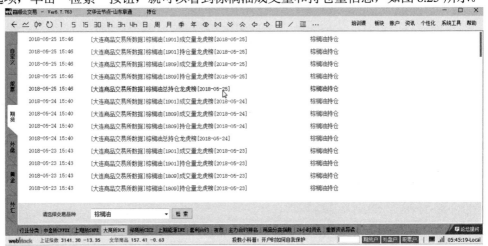

图 8.25　棕榈油成交量和持仓量信息

想要查看某个合约的棕榈油成交量或持仓量，只需双击其标题即可。单击"[大连商品交易所数据] 棕榈油总持仓龙虎榜[2018-05-25]"，就可以看到棕榈油总持仓量龙虎榜，如图 8.26 所示。

[大连商品交易所数据]棕榈油总持仓龙虎榜[2018-05-25]

2018-05-25 15:46:54　字号 大 小

	多头总持仓龙虎榜				空头总持仓龙虎榜		
	会员号	会员名	多头持仓	增减	会员号	会员名	空头持仓	增减
1	110	中信期货	26709	101	52	中粮期货	46273	-1813
2	109	永安期货	18684	418	125	国投安信	42979	-4548
3	122	华泰期货	16241	662	110	中信期货	26052	1281
4	173	广发期货	13953	828	71	中信建投	23026	1753
5	115	金元期货	11810	1530	56	申银万国	16979	3758
6	15	新湖期货	11404	246	173	广发期货	12520	-49
7	71	中信建投	11302	-1285	109	永安期货	12284	-591
8	105	光大期货	10950	-2738	122	华泰期货	9462	368
9	49	海通期货	10534	-568	184	东证期货	9395	-7
10	136	上海大陆	8855	-49	51	银河期货	8920	-2390
11	125	国投安信	8357	118	240	摩根大通	8766	100
12	30	国泰君安	8091	-1460	156	国都期货	8618	
13	97	浙商期货	8067	1165	149	建信期货	7439	15
14	133	兴证期货	6811	-822	129	华安期货	5102	-25
15	51	银河期货	6297	-545	133	兴证期货	4692	516
16	18	宏源期货	5424	-755	80	国富期货	4454	-488
17	22	东航期货	4892	60	30	国泰君安	4310	-1113
18	103	中国国际	4713	-163	105	光大期货	4186	-2229
19	58	方正中期	4493	34	97	浙商期货	4088	-178
20	95	北京首创	4002	-141	136	上海大陆	4006	-2
	合　计		201589	-3364	合　计		263551	-5642

图 8.26　棕榈油总持仓量龙虎榜信息

利用生意社网站来查看棕榈油信息的操作步骤如下。

在浏览器的地址栏中输入"http://www.100ppi.com"，然后按 Enter 键，就可进入生意社网站的首页。在"搜索"前面的文本框中输入"棕榈油"，然后单击"搜索"按钮，就可以看到棕榈油商品的最新报价信息，如图 8.27 所示。

最新报价

商品名称	报价单位	规格	报价类型	报价	发布时间
棕榈油	东莞棕油	分类:食用精炼棕榈油液油	市场价	5100元/吨	2018-05-25
棕榈油	广州棕油	分类:食用精炼棕榈油液油	市场价	5110元/吨	2018-05-25
棕榈油	日照棕油	分类:食用精炼棕榈油液油	市场价	5100元/吨	2018-05-25
棕榈油	天津棕油	分类:食用精炼棕榈油液油	市场价	5170元/吨	2018-05-25
棕榈油	江苏棕油	分类:食用精炼棕榈油液油	市场价	5180元/吨	2018-05-25
棕榈油	江苏棕油	分类:食用精炼棕榈油液油	市场价	5230元/吨	2018-05-24
棕榈油	天津棕油	分类:食用精炼棕榈油液油	市场价	5220元/吨	2018-05-24
棕榈油	日照棕油	分类:食用精炼棕榈油液油	市场价	5100元/吨	2018-05-24
棕榈油	广州棕油	分类:食用精炼棕榈油液油	市场价	5140元/吨	2018-05-24
棕榈油	东莞棕油	分类:食用精炼棕榈油液油	市场价	5090元/吨	2018-05-23
棕榈油	广州棕油	分类:食用精炼棕榈油液油	市场价	5090元/吨	2018-05-23
棕榈油	日照棕油	分类:食用精炼棕榈油液油	市场价	5160元/吨	2018-05-23
棕榈油	天津棕油	分类:食用精炼棕榈油液油	市场价	5180元/吨	2018-05-23
棕榈油	江苏棕油	分类:食用精炼棕榈油液油	市场价	5230元/吨	2018-05-22
棕榈油	天津棕油	分类:食用精炼棕榈油液油	市场价	5220元/吨	2018-05-22
棕榈油	日照棕油	分类:食用精炼棕榈油液油	市场价	5100元/吨	2018-05-22
棕榈油	广州棕油	分类:食用精炼棕榈油液油	市场价	5140元/吨	2018-05-22
棕榈油	东莞棕油	分类:食用精炼棕榈油液油	市场价	5120元/吨	2018-05-22

生意社商品站　棕榈油网 palmoil.100ppi.com

涨跌榜　2018年05月25日

商品名称	当日均价	七日涨跌幅
液化天然气	3606.25	-10.49%
沥青(70#)	3264.67	+7.89%
燃料油	4447.14	+6.57%
焦炭	1975.00	+6.40%
丁二烯	11911.00	+5.63%
硫酸	430.00	-5.29%
生猪(外三元)	10.54	+4.68%
钛精矿(攀46)	1164.29	-4.68%
铅(市场)	20456.33	+4.67%
环氧丙烷	11283.33	-1.56%

商品导航

能源：甲醇｜柴油｜石油焦｜汽油｜石脑油｜液化气｜沥青｜燃料油｜MTBE｜炼焦煤｜焦炭｜天然气

有色：锌｜铝｜镍｜镁｜黄金｜铜｜锡

图 8.27　棕榈油商品的最新报价信息

在棕榈油商品的最新报价信息页面的右侧，可以看到"棕榈油网 palmoil.100ppi.com"，然后单击，就可进入棕榈油产业网，看到棕榈油的重点资讯信息和国内动态信息，如图 8.28 所示。

图 8.28　棕榈油的重点资讯信息和国内动态信息

要想查看某条信息，只需双击该信息标题即可。

8.4.6　棕榈油交易实例

在分析国内棕榈油期货价格走势时，还要关注一下外盘棕榈油价格的走势。打开大宗商品行情分析软件，单击左侧的"外盘"标签，切换到"外盘"选项卡，再单击下方的"外盘加权指数"标签，就可以看到马棕油指的报价信息。

双击马棕油指的报价信息，就可以看到马棕油指的日 K 线图，如图 8.29 所示。

图 8.29　马棕油指的日 K 线图

下面通过具体实例来讲解棕榈油期货实战交易。

(1) 进行基本面分析，分析当前棕榈油期货的操作策略，即做多，还是做空。

(2) 根据当前棕榈油合约的持仓量选择主力合约，主力合约的日 K 线图如图 8.30 所示。

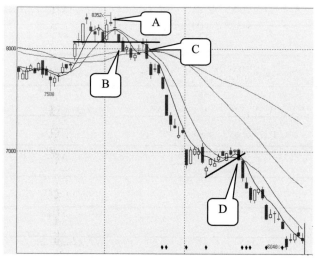

图 8.30　棕榈油的日 K 线图

(3) 价格经过一波上涨之后，开始在高位震荡。在 A 处，价格创出 8352 高点，但在创出高点这一天，价格收了一根十字线，这表明上方压力很大，并且向上突破是一个假突破。所以，如果有多单要保护好盈利，有空单在设好止损的前提下可以持有，这样空单拿对了，就会抓住一个顶部。

(4) 随后价格开始震荡下跌，跌破了 5 日和 10 日均线，然后又跌破小双顶的颈线，即 B 处。这预示着震荡行情可能结束，后市可能会震荡下跌。

(5) 接着价格沿着 5 日均线下跌，跌到 30 日均线附近，出现了反弹，反弹到小双顶的颈线附近时，即 C 处，价格再度下跌，所以 C 处是不错的做空位置。

(6) 随后价格再度大跌，这时均线开始形成空头排列，所以空单可以耐心持有，并且要敢于继续沿着均线看空做空。

(7) 接着价格继续大跌，下跌 15 个交易日后，出现了反弹，但反弹力量不强，并且在 D 处，价格再度跌破 5 日和 10 日均线，并且跌破了上升趋势线，所以 D 处是不错的做空位置。

(8) 从其后走势看，价格再度大跌，所以随后可以继续沿着均线看空做空。

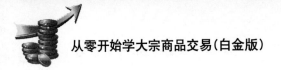
学习心得

第9章
贵金属延期的交易技巧

前面讲解的各种大宗商品交易，都是大宗商品的期货交易。而贵金属延期交易，指的是贵金属的现货交易。贵金属延期交易，是当前黄金、白银最主要的投资渠道，也是最正规的渠道，并且该交易可以做多，也可以做空，是 T+0 交易机制，即随时可以买进，随时可以卖出。另外该交易的时间比较长，一天有 10 个小时的交易时间，覆盖了欧美最主要的交易时间段。本章将首先讲解贵金属延期交易的特点、内容和优势，然后讲解上海黄金交易所的基本职能、组织形式、交易品种、交易方式、交易时间、交易费用以及金赢在线澎博版的下载和安装，最后讲解黄金延期 Au(T+D)和白银延期 Ag(T+D)交易实例。

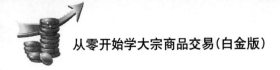

9.1 初识贵金属延期交易

所谓贵金属延期交易，就是指由上海黄金交易所统一制定的、规定在将来某一特定的时间和地点交割一定数量标的物的标准化合约。这个标的物，又叫基础资产，是 T+D 合约所对应的现货。 其特点是：以分期付款方式进行买卖，交易者可以选择当日交割，也可以无限期延期交割。贵金属延期交易包括黄金延期交易与白银延期交易。

9.1.1 贵金属延期交易的特点

贵金属延期交易以上海黄金交易所金融类会员的有效代理资格，为个人投资者提供参与上海黄金交易所贵金属延期交易的渠道，并代理个人投资者进行资金清算、持仓风险监控及保证金管理的业务。

交易品种：黄金延期 Au(T+D)、黄金单月延期 Au(T+N1)、黄金双月延期 Au(T+N2)、白银延期 Ag(T+D)。

交易渠道：上海黄金交易所金融类会员。

交易报价：黄金人民币/克，精确到小数点后两位；白银人民币/千克，精确到人民币元。

交易单位：1000 克/手(交易起点为 1 手)。

交易保证金率：合约价值的 15%。

交易手续费：黄金延期的手续费率为万分之十四；白银延期的手续费率为万分之十四；黄金单月延期及黄金双月延期的手续费率均为万分之十三。

每日涨跌停幅度：上一交易日结算价的±7%。

延期费收付日： Au(T+D)、Ag(T+D)按自然日逐日收付；Au(T+N1)合约的延期费支付日为单数月份的最后交易日(交割日前平仓不涉及延期费收付)；Au(T+N2)合约的延期费支付日为双数月份的最后交易日(交割日前平仓不涉及延期费收付)。

延期费率： Au(T+D)为合约市值的万分之二/日；Au(T+N1)、Au(T+N2)为合约市值的百分之一/两月。

交易时间：上海黄金交易所开市时间(北京时间)：早市：9:00—11:30(周一早市时间 08:50—11:30)；午市：13:30—15:30；夜市：20:50—02:30(周五无夜市)。

9.1.2 贵金属延期交易的内容

贵金属延期交易的内容包括：合约名称、交易单位、报价单位、最小变动价位、每日价格最大波动限制、交易时间、交割日期、交割品级、交割地点、最低交易保证金、交易手续费、交割方式、交易代码等。

贵金属延期市场是买卖贵金属 T+D 合约的市场。这种买卖是由转移价格波动风险的生产经营者和承受价格风险而获利的风险投资者参加，在交易所内依法公平竞争而进行的，并且有保证金制度为保障。保证金制度的一个显著特征是用较少的钱做较大的买卖，保证金一般为合约价值的 10%，与股票投资相比较，投资者在贵金属 T+D 市场上的投资资金比其他投资要小得多，俗称"以小搏大"。贵金属延期交易的目的不是获得实物，而是回避价格风险或套利，一般不实现商品所有权的转移。贵金属 T+D 市场的基本功能在于给生产经营者提供套期保值、回避价格风险的手段以及通过公平、公开竞争形成公正的价格。

9.1.3　贵金属延期交易的优势

贵金属延期交易的优势有 7 项，如图 9.1 所示。

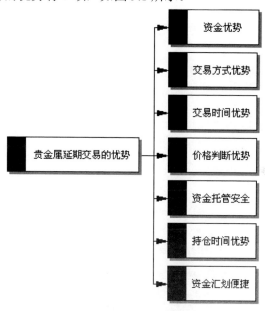

图 9.1　贵金属延期交易的优势

1. 资金优势

只需要金银价格的 15%资金即可入市操作，2000 元就可以参与白银交易。

2. 交易方式优势

可以买涨也可以买跌，双向获利(可以做多，也可以做空)。当日可随时买随时卖(T+0 交易)。

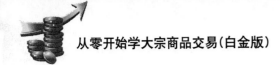
3. 交易时间优势

白天晚上均可交易,每天交易时间长达 10 个小时,即早市:9:00—11:30(周一早市时间 08:50—11:30);午市:13:30—15:30;夜市:20:50—02:30(周五无夜市)。

4. 价格判断优势

交易系统的黄金白银价格即为现货价格,是生活中比较容易了解和掌握的,在趋势上判断更有把握,可增加获利机会。

5. 资金托管安全

由于资金实现第三方托管,即由银行监管保障交易,所以资金绝对安全(跟股票一样)。

6. 持仓时间优势

持仓时间长短均可,能有效抵御通货膨胀。

7. 资金汇划便捷

由于资金实现第三方托管,所以资金可以随时进出,相当方便。

9.2 上海黄金交易所

上海黄金交易所是经国务院批准,由中国人民银行组建,在国家工商行政管理总局登记注册的中国唯一合法从事贵金属交易的国家级市场,遵循公开、公平、公正和诚实信用的原则组织黄金交易,不以营利为目的,是实行自律性管理的社团法人,如图 9.2 所示。

图 9.2　上海黄金交易所

上海黄金交易所的建立,使中国的黄金市场与货币市场、证券市场、外汇市场一起构筑成中国完整的金融市场体系,为中国黄金市场的参与者提供了现货交易平台,使黄金生产与消费企业的产需供求实现了衔接,完成了黄金统购统配向市场交易的平稳过渡。

9.2.1　基本职能

上海黄金交易所的基本职能共有 9 项，具体如下所述。

(1) 提供黄金、白银、铂等贵金属交易的场所、设施及相关服务。

(2) 制定并实施黄金交易所的业务规则，规范交易行为。

(3) 组织、监督黄金、白银、铂等贵金属交易、结算、交割和配送。

(4) 制定并实施风险管理制度，控制市场风险。

(5) 生成合理价格，发布市场信息。

(6) 监管会员黄金业务正常进行和交易合约按时履约，查处会员违反交易所有关规定的行为。

(7) 监管指定交割仓库的黄金业务。

(8) 沟通国际国内黄金市场、加强与国际黄金行业的交流。

(9) 中国人民银行规定的其他职能。

9.2.2　组织形式

上海黄金交易所实行会员制组织形式，会员由在中华人民共和国境内注册登记，并经中国人民银行核准从事黄金业务的金融机构，从事黄金、白银、铂等金属及其制品的生产、冶炼、加工、批发、进出口贸易的企业法人，并具有良好资信的单位组成。

交易所现有会员 108 家，其中商业银行 13 家、产金单位 24 家、用金单位 61 家、冶炼单位 8 家、造币单位 2 家，会员分散在全国 26 个省；交易所会员依其业务范围可分为金融类会员、综合类会员和自营会员。金融类会员可进行自营和代理业务及批准的其他业务，综合类会员可进行自营和代理业务，自营会员可进行自营业务。

目前会员中金融类 14 家、综合类 77 家、单项类 17 家。据初步统计，会员单位年产金量约占全国的 75%；用金量占全国的 80%；冶炼能力占全国的 90%。

9.2.3　交易品种和交易方式

目前，交易的商品有黄金、白银和铂金，交易标的必须符合交易所规定的标准。黄金有 Au99.95、Au99.99、Au50g、Au100g 4 个现货实盘交易品种，Au(T+5)、Au(T+D) 和 mAu(T+D) 3 个延期交易品种，Au(T+N1)、Au(T+N2)两个中远期交易品种，iAu99.99、iAu100g、iAu99.95 3 个国际货币黄金交易品种；白银有 Ag99.9、Ag99.99 两个现货实盘交易品种和 Ag(T+D) 现货保证金交易品种；铂金有 Pt99.95 现货实盘交易品种。

中国银行、中国农业银行、中国工商银行、中国建设银行和深圳发展银行、兴业银行及华夏银行等作为交易所指定的清算银行，实行集中、直接、净额的资金清算原则。交易所实物交割实行"一户一码制"的交割原则，在全国 37 个城市设立 55 家指定仓库，金锭和金条由交易所统一调运配送。

标准黄金、铂金交易通过交易所的集中竞价方式进行，实行价格优先、时间优先撮合成交。非标准品种通过询价等方式进行，实行自主报价、协商成交。会员可自行选择通过现场或远程方式进行交易。

9.2.4　交易时间和交易费用

周一至周五，早盘 08:50—11:30，午盘 13:30—15:30，晚盘 20:50—02:30，周五晚无晚盘并休市，周一早 08:50 竞价，周一晚的交易计入次日，依次类推，周四晚的计入周五交易，节假日休市。

交易所按成交金额征收一定比例的手续费，目前暂定为万分之六。

9.3　贵金属延期的行情分析软件

贵金属延期的行情查看，其实也可以利用大宗商品行情分析软件来进行，但由于近期金融监管很严，利用大宗商品行情分析软件无法及时查看贵金属延期的行情。所以这里讲解一下专业的贵金属延期行情分析软件，即金赢在线澎博版的下载和安装。

在浏览器的地址栏中输入"http://www.szgold.com.cn"，然后按 Enter 键，就可进入深圳黄金投资有限公司的首页，如图 9.3 所示。

图 9.3　深圳黄金投资有限公司的首页

单击导航栏中的"下载中心"标签，就可以进入软件下载页面，如图 9.4 所示。

图 9.4 软件下载页面

单击"金赢在线-澎博电脑版"超链接，就可以下载软件。软件下载操作很简单，这里不再多说。

软件下载成功后，就可以在桌面上看到安装图标，如图 9.5 所示。

图 9.5 安装图标

双击 图标，就会弹出"金赢在线行情交易分析系统"对话框，如图 9.6 所示。

单击"下一步"按钮，就可以看到该软件的授权使用许可协议，如图 9.7 所示。

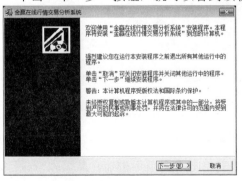

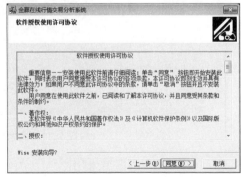

图 9.6 "金赢在线行情交易分析系统"对话框　　图 9.7 软件授权使用许可协议

单击"同意"按钮，就可以选择软件的安装位置，在这里选择"C:\ 金赢在线"文件夹，如图 9.8 所示。

单击"下一步"按钮，弹出安装提示对话框，开始安装，如图 9.9 所示。

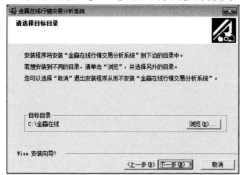

图 9.8　选择软件的安装位置　　　　　图 9.9　安装提示对话框

安装完成后，就会在桌面上创建一个快捷图标，如图 9.10 所示。

图 9.10　金赢在线的快捷图标

双击桌面上的快捷图标，就可以打开金赢在线软件的登录界面，如图 9.11 所示。

图 9.11　金赢软件的登录界面

用户名和密码在这里采用默认方式，然后单击"登录"按钮，就可以登录该软件，登录成功后，界面如图 9.12 所示。

图 9.12　成功登录软件的界面

9.4　黄金延期 Au(T+D)交易实例

黄金延期 Au(T+D)是国内黄金投资产品，但其走势几乎是按照国际现货黄金的走势来运行的。所以我们要进行黄金延期 Au(T+D)投资，就必须先分析国际现货黄金的价格走势。

> **提醒**　由于国内投资者的情绪夹杂在交易过程中，所以导致黄金延期 Au（T+D）可以略高或略低于国际现货黄金的价格，这被称为"溢价"。

图 9.13 显示的是现货黄金的日 K 线图。

图 9.13　现货黄金的日 K 线图

现货黄金在 1920.3 见顶后，开始下跌，经过 19 天下跌后，跌到了 1544.79，然后开始震荡反弹，反弹到 1800 附近后，再次下跌。注意这一波下跌是一个小 5 浪结构，即经过下跌(1浪)——反弹(2浪)——下跌(3浪)——反弹(4浪)——下跌(5浪)。在2011年12月29日这一天，创出了1521.94新低。

要注意，在这里创出的新低，比1544.79低点还低，如果行情要走熊的话，应该继续下跌，并且1544.79由支撑变成了阻力。但市场实际运行的是，价格跌破1544.79后，没有继续下跌，而是收了一根带有长长下影线的阴线，这表明在这里有不少抄底资金开始介入，并且收盘在1544.79之上。这表明，1544.79支撑仍在，不能再盲目看空做空了，而应该逢低轻仓介入多单了。

创出1521.94新低后，第二天，价格没有继续下跌，而是向上反弹，虽然上方压力很重，但最终还是收了一根阳线，这表明下跌很可能要结束。新的上涨波段即将开始，所以抄底多单可以持有，并且还可以继续逢低做多。

再来看一下黄金延期Au(T+D)的技术图形，如图9.14所示。

图9.14 黄金延期Au(T+D)的日K线图

12月29日，当现货黄金创出新低时，黄金延期Au(T+D)收了一根大阴线。需要注意的是，第二天，黄金延期Au(T+D)低开后就开始强势上涨，这表明抄底资金涌进，空单一定要及时止盈出局，并且要敢于逢低做多，止损可以设在311.10附近。

从其后走势看，现货黄金开始震荡上行，而黄金延期Au(T+D)也开始震荡上行，所以一旦确认下跌结束，要及时转变思路，即由前期的逢高做空，变为逢低做多，并且低位多单要敢于沿着5日和10日均线持有，这样可以实现盈利最大化。

如果没有及时买进，那么每次价格回调到5日和10日均线附近，都是不错的做多点位置。

9.5 白银延期Ag(T+D)交易实例

白银延期Ag(T+D)是国内白银投资产品，但其走势几乎是按照国际现货白银的走势来运行的。所以我们要进行白银延期 Ag(T+D)投资，就必须先分析国际现货白银的价格走势。

图 9.15 显示的是现货白银(AG)的日 K 线图。

图 9.15　现货白银(AG)的日 K 线图

现货白银的价格在 17.5 到 18.5 之间反复震荡，经过近 40 个交易日的窄幅震荡后，在 8 月 25 日，一根中阳线突破了震荡平台的上边线，并且力度较强，这表明多方力量相当强，也预示着震荡行情结束，上涨行情开始。另外，从均线上看，均线开始黏合向上发散，也验证了上涨趋势行情开始。如果手中有抄底多单可以继续持有，没有多单的，应准备逢低做多，即可以沿着 5 日和 10 日均线做多。

再来看一下白银延期 Ag(T+D)的技术图形，如图 9.16 所示。

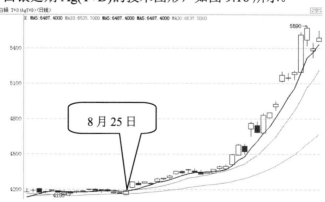

图 9.16　白银延期 Ag(T+D)的日 K 线图

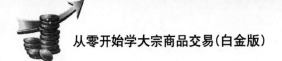

　　从图形上可以看出，当现货白银反复震荡时，白银延期 Ag(T+D)也在反复震荡。在 8 月 25 日这一天，白银延期 Ag(T+D)收了一根阳线，但从技术上来看，还没有完全走出来，但由于现货白银已突破了盘整平台的上边线，所以在 8 月 25 日这一天，可以逢低做多。并且以前的低位多单应继续持有，然后再沿着 5 日和 10 日均线继续看多做多。

第 10 章

大宗商品交易的 K 线分析技巧

K 线分析是最基本的技术分析手段，是所有投资者入市之初就必须掌握的内容。对于短线投资者来说，K 线分析更是其行走市场的重要法宝，甚至是其唯一有效的获利工具。本章将首先讲解 K 线的组合及应用注意事项，然后讲解单根 K 的应用技巧，最后讲解 K 线反转形态和 K 线持续形态的应用技巧。

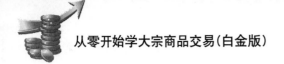

10.1 初识 K 线

K 线源于日本,被当时日本米市的商人用来记录米市的行情与价格波动,后因其细腻独到的标画方式而被引入期货市场及股市。由于用这种方法绘制出来的图表形状颇似一根根蜡烛,所以又称为蜡烛图。

10.1.1 K 线的组成

K 线的绘制方法很简单,是以每个分析周期的开盘价、最高价、最低价、收盘价绘制而成。以日线图为例,两个尖端,在上的是上影线,在下的是下影线,分别代表当日的最高价和最低价,中间类似蜡烛的长方形,则表明当日的开盘价和收盘价。

在图 10.1 中,记录了低开高收的市场情况,即收盘价大于开盘价,称为阳线;在图中,实体部分以白色表示。在图 10.2 中,记录了高开低收的市况,即开盘价大于收盘价,称为阴线;在图中,实体部分以黑色表示。

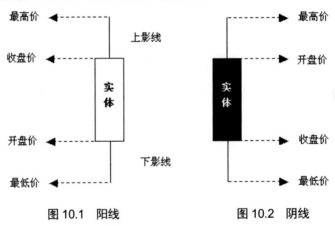

图 10.1 阳线   图 10.2 阴线

在 K 线图中,纵轴代表价格,横轴代表时间。打开大宗商品行情分析软件,单击"上海所 SHFE"选项,然后双击报价信息中的"沪铜指数",就可以看到沪铜指数的日 K 线图,如图 10.3 所示。

按时间单位不同,K 线图可分为分钟 K 线图、日 K 线图、周 K 线图、月 K 线图等。单击工具栏中的"周"按钮,就可以看到沪铜指数的周 K 线图,如图 10.4 所示。

图 10.3　沪铜指数的日 K 线图

图 10.4　沪铜指数的周 K 线图

由于每天价格的波动不一样，所以每天出现的阴线或阳线形状也不同。为增强视觉效果，通常用红色代表阳线，绿色代表阴线。观察 K 线图，可以很明显地看出该日市况"低开高收"还是"高开低收"，形象鲜明，直观实用。

> **提醒**　在国内期货市场，通常用红色代表阳线，绿色代表阴线；可在欧美金融投资市场，通常用绿色表示阳线，红色表示阴线，和国内习惯正好相反。

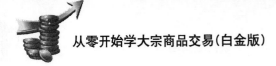

10.1.2　K 线应用注意事项

初学 K 线，不能只看表面现象，K 线在不同的位置，不同的时间，所表达的信息是不同的。在运用 K 线时要注意具体问题具体分析，具体如下所述。

(1) 市场中没有百发百中的方法，利用 K 线分析市场也仅仅是经验性的方法，不能迷信。

(2) 分析 K 线必须结合关键位置上的表现，即要看价格在支撑位、压力位、成交密集区、有意义的整数区、绝对高位、相对高位、绝对低位、相对低位等关键位置的表现形式。

(3) K 线分析方法必须与其他方法相结合，用其他分析方法已经做出了买卖决策后，再用 K 线选择具体的出入市时机。

(4) 注意对关键 K 线的分析，即对大阳线、大阴线及重要的 K 线组合的分析，另外还要关注重要 K 线的成交量。

(5) 分析 K 线，要看一系列 K 线的重心走向，也就是 K 线均价的走向。

(6) 根据自己的实战经验，加深认识和理解 K 线和 K 线组合内在和外在的意义，并在此基础上不断修改、创造和完善一些 K 线组合，做到"举一反三，触类旁通"。

总之，对于 K 线，最重要的是它的相对位置，不同的位置意味着不同的价格区间；其次是它是什么模样，即是带影线还是不带影线，多长或多短等；最后才是它的颜色，是阴线或是阳线。千万不要因为大阳线或大阴线就匆忙下结论。

有时，对于连续出现的几根 K 线，也许不容易识别其意义，我们不妨做些简化或压缩工作，通过将几根 K 线简化成一根 K 线的形式，能更直观地了解价格运动的本质，如图 10.5 所示。

图 10.5　简化 K 线

简化 K 线的方法具体如下。

(1) 取第一根 K 线的开盘价作为简化后的开盘价。

(2) 取所有 K 线中的最高价作为简化后的最高价。

(3) 取所有 K 线中的最低价作为简化后的最低价。

(4) 取最后一根 K 线的收盘价作为简化后的收盘价。

简化 K 线的目的，是让我们更直观、更清楚地认识 K 线，从而了解 K 线的本质。但要注意，并不是所有的 K 线都可以简化，如图 10.6 所示。

图 10.6　不可简化的 K 线

随着投资交易时间的增长，投资者一旦明白了 K 线的本质，就没有必要做简化动作了。

10.2　单根 K 线

无数的 K 线组成了一幅连续的 K 线分析图，但每根 K 线都有其自身的含义。K 线可以分为强势 K 线、较强势 K 线、弱强势 K 线和无势 K 线。

10.2.1　强势 K 线

强势 K 线共有 4 种，分别是光头光脚阳线、光头光脚阴线、大阳线和大阴线。要注意的是，如果这些强势 K 线出现在趋势的末端，则很可能盛极而衰，如图 10.7 所示。

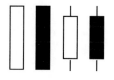

图 10.7　强势 K 线

(1) 光头光脚阳线：意味着极端强势上涨，后市看多。
(2) 光头光脚阴线：意味着极端强势下跌，后市看空。
(3) 大阳线：意味着强势上涨，后市看多。
(4) 大阴线：意味着强势下跌，后市看空。

10.2.2　较强势 K 线

较强势 K 线共有 4 种，分别是光头阳线、光头阴线、光脚阳线和光脚阴线。要注意的是，如果这些较强势 K 线出现在趋势的末端，则表示疲软之势，如图 10.8 所示。

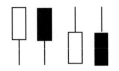

图 10.8　较强势 K 线

(1) 光头阳线：意味着较强势上涨，影线表示曾一度遭遇空方反击。
(2) 光头阴线：意味着较强势下跌，影线表示曾一度遭遇多方反击。
(3) 光脚阳线：意味着较强势上涨，影线表示遇到空方反击了。
(4) 光脚阴线：意味着较强势下跌，影线表示遇到多方反击了。

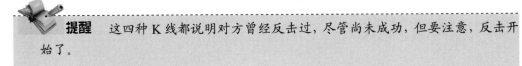

提醒　这四种 K 线都说明对方曾经反击过，尽管尚未成功，但要注意，反击开始了。

10.2.3　弱强势 K 线

弱强势 K 线从图形上来看是 4 种，其实是两种，1 和 2 是一种，3 和 4 是一种。如果强强势 K 线出现在趋势的末端，往往有变局的意味，如图 10.9 所示。

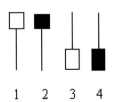

图 10.9　弱强势 K 线

1 和 2 如果出现在连续上涨的顶部，则被称为上吊线，表示曾遇到剧烈反击，后市有变；如果出现在连续下跌的底部，则被称为锤子线，表示曾遇到过剧烈反击，后市有变。

3 和 4 如果出现在连续上涨的顶部，则被称为射击之星或流星线，意味着摸高受阻，后市有变；如果出现在连续下跌的底部，则被称为倒锤子线，意味着曾经大涨，后市有变。

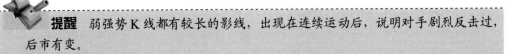

提醒　弱强势 K 线都有较长的影线，出现在连续运动后，说明对手剧烈反击过，后市有变。

10.2.4　无势 K 线

无势 K 线表示趋势僵持不下，如果出现在趋势的末端，比前面的大阴阳线更有变局之意，如图 10.10 所示。

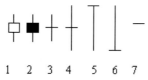

图 10.10　无势 K 线

1、2 和 3 分别表示小阳线、小阴线、十字星线，当它们出现时，一般不能确定后市的运动方向。在连续上涨后出现，说明涨势停顿，后市有变；在连续下跌后出现，说明跌势停顿，后市有变。

4 为长十字线，又称为长十字星线，其意义与十字星线一样，但疲软的性质和僵持的意义更强烈。

5 如果出现在连续上涨的顶部，可称之为风筝钱，表示曾遇到剧烈反击，后市有变；如果出现在连续下跌的底部，则可称之为多胜线，表示曾遇到剧烈反击，后市有变。

6 如果出现在连续上涨的顶部，可称之为灵位线，这表示摸高受阻，后市有变；如果出现在连续下跌的底部，则可称之为空胜线，表示曾遇到过剧烈反击，后市有变。

> **提醒**　前面这 6 种无势 K 线，说明多、空双方僵持不下，失去了方向感，但在连续涨、跌势的末端，则往往意味着情况不妙。

7 为一字线，说明开盘价、收盘价、最高价、最低价在同一价位，出现于股市中的涨跌停板处。

总体来说，阳线实体越长，越有利于价格上涨，阴线实体越长，越有利于价格下跌；但连续强势上涨后，谨防盛极而衰；连续强势下跌之后，可能否极泰来。如果影线相对实例来说非常小，则可以忽略不计，即等同于没有；如果影线很长，则说明多、空双方争斗非常剧烈，后市不确定。十字星的出现往往是过渡信号，而不是反转信号，它意味着市场暂时失去了方向感，投资者可以继续观察几个交易日。

10.2.5　单根 K 线应用技巧

投资者往往用单根 K 线分析后市行情，并且利用单根 K 线进行交易的冲动投机

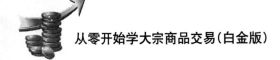
者不在少数，所以市场主力常常在单根 K 线上做文章，企图获取较高的收益。在日常交易中，经常可以看到一些奇怪的现象。

例如，在收盘前几分钟突然期货价格大幅上涨或下跌，收盘价被拉高或打压很多。或在日 K 线图中，期价突然在极短时间内大涨或大跌 200 多点，然后期货价格又迅速回到先前水平，就跟什么也没有发生一样。

这些都是主力在利用拉抬和打压期货价格，来控制 K 线的变动，诱使投资者进行交易的一种手法。这种方法对于主力来说简单易行，用极小的代价就可以换取丰厚的利润，所以一个交易日的 K 线多容易出现骗线现象。这种现象几乎每天都会出现，并最终造成 K 线分析者的亏损。

K 线的理论意义是从大量的实践和统计中总结出来的，在准确性上来看也相对较高，但是在操作中还必须认真分析 K 线所处的位置，而不能仅仅以类似的经验简单推断。

未来期货价格走势判断必须建立在整体期价趋势的基础上才有价值，而不能仅仅以一两天期价的动向就轻易下结论。以点带面、管中窥豹是十分危险而且不负责任的。

例如，同样一根大阳线，在突破头肩底形态时，它的意义可以代表买气的旺盛，第二天期价很可能借势上涨。但在连续大幅暴跌后出现，它所代表的只是一个超跌反弹而已，决不能代表买气旺盛。

再如，一根大阴线通常代表卖气衰竭，卖方占绝对优势，预示着第二个交易日期价通常会继续下跌。但是，在实际交易中，我们有时可以见到这样的情形，期价在一个价位处波动，突然有一日期价一开盘就高开，随后期价迅速下跌，在昨天收盘价处止跌企稳，随后整日横向波动直至收盘。从 K 线图上看，这是一个典型的光头光脚大阴线，但事实上，它是高开的结果，不具有任何指导意义，更不能单纯地以前面所述的大阴线意义来对待。

因此，投资者一定要明白，前面讲解的单根 K 线的意义只是它的理论含义。而在实战操作中，投资者判断的重点在于期价所处的位置，如果期价处于大跌后的底部区域，则任何 K 线都是为主力建仓做多服务的；如果期价处于上涨趋势中，则任何 K 线都是为期价继续上涨服务的；只要是期价处于顶部阶段，任何 K 线都是为主力出货或做空建仓服务的；只要期价处于下降趋势中，任何 K 线都是为期价继续下跌服务的。下面通过大阳线和大阴线来具体讲解。

图 10.11 显示的是郑棉的日 K 线图。郑棉价格连续大幅下跌后，又开始急跌，连续跳空低开大阴线，逼多头交出手中的筹码。价格大幅下跌后拉出一根带有上影线的大阳线，这里是超跌快速反弹，第二个交易日又大幅下跌，第三个交易日又低开。总之，通过低位的连续逼空，让多头胆战心惊，让他们在恐惧中交出手中的筹码。

期价经过大幅下跌后，进入底部区域，任何大阳线和大阴线都是为主力建仓做多服务的。

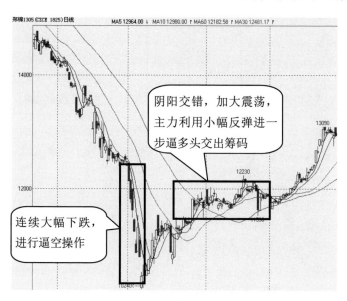

图 10.11　郑棉的日 K 线图

按下键盘上的 Ctrl+→组合键，向右移动 K 线图。在这里可以看到在上涨途中，大阴大阳，都是为了洗盘，洗盘后还会继续上涨，如图 10.12 所示。

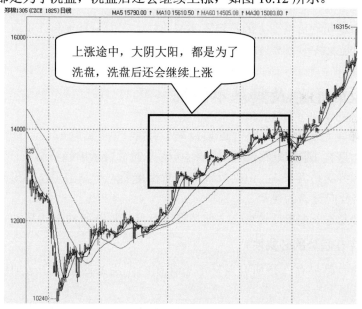

图 10.12　上涨途中的大阴线和大阳线

按下键盘上的 Ctrl+→组合键，向右移动 K 线图。期价经过多次大幅拉升后进入高位区，人阴大阳都是为了出货或做空建仓服务的，如图 10.13 所示。

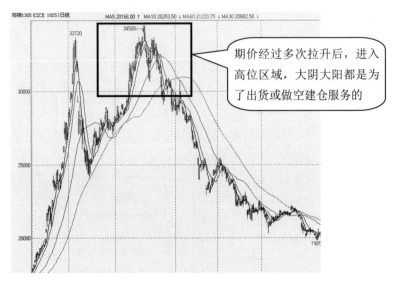

图 10.13　高位区域的大阳线和大阴线

10.3　K 线反转形态

K 线形态是期货价格图上的特定图案或花样,它们具有预测性价值。K 线形态可分两种,分别是反转形态和持续形态。下面先来讲解反转形态。

10.3.1　反转形态及其基本特征

反转形态就是趋势正在发生重要反转,主要包括头肩形、三重顶(底)、双顶(底)、V 形顶(底)、圆形顶(底)等形态。这类形态通常表示旧趋势结束,一个新的趋势形成。对于趋势交易者来讲,识别反转形态非常重要。一旦出现反转形态,趋势交易者应立即做出反向交易的决策。

在单独研究各个主要反转形态之前,要注意反转形态所共有的基本要领。

1. 事先存在趋势的必要性

市场上确有趋势存在是所有反转形态存在的先决条件。市场必须先有明确的趋势,然后才谈得上反转。

在 K 线图上,偶尔会出现一些与反转形态相像的图形,但是,如果事前并无趋势存在,那么它便无物可反,因而意义有限。我们在辨识形态的过程中,正确把握趋势的总体结构,有的放矢地对最可能出现一定形态的阶段提高警惕,是成功的关键。

正因为反转形态事先必须有趋势可反,所以它才具备了测算意义。绝大多数测算技术仅仅给出最小价格目标。那么，反转的最大目标是多少呢？就是事前趋势的起点，它的终点就是回到它的起点。如果市场发生过一轮主要的牛市，并且主要反转形态已经完成，就预示着价格向下运动的最大余地便是 100%地回撤整个牛市。

2. 重要趋势线的突破

即将降临的反转过程，经常以突破重要的趋势线为其前兆。不过投资者要记住，主要趋势线被突破，并不一定意味着趋势的反转。这个信号本身的意义是，原趋势正有所改变。

主要向上趋势线被突破后，或许表示横向延伸的价格形态开始出场。以后，随着事态的进一步发展，我们才能够把该形态确认为反转型或连续型。在有些情况下，主要趋势线被突破与价格形态的完成恰好可以同步实现。

3. 形态的规模越大，则随之而来的市场动作越大

这里所谓的规模大小，是就价格形态的高度和宽度而言的。高度标志着形态波动性的强弱，而宽度则代表着该形态从发展到完成所花费的时间的多少。

形态的规模越大，即价格在形态内摆动的范围(高度)越大、经历的时间(宽度)越长，那么该形态就越重要，随之而来的价格运动的余地就越大。

4. 顶和底的差别

顶部形态与底部形态相比，"顶"的持续时间短但波动性更强。在顶部形态中，价格波动不但幅度更大，而且更剧烈，它的形成时间也较短。底部形态通常具有较小的价格波动幅度，但耗费的时间较长。正因为如此，辨别和捕捉市场底部比捕捉其顶部，通常来得容易些，损失也相应少些。

对喜欢"猜顶"的投资者来说，一定要注意价格通常倾向于跌快而升慢，因而顶部形态尽管难以对付，却也自有其引人之处。通常，投资者在捕捉熊市卖出机会的时候比抓住牛市买入机会的时候，盈利快得多。事实上，一切都是风险与回报之间的平衡。较高的风险从较高的回报中获得补偿，反之亦然。顶部形态虽然很难捕捉，但其更具盈利的潜力。

5. 交易量在验证向上突破信号时更具重要性

交易量一般应该顺着市场趋势的方向相应地增长，这是验证所有价格形态完成与否的重要线索。任何形态在完成时，均应伴随着交易量的显著增加。但是，在趋势的顶部反转过程的早期，交易量并不如此重要。一旦熊市潜入，市场惯于"因自重而下降"。技术分析者当然希望看到，在价格下跌的同时，交易活动也更为活跃，不过，在顶部反转过程中，这不是关键。然而，在底部反转过程中，交易量的相应扩张，却是绝对必需的。如果当价格向上突破的时候，交易量形态并未呈现出显著增长的态势，那么，整个价格形态的可靠性就值得怀疑了。

10.3.2　头肩形反转形态

头肩形反转形态是最著名、最可靠的反转形态，其图形如图 10.14 所示。

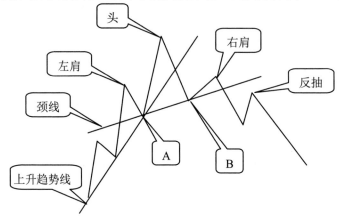

图 10.14　头肩形反转形态

在头肩形反转形态中，右肩和左肩的高度差不多相同，头比两肩高。下面来看一下头肩形的形成过程。

在形成左肩的过程中，上升趋势一如既往，毫无反转的迹象。在回调过程中，也很正常，即回调到 A 点受到上升趋势线的支撑。

在形成头肩的过程中，虽然价格创出了新高，但一般情况下成交量会减少。虽然这个变化本身并不具有重要意义，但是这时候，投资者一定要警惕了，即脑海中应亮起黄色警告灯。

价格在回调时，出现了一些更令人不解的问题，即这次回调跌破了上升趋势线，然后在 B 点止跌，止跌后反弹高度没有突破前期高点，也没有突破上升趋势线，即右肩高点比头肩低，也没有突破上升趋势线，一般情况下成交量也会减少，这表明上升趋势很可能就此结束。

这样，左肩回调低点 A 和头部回调低点 B 的连线就是头肩形的颈线。颈线可以是水平直线，也可以是向下或向上倾斜的斜线。

如果价格跌破颈线，这表明头肩形反转形态形成。

一般情况下，价格跌破颈线后会有反抽，即价格重新反弹到颈线附近，但不会再突破颈线。

图 10.15 是沪胶指数的日 K 线图，在这里可以看到沪胶指数经过多次拉升后，在顶部形成了头肩形反转形态。

图 10.15　沪胶指数的日 K 线图

形成头肩形的各要素具体如下所述。

- 事先是上升趋势。
- 左肩伴随着较大的交易量，之后市场向下调整到 A 点。
- 缩量上涨，创出新高，即形成头部。
- 随后的下跌低于左肩，且接近前一个向上反弹低点 A。
- 第三轮的反弹具有明显的缩量，并且无力再创出新高。
- 再次下跌，并且跌破颈线。
- 反抽，但没有突破颈线，然后再下跌并且创出新低。

利用头肩形反转形态，可以测算下跌的目标价格，具体方法是：先计算出从头到颈线的垂直距离，然后从颈线向下减去同样的距离，就是下跌的目标价格。

例如，头所在的位置是 150，颈线所在的位置是 120，那么下跌的目标价格是：

下跌的目标价格=120-(150-120)=90。

注意这是下跌的最小目标价格，而实际上价格常常会跌过这个价格。如果我们对最小目标心中有数，那么对判断市场行情是否还有足够空间是很有帮助的。

当然，最大目标是原先趋势的整个范围。例如，原先的牛市是从 50 涨到 130，那么从顶反转形态得出的下跌最大目标是 50，即从哪里来，还到哪里去。

10.3.3　其他头肩形反转形态

其他头肩形反转形态包括倒头肩形、复杂的头肩形和流产的头肩形。

1. 倒头肩形

头肩形底，又称倒头肩形，它恰好与头肩形顶互为镜像，如图 10.16 所示。

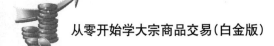

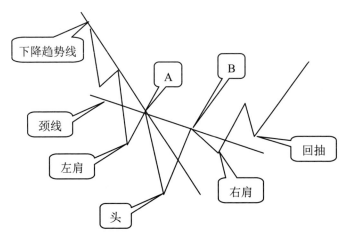

图 10.16　倒头肩形

　　倒头肩形有三个清楚的低点，其中间的低点稍低于两肩低点。收盘价格有效突破颈线，是该形态得以完成的必要条件，而且它的测算空间方法与头肩形是一样的。

　　头肩形与倒头肩形最重要的区别在于成交量。在判断倒头肩形形态及其突破时，成交量具有相当关键的验证作用。头肩形形成的下跌具有"因自重而下跌"的倾向性，因此在底部，当市场发动一轮牛市时，必须具有较多的成交量才行，也就是说，必须具有显著增强的买进推力。

　　颈线可以是水平的，也可以向上倾斜，这两种情况差别不大；如果颈线向下倾斜，则是市场疲弱的一种表现。

　　图 10.17 是棕榈油指的日 K 线图，在这里可以看到棕榈油指经过大幅下跌后，在底部形成了倒头肩形反转形态。

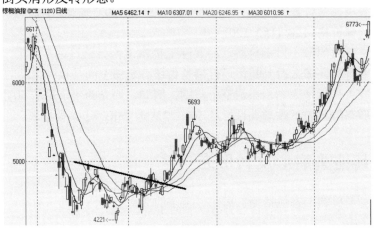

图 10.17　棕榈油指的日 K 线图

2. 复杂头肩形形态

在 K 线图中，标准的头肩形形态很少，一般是一些头肩形的变体，可称为复杂头肩形。这种形态可能呈现出双头或两个左肩和两个右肩的情况。对付这种情况有个窍门，那就是利用头肩形形态所具有的强烈的对称倾向。单个左肩通常对应着单个右肩，双重左肩则使出现双重右肩的可能性增加了不少。

3. 流产的头肩形形态

一旦价格突破了颈线，就表明头肩形形态完成，市场也就不应再返回颈线的另一边。在顶部，一旦颈线被向下突破，那么只要随后有任何一个收盘价返回颈线上方，都是严重的警讯，表明此次突破可能是无效信号。

显而易见，这就是流产头肩形的由来。由于此类形态起初貌似典型的头肩形反转，但在其演化过程中的一定时间，价格很可能突然恢复原来的趋势。

图 10.18 是豆油指数的日 K 线图，在这里可以看到豆油指数走出了一个流产的头肩形形态。

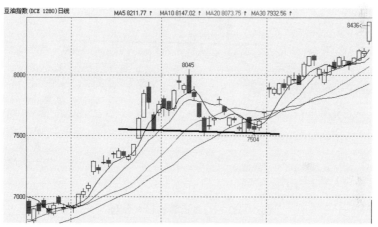

图 10.18　豆油指数的日 K 线图

10.3.4　三重顶和三重底

三重顶和三重底是前面讲解的头肩形的变形，并且前面讲解的各项要素大都适用于三重顶和三重底。

三重顶的三个高点处在同一个水平位置，每次上涨的成交量一般为缩量。当前面的两个低点被价格跌破后，本形态完成，如图 10.19 所示。

图 10.19　三重顶

三重顶的测算空间方法与头肩形是一样的。并且价格跌破颈线后，回抽很少再次站上颈线。

图 10.20 是 PTA 指数的日 K 线图，在这里可以看到 PTA 指数经过拉升后，在顶部形成了三重顶反转形态。

图 10.20　PTA 指数的日 K 线图

三重底与三重顶镜像，三个低点处在同一个水平位置，当价格突破颈线，表示形态完成，如图 10.21 所示。注意在突破颈线时要放量，否则可能是诱多。

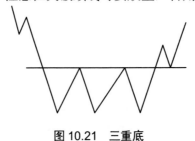

图 10.21　三重底

由于三重顶和三重底只是头肩形形态的变形，这里就不再重复。

10.3.5　双重顶和双重底

双重顶和双重底反转形态，比三重顶和三重底常见得多，这种形态仅次于头肩形，出现得很频繁，并且易于辨认。双重顶，又被称为 M 顶，其图形如图 10.22 所示。

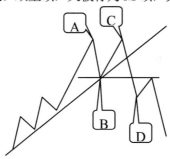

图 10.22　双重顶

下面来看一下双重顶的形成过程。

在上升趋势中，市场在 A 点确立了新的高点，通常其成交量会有所增加。然后是缩量回调，回调到 B 点受到上升趋势线的支撑，这时技术形态表现良好。

接着上冲到 C 点，收盘价无法再创新高，然后又开始下跌。此时，一个潜在的双重顶很可能要形成。

要注意，在这里只是可能，因为双重顶反转形态成立的必要条件是，只有在收盘价格突破前一个低点 B 的支撑后才成立。当价格跌破前期低点 B，然后回抽未能再次站上颈线时，则表示双重顶形态形成。

图 10.23 是豆粕指数的日 K 线图，在这里可以看到豆粕指数经过连续拉升后，在顶部形成了双重顶反转形态。

图 10.23　豆粕指数的日 K 线图

双重顶的测算空间方法与头肩形是一样的。

另外，投资者还要注意，双重顶的两个峰，从严格意义上来说，并不处于相同的水平上。有时，第二峰相当疲弱，达不到第一峰的高度，这种情况我们可以理解。但当第二峰超过第一峰时，初看起来是向上突破，即恢复了上升趋势，对于这一点，我们要高度重视，否则追高做多，就会被套在最高点上。

在判断突破是否成立时，首先主要看收盘价是否超过前一个高峰，而不能仅仅看日内是否穿越。其次，还要考虑其突破的高度，如果超过第一个高点 3%左右，则很可能突破成功。再次，可以考虑突破的时间，如果连续两到三天，收盘价都在第一个高峰之上，则表明突破很可能成功。

在牛市中，双重顶的第二峰高于第一峰是相当正常的现象，因为这是市场主力在诱多，是牛市陷阱。

图 10.24 是白糖指数的日 K 线图，在这里形成的双重顶，第二峰就高于第一峰，但突破高点后的第二天就来了一根大阴线，宣布这里是假突破，即双顶成立。

双重底是双重顶的镜像，在向上突破颈线时，成交量的放大是相当重要的，并且突破颈线后，一般会回调，如图 10.25 所示。

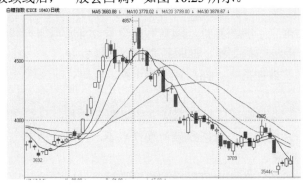 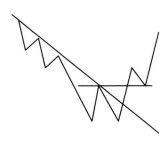

图 10.24　白糖指数的日 K 线图　　　　　图 10.25　双重底

图 10.26 是美棉指数的周 K 线图，在这里可以看到美棉指数经过大幅下跌后，在底部形成了双重底反转形态。

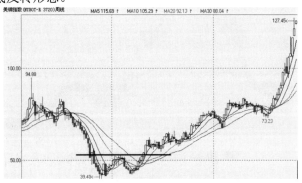

图 10.26　美棉指数的周 K 线图

要注意，在判断双重顶或双重底时，形态的规模很重要。双峰之间持续的时间越长、形态的高度越大，则即将来临的反转的潜力越大。这一点对所有的反转形态都成立。

一般情况下，在最有力的双重顶或双重底形态中，市场至少应该在双峰或双谷之间持续一个月，有时甚至可能达到两三个月之久。

10.3.6　圆顶和圆底

在圆顶图形中，可以看到从上升到下降的变化极为平缓，即上升趋势逐步失去上升的动力，慢慢地转化为新的下降趋势，如图 10.27 所示。

图 10.28 是豆粕指数的日 K 线图，在这里可以看到豆粕指数经过连续拉升后，在顶部形成了圆顶反转形态。

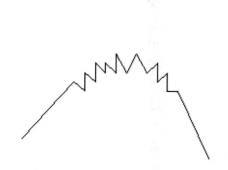

图 10.27　圆顶

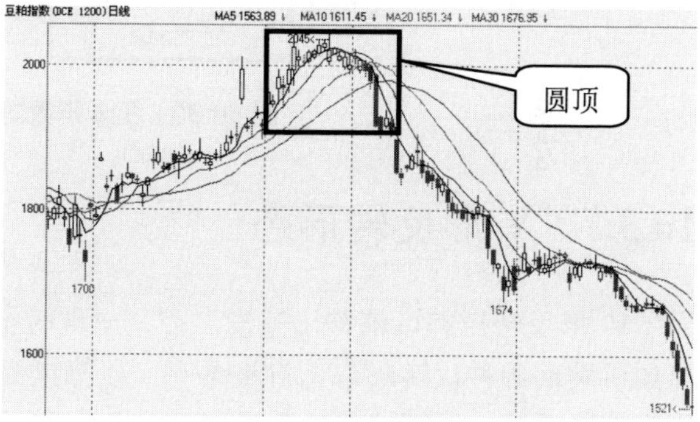

图 10.28　豆粕指数的日 K 线图

要注意，圆顶形态何时完成是很难确定的。另外，圆顶不具备精确的测算规则。

圆底是圆顶的镜像，在圆底形成过程中，要注意成交量的变化。有时，在圆底的中点稍后，成交量开始增加。圆底的图形如图 10.29 所示。

图 10.29　圆底

圆底形成时间比较漫长，这样在底部换手极为充分，所以一旦突破，常常会有一轮可观的上涨行情。但圆底没有明确显示买入信号，入市过早，则很可能陷入漫长的筑底行情中，这时价格不仅不涨，反而会略有卜挫，几个星期甚至几个月都看不到希望，投资者很可能受不了这种折磨，在价格向上攻击之前一抛了之，这样就会错过一段好的行情。投资者在具体操作时，要多观察成交量，因为它们都是圆弧形，当价格上冲时，成交量也在放大，投资者要敢于买进。如果成交量萎缩，股价上冲也不能参与。

图 10.30 是玉米指数的日 K 线图，在这里可以看到玉米指数在回调过程中形成了圆底反转形态。

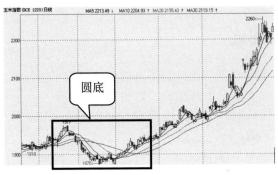

图 10.30　玉米指数的日 K 线图

10.3.7　V 形反转形态

V 形反转形态可谓神出鬼没，在其出现时很难判断，但这种反转形态还很常见。前面讲解的各种反转形态，价格都有一段横向延伸的时间，投资者可以利用这个机会研究市场行情，仔细地探索其未来的运动方向。但 V 形反转形态代表的是剧烈的市场反转，同市场逐步改变方向的一般方式不同。当它发生时，几乎没有先兆，趋势会出人意料地突然转向，随即向相反的方向剧烈地运动。

V 形反转形态如图 10.31 所示。

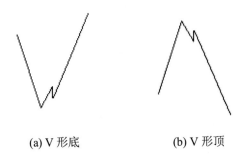

(a) V 形底　　　　　　　　(b) V 形顶

图 10.31　V 形反转形态

图 10.32 是 PTA 指数的日 K 线图，在这里可以看到 PTA 指数经过大幅下跌后，在底部形成了 V 形底反转形态。

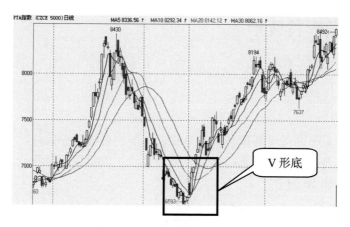

图 10.32　PTA 指数的日 K 线图

图 10.33 是沪铝指数的日 K 线图，在这里可以看到沪铝指数经过拉升后，在顶部形成了 V 形顶反转形态。

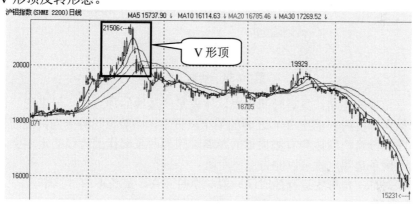

图 10.33　沪铝指数的日 K 线图

10.4　K 线持续形态

持续形态的完成过程往往不会超过三个月，而且多数出现在日 K 线图上，周 K 线图上很少出现，月 K 线图上几乎没有出现过。整理时间不长的原因是：整理经不起太多的时间消耗，士气一旦疲软，则继续原有趋势就会产生较大的阻力。

对于持续形态，如果是中长线投资者，在整个持续形态中可以不进行操作，只有形势明朗后才去具体操作。对于短线投资者来说，不可以长达 3 个月不进行操作，而会以 K 线的逐日观察为主。也就是说，当价格在这些形态中来回折返的时候，也会产生很多次短线交易机会。因此，短线投资者对长期价格形态并不在意，而仅仅是对某些重要的突破位比较在意。

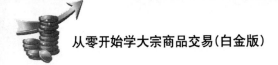

10.4.1 三角形持续形态

三角形持续形态包括 5 种，分别是对称三角形、上升三角形、下降三角形、喇叭形、钻石形。

1. 对称三角形

对称三角形具有两条逐渐聚拢的趋势线，上面的直线向下倾斜，下面的直线向上倾斜，左侧的垂直虚线表示形态的高度，称为底边，上面和下面两条直线在右侧的交点称为顶点，如图 10.34 所示。

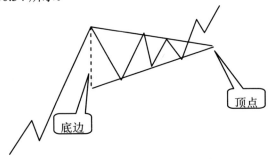

图 10.34 对称三角形

对称三角形的完结，具有时间极限，这就是两边线的顶点。一般来说，价格应该在三角形横向宽度的一半到 3/4 之间的某个位置上，顺着原趋势方向突围而出。该宽度就是从左侧竖直的底边到右侧顶点的距离。因为两条聚拢的边线必定相交，所以，只要画出了两条边线，就可以测得上述距离。

价格在对称三角形中运行的时间一般一个月左右，最长不超过三个月。

图 10.35 是豆油指数的日 K 线图，在这里可以看到豆油指数经过一段时间的上涨后，开始回调，在回调过程中，出现了对称三角形调整形态。在这里运行了 25 个交易日，第 26 个交易日跳空高开突破了上边线的压制，第 27 个交易日略作回调，然后就开始一路上涨。

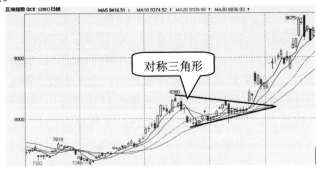

图 10.35 豆油指数的日 K 线图

2. 上升三角形

上升三角形的下边线是向上倾斜的，上边线是水平的，一般来说，它属于看涨形态，如图 10.36 所示。

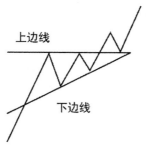

图 10.36　上升三角形

上升三角形显示多空双方在该范围内的较量，在较量中多方稍占上风，空方在其特定的价格水平不断沽售，但并不急于出货，也不看好后市，于是股价每升到理想水平便沽出，这样在同一价格的沽售形成了一条水平的供给线。不过市场的买力很强，他们不待股价回落到上次的低点，便迫不及待地买进，因此形成一条向右上方倾斜的需求线。

上升三角形在形成过程中，成交量不断萎缩，向上突破压力线时要放大量，并且突破后一般会有回抽，在原来高点连接处止跌回升，从而确认突破有效。上升三角形是买进信号，为了安全，最好在价格突破压力线后，小幅回调再创新高时买进。

图 10.37 是 PTA 指数的日 K 线图，在这里可以看到 PTA 指数盘出底部后，开始横向盘整，在这个过程中，出现了上升三角形调整形态。在这里运行了 22 个交易日，第 23 个交易日跳空高开突破了上边线的压制，第 24 个交易日略作回调，然后就开始一路上涨。

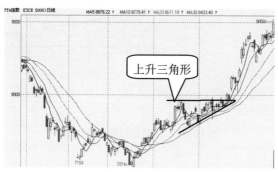

图 10.37　PTA 指数的日 K 线图

3. 下降三角形

下降三角形是上升三角形的镜像，一般情况下，它属于下跌形态。下降三角形的上边线是向下倾斜的，下边线是水平的，这种形态说明卖方比买方更积极主动，如图 10.38 所示。

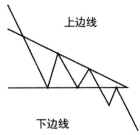

图 10.38　下降三角形

在下降三角形形成的过程中，看空的一方不断地增加沽售压力，价格还没回升到上次高点便再沽出，而看好的一方坚守着某一价格的防线，使价格每回落到该水平线便获得支撑。

下降三角形在形成过程中，成交量不断放大，向下突破压力线时可以放量也可以不放量，并且突破后一般会有回抽，在原来支撑线附近受阻，从而确认向下突破有效。下降三角形是卖出信号，投资者可在跌破支撑线后，止损离场。

图 10.39 是沪铝指数的日 K 线图，在这里可以看到沪铝指数经过快速下跌后，进入了横向盘整区域，在这里形成了下降三角形，沪铝指数突破下边支撑线后，又开始快速下跌。

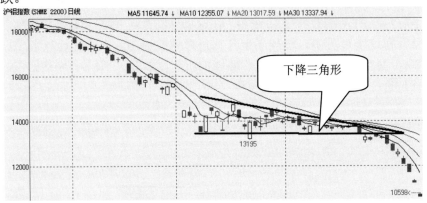

图 10.39　沪铝指数的日 K 线图

4. 喇叭形

喇叭形是三角形的变体，相对较为少见，它其实是反向的三角形。前面讲解的三角形其两边是向内聚拢的，而喇叭形与此正相反，即两条边线逐渐分离，呈现出扩大三角形的轮廓，如图 10.40 所示。

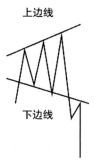

图 10.40　喇叭形

喇叭形通常发生在顶部，其中三个高点一个比一个高，而两个低点，一个比一个低。当第三个高点的回落突破了第二个低点之后，预示着本形态完成。

图 10.41 是伦铜指数的日 K 线图，在这里可以看到伦铜指数在高位盘整过程中，形成了喇叭形。当伦铜指数跌破第二个低点时，该形态成立，这时多单应止损离场，并可以反手做长线空单。

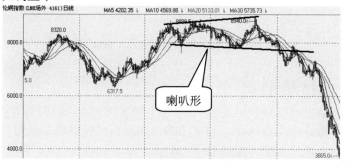

图 10.41　伦铜指数的日 K 线图

5. 钻石形

钻石形通常出现在市场顶部，是更为少见的形态。该形态的特别之处在于，它其实是由两个不同类型的三角形，即扩大三角形和对称三角形组合而成，如图 10.42 所示。

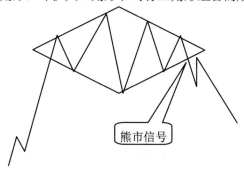

图 10.42　钻石形

在钻石形态中，先是两根边线逐渐分离，然后两条边线再逐渐聚拢，形成了与钻石相似的形状，该形态也是因此而得名的。

图 10.43 是棕榈油指的日 K 线图。棕榈油指在经过宽幅震荡后，形成了钻石形态，注意在该形态形成时，多单要果断止损出局，并反手建空单。

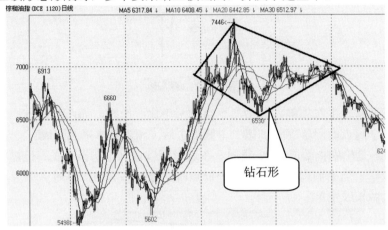

图 10.43　棕榈油指的日 K 线图

10.4.2　旗形持续形态

旗形持续形态在期货市场是相当常见的。旗形与平行四边形或矩形相似，是由两条相互平行的趋势线形成的，如图 10.44 所示。

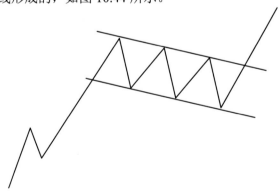

图 10.44　旗形

旗形通常发生在市场急剧运动之后，代表着趋势的短暂休整。在其形成过程中，成交量一般会减少，然后在突破上边线压制时会放量。

> **提醒**　旗形持续的时间一般较短，通常为 1～3 周。在上升趋势中，以有效突破上边线为标志；在下降趋势中，以有效突破下边线为标志。

图 10.45 是沪锌指数的日 K 线图。在这里可以看到上升趋势中的旗形和下降趋势中的旗形。

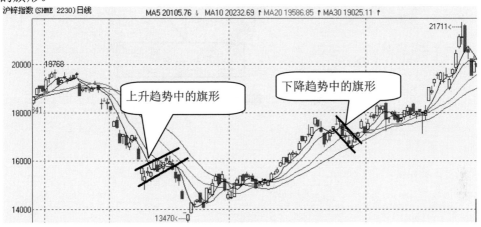

图 10.45　沪锌指数的日 K 线图

10.4.3　矩形持续形态

矩形易于辨认，价格在两条平行的水平直线之间横向盘整。我们常把矩形称为交易区间或密集成交区。矩形图形如图 10.46 所示。

上边线

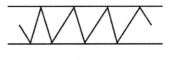

下边线

图 10.46　矩形

在矩形形成过程中，成交量不断减少，在上下反反复复运行，直到一方力量耗尽，出现突破方向为止。在矩形盘整过程中，投资者以不介入为宜，如果向上突破，可采取做多策略；如果向下突破，则可采取做空策略。

图 10.47 是籼稻指数的日 K 线图。在这里可以看到看跌的矩形和看涨的矩形。

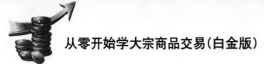

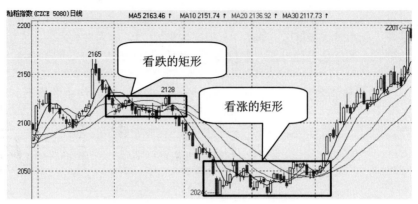

图 10.47　籼稻指数的日 K 线图

第11章
大宗商品交易的趋势分析技巧

在利用技术分析大宗商品行情时，趋势的概念绝对是核心内容。技术分析者所使用的全部工具，如趋势线、支撑线、压力线、趋势通道等，其唯一的目的就是辅助我们估量市场趋势，从而顺应着趋势的方向做交易。在市场上，"永远顺着趋势交易""决不可逆趋势而动""趋势即良友"等，已经是老生常谈了。本章将首先讲解趋势线的绘制、分类和作用，然后讲解支撑线和压力线，最后讲解趋势线图形和趋势通道的应用技巧。

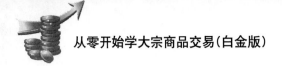

11.1 初识趋势线

在金融市场中有句名言："不要与趋势抗衡。"就是说，要顺应潮流，跟着趋势走。所以在期货投资过程中，只有看清大势(长期趋势)，分清中期趋势，不为短期趋势的反向波动所困惑，才能成为真正的市场大赢家。

趋势的形成是由于投资市场中参与的人和资金都是大规模的数据，一旦上升趋势或下降趋势形成，就将延续，直到被新的趋势所代替。期货商品在不同的时期都会沿着一定的趋势持续运行，所以通过趋势分析，可以预测和判断未来价格的走势，投资者可以根据具体情况采取适宜、高效的投资策略，从而把握一些大机会，少犯一些原则性错误，真正成为市场中的赢家。

11.1.1 趋势线的绘制

趋势线的绘制方法很简单，在上升趋势中，将两个明显的反转低点连成一条直线，就可以得到上升趋势线，上升趋势线起支撑作用；在下降趋势中，将两个明显的反转高点连成一条直线，就可以得到下降趋势线，下降趋势线起阻力作用，图 11.1 显示的是白糖指数的上升趋势线和下降趋势线。

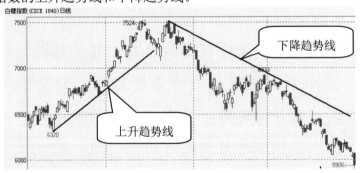

图 11.1 白糖指数的上升趋势线和下降趋势线

11.1.2 趋势线的分类

从方向上来讲，趋势线可分为上升趋势线和下降趋势线。上升趋势线预示着价格的趋势是向上的；下降趋势线预示着价格的趋势是向下的。

从时间上来说，趋势线可分为长期趋势线、中期趋势线和短期趋势线。长期趋势线是连接两大浪的谷底或峰顶的斜线，跨度时间为几年，它对市场的长期走势将产生很大的影响；中期趋势线是连接两中浪的谷底或峰顶的斜线，跨度时间为几个月，甚至一年以上，它对市场的中期走势将产生很大的影响；短期趋势线是连接两小浪的谷底或峰顶的斜线，跨度时间不超过两个月，通常只有几个星期，甚至几天时间，它对市场的走势只产生短暂影响，如图 11.2 所示。

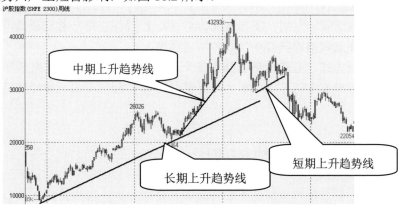

图 11.2　沪胶指数的长、中、短期趋势线

11.1.3　趋势线的作用

趋势线简单、易学，但它对期货商品的中长期走势却有着相当重要的作用。趋势线对后市的价格起约束作用，上升趋势线可以支撑价格的上涨；下降趋势线对价格起压制作用。当趋势线被突破后，价格下一步的走势将沿新的趋势线运行，原有趋势线的作用会转换。上升趋势线如图 11.3 所示。下降趋势线如图 11.4 所示。

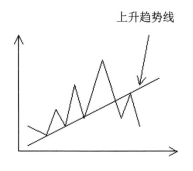
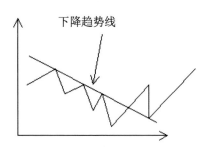

图 11.3　上升趋势线　　　　　图 11.4　下降趋势线

提醒　影响趋势线的可靠性因素一般有趋势线被价格触及的次数、趋势线的倾斜角度、趋势线形成的时间跨度。一般来说，趋势线被价格触及的次数越多，倾斜角度越小、形成的时间跨度越长，则其预测价格波动的可靠性越大。

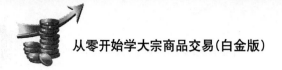

11.2 支撑线和压力线

支撑线又称抵抗线，是指价格跌到某个价位附近时，停止下跌甚至回升。支撑线起到阻止价格继续下跌的作用。支撑线是价格运行 K 线图上每一谷底最低点之间的切线，意思是价格在此线附近具有相当高的买进意愿。

压力线又称阻力线，是指价格上涨到某个价位附近时，停止上涨甚至回落。压力线起到阻止价格继续上涨的作用。压力线是价格运行 K 线图上每一波峰最高点之间的切线。

11.2.1 支撑线和压力线的成因

支撑线和压力线是趋势分析的重要方法，其形成原因一般为价格在某个区域内上下波动，并且在该区域内累积了比较大的成交量，那么价格冲过或跌破该区域后，该区域自然成为价格的支撑线或压力线。注意，当压力线一旦被冲过，便会成为下一个跌势的支撑线；而支撑线一经跌破，将会成为下一个涨势的压力线。

支撑线和压力线并不仅产生于成交密集区。当行情回复到上一波大涨或大跌行情的 50%左右时，会稍加休息，即在这个区间产生一支撑线，这是由大多数投资者的心理因素所致，是技术上的卖出、买入价位。此外，投资者会自觉将当前价格与过去曾经出现的价格进行对比，所以阶段性的最低价位和最高价位往往也是投资者的心理支撑线和压力线。

11.2.2 支撑线和压力线的应用

由于支撑线可以使价格停止下跌，压力线可以使价格停止上涨，一旦形成支撑线和阻力线后，投资者就可预测未来价格涨跌的界限和区间。

支撑线和压力线被有效突破是长期趋势、中期趋势将发生变化的重要信号。有效突破的标志有两种，第一是日 K 线图上价格连续三天在支撑线或压力线外运行；第二是收盘价突破支撑线或压力线超过 3%的幅度。

另外，支撑线和压力线之间存在互换的规律，其形成原因主要在于投资者的心理因素。压力线一旦被冲过，便成为下一个跌势的支撑线；而支撑线一经跌破，将会成为下一个涨势的压力线。压力线转换成支撑线如图 11.5 所示。支撑线转换成压力线如图 11.6 所示。

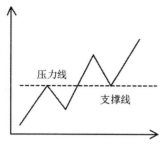

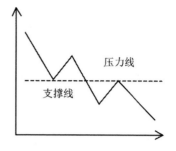

图 11.5　压力线转换成支撑线　　　　图 11.6　支撑线转换成压力线

11.3　趋势线图形的应用技巧

　　利用趋势线可以预测和判断期货商品未来价格的走势，从而使投资者成为期货市场中的赢家。为了更好地运用趋势线，可以将上升趋势线细分为 5 种，分别是上升支撑线、慢速上升趋势线、快速上升趋势线、上升趋势线被有效突破和新的上升趋势线；下降趋势线也可以细分成 5 种，分别是下降压力线、慢速下降趋势线、快速下降趋势线、下降趋势线被有效突破和新的下降趋势线。

11.3.1　上升支撑线和下降压力线

　　上升支撑线，又称上升趋势线，其特征是：价格回落的低点呈现明显的上移态势。此时，如果将最先出现或最具有代表意义的两个低点连接，就会形成一条向上的斜线。上升支撑线的图形如图 11.7 所示。

　　从技术上来讲，上升支撑线的出现，表示空方的气势越来越弱，而多方的气势越来越强，投资者可以逢低吸筹，在转向之前持筹待涨，这样可以获得不错的收益。

　　下降压力线，又称下降趋势线，其特征是：价格回落的低点呈现明显的下移态势。此时，如果将最先出现或最具有代表意义的两个高点连接，就会形成一条向下的斜线。下降压力线的图形如图 11.8 所示。

图 11.7　上升支撑线　　　　　　　图 11.8　下降压力线

从技术上来讲，下降压力线的出现，表示多方的气势越来越弱，而空方的气势越来越强，投资者可以看空、做空，最好清仓离场，等转势后再进场。

图 11.9 显示的是豆粕指数的日 K 线图。豆粕从 3750 开始回调，经过 21 个交易日的回调，最低下跌到 2990，然后价格在这个位置企稳，开始新的一波行情上涨。

豆粕第一波上涨的特征是：大阳线拉升，小阴小阳调整。这表明上涨力量强，做空力量弱，所以投资者可以在不断抬高自己止盈位的同时，耐心持有多单。如果是短线高手，日内还可以做短差，即当价格上涨到日内某一压力位时，先减仓，然后逢低再补回仓位。

第一波上涨用了 11 个交易日，随后开始横盘整理，但上升趋势保持完好，所以中线多单可以耐心持有，短线可以高抛低吸做短差，但仍以逢低做多为主，因为上升趋势是完好的。

在 A 处，价格回调到上升趋势线附近，连续两天收小阳线，这表明回调有望结束，要敢于在这里加仓做多。随后价格开始上涨，在第二波上涨过程中，会发现仍是大阳线上涨，小阴线回调，所以中线多单仍耐心持有，并不断提高止盈位。

价格震荡上涨 18 个交易日后，再次出现回调，回调到上升趋势线附近，再次出现止跌信号，即在 B 处，投资者要敢于继续做多。

随后价格继续上涨，第三波上涨的初期，上涨力量很强，连续拉出大阳线，并且没有出现回调，价格经过 19 个交易日的上涨，创出 4311 高点，但当天收了一根中阴线，这表明上涨动力已不足了，多单要特别小心。创出新高的第二天，价格没有继续下跌，反弹高开高走，收了一根中阳线，这是一根诱多中阳线，要特别小心。

随后价格出现了快速下跌，当下跌到上升趋势线附近时，即 C 处，价格再度反弹上涨，但这一次的反弹力量很弱。

在 D 处，价格反复震荡之后，跌破了趋势线，这表明上涨行情结束，随后进入下跌行情，要快速转变思路，由前期的逢低做多，改为逢高做空。

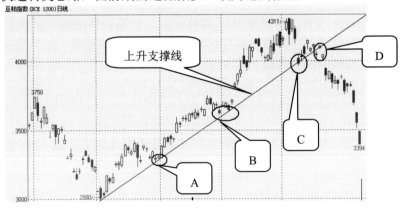

图 11.9　豆粕指数的日 K 线图

图 11.10 显示的是塑料指数的日 K 线图。塑料在 4 月 15 日创出反弹高点 11905 后，开始震荡下跌。在 A 处，价格弱势反弹到下降压力线附近，这里抄底多单要及时出局，并且要敢于重仓做多，并且风险不大。

随后价格就开始大幅杀跌，连续下跌 10 个交易日，但最后两个交易日，都是低开高走，这表明短线下跌动力已释放得差不多了，短线有反弹要求。所以空单可以减仓或清仓出局，等反弹到高位再介入。当然中线空单仍以持有为主，直到下降压力线被突破。

价格反弹了 8 天，反弹到下降压力线附近，即 B 处，收了一根中阴线，这表明反弹很可能结束，所以抄底多单要及时出局，然后继续逢高建立空单。

同理，价格不断下跌，然后反弹，反弹到下降压力线附近，都是新的做空位置，即 C 和 D 处。当然随后价格的下跌、反弹甚至反转动力就会不断增强，所以越在后期下空单，越要特别小心，要时时保护好盈利。

在 E 处，一根中阳线突破了下降压力线，这表明下降行情很可能结束，所以空单要及时获利了结，然后转变思路，开始逢低做多。

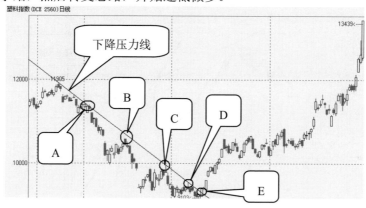

图 11.10　塑料指数的日 K 线图

提醒　尽管市场涨跌不确定的因素很多，投资者为此追涨杀跌疲惫不堪，但它每一个时期的运行方向都是很清楚的，只要在上升趋势线上方运行，就看多、做多，在下降趋势线下方运行，就看空、做空，这样操作就不会出大错。

11.3.2　慢速上升趋势线和慢速下降趋势线

慢速上升趋势线出现在以慢速上升趋势为主的快慢趋势线组合中，其维持时间比快速上升趋势线长，预示着价格运行的中长期趋势是向上的，具有长期支持价格上升的作用。慢速上升趋势线的图形如图 11.11 所示。

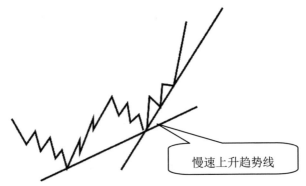

图 11.11　慢速上升趋势线

　　价格只要在慢速上升趋势上方运行，就应该坚持看多、做多，采取逢低做多的策略。

　　慢速下降趋势线出现在以慢速下降趋势为主的快慢趋势线组合中，其维持时间比快速下降趋势线长，预示着价格运行的中长期趋势是向下的，具有长期压制价格上升的作用。慢速下降趋势线的图形如图 11.12 所示。

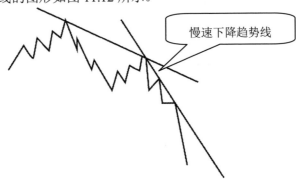

图 11.12　慢速下降趋势线

　　价格只要在慢速下降趋势线下方运行，就应该坚持看空、做空，采取逢高做空的策略。

11.3.3　快速上升趋势线和快速下降趋势线

　　快速上升趋势线可以出现在以慢速上升趋势为主的快慢趋势线组合中，也可以出现在以慢速下降趋势为主的快慢趋势线组合中，其维持时间比慢速趋势线短。快速上升趋势线的图形如图 11.13 所示。

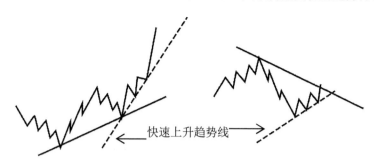

图 11.13　快速上升趋势线

　　快速上升趋势线预示着价格运行的短期趋势是向上的，具有短期支持价格上升的作用。但是，快速上升趋势线在以慢速上升趋势线为主和以慢速下降趋势线为主的快慢趋势线组合中发挥的作用是不一样的。前者因为价格总体是向上的，投资者在快速上升趋势线上方做多获利机会较多；而后者因价格总体上处于下降态势，投资者在快速上升趋势线上方做多，风险很大，一不小心就会被套。所以快速上升趋势线出现在以慢速下降趋势线为主的快慢趋势线组合中，除非是激进型投资者，同时对市场变化又十分敏感，可用少量资金抄底反弹。否则，还是看空、做空为妙。

　　快速下降趋势线可以出现在以慢速上升趋势线为主的快慢趋势线组合中，也可以出现在以慢速下降趋势线为主的快慢趋势线组合中，其维持时间比慢速趋势线短。快速下降趋势线的图形如图 11.14 所示。

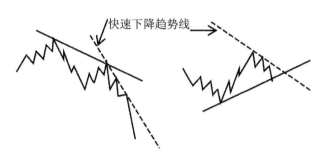

图 11.14　快速下降趋势线

　　快速下降趋势线预示着价格运行的短期趋势是向下的，具有短期压制价格上升的作用。但是，并不是快速下降趋势线出现后，就看空、做空。只有当快速下降趋势线出现在以慢速下降趋势线为主的快慢趋势线组合中时，才坚决看空、做空。

　　当快速下降趋势线出现在以慢速上升趋势线为主的快慢趋势线组合中时，因为价格总体是向上的，价格回落无论是在时间上，还是在空间上都较有限，价格最终还会继续上行，所以在这里如果过分看空、做空，是很危险的。

总之，当快速下降趋势线出现在以慢速上升趋势线为主的快慢趋势线组合中时，除非是激进型投资者，并且对市场变化又十分敏感，可以适时做空。一般投资者可以不理会短期波动，持筹待涨，这样就可以成为市场大赢家。

图 11.15 显示的是 PTA 指数的日 K 线图。

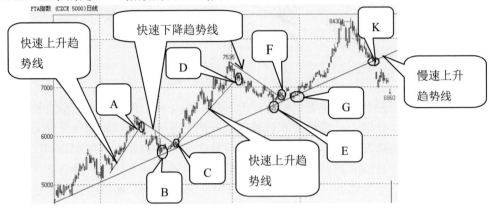

图 11.15　PTA 指数的日 K 线图

在 A 处，一根大阴线跌破了快速上升趋势线，这表明这一波连续 16 个交易日的上涨行情结束，短线进入下跌调整行情中。所以在 A 处，多单要及时出局，并且可以逢高短线做空，下方目标可以看到慢速上升趋势线附近。

随后价格不断震荡下跌，在 B 处，价格回调到慢速上升趋势线附近，并且在这里收了一根见底 K 线，这表明回调行情可能结束，空单要及时出局，并且可以以慢速上升趋势线作为止损去做多。

价格虽然在上升趋势线附近不断震荡，但重心在上移。在 C 处，价格突破了快速下降趋势线，这进一步表明价格调整结束，要开始新的一波上涨了。所以在这里抄底多单持有，并且要敢于继续逢低做多。

接着价格就开始快速拉升，开始了新的一波上涨，这一波上涨用了 30 个交易日，最后上涨到 7535。然后在 D 处，价格又冲破了快速上升趋势线，这表明这一波上涨行情结束，后市又进入调整阶段。

调整阶段操作策略是，多单出局，逢高做空，做空的投资者可以在慢速上升趋势线附近止盈。

随着价格的不断震荡下跌，下跌到慢速上升趋势线附近，即 E 处，价格止跌开始反弹。随着价格的不断震荡上涨，在 F 处，突破了快速下降趋势线，这进一步表明调整结束，后市将迎来新的一波上涨。

价格没有立即上涨，而是出现了回调，再次回调到慢速上升趋势线附近，即 G 处，价格再度得到支撑，这是最佳多单进场点。接着价格就开始新的一波上涨行情，创出 8430 高点，在高位震荡几天后，就开始下行。在 K 处，价格跌破了慢速上升趋势线，这表明整个上涨行情可能结束，无论是短线多单、中线多单或长线多单，都要及时出局，然后逢高建立空单。

图 11.16 显示的是 PTA 指数的日 K 线图。

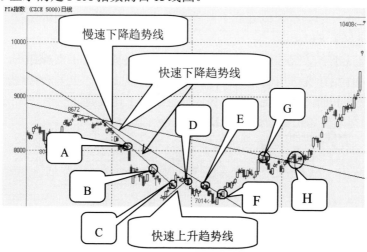

图 11.16　PTA 指数的日 K 线图

PTA 在 4 月 6 日创下 8672 反弹高点后，就开始震荡下跌，先利用两个高点绘制慢速下降趋势线。PTA 震荡下跌 15 个交易日后，价格开始快速下跌，先绘制一条快速下降趋势线，每当价格反弹到快速下降趋势线附近时，就是不错的做空位置。所以在 A 和 B 处做空是相当不错的。

价格继续一段时间的下跌之后，开始有力度地反弹，在 C 处，价格反弹站上了快速下降趋势线，这表明价格仍有继续反弹的要求，可以在这里做多。但心中要明白，在没有突破慢速下降趋势线之前，价格的上涨只能按反弹处理。

价格在 C 处突破快速下降趋势线后，没有大幅上涨，反而出现了滞涨信号，这表明上涨无力，随时都有再度下跌的可能。在 D 处，价格跌破了快速上升趋势线，这表明快速下降趋势线的突破是诱多，所以应继续逢高做多，并重新绘制新的快速下降趋势线。

在 E 处，价格反弹到新的快速下降趋势线附近，所以这里是一个做空位置，但要注意，价格已下跌较长时间，要注意保护盈利。

在 F 处，价格突破了快速下降趋势线，空单出局，可以短线跟多，但在这里仅仅是看反弹，一有不好信号，多单要及时出局。这一波反弹比较强，一路上涨到慢速下降趋势线附近，即 G 处，在这里多单要主动获利出局，并且可以轻仓做空。

价格连续下跌三天，然后开始震荡，这表明下跌动力较强，所以空单要及时出局。在 H 处，价格突破并站上了慢速下降趋势线，这表明新的一波上涨行情正在进行，要及时转变思路，由前期的逢高做空，改为逢低做多。

11.3.4 上升趋势线被有效突破

上升趋势线被有效突破的条件有 3 个：第一个是出现在涨势中；第二个是期货商品的收盘价与上升趋势线破位处的下跌差幅至少 3%；第三个是价格在上升趋势线下方收盘的时间在 3 天以上。

上升趋势线被有效突破后，该上升趋势线对价格就失去了支撑作用，并且该上升趋势线由支撑作用转变成压制作用，即压制价格再度上升。上升趋势线被有效突破，对多方是非常不利的，多单要及时出局，并且要敢于逢高建立空单。

图 11.17 显示的是白糖指数的日 K 线图。

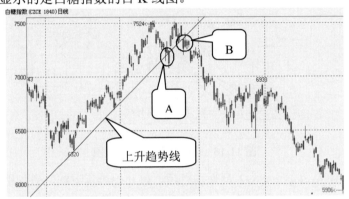

图 11.17　白糖指数的日 K 线图

白糖的价格创出 6320 低点后，开始不断拉升上涨，经过 45 个交易日的上涨，创出 7524 高点，但创出高点这一天，价格收了一根十字线，这表明多空双方搏杀很激烈。

创出高点后的第二个交易日，价格高开低走，收了一根光脚阴线，这表明下跌力量较强，随后不断震荡下跌，当价格下跌到上升趋势线附近，即 A 处。价格先是跌破了上升趋势线，但仅一天，并且当天收了一根低开高走的大阳线，随后又站上了上升趋势线。所以 A 处是一个上升趋势线的假突破，是一个看多信号，仍可以短线逢低做多。

价格继续上涨，但上涨到 7500 附近，出现了滞涨，然后开始震荡下跌，在 B 处，价格跌破了上升趋势线。在这里要注意，跌破了上升趋势线后，连续四天都没有站上上升趋势线，这表明价格很有可能已有效跌破上升趋势线。如果手中还有多单，要及时出局，并且可以逢高做空。

11.3.5 下降趋势线被有效突破

下降趋势线被有效突破的条件有 3 个：第一个是出现在跌势中；第二个是期货商

品的收盘价与下降趋势线破位处的上涨差幅至少 3%；第三个是价格在下降趋势线上方收盘的时间在 3 天以上。

　　下降趋势线被有效突破后，该下降趋势线对价格就失去了压制作用，并且该下降趋势线由压制作用转变成支撑作用，即阻止价格再度下降。下降趋势线被有效突破后，形势开始对多方有利，所以投资者应随时做好准备进场。

　　图 11.18 显示的是 PTA 指数的日 K 线图。

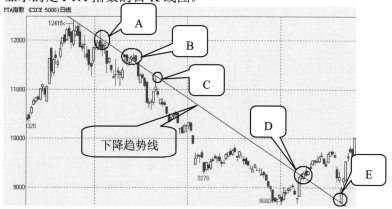

图 11.18　PTA 指数的日 K 线图

PTA 经过一波上涨之后，创下 12415 高点，在创出高点当天，收了一根带有上影线的中阳线，该阳线是继续看涨的。随后两个交易日，价格没有再创新高，并且收出不好的 K 线，这意味着，上涨无力，出现滞涨信号，多单要特别小心。

　　随后价格开始连续下跌，连续 7 天收阴，这意味着上涨行情可能结束，这里需要注意的是，看企稳后的再次上涨，能否突破下降趋势线。

　　在 A 处，价格连续三天上涨之后，第四天再度上涨，并且盘中突破了下降趋势线，但收盘却收了一根中阴线，这意味着，没有成功突破下降趋势线，盘中是个假突破。假突破是一个反向做单的信号，所以在 A 处，可以逢高建立空单。

　　同理，价格经过几天下跌之后，又开始反弹，在 B 处，价格又出现了下降趋势线的假突破，所以也是不错的做空位置。

　　在 C 处，价格反弹到下降趋势线附近就开始下跌，这是不错的做空位置。

　　价格经过较长时间下跌之后，开始反弹，在 D 处，成功突破了下降趋势线，所以这里要转变思路，开始逢低做多。并且下降趋势线对价格不再有压制作用，反而起到支撑作用。

　　在 E 处，价格快速下跌，下跌到下降趋势线附近得到支撑，又开始新一波行情的上涨。

11.3.6　新的上升趋势线和新的下降趋势线

新的上升趋势线的特征是：在上涨行情中，上升趋势线向下破位后，不是反转向下，而是继续上升且收盘创出新高。新的上升趋势线的图形如图 11.19 所示。

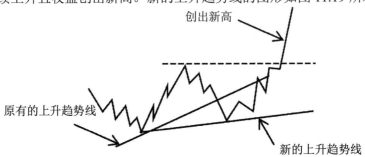

图 11.19　新的上升趋势线

从技术上来讲，新的上升趋势线是做多信号，并且新的上升趋势线出现后，往往都有一段比较好的升势。另外还要注意，新的上升趋势线出现后，原有的上升趋势线就失去了参考意义。

新的上升趋势线确定后，就可以说明前期价格下穿原先的上升趋势线，是主力刻意打压所致，是为了诱空而故意设置的一个空头陷阱，目的是清洗浮筹，蓄势后再次发动新的一轮上攻。投资者这时应该看多，准备随时进场。

新的下降趋势线的特征是：下降趋势线被有效突破后，不是反转向上，而是继续下降且收盘创出新低。新的下降趋势线的图形如图 11.20 所示。

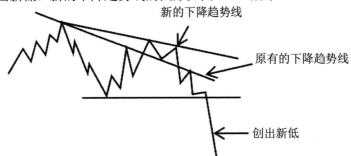

图 11.20　新的下降趋势线

从技术上来讲，新的下降趋势线是看跌信号，它表明市场正处于空方的控制之下。原先的下降趋势线被有效突破后，多方没有继续上攻，空方却发动了新一轮的攻势。另外还要注意，新的下降趋势线出现后，原有的下降趋势线就失去了参考意义。

图 11.21 显示的是塑料指数的日 K 线图。2008 年经济危机期间，塑料的价格大幅

下跌，最低创出了 5777。但在创出新低这一天，价格低开高走，收了一根大阳线，这表明价格有反弹要求。随后价格不断震荡上行，虽有调整，但价格的低点一次比一次高，这样就可以绘制上升趋势线。价格沿着上涨趋势线不断上涨，用了 56 个交易日，创出 9359 高点。在这里可以看到，虽然最后几天价格不断创出新高，但上涨力量越来越弱，所以多单要特别小心。

价格创出 9359 高点后的第二个交易日，就收了一根阴线，并且该阴线吃掉了前三天的价格涨幅，这表明上涨已无力，后市将迎来下跌回调行情。所以这里多单要及时出局，并且可以短线逢高做空。

随后价格就开始快速下跌，直接跌破上升趋势线，并且反弹没有站上上升趋势线，即 A 处，这表明这一波上涨行情结束，可以继续做空。

价格没有继续大幅下跌，在下跌到 7512 时，开始企稳反弹，即 B 处，并且随后的反弹再创新高，这表明跌破原有的上升趋势线后的下跌，是主力刻意的诱空行为，以骗取散户手中的低位多单筹码。

这样就可以利用 5777 低点和 7512 低点重新绘制上升趋势线，只要价格在该趋势线之上，我们就要采取逢低做多的策略。

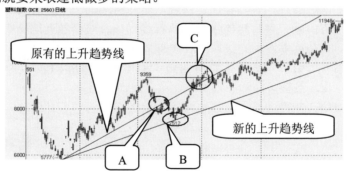

图 11.21　塑料指数的日 K 线图

图 11.22 显示的是 PTA 指数的日 K 线图。

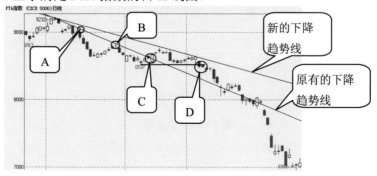

图 11.22　PTA 指数的日 K 线图

PTA 的价格经过几天反弹后，创出 9232 高点，然后开始震荡下跌，在这里绘制下降趋势线。在 A 处，价格反弹到下降趋势线附近，然后又开始下跌，所以这里是一个不错的做空位置。

同理，B 处也是一个不错的做空位置。

在 C 处，一根中阳线突破了下降趋势线，这表明价格有继续反弹的要求，可以短线轻仓跟多搏反弹，但要注意，一旦有滞涨信号，多单要及时获利了结。

随后价格虽然继续反弹，但反弹力量很弱，即上涨无力，这表明后市仍可能继续下跌，所以多单及时出局为好。

在 D 处，一根中阴线杀出，再创新低，跌破了前期整理平台的低点，这表明新的下跌行情开始，也说明在 C 处出现的下降趋势线突破，是一个假突破，是主力诱多动作。所以原来的下降趋势线已失去作用，可以重新绘制新的下降趋势线。

11.4 趋势通道的应用技巧

趋势通道，即通道线，有时称作返回线，是趋势线的另一种有用的变体。通道线是在趋势线的反方向画一根与趋势线平行的直线，该直线穿越近期价格的最高点或最低点。这两条线将价格夹在中间运行，有明显的管道或通道形状。

通道线可分为三种，分别是上升道通线、水平通道线和下降通道线，如图 11.23 所示。

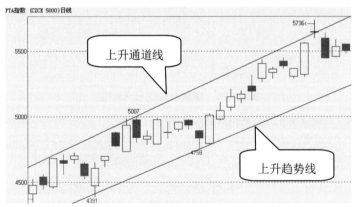

（a）上升通道线

图 11.23　通道线

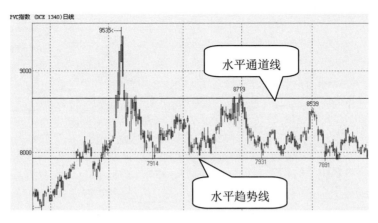

（b）水平通道线

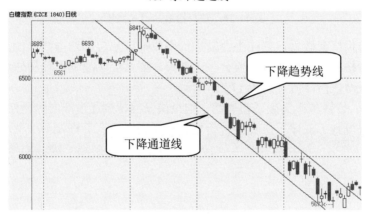

（c）下降通道线

图 11.23　通道线(续)

　　通道主要用来限制价格的运动范围，让它不能变动得太离谱。通道一旦得到确认，那么价格将在这个通道里变动。如果通道线一旦被价格有效突破，往往意味着趋势将有一个较大的变化。当通道线被价格突破后，趋势上升的速度或下降的速度会加快，会出现新的价格高点或低点，原有的趋势线就会失去作用，要重新依据价格新高或新低画趋势线和通道线。

　　在上升趋势中，价格上涨到通道线的上边压力线时，多单应获利出局，并可以逢高轻仓做空，然后等回调到通道线的下边支撑线时，空单获利出局，多单逢低介入，即在 A、B、C、D、E 处，空单出局，多单入场；而在 F、H、J、K、P 和 X 处，多单出局，轻仓做空，如图 11.24 所示。

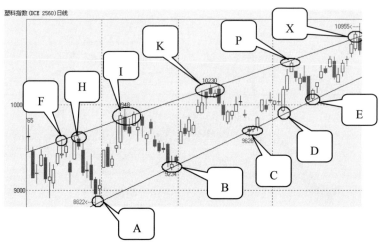

图 11.24　塑料指数的日 K 线图

通道线被价格突破后，往往不会发生价格反抽现象，即通道线未能起到支持回抽的作用。当价格突破通道线后，要么一飞冲天，要么会迅速跌回趋势通道中，而不会在通道线附近做任何停留，如图 11.25 所示。

在 A 处，价格多次突破了通道线，但很快又回调到通道线之内，然后在 B 处，即通道线下跌得到了支撑。在 C 处，价格突破了通道线，价格就会一飞冲天。

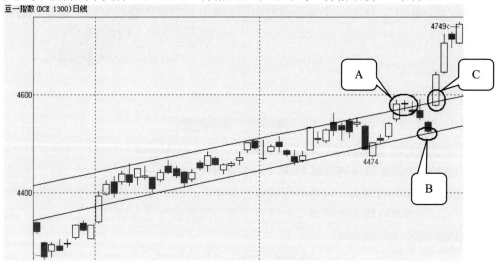

图 11.25　豆一指数的日 K 线图

在水平趋势中，价格上涨到通道线的上边压力线时，多单要果断出局，然后反手做空，等回调到通道线的下边支撑线时，空单要果断出局，并且可以反手做多，如图 11.26 所示。

在 A、B、C 和 D 处，多单要果断出局，空单进场做空；在 E、F、G 和 H 处，空单果断出局，多单进场做多。

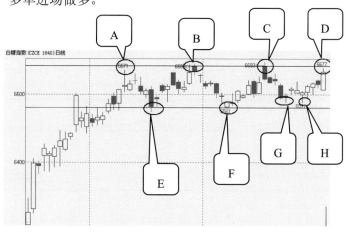

图 11.26　白糖指数的日 K 线图

在下降趋势中，价格上涨到通道线的上边压力线时，多单要果断出局，并敢于做空，然后等回调到通道线的下边支撑线时，空单出局，可以轻仓试多，也可以不操作，如图 11.27 所示。

在 A、B、C、D 处，多单要及时出局，并且要敢于逢高做空；在 E、F、G 和 H 处，空单最好及时出局，可以轻仓试多，但有不好信号时，多单要及时出局。

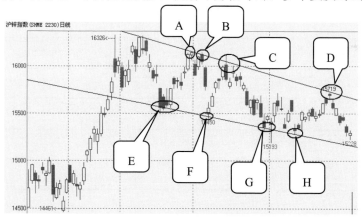

图 11.27　沪锌指数的日 K 线图

提醒　通道线与趋势线是相互作用的一对，先有趋势线，再有通道线，但趋势线比通道线重要得多，也更为可靠。同时，趋势线可独立存在，而通道线则不可以独立存在。

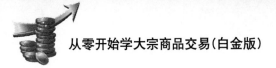

学习心得

第 12 章
大宗商品交易的技术
指标分析技巧

技术指标只是一种统计工具，只能客观地反映某些既成的事实，将大宗商品市场的数据形象化、直观化，将某些分析理论数量化和精细化。但技术指标并不能保证操作成功，因为技术指标可以被主力操纵。本章将首先讲解技术指标的定义、分类、应用法则和本质，然后讲解移动平均线、随机指标 KDJ、MACD 指标的应用技巧，最后讲解技术指标应用注意事项。

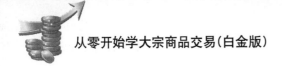

12.1　初识技术指标

技术指标已深入每一个投资者的心里,真正要进行大宗商品操作的人都有一套自己惯用的技术指标体系。这个体系经过长期的检验,会给我们以极大的帮助。

12.1.1　什么是技术指标

对于什么是技术指标,至今也没有一个明确的定义。下面一种说法被大数人认可,即技术指标法是:按事先规定好的固定的方法对原始数据进行处理,将处理后的结果制成图表,并用制成的图表对期市进行行情研判。原始数据是指开盘价、最高价、最低价、收盘价、成交量和成交金额,有时还包括成交笔数。一共六七个。其余的数据不是原始数据。

对原始数据进行处理指的是将这些数据的部分或全部进行整理加工,使之成为我们希望得到的东西。不同的处理方式可产生不同的技术指标。从这个意义上讲,我们知道,有多少技术指标,就会产生多少种处理原始数据的方法;反过来,有多少处理原始数据的方法就会产生多少种技术指标。

产生了技术指标之后,最终都会在图表上得到体现。处理原始数据,不仅是把一些数字变成另一些数字,而且可能是放弃一些数字,或加入一些数字。

12.1.2　技术指标的分类

目前,应用于市场的技术指标有几百种,按照不同的计算原理和反映状况,可大致分为 4 类,如图 12.1 所示。

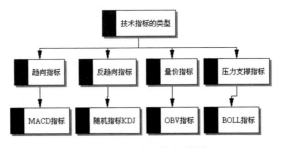

图 12.1　技术指标的类型

1. 趋向指标

趋向指标是识别和追踪有趋势的图形类指标,其特点是不试图猜顶和测底,如均线、MACD 指标、SAR 指标等。

2. 反趋向指标

反趋向指标，又称震荡指标，是识别和追踪趋势运行转折点的图形类指标，其特点是具有强烈的捕顶和捉底意图，对市场转折点较敏感，如随机指标 KDJ、强弱指标 RSI 等。

3. 量价指标

量价指标就是通过成交量变动来分析捕捉价格未来走势的图形类指标，其特点是以"成交量是市场元气"为依据，揭示成交与价格涨跌的关系，如 OBV 指标、VOL 指标等。

4. 压力支撑指标

压力支撑指标，又称通道指标，是通过顶部轨道线和底部轨道线，试图捕捉行情的顶部和底部的图形类指标，其特点是具有明显的压力线，也有明显的支撑线，如 BOLL 指标、XSTD 指标。

提醒　对于指标的运用，要记住经典图形的意义，但要根据大势和主力特征进行认真识别，因为有时很可能是主力发的假信号，即通过操纵价格绘制的假指标图形，如果投资者信以为真，很可能一买就套，一卖就涨。

12.1.3　技术指标的应用法则

技术指标的应用法则如下。
- 指标背离：是指指标的走向与股价走向不一致。
- 指标的交叉：是指指标中的两条线发生了相交现象，常说的金叉和死叉就属于这类情况。
- 指标的高位和低位：是指指标进入超买区和超卖区。
- 指标的徘徊：是指指标处在进退皆可的状态，没有明确的对未来方向的判断。
- 指标的转折：是指指标的图形开始掉头，这种掉头有时是一个趋势的结束和另一个趋势的开始。
- 指标的盲点：是指指标无能为力的时候。

12.1.4　技术指标的本质

每一个技术指标都是从一个特定的方面对期市进行观察。通过一定的数学公式产生技术指标，这个指标就能反映期市某一方面深层的内涵，这些内涵仅仅通过原始数据是很难看出来的。

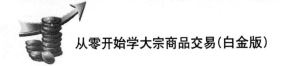

另外, 有些基本的思想我们很早就知道, 但只停留在定性的程度, 没有进行定量的分析。技术指标可以进行定量的分析, 这样可使具体操作时的精确度得以大大提高。

例如, 期价不断地下跌时, 跌多了总有一个反弹的时候和到底的时候。那么跌到什么程度, 我们就可以买进呢? 仅凭前面定性方面的知识是不能回答这个问题的, 乖离率等技术指标在很大程度上能帮助我们解决这一问题。尽管不是 100%地解决问题, 但至少能在我们采取行动前从数量方面给我们以帮助。

12.1.5　技术指标法同其他技术分析方法的关系

其他技术分析方法都有一个共同点, 那就是只重视价格, 不重视成交量。如果单纯从技术的角度看, 没有成交量的信息, 别的方法都能正常运转, 照样进行分析研究, 照样进行行情预测。我们只是很笼统地说一句, 要有成交量的配合。由于技术指标的种类繁多, 所以考虑的方面就很多, 人们能够想到的, 几乎都能在技术指标中得到体现, 这一点是别的技术分析方法无法比拟的。

在进行技术指标的分析和判断时, 也经常用到别的技术分析方法的基本结论。例如, 在使用 KDJ 等指标时, 要用到 K 线形态中的头肩形、颈线和双重顶之类的结果以及趋势中支撑和压力的分析手法。由此可以看出, 全面学习技术分析的各种方法是很重要的, 只注重一种方法, 对别的方法一无所知是很不好的。

12.2　移动平均线

移动平均线最富灵活性, 并且适用最广泛。因为它的构造方法简便, 而且它的成绩易于定量地检验, 所以它构成了绝大部分顺应趋势自动交易系统的运作基础。

12.2.1　移动平均线的定义与设置

1. 移动平均线的定义

移动平均线(MA), 又称均线, 是指一定交易时间内的算术平均线。下面以 10 日均线为例来说明一下, 将 10 日内的收盘价逐日相加, 然后除以 10, 就可得出 10 日的平均值, 再将这些平均值依先后次序连接成一条线, 这条线就叫 10 日移动平均线, 其他平均线的算法以此类推。移动平均线如图 12.2 所示。

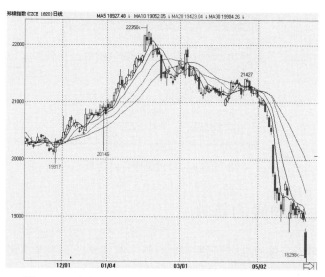

图 12.2　默认显示的是 5、10、20、30 日移动平均线

2. 移动平均线的设置

在 K 线图中右击，在弹出的快捷菜单中选择"设置指标参数"命令，弹出"指标参数修改"对话框，如图 12.3 所示。在这里可以看到默认的移动平均线，同理，也可以进一步修改要显示的移动平均线。

单击"编辑指标公式"按钮，弹出"指标公式编辑器"对话框，可以修改移动平均线的公式代码，如图 12.4 所示。

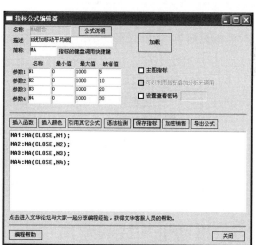

图 12.3　"指标参数修改"对话框　　　**图 12.4　"指标公式编辑器"对话框**

单击"公式说明"按钮，弹出"公式说明"对话框，可以看到移动平均线的使用方法，如图 12.5 所示。

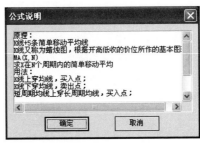

图 12.5 "公式说明"对话框

12.2.2　移动平均线的特性

移动平均线可以反映真实的价格变动趋势，即通常所说的上升趋势、下降趋势。借助各种移动平均线的排列关系，可以预测价格的中长期趋势，同时再灵活应用 K 线技术，就可以实现低买高卖，从而获得较高的收益。

在使用移动平均线时，还要注意若平均价格与实际价格在时间上有所超前或滞后，则很难利用移动平均线把握价格的最高点和最低点。另外，价格在盘整期间，移动平均线买卖信号过于频繁。

在使用移动平均线分析期货价格时，要注意以下 5 个特性。

- 平稳特性：由于移动平均线采用的是"平均"，所以它不会像日 K 线图那样高高低低地震荡，而是起落平稳。
- 趋势特性：移动平均线反映了价格的变动趋势，所以具有趋势特性。
- 助涨特性：在多头或空头市场中，移动平均线向一个方向移动，持续一段时间后才能改变方向，所以在价格的上涨趋势中，移动平均线可以看成多方的防线，具有助涨特性。
- 助跌特性：与助涨特性相反，在价格的下跌趋势中，移动平均线可以看成空方的防线，具有助跌特性。
- 安定特性：通常越是长期的移动平均线，越能表现安定特性，即价格必须涨势真正明确后，移动平均线才会往上走；价格下落之初，移动平均线还是向上走的，只有价格下落显著时，移动平均线才会向下走。

12.2.3　移动平均线的背离

移动平均线的背离是指不同周期的均线在实际运行中，短期均线与中长期均线的运行方向相反，从而形成背离的现象。均线的背离又分为顶背离和底背离。

1. 顶背离

当价格处于阶段性的高位后，往往会开始向下整理，短期均线也将随之下行，但此时的中、长期均线可能还在上行的状态。当短期均线向下突破中期均线时，短期均线的运行方向与长期均线的运行方向相反，即形成顶背离，如图 12.6 所示。

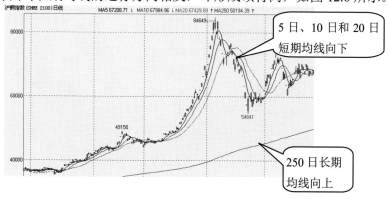

图 12.6　均线顶背离

2. 底背离

当价格处于阶段性的低位后，往往会开始向上攀升，短期均线也将随之上升，但中长期均线还在下行的状态。当短期均线向上突破中期均线时，短期均线的运行方向与长期均线的运行方向相反，即形成底背离，如图 12.7 所示。

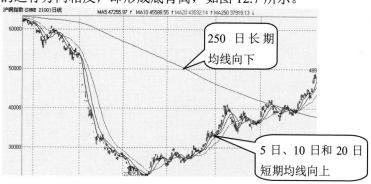

图 12.7　均线底背离

12.2.4　单根移动平均线的应用

对于单根均线的研判方法，最为经典的是美国技术分析专家葛兰碧提出来的均线买卖八法则。葛兰碧的"均线买卖八法则"可以分为两类，分别是四大买入法则和四大卖出法则。

1. 四大买入法则

第一买入法则：均线从下降状态开始走平，同时价格从平均线下方突破平均线时，为买进信号，如图 12.8 所示。A 处那根阳线就是一个不错的做多买点。

图 12.8 第一买入法则

提醒 均线一般分为 5 日、10 日、20 日、30 日、60 日等，天数越多，画出的曲线越平滑，天数越少，画出的曲线越陡。这里用的是 20 日均线。

第二买入法则：价格下穿均线，而均线仍在上行，不久又回到均线之上时，为买进信号，如图 12.9 所示。A 处那根阳线就是一个不错的做多买点。

图 12.9 第二买入法则

第三买入法则：价格原在均线之上，现突然下跌，但未跌破均线又上升时，为买进信号，如图 12.10 所示。A 处那根阳线是不错的做多买点。

图 12.10　第三买入法则

第四买入法则：价格原在均线之下，突然暴跌，从而远离均线，物极必反，是买进时机，如图 12.11 所示。

提醒　一般不提倡这种操作方法，尽管这种方法对于短线高手来说是一种不错的选择，但是这是逆势操作，操作不当很容易被套牢，特别是在下跌初期。

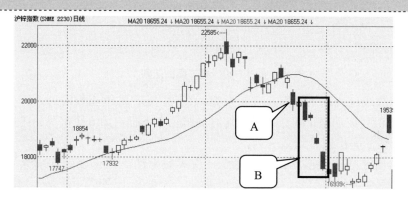

图 12.11　第四买入法则

在 A 处如果做多买进，短线高手快进快出可能有一点小收益；如果在 B 处的任何一根阴线处做多买进，投资者一定会被套。总之收益与风险不成比例，所以这里不操作是最好的策略。

2. 四大卖出法则

第一卖出法则：均线从上升状态开始走平，同时价格从均线上方向下跌破均线时，为卖出信号或做空信号，如图 12.12 所示。A 处和 B 处都是不错的卖点或做空点。

第二卖出法则：价格上穿均线，而均线仍在下行，不久价格又回到均线之下时，为卖山信号或做空点，如图 12.13 所示。

图 12.12　第一卖出法则

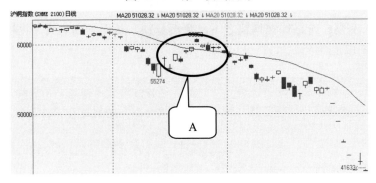

图 12.13　第二卖出法则

　　沪铜指数经过快速下跌后，开始反弹，在 A 处，沪铜指数经过连续上升已站上 20 日均线，但只成功站上 5 天，并且这时均线仍在下行，第 6 个交易日跌破该均线，这是一个不错的卖出信号或做空点。

　　第三卖出法则：价格原在均线之下，现突然上涨，但未涨到均线处又开始下跌时，为卖出信号或做空信号，如图 12.14 所示。A 处和 B 处的阴线是不错的卖点或做空点。

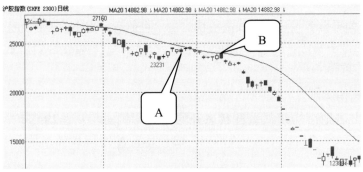

图 12.14　第三卖出法则

第四卖出法则：价格原在均线之上，现突然暴涨而远离均线时，物极必反，是卖出信号或做空点，如图 12.15 所示。A 处那根大阳线就是不错的卖点或做空点。

图 12.15　第四卖出法则

12.2.5　多根移动平均线的应用

均线的预测意义往往是通过各种均线组合来实现的。代表不同时间周期的平均交易价格放在一起参考时，可以更好地分析出市场多、空双方的士气和意图。

1. 均线空头排列

空头排列多出现在下跌趋势中，由 3 根均线组成，最上面一根是长期均线，中间一根是中期均线，最下面一根是短期均线，并且 3 根均线呈向下圆弧状。空头排列的图形如图 12.16 所示。

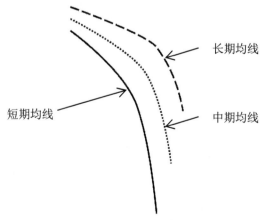

图 12.16　均线空头排列

在空头排列的初期和中期，以做空为主，在其后期，就应该谨慎做空，如图 12.17 所示。

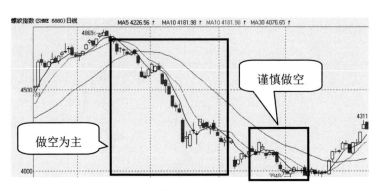

图 12.17　螺纹指数的日 K 线图

2．均线多头排列

多头排列多出现在涨势中，由 3 根移动平均线组成，最上面一根是短期均线，中间一根是中期均线，最下面一根是长期均线，并且 3 根均线呈向上圆弧状。多头排列的图形如图 12.18 所示。

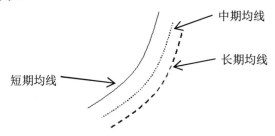

图 12.18　均线多头排列

一般来说，在上涨初期，当均线出现多头排列后，表明市场做多力量较强，往往会有一段升势。如果均线呈多头排列，途中出现一些形象不好的 K 线图时，也不要慌张，否则会被主力洗盘出局，让煮熟的鸭子飞了。总之，在多头排列的初期和中期，可以积极做多，在其后期，就应该谨慎做多，如图 12.19 所示。

图 12.19　白糖指数的日 K 线图

12.3　随机指标 KDJ

当市场进入无趋势阶段时，价格通常会在一个区间内上下波动，在这种情况下，绝大多数跟随趋势的分析系统都不能正常工作，而随机指标却独树一帜。因此，对技术型投资者来说，随机指标对症下药，使他们能够从经常出现的无趋势市场环境中获利。

12.3.1　KDJ 指标概述

KDJ 指标是由乔治·蓝恩博士(George Lane)最早提出的，是一种相当新颖、实用的技术分析指标，它最初用于期货市场的分析，后被广泛用于股市的中短期趋势分析，是期货和股票市场上最常用的技术分析工具。

KDJ 指标以最高价、最低价及收盘价为基本数据进行计算，得出的 K 值、D 值和 J 值分别在指标的坐标上形成一个点，连接无数个这样的点位，就形成一个完整的、能反映价格波动趋势的 KDJ 指标。

KDJ 的 K、D、J 三条曲线都波动于 0～100 之间，其中 J 线最快、D 线最慢，如图 12.20 所示。

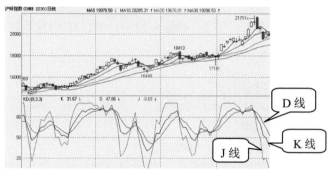

图 12.20　沪锌指数的日 K 线图和 KDJ 指标

12.3.2　KDJ 应用注意事项

在应用 KDJ 指标时，要注意 4 个问题，分别是 KD 的取值、KD 的交叉、KD 的背离和 J 的取值大小。

(1) KD 的取值范围是 0～100，如果 KD 值超过 80 时为超买区，所以应该考虑卖出；如果 KD 值在 20 以下时为超卖区，所以应该考虑买进，其余的为徘徊区。

(2) 当 K 值由较小逐渐大于 D 值，在图形上显示 K 线从下方上穿 D 线，表明目前趋势是向上的，所以在图形上 K 线向上突破 D 线时，即为买进信号。当 K 值由较大逐渐小于 D 值，在图形上显示 K 线从上方下穿 D 线，表明目前趋势是向下的，所以在图形上 K 线向下突破 D 线时，即为卖出信号。

> **提醒** 实战时当 K、D 线在 20 以下交叉向上，此时的短期买入信号较为准确；如果 K 值在 50 以下，由下往上接连两次上穿 D 值，形成右底比左底高的"W 底"形态时，后市价格可能会有相当大的涨幅。实战时当 K、D 线在 80 以上交叉向下，此时的短期卖出信号较为准确；如果 K 值在 50 以上，由上往下接连两次下穿 D 值，形成右头比左头低的"M 头"形态时，后市股价可能会有相当大的跌幅。

(3) 通过 KDJ 与价格背离的走势，判断价格顶底也是颇为实用的方法：①价格创新高，而 KD 值没有创新高，为顶背离，应卖出；②价格创新低，而 KD 值没有创新低，为底背离，应买入；③价格没有创新高，而 KD 值创新高，为顶背离，应卖出；④价格没有创新低，而 KD 值创新低，为底背离，应买入。

> **提醒** KDJ 顶底背离判定的方法，只能和前一波高低点时 KD 值相比，不能跳过去相比较。

(4) J 的取值可以大于 100，也可以小于 0，但为了便于图形的绘制，当 J 大于 100时，仍按 100 绘制；当 J 值小于 0 时，仍按 0 绘制，所以在 KDJ 指标图形中可以看到 J 值在 0 或 100 处呈"直线"状。

12.3.3 KDJ 应用要则

KDJ 随机指标反应比较敏感快速，是一种进行短、中、长期趋势波段分析研判的较佳的技术指标，具体应用要则如下所述。

(1) 对做大资金、大波段的人来说，一般当月 KDJ 值在低位时逐步进场吸纳做多，如图 12.21 所示。

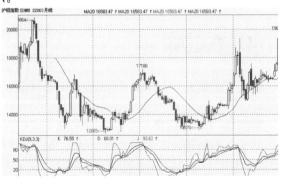

图 12.21 沪铝指数的月 K 线图

(2) 主力平时运作时偏重周 KDJ 所处的位置，一般会对中线波段的循环高低点做出研判，所以往往出现单边式造成日 KDJ 的屡屡钝化现象。

(3) 日 KDJ 对价格变化方向反应极为敏感，是日常买卖进出的重要方法。

(4) 对于做小波段的短线客来说，30 分钟和 60 分钟 KDJ 又是重要的参考指标；对于已制订买卖计划即将下单的投资者来说，5 分钟和 15 分钟 KDJ 可以提供最佳的进出时间。

KDJ 常用的参数是 9，但就使用经验而言，短线可以将参数改为 5，不但反应更加敏捷、迅速、准确，而且可以降低钝化现象。一般常用的 KDJ 参数有 5、9、19、36、45、73 等。实战中还应将不同的周期综合来分析，短、中、长趋势便会一目了然，如出现不同周期共振现象，说明趋势的可靠度加大。

12.3.4　KDJ 实战应用经验

在实际操作中，一些做短平快的短线客常用 30 分钟和 60 分钟 KDJ 判断后市买卖时机，具体如下所述。

- 如果 30 分钟 KDJ 在 20 以下盘整较长时间，60 分钟 KDJ 也是如此，则一旦 30 分钟 K 值上穿 D 值并越过 20，就可能引发一轮持续在两天以上的反弹行情；若日线 KDJ 指标也在低位发生金叉，则可能是一轮中级行情。但需注意 K 值与 D 值金叉后只有 K 值大于 D 值 20%以上时，这种交叉才有效。
- 如果 30 分钟 KDJ 在 80 以上向下掉头，K 值下穿 D 值并跌破 80，而 60 分钟 KDJ 才刚刚越过 20 不到 50，则说明行情会出现回档，30 分钟 KDJ 探底后，可能继续向上。
- 如果 30 分钟和 60 分钟 KDJ 在 80 以上，盘整较长时间后 K 值同时向下死叉 D 值，则表明要开始至少两天的下跌调整行情。
- 如果 30 分钟 KDJ 跌至 20 以下掉头向上，而 60 分钟 KDJ 还在 50 以上时，则要观察 60 分钟 K 值是否会有效穿过 D 值(K 值大于 D 值 20%)，若有效表明将开始一轮新的上攻；若无效则表明仅是下跌过程中的反弹，反弹过后仍要继续下跌。
- 如果 30 分钟 KDJ 在 50 之前止跌，而 60 分钟 KDJ 才刚刚向上交叉，说明行情可能会持续向上，目前仅属于回档。
- 30 分钟或 60 分钟 KDJ 出现背离现象，也可作为研判大市顶底的依据，详见前面日线背离的论述。
- 在超强市场中，30 分钟 KDJ 可以达到 90 以上，而且在高位屡次发生无效交叉，此时重点看 60 分钟 KDJ，当 60 分钟 KDJ 出现向下交叉时，可能引发短线较深的回档。

● 在暴跌过程中 30 分钟 KDJ 可以接近 0 值，而大势依然跌势不止，此时也应看 60 分钟 KDJ，当 60 分钟 KDJ 向上发生有效交叉时，会引发极强的反弹。

另外，当行情处在极强极弱单边市场中，日 KDJ 出现屡屡钝化，应改用 MACD 等中长指标。

> **提醒**　一般而言，随机指标必须结合基本的趋势分析，从这个意义上说，它只是一种第二位的指标。市场的主要趋势是压倒一切的，顺着它的方向交易这一原则具有重要意义。然而，在某些场合，随机指标也有其特长。例如，在一场重要趋势即将来临时，随机指标分析不仅用处不大，甚至可能使投资者误入歧途。一旦市场运行接近尾声时，随机指标就极有价值了。

12.4　MACD 指标

MACD 技术指标，即指数平滑异同移动平均线，是一个比较常用的趋势类指标。它是利用"红""绿"柱状表示看多与看空，如果看到红色柱状，就可以看多，绿色柱状就可以看空。

12.4.1　MACD 指标概述

MACD 技术指标图形是由 DIFF 线、DEA 线和柱状线组成，其中 DIFF 线是核心，DEA 线是辅助。DIFF 线是快速移动平均线(12 日移动平均线)和慢速移动平均线(26 日移动平均线)的差。如果其值为正，则称为正差离值；如果其值为负，则称为负差离值。在持续上涨行情中，正差离值会越来越大；在下跌行情中，负差离值的绝对值会越来越大。这样经过对移动平均线的特殊处理，虚假信号就会大大减少。

DEA 是 DIFF 线的算术平均值。柱状线的值是 DIFF 与 DEA 的差值，即若 DIFF 线在 DEA 线上方，则差值为正，柱状线在 0 轴上方，显示为红柱；若 DIFF 线在 DEA 线下方，则差值为负，柱状线在 0 轴下方，显示为绿柱，如图 12.22 所示。

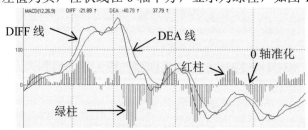

图 12.22　MACD 指标

如果 DIFF 线和 DEA 线运行在 0 轴下方，则表示现在的市场是空头市场；如果 DIFF 线和 DEA 线运行在 0 轴上方，则表示现在的市场是多头市场。

0 轴上方的柱状线为做多信号，当其增多拉长时，说明多方气势旺盛，多方行情将继续；当其减少缩短时，表示多方气势在衰减，价格随时都可能下跌。0 轴下方的柱状线为做空信号，当其增多拉长时，说明空方气势旺盛，空方行情将继续；当其减少缩短时，表示空方气势在衰减，价格随时都有可能止跌或见底回升。

12.4.2　MACD 实战技巧

MACD 两条曲线在 0 轴下方金叉时，一般先看作反弹，但有时会演变成一波强劲的上升行情。到底什么情况下只是反弹，什么情况下是一波强劲的上升情况呢？这要结合周 K 线、月 K 线图来综合分析。但不管是哪一种，投资者都可以及时下单做多，如图 12.23 所示。

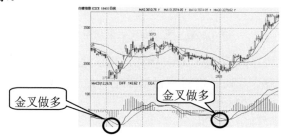

图 12.23　0 轴以下金叉做多

MACD 两条曲线在 0 轴上方或 0 轴附近金叉时，应以买入做多为主。一般情况下，这时会有一波不错的上升行情，如图 12.24 所示。

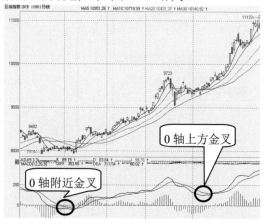

图 12.24　0 轴上方或 0 轴附近金叉做多为主

如果价格已经过长时间大幅上涨，这时 MACD 出现了死叉，投资者就要警惕了，因为很可能升势结束，接下来是漫漫熊途，所以死叉出现后应以做空为主，如图 12.25 所示。

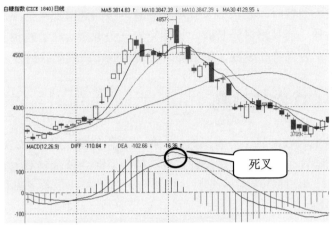

图 12.25　死叉出现后以做空为主

如果价格经过大幅下跌后，MACD 指标出现了底背离，即 MACD 指标开始掉头向上，但价格还在下跌，这时不能再盲目地看空、做空了，要转变思路，结合其他技术等待做多信号，如图 12.26 所示。

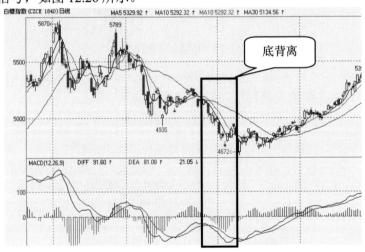

图 12.26　底背离不能再盲目看空、做空

价格经过大幅上涨后，MACD 指标开始掉头向下，但价格还在上涨，即 MACD 和价格出现了顶背离，这时不要再盲目看多、做多了，而是要克服内心的贪婪，最好能及时逢高获利了结。另外要转变思路，准备看空、做空了，如图 12.27 所示。

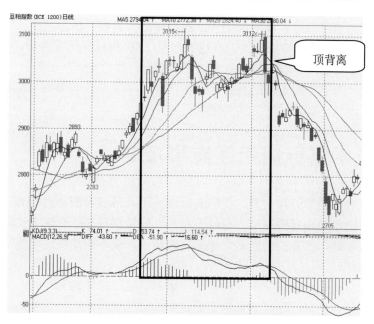

图 12.27　顶背离要准备看空、做空

提醒　MACD 是一个中线趋势类指标，可以作为中线买卖的依据之一，但要同时参考其他技术，进行反复比较、验证，这样成功率会进一步提高。还要注意，MACD 在盘整或行情幅度波动太小时，不适合使用。

12.4.3　MACD 与 KDJ 的综合应用

KDJ 指标是一种超前指标，运用上多以短线操作为主；而 MACD 一般只反映中线的整体趋势。

从理论上分析，KDJ 指标的超前主要体现在对价格的反应速度上，在 80 附近属于强势超买区，股价有一定风险；50 为徘徊区；20 附近则为安全区域，属于超卖区，可以建仓，但由于其速度较快而往往造成频繁出现的买入卖出信号失误较多。MACD 指标则因为基本与市场价格同步移动，使发出信号的要求和限制增加，从而避免了假信号的出现。

这两者结合起来判断市场的好处是：可以更为准确地把握住 KDJ 指标短线买入与卖出的信号。同时由于 MACD 指标的特性所反映的中线趋势，利用两个指标将可以判定股票价格的中、短期波动。

当 MACD 保持原有方向时，KDJ 指标在超买或超卖状态下，价格仍将按照已定的趋势运行。因此在操作上，投资者可以用此判断市场是调整还是反转，同时也可以

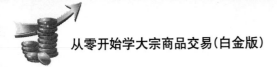

适当地回避短期调整风险，以博取短差。观察价格，目前的横盘调整已经接近尾声，可以看到 MACD 仍然维持原有的上升趋势，而 KDJ 指标经过调整后，仍在 50 上方向上即将形成金叉，预示着股价短线上依然有机会再次上扬。

总体来说，对于短期走势的判断，KDJ 发出的买卖信号需要用 MACD 来验证，一旦二者均发出同一指令，则买卖准确率较高。

12.5　技术指标应用注意事项

技术指标说到底是一种工具，我们利用这些工具可以对股市进行预测。每种工具都有自己的适用范围和适用环境。有时有些工具的效果很差，有时效果就好。投资者在使用技术指标时，常犯的错误是机械地照搬结论，而不问这些结论成立的条件和可能发生的意外。

首先，盲目地绝对相信技术指标，出了错误以后，又走向另一个极端，认为技术分析指标一点用也没有。这显然是错误的认识，只能说是不会使用指标。打个比方，一把刀落在武林高手的手中，这把刀就能杀死对手，还是这把刀，若落在没有武功的人的手里，就可能被别人所杀，出现了与前一种截然相反的结果。因此我们不能说刀没有用，刀是有用的，就看会不会用。

其次，每种指标都有自己的盲点，也就是指标失效的时候。在实践中应该不断地总结，并找到盲点所在。这对在技术指标使用时少犯错误是很有益处的。遇到了技术指标失效，暂时把它放置在一边，可以去考虑别的技术指标。一般来说，众多的技术指标，在任何时候都会有几个能给我们有益的指导和帮助。尽管有时这种帮助可能不大，但总比没有强，至少心里有点底，操作起来有目的性。

了解每一种技术指标是很有必要的，但是，众多的技术指标我们不可能都考虑到，每个指标在预测大势方面也有能力大小和准确程度的区别。通常使用的手法是以两三个技术指标为主，别的指标为辅。对这两三个技术指标的选择，每个人有每个人的习惯，不好事先规定。但是，随着实战效果的好坏，这几个指标应该不断地进行变更。

第13章

大宗商品交易的分时图
分析技巧

大宗商品日 K 线图都是直上直下的，即使是同样的模样和同样的成交量，但其形成的过程也不会相同。分时走势图诠释了日 K 线的形成过程和由来，对盘后分析和盘中交易具有重要的参考价值。对于短线投机者或决定当日交易的投资者来说，分时走势图是其主要参考依据。本章将首先讲解大宗商品分时图的法则，即三波上涨法则和三波下跌法则；然后讲解大宗商品分时图做多技巧；最后讲解大宗商品分时图做空技巧。

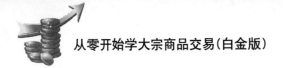
13.1　大宗商品分时图的法则

大宗商品的价格都是千变万化的，但都有一些明显的规律不断地反复出现。掌握了这些价格波动时的常见规律，对提高投资者的操作成功率是相当有帮助的。

13.1.1　分时图的三波上涨法则

分时图的三波上涨法则，是指价格连续出现三波上涨之后，要么直接短线见顶，要么出现较长时间或形态较为复杂的调整走势。如果分时图中价格经过三波上涨之后，就不要再盲目地追涨了，否则很容易把自己套在短顶上，如果不及时止损，可能会损失惨重。

分时图的三波上涨法则，来源于艾略特的波浪理论。价格的标准上涨浪形是，一浪上涨、二浪调整、三浪上涨、四浪调整、五浪上涨，即三个推动上涨浪形，两个调整浪形。

图 13.1 显示的是黄金 T+D 的 2014 年 4 月 9 日的分时走势图。

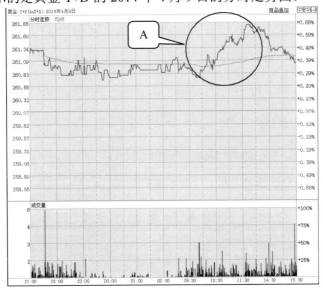

图 13.1　黄金 T+D 的 2014 年 4 月 9 日的分时走势图

黄金 T+D 晚上 9:00 开盘后，价格先是窄幅震荡，然后开始下跌，这里的下跌也是一个小三波下跌，接着就开始较长时间的震荡了。

第二天早上 9:50 分左右，价格在盘中低点 260.7 附近企稳，然后开始第一波上涨，这一波上涨，价格站上均价线，然后回调到均价线附近，再度企稳，这是比较好的多单介入位置。接着价格开始第二波上涨，这一波上涨虽然比较缓慢，但上涨幅度最大，然后价格再度回调，回调企稳后，开始第三波上涨。

根据三波上涨理论，价格第三波上涨之后，常常会出现较大幅度的回调，甚至反转走势，所以三波上涨后，多单要注意止盈。即在 A 处，三波上涨后，多单要第一时间止盈。

在 A 处，价格在上涨时，形成了明显的三波上涨，这是一个非常标准的上涨波段，其中一浪上涨和五浪上涨波段的幅度大致相等，而第三波上涨波段幅度最长，完全符合艾略特的波浪理论对上涨浪的技术要求。

连续上涨，一定会耗费多方的动能，因此三波上涨走势后，投资者就不能再盲目追涨了，同时，应当留意随时会出现的调整。

图 13.2 显示的是白银 T+D 的 2014 年 1 月 16 日的分时走势图。

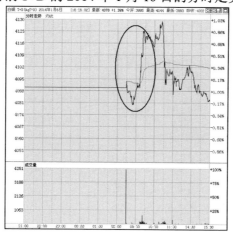

图 13.2 白银 T+D 的 2014 年 1 月 16 日的分时走势图

2014 年 1 月 16 日，星期一，白银 T+D 开盘先是一波快速下跌，随后价格就开始上涨，这一波上涨也具有明显的技术性规律，价格正好连续上涨三波。这三波上涨是最易赚钱的机会。

三波上涨之后，再做多就要谨慎了，因为价格离均价线太远。并且经过三波上涨之后，如果形态不稳，极易出现反转走势。

从其后走势看，价格虽然三波上涨，经过一波调整后，再启动一波上涨，并且这一波上涨，也符合明显的技术性规律。如果不及时获利出局，一波快速下跌，就会把投资者的多单套在高位，这是相当痛苦的事。

掌握了分时图的三波上涨法则，投资者就不易再出现明显的追涨错误操作了，并且价格的上涨高点区间也容易判断出来。

当然，并不是所有的上涨都必然会形成三波。在整体市场多头迹象非常明显，资

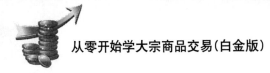

金做多力度极大或量能配合很好的情况下，这种规律可能会被打破。只要把握住这三波上涨法则，就算错过了后期的上涨机会，也没有什么，毕竟市场中的机会到处都是。

13.1.2　分时图的三波下跌法则

分时图的三波下跌法则是指，价格连续出现三波杀跌之后，要么直接短线见底，要么出现较长时间或形态较为复杂的反弹走势。所以如果分时图中，价格经过三波杀跌之后，就不要再盲目地看空、做空了，否则很容易把自己套在短底上，如果不及时止损，可能会损失惨重。

明确了三波下跌法则，对我们来说作用是比较大的，具体有三点。

第一，在价格没有跌到位时，我们可以耐心持有空单，并且可以顺势加空，从而实现利润最大化。

第二，在价格基本杀跌到位时，不再盲目追空，而是及时获利了结，从而确保利润到手。

第三，价格经过三波下跌之后，由于做空力量很弱了，所以在控制好风险的前提下，可以轻仓介入多单。

提醒　如果价格处于明显的下跌行情中，经过三波下跌之后，也不要轻易抄底，否则也很易被套。如果价格处于震荡行情中，经过三波下跌之后，可以去抄底，但要控制好仓位和风险，毕竟做单要顺势而为。

图 13.3 显示的是黄金 T+D 的 2014 年 7 月 16 日的分时走势图。

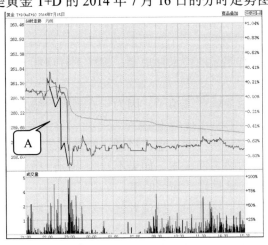

图 13.3　黄金 T+D 的 2014 年 7 月 16 日的分时走势图

7 月 16 日，黄金 T+D 开盘先是小幅震荡下跌，下跌到 206.7 附近，价格企稳，开始反弹，在这里可以看到，价格出现了三小波上涨，如果手中有多单，在第三小波上涨时，要注意止盈。当然激进的投资者，可以在第三小波上涨不动时，介入空单。

三波上涨结束后，价格开始下跌。需要注意的是，第一波下跌的幅度相对于涨幅来说很大，因为第一波下跌的幅度几乎是三波上涨的幅度，这意味着后市将会下跌，所以第一波下跌结束后，出现反弹，就是比较好的做空机会。当然，在高位建立的空单，可以耐心持有。

第一波下跌后，价格出现了反弹，反弹到均价线附近，已经反弹无力了，所以均价线附近是比较好的做空位置。

第二波下跌力量更强，先是缓慢下跌，然后就是直接下跌，短短几秒钟，就会获得不错的交易收益。

第二波下跌结束后，虽然价格略有反弹，但反弹更弱，然后又是直接下跌，三波下跌结束后，往往会有反弹，所以空单要及时止盈，这样账户盈利就变成了真金白银。

在 A 处，这三波下跌，能及时跟进，获利是相当丰厚的。

从其后走势来看，价格三波下跌之后开始反弹，虽然仍没有改变趋势，但不及时止盈，盈利也会吐回去不少。

图 13.4 显示的是白银 T+D 的 2016 年 8 月 15 日的分时走势图。

图 13.4 白银 T+D 的 2016 年 8 月 15 日的分时走势图

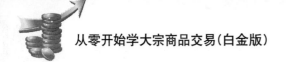
2016 年 8 月 15 日，白银 T+D 开盘略做震荡，然后开始快速上涨，在这里可以看到，这一波上涨，也有明显的三波上涨特征。

三波上涨结束后，价格开始在高位震荡，注意价格在震荡过程中，始终在均价线上方。经过较长时间震荡之后，在 A 处跌破了均价线，这表明价格很可能要变空了，所以手中还有多单的投资者，要及时出局，并且可以反手做空。

价格跌破均价线后，开始快速下跌，即第一波下跌。接着价格又出现了一小波反弹，但反弹很弱，然后进行了第二波快速下跌，其后又出现了反弹，反弹仍很弱，接着又开始第三波下跌。需要注意的是，第三波下跌，成交量没有再创出大量，所以空单要及时止盈。

从其后走势来看，价格经过三波下跌之后，就出现了震荡走势，盈利模式比较复杂，不易操作。

所以三波下跌走势是最易赚钱的操作机会。

13.2　大宗商品分时图做多技巧

大宗商品价格如果已形成明显的上涨趋势，投资者都希望在合适的位置进场做多，从而实现盈利，那么到底该在什么位置介入多单呢？下面就来详细讲一下分时图做多技巧。

13.2.1　分时图的双底做多技巧

双底，又称 W 形底，因其价格走势像 W 字母而得名，是一种较为可靠的盘中反转形态。对这种形态的研判重点是价格在走右边的底部时，成交量是否会出现底背离特征。如果成交量不产生背离，W 形底就可能向其他形态转化，如多重底。转化后的形态即使出现涨升，其上攻动能也会较弱。这类盘中底部形态的研判比较容易，形态构成时间长，可操作性强，适用于短线爱好者操作或普通投资者选择买点时使用。

双底的第二个低点，往往略高于第一个低点，也是最佳进场做多的位置。因为这是空方力量最弱的位置，即空方已无力再创出新低，所以这个位置也最容易形成连续反弹的走势，如果这个位置敢于介入，往往会获利丰厚。当然，如果价格跌破第一个低点，投资者就要及时止损出局。

图 13.5 显示的是黄金 T+D 的 2014 年 6 月 4 日的分时走势图。

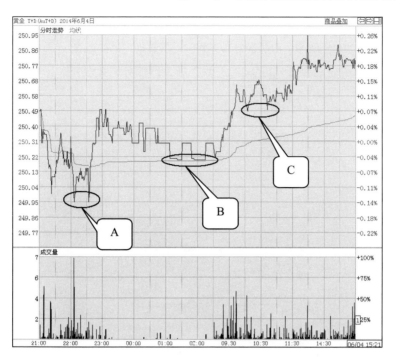

图 13.5　黄金 T+D 的 2014 年 6 月 4 日的分时走势图

2014 年 6 月 4 日，黄金 T+D 开盘就是两波快速下跌。两波下跌之后，价格出现了反弹，注意这一波反弹虽然幅度较大，但成交量不配合，所以价格还会下跌。只是由于反弹幅度大，所以后市大幅下跌的可能性也不大。

这一波反弹结束后，价格出现了下跌，但在 A 处，出现了双底结构。如果手中还有空单，在 A 处，空单要注意止盈。在 A 处想介入多单，就是日内低点为止损即可。

在 A 处，价格出现双底结构后，开始快速上涨，要注意这一波快速上涨，成交量没有放大，所以后市还会回调，所以如果手中有多单，在涨不动时，也要注意止盈。

从其后走势来看，价格快速上涨后，就出现了回调，注意回调的幅度不大，重要的是，回调时成交量是缩量的。这意味着价格调整后仍有继续上涨的动力。

在 B 处，价格又出现双底结构，并且始终在均价线上方，所以后市上涨的概率很大，因此 B 处是新的介入多单的位置。

在 B 处，价格见底后，就开始快速上涨，注意，这一波上涨是放量的，所以多单可以持有，并且盘中回调仍可以介入多单。

这一波上涨之后，出现了回调，虽然回调的时间长一些，但回调幅度相对于上涨幅度来说比较小，并且价格始终在均价线之上，所以回调结束后，仍可以介入多单。

在 C 处，价格再度出现双底结构，所以仍可以介入多单。

需要注意的是，再上涨，就是第三波上涨了，所以价格在急拉时，多单应注意止盈。另外，由于第三波上涨，成交量也不配合，这进一步验证多单要及时止盈。

图 13.6 显示的是白银 T+D 的 2013 年 7 月 3 日的分时走势图。

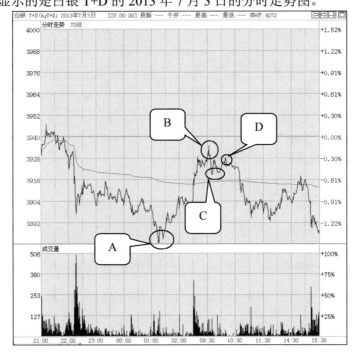

图 13.6　白银 T+D 的 2013 年 7 月 3 日的分时走势图

2013 年 7 月 3 日，白银 T+D 开盘先是一波上拉，随后价格就开始震荡下跌，经过较长时间的下跌后，在 A 处出现了双底结构。需要注意的是，第二个低点没有再创新低，另外第二个低点附近，成交量是缩量的，所以第二个低点附近可以介入多单，止损放在第一个低点处。

接着价格就开始震荡上行，成交量也配合良好，即上涨是放量，下跌是缩量，所以多单可以持有，并且可以继续介入多单。

价格经过两波震荡上涨后，开始放量拉涨，突破了均价线，由于这里量价配合完美，所以多单仍可以持有。价格急拉后，随后在高位震荡，注意成交量没有继续放大，特别是创出 B 处高点，成交量有些背离，所以多单要注意减仓。

价格在 B 处创出高点后，出现了快速回调，又在 C 处形成双底结构。需要注意的是，第二个低点的成交量是放量的，不是缩量的，说明这里的双底不太可靠，所以如果在这里还有多单，在接下来的一波反弹中，要及时获利了结。当然，也可以在 C 处轻仓介入多单，价格反弹就及时止盈。

在 C 处形成双底后，价格略做反弹，注意反弹高位不理想。另外，反弹时成交量没有放大，这意味着多方力量较弱，而空方力量慢慢变强，所以多单要及时出局，即 D 处。

从其后走势来看，D 处是次高点，然后价格就跌破了均价线，并开始震荡下跌了。

13.2.2　分时图的头肩底做多技巧

头肩底，其形状呈现三个明显的低谷，其中位于中间的一个低谷比其他两个低谷的低位更低。对头肩底的研判重点是量比和颈线，量比要处于温和放大状态，右肩的量要明显大于左肩的量。如果在有量配合的基础上，价格成功突破颈线，则是该形态在盘中的最佳买点。参与这种形态的炒作要注意价格所处位置的高低，偏低的位置往往会有较好的参与价值。

注意，头肩底中最低那个点，常常就是假突破走势。当价格处于底部区间时，做多主力为了获取更多的低位筹码，往往会再创新低，从而让散户卖出手中的多单。当散户卖出手中的多单后，价格不仅不跌，反而快速拉升，开始一波上涨行情。

图 13.7 显示的是白银 T+D 的 2016 年 6 月 24 日的分时走势图。

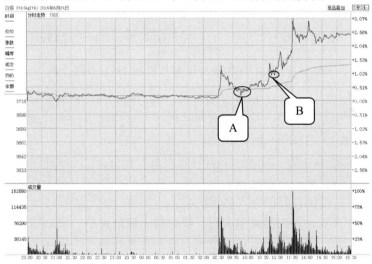

图 13.7　白银 T+D 的 2016 年 6 月 24 日的分时走势图

2016 年 6 月 24 日，白银 T+D 开盘就是小窄幅震荡。经过长时间的震荡后，在下午 2:30，价格突破放量上攻，这表明价格又开始上涨了。所以手中有多单的投资者，可以持有，没有多单的朋友，耐心等回调，再进多单。

从其后走势可以看到，价格快速拉涨之后，出现了回调，回调到均价线附近，出现了头肩底形态，即 A 处，所以 A 处是不错的做多位置。

随后价格开始震荡上涨，在震荡上涨过程中，当分时图出现底部形态时，都可以介入多单。在 B 处，出现了双底形态，所以 B 处也是不错的做多机会。

图 13.8 显示的是黄金 T+D 的 2014 年 9 月 26 日的分时走势图。

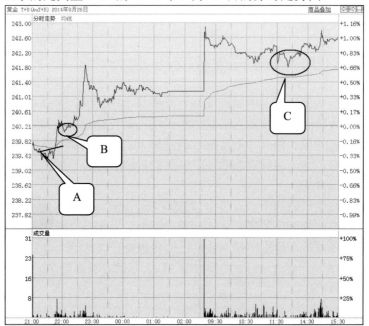

图 13.8 黄金 T+D 的 2014 年 9 月 26 日的分时走势图

2014 年 9 月 26 日，黄金 T+D 开盘来了一波上冲，然后就开始震荡下跌，在这里可以看到，下跌也是三小波，只是最后两波的下跌幅度很小，并且成交量在萎缩，所以手中有空单的，一定要第一时间止盈。

价格在低位震荡盘整，形成一个头肩底形态，在 A 处，放量突破了头肩底的颈线，同时站上了均价线，这意味着底部形成，后市开始震荡上涨了，所以当价格突破头肩底的颈线时，是比较好的介入多单机会。

价格第一波上涨，是明显放量上涨，第一波上涨结束后，出现了调整，从调整角度和调整空间来看，价格调整后都会继续上涨，并且始终在均价线上方，所以在价格调整时可以介入多单，即 B 处。

从其后走势来看，B 处调整结束后，价格就开始新的一波上涨，这一波上涨力量较强，是通过三小波完成的，当这三小波上涨快结束时，多单可以先止盈出局。

三小波完成上涨后，价格出现了较快速的回调，虽然调整幅度较大，但成交量相对上涨来说，还是缩量的，并且价格仍在均价线上方，所以价格调整结束后，仍会上涨。

从其后走势看，价格调整结束后，又上涨了一波。这一波上涨结束后，又出现调整，这一波调整比较复杂，但在调整过程中，价格始终在均价线上方，并且在 C 处，又出现头肩底形态，所以仍可以介入多单。

13.2.3　分时图的圆弧底做多技巧

圆弧底是指价格运行轨迹呈圆弧形的底部形态。这种形态的形成原因，是由于有部分做多资金正在少量的逐级温和建仓所造成，显示出股价已经探明阶段性底部的支撑。它的理论上涨幅度通常是最低价到颈线位涨幅的一倍。

图 13.9 显示的是白银 T+D 的 2016 年 7 月 28 日的分时走势图。

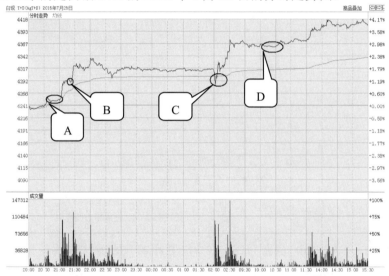

图 13.9　白银 T+D 的 2016 年 7 月 28 日的分时走势图

2016 年 7 月 28 日，白银 T+D 开盘略有震荡，然后震荡上涨。需要注意的是，由于价格始终在均价线上方，所以多方始终控制着局面。另外，从成交量上看，上涨放量，下跌缩量，量能配合完美。

在价格震荡上涨时，也是在接近均价线附近，分时图出现了圆弧底，即 A 处，这意味着做多资金正在逐级温和建仓，所以投资者可以及时跟进。如果这时及时跟进多单，短时间就会有不错的投资收益。

同理，B 处出现圆弧底，也是不错的做多机会。

价格经过三波上涨之后，出现回调，先是回调到均价线附近，然后开始震荡。在 C 处，价格有个假突破，即先是跌破均价线，但很快又重新回调到均价线上方，所以 C 处也是不错的做多位置。

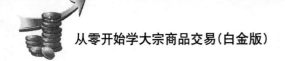

随后价格继续上涨,在震荡上涨过程中,出现圆弧底,仍可以介入多单,即 D 处。

图 13.10 显示的是黄金 T+D 的 2014 年 6 月 20 日的分时走势图。

2014 年 6 月 20 日,黄金 T+D 开盘略有上冲,就开始下跌。在这里要注意,上涨是放量的,而下跌是缩量的。另外,小幅下跌后,价格就开始上涨,注意上涨时成交量是放量的,即在 A 处出现的圆弧底,是一个底部形态,形态成立后,可以介入多单。

在 A 处,圆弧底形态形成时,价格也站上了均价线,这意味着价格要上涨了,所以手中还有空单的投资者,要及时出局,并且可以反手做多。

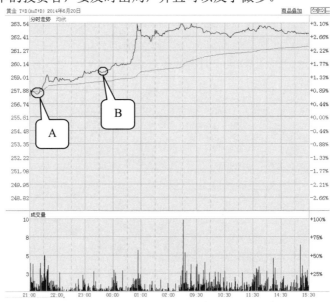

图 13.10　黄金 T+D 的 2014 年 6 月 20 日的分时走势图

随后价格沿着均价线震荡上涨。需要注意的是,由于价格始终在均价线上方,所以多方始终控制着局面。另外,从成交量上看,上涨放量,下跌缩量,量能配合完美。

在 B 处,价格再度出现圆弧底,所以手中有多单的投资者,可以持有,没有的,仍可以介入多单。

13.2.4　分时图的 V 形底做多技巧

V 形底,俗称"尖底",形态走势像 V 形。其形成时间最短,是研判最困难、参与风险最大的一种形态。但是这种形态的爆发力最强,把握得好,可以再迅速获取利润。它的形成往往是由于主力刻意打压造成的,致使价格暂时性地过度超跌,从而产生盘中的报复性上攻行情。

图 13.11 显示的是黄金 T+D 的 2014 年 2 月 12 日的分时走势图。

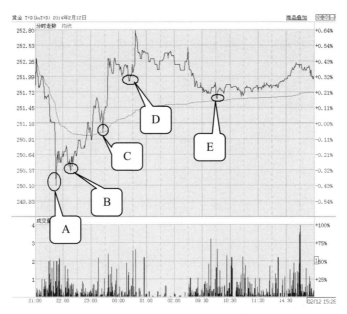

图 13.11　黄金 T+D 的 2014 年 2 月 12 日的分时走势图

2014 年 2 月 12 日，黄金 T+D 开盘略有上冲，就开始震荡下跌，先是跌破了均价线，然后就开始一波一波地下跌。在这里可以看到，每一次下跌幅度都较大，成交量放量，而反弹都没有突破均价线，并且反弹幅度较小，成交量也缩小，这就意味着价格是明显的下跌形态，所以手中有空单的可以持有，没有空单的，在反弹时仍可以介入空单。

在这里可以看到，价格在这里完成明显的三波下跌，并且最后一波下跌，下跌幅度很大，成交量也放出大量。在第三波下跌时，放大量不是好现象，这往往意味着空头主力在止盈了，所以在 A 处，投资者的空单要及时止盈。注意 A 处也是一个 V 形底。

> **提醒**　经过三波下跌，手中有空单的投资者，盈利丰厚，要学会把账户利润变成真金白银，所以及时止盈很有必要。

在 A 处，空单止盈后就会发现，价格开始快速反弹。注意，反弹时成交量也是放量的，这意味着有资金进场抄底了。第一波反弹之后，价格出现了回调，但价格回调的幅度不大，并且回调时的量能是缩小的，这意味着价格回调后，还会继续上涨，所以在回调时，投资者可以介入多单，即 B 处。

在 B 处，价格企稳后，就开始震荡上涨，经过三小波震荡上涨，价格站上均价线上方。在这里可以看到，三小波上涨的成交量并不大，所以三小波上涨后会有回调，所以多单可以先止盈。

三小波上涨之后，价格出现了快速回调，正好回调到均价线附近，再度企稳，所以当价格回调到均价线附近时，是比较好的做多时机，即 C 处。注意 C 处也是一个 V 形底。

C 处见底后，价格就出现了快速上涨，这一波上涨，成交量是明显放量的。然后价格出现了回调，注意回调的幅度不大，回调的空间不大，所以回调结束后，仍会继续上涨，所以 D 处也是不错的做多时机。

D 处价格见底后，又是一波快速上涨，从大的波段来看，这里已完成日内三波上涨，所以在这一波快速上涨过程中，无论是在 B 处、C 处或 D 处，介入的多单，都要注意逢高止盈。因为三大波上涨结束后，会有较复杂的调整，甚至反转向下的可能。

第三大波上涨结束后，价格出现了快速回调，然后进入复杂的调整走势中。经过较长时间的调整，价格回调到均价线附近，即 E 处，价格又出现 V 形底，这时仍可以介入多单，原因有三，具体如下所述。

第一，从成交量上看，价格在上涨时，成交量是放量的，而在回调时，成交量是缩量的，量能配合良好，支持价格继续上涨。

第二，从调整的时间看，价格调整的时间相对于上涨来说，还是短的，支持价格继续上涨。

第三，从调整空间来看，价格仍在均价线上方，并且调整的空间并不大，也支撑上涨。

从其后的走势来看，在 E 处介入多单，仍有明显的获利机会。

13.3 大宗商品分时图做空技巧

大宗商品价格如果已形成明显的下跌趋势，投资者都希望在合适的位置进场做空，从而实现盈利，到底该在什么位置介入空单呢？下面就来详细讲一下分时图做空技巧。

13.3.1 分时图的双顶做空技巧

双顶，因其形状像英文的"M"，所以又称"M 头"，这是一种较为可靠的盘中反转形态，对这种形态的研判重点是价格在走右边的顶部时，成交量是否会出现底背离特征。如果成交量不产生背离，M 顶就可能向其他形态转化，如多重顶。转化后的形态即使出现跌势，其下跌动能也会较弱。这类盘中顶部形态的研判比较容易，形态构成时间长，可操作性强，适用于短线爱好者操作或普通投资者选择卖点时使用。

双顶的第二个高点，往往略低于第一个高点，也是最佳进场做空的位置。因为这是多方力量最弱的位置，即多方已无力再创出新高。所以这个位置也最容易形成连续下跌的走势，如果在这个位置敢于介入空单，往往会获利丰厚。

图 13.12 显示的是白银 T+D 的 2014 年 2 月 20 日的分时走势图。

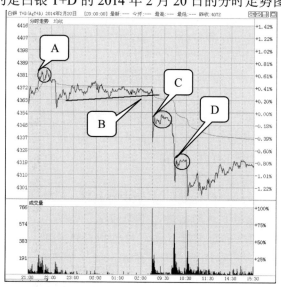

图 13.12　白银 T+D 的 2014 年 2 月 20 日的分时走势图

2014 年 2 月 20 日，白银 T+D 开盘先是一波急冲，然后回调到均价线附近，价格再度得到支撑，接着再度上涨，第二波上涨结束后，再度回调，回调到均价线附近，价格再度上拉，注意这一波拉涨力量很小，并且在第二波高点附近再度回落，并跌破了均价线，即 A 处出现小双顶结构。所以第三波上冲到第二波高点附近，就是一个比较好的做空位置。

价格跌破均价线，意味着分时图中开始转空，因为均价线之下，以做空为主。价格跌破均价线，又来一波急跌；接着就开始较长时间的震荡，但从震荡过程中来看，价格没有再度站稳均价线，意味着多方力量不强。另外，虽然低点不断抬高，但成交量萎缩，所以这里不可能有大的上涨幅度，要耐心等待成交量的放大。

在 B 处，价格跌破震荡平台的下方支撑线，并且是放量跌破，这意味着震荡行情结束，新的一波下跌开始，所以这里要敢于直接进场做空。从其后走势看，这里介入空单，短时间内就会有较大的盈利。

价格快速下跌之后，出现了反弹，需要注意的是，反弹时成交量是萎缩的，并且反弹的时间和空间都不大，所以应继续关注做空机会。

从反弹来看，价格虽反弹两波，但始终在均价线下方，并且两波反弹的形态也是一个小双顶结构，所以第二个高点附近，就是新的做空机会，即 C 处。

在 C 处，价格弱势反弹后，再度下跌，并且下跌时成交量连续放大，这意味着第二波下跌再度开始，C 处介入空单也会有不错的盈利。当然，在价格放量下跌时，也可以顺势跟进空单，这样短时间内也会有不错的盈利。

同理，第二波放量下跌之后，价格再度反弹，注意反弹时成交量是萎缩的，并且反弹的时间和空间都不大，所以应继续关注做空机会。

从反弹来看，价格虽有几波反弹，但始终在均价线下方，所以反弹无力时，可以介入空单，即 D 处。

从其后走势来看，价格反弹后，再度放量下跌，即第三波下跌。由于这里已连续下跌三波，所以空单要注意止盈。另外，从成交量来看，虽然每次价格下跌，成交量都是放大的，但从量能上来看，第一波比第二波小，第二波比第三波小，由于量能越来越小，所以下跌连续性会越来越小，所以从量能上看，第三波下跌后，空单要及时止盈。

图 13.13 显示的是黄金 T+D 的 2014 年 7 月 3 日的分时走势图。

2014 年 7 月 3 日，黄金 T+D 开盘先是一波急跌，然后在低位企稳后，开始震荡上涨，价格先是站上均价线，然后是一波一波地上涨，整个上涨过程中，始终上涨幅度大，回调幅度小；上涨成交量略放量，下跌成交量萎缩。

价格震荡上涨的后期，开始直接拉涨，先创出 265 高点，然后快速回调，再度拉涨，又创出 265.15 高点。需要注意的是，在创出第二个高点这一波急拉行情时，成交量没有上一波的放量大，这是一个很不好的信号，这意味着主力可能是最后一波拉涨了，即 A 处形成了双顶的两个高点。第二个高点出现后，价格快速下跌，并跌破双顶的颈线，即 B 处，这意味着双顶形态成立。双顶形态的出现，意味价格由前期的震荡上涨，转变为后期的震荡下跌，所以手中还有多单的投资者，要及时出局。另外，要及时转变思路，由前期的逢低做多，变成逢高做空。

价格快速下跌后，出现了反弹。要注意，由于反弹的时间比较长，反弹的力量很弱，价格没有再度站上双顶的颈线，所以反弹后，价格还会下跌。另外，价格在反弹时，成交量是明显的缩量的，这更进一步验证了价格反弹后会下跌。

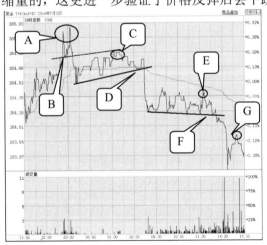

图 13.13　黄金 T+D 的 2014 年 7 月 3 日的分时走势图

在价格弱势反弹过程中，又出现一个小双顶结构，即 C 处，所以 C 处是相当不错的做空位置。

　　价格经过较长时间的震荡后，在 D 处，放量下跌，新的一波下跌开始，所以 D 处也是不错的做空位置。

　　这一波快速下跌结束后，价格再度反弹，注意反弹的幅度不大，并且反弹时成交量是缩量的，这意味着反弹结束后，价格仍会继续下跌。所以在价格反弹不动时，可以介入空单。在 E 处，价格在均价线下方出现小双顶，所以这里介入空单是相当不错的位置。

　　价格经过较长时间的震荡后，在 F 处，放量下跌，新的一波下跌开始，所以 F 处也是不错的做空位置。

　　跌破震荡平台的低点后，价格出现了快速下跌，并且在下跌时，量能放得比较大，由于这是第三波下跌，所以在价格快速下跌时，空单要注意止盈。

　　价格快速下跌出现了反弹，在这里可以看到，价格正好反弹三小波，所以三小波反弹后，仍可以介入空单，即 G 处是不错的空单介入位置。

13.3.2　分时图的头肩顶做空技巧

　　头肩顶，其形状呈现三个明显的峰顶，其中位于中间的一个峰顶比其他两个峰顶的高位更高。对头肩顶的研判重点是量比和颈线，量比要处于温和放大状态，右肩的量要明显大于左肩的量。如果在有量配合的基础上，价格成功跌破颈线，则是该形态在盘中的最佳卖点。参与这种形态的炒作要注意价格所处位置的高低，偏高的位置往往会有较好的参与价值。

　　要注意头肩顶中，最高那个点常常就是假突破走势。即当价格处于顶部区间时，做多主力为了获取更多的高位筹码，往往会再创新高，从而让散户卖出手中的空单。当散户卖出手中的空单后，价格不仅不涨，反而快速下跌，开始一波下跌行情。

　　图 13.14 显示的是黄金 T+D 的 2014 年 1 月 8 日的分时走势图。

　　2014 年 1 月 8 日，黄金 T+D 开盘就是一波上

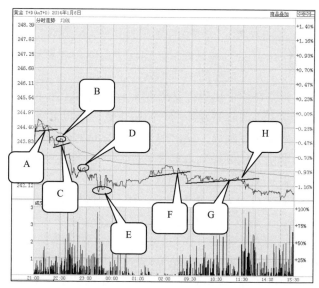

图 13.14　黄金 T+D 的 2014 年 1 月 8 日的分时走势图

涨，略做回调，价格再度上涨，创出当天的高点。随后价格开始下跌，先是跌破了均价线，注意这一波下跌，成交量是放大的。跌破均价线后，价格出现了反弹，注意这一波反弹很弱，反弹到均价线附近，价格就反弹不动了。另外，这一波反弹成交量是缩小的，这意味着价格很可能沿着均价线震荡下跌了。

随后价格再度下跌，这一波下跌也是放量的，并且跌破第一波下跌的低点，这样，分时图就出现了头肩顶形态。在 A 处，价格跌破头肩顶形态的颈线。头肩顶形态的出现，意味着价格要出现较大幅度下跌了，所以手中有空单的投资者，可以持有，没有空单的，可以择机介入空单；手中还有多单的投资者，要及时出局。

要注意的是，在价格跌破头肩底的颈线，即 A 处，是不错的空单介入位置。黄金价格先是三小波下跌，然后出现了反弹，注意反弹时间较短，反弹幅度不大，并且反弹时成交量是缩小的。另外一个重要原因是，价格始终在均价线下方，这表明空方始终控制着局面，所以反弹到 B 处，是不错的介入空单位置。

当然，C 处也可以介入空单，因为价格再度放量创出新低，意味着新的一波下跌开始，所以 C 处也是不错的做空位置。

价格又出现了小三波下跌，小三波下跌后，出现了反弹，在反弹不动时，出现了小双顶结构，即 D 处，所以 D 处是不错的空单介入位置。

D 处小双顶结构成立后，价格又出现小三波下跌。需要注意的是，第三波下跌，价格没有再创出新低，这意味着价格要反弹了，所以在 E 处，空单要及时止盈。

提醒 从大的结构来看，在 E 处，价格已完成大的三波下跌，所以后面可能要出现复杂的反弹行情了，空单要及时获利了结，把账面利润变成真金白银。

价格在 E 处短线见底后，出现了反弹，注意反弹的时间虽然比较长，但反弹时成交量很小，并且反弹的空间不大，正好反弹到均价线附近，再度受压下行。需要注意的是，价格在均价线附近又出现头肩顶形态。在 F 处，价格跌破头肩顶的颈线，意味着反弹结束，即将开始新的一波段下跌，所以 F 处是不错的做空位置。

价格快速下跌后，又出现了较长时间的横盘整理，注意价格始终在均价线下方，这意味着空方始终控制着局面，所以手中的空单可以持有。在 G 处，价格又向下突破，所以 G 处是不错的做空位置。

如果在 G 处没有介入空单，那么价格出现反弹时，就是比较好的介入空单位置，即 H 处。

13.3.3　分时图的圆弧顶做空技巧

圆弧顶是指价格运行轨迹呈圆弧形的顶部形态。这种形态的形成原因，是由于有部分做空资金正在少量的逐级温和建仓所造成，显示出价格已经探明阶段性顶部。它的理论下跌幅度通常是最低价到颈线位的跌幅的一倍。

图 13.15 显示的是白银 T+D 的 2016 年 8 月 4 日的分时走势图。

图 13.15　白银 T+D 的 2016 年 8 月 4 日的分时走势图

2016 年 8 月 4 日，白银 T+D 开盘出现了一波急拉，但成交量并不大。随后价格在高位震荡，略做震荡后，开始放量下跌，先是跌破均价线，即 A 处，这表明价格要开始下跌了。

价格快速下跌之后，出现了反弹，注意反弹时成交量不大，并且反弹到均价线附近再度下跌，这表明价格是震荡下跌的。

在震荡下跌过程中出现了反弹，反弹出现圆弧顶时，是不错的做空机会，即 B 和 C 处。

图 13.16 显示的是黄金 T+D 的 2014 年 5 月 28 日的分时走势图。

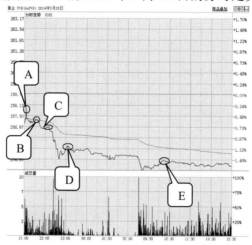

图 13.16　黄金 T+D 的 2014 年 5 月 28 日的分时走势图

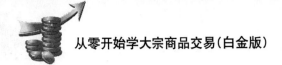

2014 年 5 月 28 日，黄金 T+D 开盘就上冲，但又很快开始下跌，即在 A 处形成 V 形顶。需要注意的是，价格跌破了均价线，并且反弹没有再站上均价线，这意味着价格又要下跌了。

价格跌破均价线后，虽然出现了反弹，但反弹的成交量是缩小的，反弹到均价线附近，出现了圆弧顶，即 B 处。在形成圆弧顶过程中，价格略有放量，这表明有空单主动进场建仓了。另外，价格始终在均价线下方，这意味着空方力量仍很强。

圆弧顶成立后，价格再度放量下跌，并且是连续放量，这意味着新的做空力量不断介入，所以手中的空单可以耐心持有，没有空单的可以继续介入空单。

价格经过一波放量下跌之后，出现了反弹，无论从反弹的时间、空间，还是成交量来看，价格仍会继续下跌，所以反弹不动时，可以介入空单。在 C 处，价格再度出现圆弧顶，所以 C 处可以介入空单。

同理，D 和 E 处，都是介入空单的好位置。

13.3.4　分时图的 V 形顶做空技巧

V 形顶，俗称"尖顶"，形态走势像倒 V 形。其形成时间最短，是研判最困难、参与风险最大的一种形态。但是这种形态的爆发力最强，把握得好，可以再迅速获取利润。它的形成往往是由于主力刻意打压造成的，致使价格暂时性地过度超涨，从而产生盘中的报复性下跌行情。

图 13.17 显示的是黄金 T+D 的 2014 年 7 月 30 日的分时走势图。

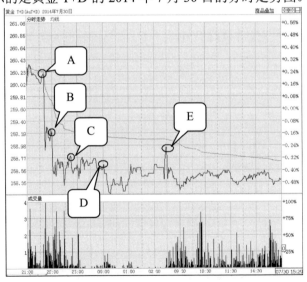

图 13.17　黄金 T+D 的 2014 年 7 月 30 日的分时走势图

2014 年 7 月 30 日，黄金 T+D 开盘就上冲，这里可以看出共上涨了两波，然后价格开始震荡下跌，先是跌破了均价线，然后沿着均价线继续下跌。

第一波下跌结束后，价格开始反弹。需要注意的是，这一波反弹，价格没有放量，并且只反弹到均价线附近，就开始下行了。在均价线附近形成 V 形顶，即 A 处，所以 A 处是不错的做空位置。

需要注意的是，A 处见顶后，价格几乎是直接下跌，并且下跌幅度很大，这样进场的空单，不到 1 分钟时间，就出现不错的盈利。另外，这一波快速下跌，成交量放得很大，这意味着这一波下跌结束后，可能出现反弹，只要反弹是缩量的，并且反弹幅度不大，那么价格还会继续下跌，所以手中没有空单的投资者，可以等反弹不动时再介入空单。

从其后走势来看，价格快速下跌后，出现了快速反弹，虽然反弹的幅度不算小，但与下跌幅度相比还是较小。另外，反弹时成交量是萎缩的。所以反弹结束后，价格仍会继续下跌。需要注意的是，B 处再度出现 V 形顶，所以 B 处是不错的做空位置。

同理，C、D 和 E 处，都是价格在反弹时出现的 V 形顶，由于这些 V 形顶都在均价线下方，即空方控制着局面，所以 C、D 和 E 处，都是不错的做空位置。

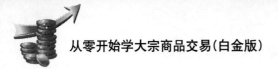

学习心得

第 14 章
大宗商品交易的实战策略

　　思路决定出路，只有掌握良好的实战策略，并且在实际大宗商品投资过程中加以运用，才能成为真正的市场赢家。本章将首先讲解大宗商品交易策略的定义、重要性和主要内容，然后讲解杰西·利文摩尔的交易策略，最后讲解斯坦利·克罗的交易策略。

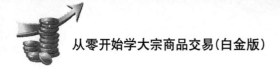

14.1　大宗商品的交易策略

大宗商品交易是人与人、心与心的博弈，操盘高手之间的较量不仅仅是技术水平和资金实力的较量，更是交易策略的较量。但凡投资大师，无不是对市场有着超乎常人的深刻理解，有着独到的交易策略和投资理念。

14.1.1　什么是大宗商品交易策略

大宗商品交易策略是在对投资大师的交易理念、交易原则、交易方法进行总结的基础上，提炼升华为一般性的交易原则和方法，进而指导投资者理性交易。大宗商品交易策略是理论性与实战性、一般性与个别案例的统一，是大宗商品交易实践的规律性总结。

大宗商品交易策略的目的在于训练投资者的理性投资思维，养成理性投资习惯。所谓理性投资，即投资者利用自己的知识、智慧去分析判断大宗商品行情走势，运用投资大师的理念、原则和方法进行交易，不断探索大宗商品交易的规律，不断总结实战经验教训，不断提高投资水平的投资行为。

要想在大宗商品市场中取得成功，就需要投资者成为理性投资者，而理性投资者应具备的条件如图 14.1 所示。

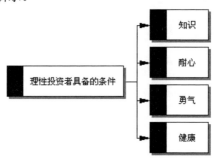

图 14.1　理性投资者具备的条件

1. 知识

要想成为理性投资者，获取知识是相当重要的。关于获取知识的重要性，无论说得再多，都不会太过分。不花时间学习，就不可能获得知识。不要试图寻找在大宗商品市场中能够快速而容易地赚钱的途径。当你事先付出了时间学习并获得了知识，那么你会发现赚钱很容易。花在获得知识上的时间越多，日后你就能够赚到更多钱。

但是仅有知识还不够，为了获得拥有知识的好处，还必须把学到的东西付诸实践，并在实践中继续学习，在适当的时间采取行动，付诸实践就会带来丰厚的利润。

要注意，投资者必须不断学习并更新知识。因为经济总在变化，不更新知识，就无法研究新现象、新变化和新问题，如果仅用经验分析行情，容易出现失误。

提醒　只有拥有了知识，才能理性地分析判断大宗商品的行情走势，而不是听信小道消息或有较强的从众心理，追涨杀跌。

2. 耐心

耐心是大宗商品交易中取得成功的非常重要的条件之一。首先，必须有等待机会到来的耐心，而这种机会能够让你确定明确的买入或卖出点。

在进行交易时，必须有耐心，以等待机会，从而恰当地结束交易或者获取利润。在结束交易并获取利润前，必须确定市场趋势将发生明确的变化，而这只有在对市场以往的走向进行研究并获得了适当的知识之后才能做到。

3. 勇气

一个人可能握有世界上最好的枪支，但是如果他没有扣动扳机的勇气，那么他永远也猎不到任何猎物。

一个人可能拥有世界上所有的知识，但如果他没有买入卖出的勇气，就不可能赚钱。知识能够给予一个人勇气，使他大胆，并且让他能够在恰当的时机采取行动。如果一个人没有能够在恰当的时机买入或卖出，那么结果他将变得更加胆怯。恐惧的影响是有害无益的。当一个人太大胆，根据希望而在最高位买入时，他在瞎猜。如果一个人只为希望所左右，那么他就不可能赚钱。

4. 健康

一个人如果身体健康状况不好，就不能在大宗商品市场中取得成功。因为聪明的头脑不可能与弱不禁风的身躯成功合作。如果身体健康状况不好，就不可能具有良好的耐心和足够的勇气。当身体健康出问题时，人就会变得沮丧，失去希望，心中有太多的恐惧，从而不能在恰当的时机采取行动。

多年来，笔者一直在大宗商品市场中摸爬滚打，未来大宗商品市场中可能出现的事情已基本经历过。经验教会了我很多，我曾试图在自己健康状况不好时进行交易，结果无一例外是失败。当我身体状况良好时，几乎每次出手都是赢家。

所以，当人健康状况不佳时，最重要的事情是停止交易，静下心来，通过锻炼让健康状况重新达到最佳状态，因为健康就是财富。

14.1.2　大宗商品交易策略的重要性

在每一个努力进取的领域中，一流的、可行的策略都是成功不可或缺的一部分。这种策略在大宗商品市场中的重要性绝不亚于其在马拉松比赛、象棋比赛、网球锦标赛中的重要性。这一共同的特性存在于下述事实中：成功或胜利既涉及技术层面，也涉及策略层面的考虑。

所有大宗商品投资者的技术分析方法都大同小异，但有的投资者赚了钱(赢家)，而有的投资者则亏了钱(输家)，而区别赢家和输家的主要依据就是，看其是否一贯地、有约束地运用着一流的和可行的交易策略。

正确运用交易策略在大宗商品市场中是相当重要的。需要注意的是，几乎所有投资者都知道那些最基本的规则，如"趋势是你最好的朋友""减少你的损失，并尽可能地扩大利润""第一次损失是最廉价的损失"，诸如此类。这些能制胜的交易策略有着最基本的形式，相信很多投资者都能一字不落地背下来，甚至都亲身验证过。

在大宗商品实战交易中，赢家会一心一意地坚持遵守这些制胜的策略；而输家却一心一意地违背、避免运用这些策略。

14.1.3　大宗商品交易策略的主要内容

投资大师也常常亏损，也常常看错市场，但他们之所以能最后成为大赢家，关键在于他们的正确交易理念、交易原则和交易技巧，这就是交易策略的主要内容。

1. 交易理念

交易理念是投资者思维模式和行为方式的抽象概括，是投资者交易获利的基础。没有正确的交易理念，就无法坚持正确的交易原则，就会在实战中怀疑、焦虑、恐惧、患得患失，从而使自己的操作反复无常、自相矛盾等，从而让自己成为输家。

树立正确的交易理念包括以下几个方面。

第一，大宗商品市场运行只遵循经济规律，要想成为市场中的赢家，首先要认识规律和顺应规律。大宗商品交易是一门严谨的学问，要想抓住市场中每一次赚钱的机会，就需要扎实的基本功及详细的策划、周密的布置、耐心的等待和果断的行动。

第二，从历史和哲学的角度看问题，要凌驾于用数学和经济的角度之上。

第三，学习交易技术一定要走"正道"，从成熟的体系入手努力提高自己的分析判断能力和交易反应能力，切不可误入歧途。在交易上，不要迷信风水和玄学。

第四，要相信眼睛看到的，不要相信耳朵听到的。价格是最真实的，不要随便听信小道消息。注意，基本面分析不是小道消息分析，价格的运行趋势是由市场的供求关系决定的，而并非由某些阴谋所决定。

第五，多看是什么，少问为什么。紧盯价格变化，不要过多地打听原因。

第六，任何情况下，限定风险都是第一位的，看住风险，利润会自动增长。

第七，进出场的唯一依据是价格。基本面供求关系、时间空间周期、成交量、技术指标都是次要的。因为只有依据价格做出的交易决策才能在交易之前就量化风险，而不能量化风险的数据，都不可以作为进出场的依据。

2. 交易原则

交易原则，即在大宗商品实战中遵守的规则，是交易理念在大宗商品实战中的具体体现。

每条交易原则，看似短短的几个字或一小段话，却是无数投资者用血汗钱总结出来的成功法则，是源于实战并且对实战有指导意义的信条。

投资大师都有自己的交易原则，如江恩的 24 条守则、亚当的十大守则等，虽然不尽相同，但其交易原则主要包括 6 个方面，即资金安全、小亏损大盈利、止损与止盈、风险控制、风险收益比、交易模式的多样化。

3. 交易技巧

交易技巧是指在正确的交易理念和交易原则指导下，灵活地进行买卖的操作技巧。

交易技巧是技术层面的问题，即如何利用技术来判断何时买进、何时减仓、何时再加仓、何时止盈、何时止损出局。技术固然重要，但毕竟仅仅是技术层面的方法，我们要重视它，但不能过分迷恋它。

要想在大宗商品市场中取得成功，就要有正确的交易理念和交易原则，并且要结合熟练的交易技巧。只有这样，才能构筑成为赢家的基石。

14.2　杰西·利文摩尔的交易策略

杰西·利文摩尔是 20 世纪最著名的操盘手之一，关于他的两本论述投资的书《股票大作手回忆录》和《股票大作手操盘术》，被称为投资界的经典。杰西·利文摩尔的交易策略，即其交易理念、交易原则和交易技巧，深深地影响着其后的投资者，并且成为他们长期自我教育的精神导师。

14.2.1　杰西·利文摩尔的交易理念和交易原则

华尔街没有新事物，投资市场不可能有新东西，因为人类投机交易的历史规律就像大山那样恒久不变。投资市场今天发生的事情以前早就发生过了，而且将来还会发生。对此，我将永远不会忘记。

—— 杰西·利文摩尔

杰西·利文摩尔这句话让我更深刻、更透切地认识了"投机"。刚入大宗商品市场时，我认为预测大宗商品的价格就要更多地关注商品的供求关系，更应该中长期投资。可是一入期市，就发现我的想法错了，很多时候，一入场就赚钱，但没有及时出局，结果就被套了；没有及时止损出来，最后割肉出局。

其实，进入大宗商品市场，应该更多地关注价格走势，关注我们的单子能否赢利赚钱，赚钱的单子就是好单子，能获利的方法才是最好的方法。无论你是做短线、波段，还是中长线，这仅仅是手段，赚钱才是硬道理。

投机，其实就是"投资"＋"机会"。如果是大机会，我们就做成中长线；如果是一般机会，只能做成波段了；如果是小机会，也只能是短线了。

在大宗商品市场待长了，我发现，5 分钟前我们可以看多做多，5 分钟后就可以看空做多，只要操作方法得当，就可以在市场中赚到钱。

杰西·利文摩尔这段话也让我对投资市场走势有更深的认识。投资市场的价格就是涨涨跌跌，涨多了会跌，跌多了会涨。价格经过一段时间的上涨，就会横向盘整，横向盘整后继续上涨，就这样不断循环，直到创出最高点，然后开始横盘调整再下跌。下跌一段时间后，又会横向盘整，横向盘整后继续下跌，就这样不断循环，直到创出最低点。

> **提醒** 价格一般运行规律是，趋势上涨（下跌）后，是横盘整理，横盘整理后，再趋势上涨（下跌）。顺势交易就能赚大钱，逆势交易会赔大钱；横盘整理我们不可能赚大钱，也不可能亏大钱；顺势交易可以分批建仓，直到重仓；横盘整理只能轻仓试探性地交易，只有坚持这个原则，就能实现赢大亏小，成为市场赢家。

据说，世界上的事物都具有两面性，但市场只有一个方面，既不是涨也不是跌，而是指对的一面。

杰西·利文摩尔这段话已深深印入我的脑海，挥之不去。每当我看到那些过多重视理论而不关注实际市场的空洞而又乏味的市场分析和策略时，就会想起这句话。

很多投资者，常常面临着决定哪些是应该持有的筹码(单子或头寸)，哪些是应当果断出局的筹码。在这个问题上，杰西·利文摩尔为我们提出极好的、清晰的劝告，他在评论自身所犯错误时说："我的确做了一件错事。棉花交易已表明我会遭受损失，但我却仍保留着。小麦交易表明我有利可图，我却卖掉了。在所有的交易错误中，几乎没有比试图平均对冲损失更大的错误了。应当牢牢记住要了结显示有损失的筹码，而保有显示有利可图的筹码。"

只要条件具备，市场该是牛市就是牛市，该是熊市就是熊市，谁也无法阻挡。因此，每个想成为赢家的投资者都必须估量条件是否具备。

杰西·利文摩尔这句话让我更深刻、更透切地认识了"大宗商品市场"。以前我对大宗商品市场中的大涨大跌趋势行情产生、持续的原因并不了解，当然这跟早期大宗商品市场频繁的价格操纵，一次一次的多逼空、空逼多有关。在我的脑海深处，市场趋势就是主力资金人为创造出来的，没有什么必然的规律性，完全是一种随机变化。其实，市场趋势始终受到背后基本面因素、供求关系的制约，有其深刻的内在原因和客观性。

如果交易理念不清楚，那么操作就会出问题。在刚进行大宗商品交易时，很多时候，市场趋势刚刚开始上涨或下跌，自己本来进场点位和仓位都很好，但总是莫名其妙地担心它会突然掉头，害怕它当天反转，把自己套住。这样就对市场的走势充满恐惧，被自己内心深处的想象、莫名的情绪所困惑，对市场价格走势缺乏起码的常识和理性认识。

　　说到这里，我想起杰西·利文摩尔曾说过以下的话：

　　在市场中，正确判断根本没有技巧可言。你经常会在多头市场中发现很多起初就看涨的人，在空头市场发现很多起初就看跌的人。我认识很多人，他们可以在恰当的时间做出完全正确的判断，在价格正好处于利润最大化的时候买进或卖出。他们的经验总是能与我保持一致，但是却没有真正赚到钱。既能判断正确，又能做到静静观望的人是很难得的，这是一件最难学习的事情。

　　只有牢牢掌握这一点，操盘手才能赚大钱。当一个操盘手懂得如何交易之后，赚几百万美元远比在他懵懂无知时赚几百美元更容易。这简直就是真理。

　　其原因在于，当市场从容不迫地朝着他预测的必然方向前进时，原本看得直接、清晰的人会变得焦虑不安、疑心重重、患得患失。这也就是为什么华尔街上的很多人，他们根本不是容易受骗的傻瓜，甚至不是第三等傻瓜，却仍然赚不到钱的原因。市场没有把他们打败，而是他们打败了自己，因为他们虽然有头脑，却没有办法耐着性子静静等待。看来，有勇气坚持自己的信念，并且又能非常明智、有耐心地等待多么重要。

　　杰西·利文摩尔的话，让我能够以一种淡定、从容、不紧不慢的态度看待市场趋势的变化，不像原来那样，一刻也坐不住，每天在交易中忙进忙出。

　　其实很多投资者没有做单之前，都能理性地看待行情。一旦进入市场，就天天担心、时时担心市场会反着自己的意志走，把自己套住，这种想法让我们在交易的时候，心理和精神压力很大。杰西·利文摩尔的话，可以帮我们放下这个沉重的包袱，让我们重新以一种理性的思维、目光和态度对待市场发生的一切，而不是像惊弓之鸟，整天忧心忡忡。

　　市场正沿着古老的脚步前进，我们着急什么？市场价格不会因为我们的原因，涨得快一点或跌得慢一点。更不会因为我昨天做了多头，今天就突然变成空头市场。

　　认识了市场趋势产生、持续的原因后，交易就会变得胸有成竹，完全没有必要匆匆行事了。

　　一般情况下，牛市中利空的消息对市场只有短暂的影响，雨过天晴后，市场就会回到上升的轨道，恢复涨势。反之亦然。我们知道，价格会根据所受的阻力而上涨或下跌。为了便于解释，我们可以说：像其他万事万物一样，价格会沿着阻力最小的路线向前移动。怎么轻松怎么走，所以上升的阻力小于下降的阻力时，价格就会上涨，反之亦然。

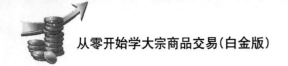

在大宗商品市场中，我们时时刻刻都可能遇到意外事件或者突发消息。如在下跌行情中来了个大利好消息；在上涨行情中来了个大利空消息，等等。一般投资者不会处理这样的情况，没有基本的原则和相应的应对办法。面对这种情况，我以前很容易出错误，即内心深处的恐惧和贪婪全跑了出来，让我追涨杀跌，低买高卖，结果，就这样我被市场一次又一次地戏弄，让我经济和精神备受摧残。

例如，有一次我做国内大豆交易，由于行情处在明显的多头行情中，我就做了多。偏偏当天晚上美豆走势却大跌，第二天我咋办？是止损出局，还是拿着亏损单再等市场上涨？

按我以往的交易方式，第二天开盘跳空低开我就会自认倒霉，止损走人。表面上看，我的风险控制能力很强，并且也符合专家所说的观点，如"最早的损失是最小的损失""不会控制风险，早晚会被市场消灭"。但研读过杰西·利文摩尔的交易策略后，我就不再这样做了。面对浮动亏损的交易，我不会简单地一砍了之，只要我对市场走势的判断没有被证明为错误，我就会继续持仓等待。

其实，在大宗商品市场中，没有止损概念是不行的，因为在一波明显的趋势行情中，一次方向做反，不止损会导致全军覆没。所以止损是资金安全的最后保护措施。但是，我发现，在大宗商品交易中，更多投资者的失败，不是因为止损不及时、不果断，而是太过频繁了。只要自己交易账户上出现一点点浮动亏损，就焦虑不安、害怕损失不切实际地扩大，因为内心深处的恐惧，所以造成无原则地止损、胡乱地止损，来回被主力洗盘。结果，明明是自己方向做对的单子，也被止损掉了。这才是大宗商品交易中最可怕的。

根据杰西·利文摩尔的交易经验，意外事件、消息的发生，往往和市场阻力最小的方向一致。在牛市中，投资者会忽略造成利空的消息，而夸大造成利好的消息，甚至把利空当成利好来炒作。反之亦然。所以，大多数情况下，我们不可避免地将会面对各种各样的意外消息，选择顺势交易最重要。即顺势交易往往会得到奖赏，而不是惩罚。

14.2.2　杰西·利文摩尔的交易技巧

在大宗商品市场中，如果看好某商品，想买入 1000 手。我不会赌博式地一次性买入，而是会先买入 100 手，结果立刻亏钱了，我就不会再买入，因为这表明我自己看错了，至少暂时错了。买入 100 手后，除非真的有赢利了，否则就不要再走第二步。观察、等待，直到良好时机出现时再重新开始。职业的操盘手，对猜测、赌博不感兴趣，他只想要赚稳妥的钱。而要做到这一点，就必须在能够赢的时候下大注，而输的时候只是亏了一点点探测性的赌注。

例如在棉花市场中，显示出上涨的动向，需要买入 5 万包，那么我只会买入 1 万包。如果市场让这 1 万包赚上 10 个点，就会再买入 1 万包；随后如果我能得到 20 个点的利润，就会再买入 2 万包。但是，如果在买入第一个 1 万包或第二个 1 万包后出现亏损，就会卖出。因为这意味着自己的判断可能错了，市场没有按自己的想法走。也许只是暂时的错误，但任何犯错都不会有利润，不能固执己见地继续蛮干。

　　了解杰西·利文摩尔的交易技巧后，我在大宗商品市场中不再盲目地重仓出击。因为重仓出击，完全是一种孤注一掷式的赌徒行为。当然如果我预测对了，就可以短时间赚大钱；一旦我预测错了，就会输得很惨，大伤元气，让自己陷入绝境。

　　现在，在大宗商品市场中，我的交易方法是，把资金分成三部分，先是利用小资金去试盘，即当我发现某商品具有有利可图的机会时，我就会利用小资金去轻仓试单。如果市场告诉我是对的，我就会加仓，即动用第二部分资金；如果市场告诉我错了，即一操作就出现了亏损，即和我的预期不同，我就会及时止损出来观望。

　　如果第一次进场的小资金和第二部分资金都有盈利，并且盈利较大，这时，我一般会持仓不动，让利润自动奔跑。当然如果市场非常符合预期，并且通过预测后市行情还比较大，我就会动用第三部分资金，进行重仓交易。当然由于这时已有较丰厚的盈利，持仓心态相对轻松，这样一旦市场按自己的想法走，就会成为真正的市场大赢家。当然一旦出现不好的信号，第三部分资金会及时出局观望。

　　总之，杰西·利文摩尔的交易技巧，即判定大趋势、长线持仓的观点，让我在大宗商品交易中建立了投机优势，而且这种试单、加仓、再补仓的方法使我能在风险很小的情况下，获得更好的中长期收益。

14.3　斯坦利·克罗的交易策略

　　斯坦利·克罗是美国著名的大宗商品交易专家，1960 年进入全球金融中心华尔街。他在华尔街的 33 年中，一直在大宗商品市场上从事大宗商品交易，积累了大量的经验。在 20 世纪 70 年代初的商品期货暴涨行情中，他用 1.8 万美元获利 100 万美元。

　　岁月流逝，财富积累，斯坦利·克罗带着他在华尔街聚集的几百万美元，远离这一充满竞争的市场，漫游世界，独享人生。5 年的游历中，斯坦利·克罗潜心研究经济理论及金融、投资理论，并先后出版了 5 本专著，其中最著名的是《克罗谈投资策略》一书。

14.3.1　斯坦利·克罗的一般交易策略

　　斯坦利·克罗的一般交易策略有 12 项，具体如下所述。

(1) 克罗是一位盈利头寸上的长线投资者，常常将盈利交易保留至少 6 周；不利头寸上的短线投资者，常常在不利交易中停留不到 2 周。

(2) 克罗运用一个机械交易系统，进行该系统同意的每一笔交易。除非他只能从他跟踪的四种货币中最多(为每位客户)选择两种。一般来说，除非在市场极度震荡时，他必须通过自行决定的方式拒绝某笔新的交易或从现行交易中尽早退出外，他不采用自行决定的方法。作为系统投资者的主要优势在于，如果系统工作正常，与市场步调一致的话，它能够在相当长一段时期内提供一个稳定的风险回报率。

(3) 克罗是一位资产组合多样化的资金经理。跟踪并交易着 26 种不同的期货合约，遍布全美各主要市场，外加香港和新加坡商品交易所的市场。

(4) 克罗是一位技术投资者，使用的进入和退出信号以价格为基础。这些信号通过对每一市场所做的技术性分析产生，未经优化，且全部市场使用同样(活跃)的信号。

(5) 克罗是一位相对保守的资金经理，在交易中使用的资金不到各账户资产的 25%。一般在每个市场上仅交易 1～2 种总值达 10 万元的合约。这可以避免过度的杠杆作用和过度交易。余下 75%的资金投资于短期国库券以及作为储备资产。

(6) 克罗构建的资产组合包括了最大数量的多样化市场群：食品和化纤、利率工具、复合能源、谷物、肉类、金属和亚洲市场。在每一市场中，他挑选主要合约的最活跃月份进行交易。在这样一个广泛分散的资产组合中，市场之间具有相对弱的相关关系。

(7) 克罗在持有多头头寸或空头头寸间绝无偏好。在构建资产组合时，他留意在多头和空头之间实现一个客观的、防御性的平衡。

(8) 克罗在每一市场上运用严格的风险控制限额。典型的是每份合约的初始风险，或资金管理止损限额设置小于 1500 美元。而支持长期交易的确切数据则由历史验证来决定。如果止损限额太宽，会产生无法承受的高额损失；如果止损限额太窄，会使交易频率上升，每笔交易的利润下降。因此，止损限额的确定要允许交易时间有个发展伸缩的余地。止损限额于每日开盘前输入，每笔头寸每天实行一个止损限额。他在每一市场头寸上冒的风险(依据头寸大小)平均为账户资产的 1.0%～2.0%。

(9) 克罗有选择地运用交易止损额度。根据市场及其技术特征，他设置止损限额的依据可以是市场的变异性、交易的利润额和交易时间。有些市场历史走向稳定，他可以不用追踪(推进)止损限额。有些市场，他确信交易模型有充分的敏感性，能够对趋势变动做出适时反应。总而言之，他的止损限额设置策略允许长期交易有时间和空间进行发展。

(10) 克罗不试图摘取天价和地价。他几乎一直在市场中交易他的多数合约，一旦建立一个趋势跟进头寸，他就假定每一笔头寸其结果都是跟随大势的，并尽可能长期跟随这一趋势移动。而止损限额会"告诉"他何时从市场逆转中抽身而退。

(11) 克罗如果被过早地逐出市场，而第二天市场仍旧保持原有走向，他将运用他的客观进入策略，按同一定向重返市场。

(12) 克罗的新账户进入策略通常是等待新的信号。但如果他最近的一个进入信号表现为损失，他可能依据交易的天数和近期市场动态进行交易。

14.3.2　斯坦利·克罗的重要实战交易策略

下面详细解读一下斯坦利·克罗的重要实战交易策略。

只有在市场展现强烈的趋势特征，或者正在酝酿形成趋势才进场。找出每个市场中持续进场的主要趋势，而且顺着这个主控全局的趋势操作，要不然就多观察，不操作。

这是一条实战经验相当强的交易策略。因为，在大宗商品市场中，我们只有抓住趋势才能赚大钱，才能实现小止损大盈利，才能使我们的投资更上一层楼。

行情可分为震荡行情和趋势行情，如果当前是震荡行情，操作是不可能获取较大盈利的，并且震荡行情一旦操作不慎，会让我们左右止损。即看涨时，价格开始下跌；看跌时价格开始上涨，如图 14.2 所示。

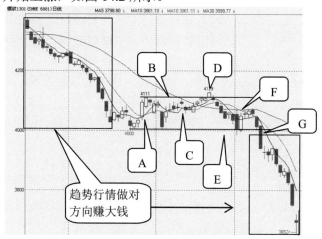

图 14.2　螺纹 1301 合约的日 K 线图

螺纹钢的价格先是经过一波明显的大幅下跌，在这里需要注意的是，这一波是沿着 10 日均线下跌，即只要价格没有有效站上 10 日均线，我们就可以沿着 10 日均线看空做空，这样，这一波下跌趋势我们就可以赚到大钱。

随着价格的不断变化，先是下跌到 4027 元，然后出现了一个小反弹，经过 4 天的反弹，反弹到 10 日均线附近，价格再度下跌。在这里需要注意的是，价格跳空低开，并且创出了新低 4000 元，随后价格没有继续下跌，反而不断阳线上涨，并且中阳线站上了 10 日均线,这表明这一波下跌行情结束。随后价格进入震荡盘整,所以这里要及时转变思路,由前期的单边下跌做空,改为震荡行情。

震荡行情要么不参与,要么参与也是轻仓。即只用很小的资金来试盘,试盘的目的是找市场的方向。

由于趋势行情是我们最值得参与的行情,也是我们重仓参与的行情,当然也是获利最大的行情,不过趋势行情的操作方法很简单,顺着趋势的方向进场,然后沿着某一个标准持有即可,中间不需要有太多的短线操作。当然如果是短线高手,可以沿着趋势的方向做一些短线操作,但这种操作很容易失去筹码,所以一般建议中线持有即可。

提醒 对于趋势行情,有时可能拿不准,或短线波动过于频繁,自己刚进场的单子可能被洗掉,怎么办。解决的最好办法是:趋势单和短线单一块做。如果能做 100 手,可以用 30～70 手作为趋势单,而用其他的筹码做成短线,这样短线单可以在急跌时获利了结,盘中反弹再介入。

震荡行情虽然获利很小,并且操作起来难度也大,但我们也要小资金操作,或只分析不操作。为什么要这样呢?

首先趋势行情是由于震荡行情不断变化而来的。震荡行情的末端就是趋势行情的开始;趋势行情的末端不是震荡行情的开始。为了捕捉趋势行情,我们要跟踪或轻仓操作震荡行情。

螺纹钢的价格探明波段低点 4000 元后,出现了较强的反弹,最高反弹到 4111 元。注意由于已突破 10 日均线,所以我们把随后的行情暂定为震荡行情。创出 4111 元高点后,价格再度震荡下跌,并且第四个交易日,是跳空低开,中阴线收盘,最低点到 4004 元,无限接近波段低点 4000 元。这里很多投资者认为波段下跌行情来了,这在震荡行情中是相当危险的,因为具有这种思维的投资者会追涨杀跌,从而做空做到最低点附近,即 A 处。

如果真的在 A 处做空,第二天就会被套,因为第二天价格跳空高开,就会把投资者套死,如果不止损,从其后行情看,价格又连续上涨 4 个交易日,虽然涨幅不大,也会把人折磨得很痛苦,即在精神和心理上承担很大的压力。

价格连续上涨 4 个交易日后,上涨到 30 日均线附近,即 B 处,价格再度受压回调,空单没有止损的投资者高兴了,认为价格会再度下跌,结果价格仅回调了一天,然后在 C 处再度收中阳线,特别是随后价格又站上了 30 日均线,如果空单还不走的话,很可能会止损到这一波反弹行情的最高点。

在这里最让空单害怕的是,价格随后继续阳线反弹,并创出反弹新高 4129 元,即 D 处。这是相当可怕的一个信号,有人认为反弹出新高,价格又开始上涨,变成上涨趋势了，空单就会止损，甚至反手又做了多单，并且做多单理由很充分，突破做单法。

从其后的走势看，如果在 D 处出了空单，做了多单，正好上当，随后价格开始再度下跌。是不是震荡行情很害人，特别是对于趋势行情思维的人。这就是震荡行情要小资金参与或观望的原因。

让在 D 处做多单的趋势投资者更恐惧的是，随后价格一路下跌，并且创出了新低，即最低点为 3986 元，即 E 处。

这是相当惊人的，也是让趋势投资者最害怕的，因为价格创出新低，可能新的一波下跌开始了，结果在 E 处，止损了多单。行情让趋势投资者再度迷忙、恐惧，这样随后的趋势行情很可能就不敢参与了，失去了勇气。

这里也许仍有胆大并且不服输的趋势投资者，在 E 处做了空。随后价格一反弹，就止损了。

从其后的走势看，价格再度反弹，但这一次反弹高度有限，仅反弹到 30 日均线附近，即 F 处，随后价格开始下跌，然后在 G 处大阴线跌破前期震荡平台的低点，趋势下跌行情开始。估计前期受伤的趋势投资者在这里已没有勇气参与趋势行情，从而失去其后做空赚大钱的机会。

如何避免震荡行情中少受伤，又能在震荡行情中赚大钱呢？这是我们要解决的问题，斯坦利·克罗给我们提出了很明显的交易策略，即已处在明显的趋势行情中，我们参与，这样虽然我们得不到波段的全部利润，但最少会有不错的盈利。另外正在酝酿形成趋势，才进场，即在震荡行情的末端再参与，并且先要小资金试盘，真正趋势行情来时，再重仓介入。

另外，如果价格处在明显的下跌趋势中，经过一波下跌之后，价格开始震荡，震荡过程中，我们的策略不是价格跌得很低了，我们要抄底，而是沿着下跌趋势继续看空，直到出现明显的反转信号才能确认是反转了。

如果价格的主要趋势是下跌趋势，小反弹遇反压时卖出，即反弹到距离最近一次下跌底部的 50%(或开始反弹后算起第 3 或 5 天)时卖出。

图 14.3 显示的是白糖指数的日 K 线图。

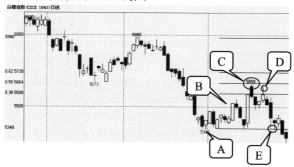

图 14.3　白糖指数的日 K 线图

从价格走势上可以看出，白糖指数处在明显的下跌行情中。白糖价格从 5980 反弹高点开始下跌，经过 20 多个交易日的下跌，最低下跌到 5348，然后开始震荡。

在 A 处，价格低开高走，收了一根中阳线，这表明在 5348 附近有抄底资金，并且从收盘来看，多方暂时取胜。所以短线有反弹要求，这时如果手中还有短线空单一定要及时离场，然后反弹后再介入。

随后价格开始反弹，连续反弹 5 天，并且于第 5 个交易日在中阳线收盘。但需要注意的是，第 6 天，价格虽然创出新高，但却收了一根小阴十字线，这表明上涨无力，存在短空机会。根据斯坦利·克罗的实战策略，即开始反弹后算起第 3 天或 5 天后，可以逢高卖出，所以在 B 处，可以轻仓再度介入短线空间。

接着价格连续下跌，最低下跌到 5351，即前期低点附近。在这里需要注意的是，由于已下跌到前期低点，前期低点附近会有支撑，所以短线空单要时时关注盘面变化，一旦下跌动力不足，要及时获利了结。如果价格大阴线跌破前期平台低点，则可以持有。

在前期低点附近，价格再度得到支撑，随后开始快速拉升，收盘收了一根大阳线。需要注意的是，大阳线后的第二个交易日，价格高点正好在这一波下跌行情的 50%位置，即斯坦利·克罗的实战策略中的一个卖空位置，所以在这里可以介入空单，并且这一天价格高开低走，收了一根阴线，所以介入空单就有盈利，即 C 处。

第二天价格继续下跌，但随后两天再度反弹，只是反弹没有再创反弹高点，所以空单可以持有，并且可以在反弹到 50%黄金分割位附近，仍可以再加一些空单，即 D 处。

随后价格开始下跌，又连续下跌三天，再度下跌到前期低点附近，即 E 处，在这里再度得到支撑，所以空单可以及时获利了结。

从其后走势看，价格略有反弹，就跌破了震荡平台的低点，可以顺势跟进空单。

如果价格的主要趋势是上涨趋势，技术性回档遇到支撑时买入；回跌到距离最近一次上涨高点的 50%(或开始回跌的第 3 天或 5 天)时买入。

图 14.4 显示的是 PTA 指数的日 K 线图。

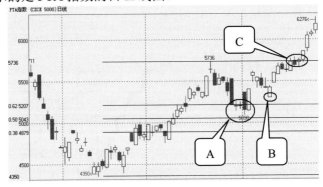

图 14.4　PTA 指数的日 K 线图

从价格走势上可以看出，PTA 指数处在明显的上涨行情中。价格经过一波下跌后，探明 4350 低点，出现了反弹，随后虽有下跌，但没有再创新低，并且形成了双底结构，随后价格开始震荡上涨。经过 27 个交易日的上涨，上涨到 5736，却在创出高点这一天，收了一根跳空十字线，这表明多空有分歧，从时间和空间来看，这是一个明显的短线见顶信号，预示着这一波上涨行情结束，后市开始震荡调整。

十字线出现后，第二天跳空低开，并且出现中阴线，即 K 线组合也出现了早晨十字星见顶信号，进一步检证了后市要开始震荡调整。

随后价格开始震荡下跌，连续调整几个交易日后(如果是从最高点位置开始算，调整 9 个交易日，如果从次高点算，调整 5 个交易日)，调整到 50%黄金分割位附近，即 A 处，价格不再下跌，并且拉出一根中阳线，这预示着短线可能要调整完毕，开始新的一波上涨行情。

随后价格虽有回调，但没有再创新低，即 B 处，所以 B 处是不错的波段多单介入位置。接着价格不断上涨，在上涨到前期高点 5736 附近，多空开始分歧加大。震荡几天后，价格开始突破上涨，即 C 处。这样前期多单可以耐心持有，然后可以顺势再加仓做多。

做顺势而为的仓位。在主要上涨的趋势中，次级卖空的仓位要轻。

在实战操作中，我们应尽量顺势而为，即如果当前是上涨行情，以逢低做多为主，并且仓位可以重一些；而当出现短线见顶信号时，也可以短线做空，但仓位要轻。

图 14.5 显示的是大豆(豆一)指数的日 K 线图。

大豆价格处在明显的上涨行情

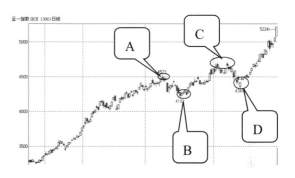

图 14.5　大豆指数的日 K 线图

中，我们应采取顺势而为的策略，即以逢低做多为主。如果出现做空机会，如 A 和 C 处，投资者的操作策略有两种：一是轻仓短空操作，二是观望等新的做多机会到来。

在这里需要说明的是，很多投资者刚开始会放弃做空，但当价格下跌几天后，技术开始看空，就会认为价格已见顶，开始下跌行情了，结果会在下跌的末端做空，结果就会被套，甚至深套。

如果计划好不做空，那么一路回调就不再做空。但很多人管不住自己，所以在开始转空时，轻仓做空是最佳选择。

而 B 和 D 处，出现做多信号，就要敢于重仓做多，因为大趋势是做多。

保持仓位不动，直到在客观分析之后，发现趋势已经反转或将要反转，这时就要平仓，而且行动要快。

图 14.6 显示的是螺纹指数的日 K 线图。

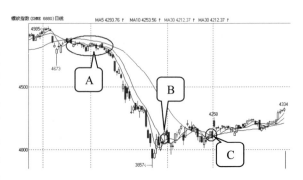

图 14.6 螺纹指数的日 K 线图

螺纹钢的价格从 4985 先是一波快速下跌，然后略有反弹，开始较长时间的横盘整理，即 A 处。在 A 处，要明白均线虽然黏合，但是对空方有利。较长时间震荡后，价格开始快速下跌，即由原来的震荡行情变成了趋势下跌行情，所以前期空单应当持有，继续沿着 5 日和 10 日均线看空做空。

价格连续下跌，虽然中间有横向盘整，但均线仍属于明显的空头排列，并且始终处于 10 日均线下方。所以在价格没有站上 10 日均线之前，短线空单都可以持有，并且仍可以逢高做空。

横向盘整后，价格再度快速下跌，连续下跌 4 天，然后出现了反弹，在 B 处，价格站上了 10 日均线，这表明这一波下跌行情可能已结束，后市有可能转变为震荡行情或震荡上涨行情。所以短线空单要及时止盈出局。

随后价格反复震荡，但在 C 处，价格站上了所有均线，并且均线有形成多头排列的迹象，即有下跌行情转为上涨行情的可能，所以所有空单要及时离场。

如果判断错误，不是原先所想象的那样，立刻平仓！跑得要快！

图 14.7 显示的是豆粕指数的日 K 线图。

在 A 处，价格突破前期震荡平台的高点，所以 A 处是一个做多位置，并且是最常见的突破做盘法。

在 A 处做上多单后，第二天价格跳空高走，符合预期，这样多单可以耐心持有，并且随着价格的不断上涨就会有不错的收益。

图 14.7 豆粕指数的日 K 线图

在 B 处，价格再度突破前期高点，也存在突破做单法，所以在 B 处也开始做多，收盘收了一根中阳线，符合留单条件，这样多单就可以隔夜持有。需要高度注意的是，如果价格想继续上涨，第二天最好高开高走，但第二天低开并且没有继续上涨，这表明 B 处的中阳线是诱多，即走势不符合预期，要及时止损离场。如果在这里还心存幻想，不能果断出局，从其后走势看，就会被深套。

第 15 章
实战大宗商品交易

真正的市场高手都是经过真枪实弹的操盘一步一步成长起来的，投资者要想真正成为市场大赢家，就应不断学习、不断把学到的技术反复应用，总结出一套简单实用的适合自己炒大宗商品的秘籍。本章将首先讲解大宗商品期货的开户、期货交易软件的下载和安装、期货交易软件的登录和银期转账、大宗商品期货合约的买卖操作技巧；然后讲解大宗商品现货的开户、交易软件的下载和安装、交易软件的使用技巧。

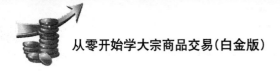

15.1　实炒大宗商品期货

要进行大宗商品期货交易，共有 5 个步骤，具体如下所述。

(1) 在期货公司开立期货账户。

(2) 开户时向期货公司提出网上交易需求，同时设置网上交易密码和通信密码。

(3) 在期货公司指定网站上下载相关的期货行情分析软件和交易软件。

(4) 登录交易软件，输入资金账户号码、交易密码、通信密码等信息。

(5) 随时交易下单。

15.1.1　大宗商品期货的开户

大宗商品期货的开户包括 6 步，具体如下所述。

(1) 投资者带着自己的身份证和银行卡到期货公司营业场所。

(2) 期货工作人员会验证你的证件，核实身份并向你提示期货风险。

(3) 期货工作人员指导你签署《期货经纪合同》及相关附件。

(4) 采集你的影像资料，留取相关复印件。在这里对个人账户和法人账户是有区别的，下面分别讲一下。

对个人账户而言，影像资料包括两项。

● 客户的头部正面照。

● 客户身份证原件正反面扫描件。

对法人账户而言，影像资料包括四项。

● 开户代理人头部正面照。

● 开户代理人身份证原件正反面扫描件。

● 营业执照(副本)扫描件。

● 组织机构代码原件扫描件。

(5) 期货公司人员向交易所申请交易编码，申请成功后，就会打电话告知你的交易编码及交易初始密码。

(6) 大部分期货公司的资金管理模式都是采用银期转账的形式。开通银期转账的具体步骤如下。

① 投资者带着身份证、银行卡、期货公司告诉你的交易编码到你所办银行卡的银行办理银期转账。

② 填写《期货委托交易协议书》和《银期委托协议书》。

③ 设置交易密码，领取协议书客户联，这样就可以进行委托交易了。

> **提醒**　因为原油期货是一个国际化品牌，所以原油期货开户的条件较高，首先申请交易编码前 5 个工作日保证金账户可用资金余额均不低于人民币 50 万元或者等值外币。其次，还要具有累计不少于 10 个交易日、10 笔以上的境内期货仿真交易成交记录，或者已在境内期货交易场所、与中国证监会签署监管合作谅解备忘录的国家(地区)期货监管机构监管的境外期货交易场所开户的，近三年内具有 10 笔以上的境内或者境外期货交易成交记录。

15.1.2　期货交易软件的下载和安装

在浏览器的地址栏中输入"http://www.cifco.net"，然后按 Enter 键，就可进入中国国际期货有限公司的首页，如图 15.1 所示。

图 15.1　中国国际期货有限公司的首页

单击"软件下载"超链接，进入交易软件下载页面，如图 15.2 所示。

单击"下载"超链接，弹出文件下载提示对话框，如图 15.3 所示。

单击"保存"按钮，选择保存位置后，再单击"保存"按钮，就可以下载期货交易软件，并且弹出显示下载进度的提示对话框，如图 15.4 所示。

图 15.2　交易软件下载页面

图 15.3　文件下载提示对话框

图 15.4　显示下载进度的提示对话框

　　下载成功后，就可以看到期货交易软件的安装文件图标。双击该图标，就可以弹出安装向导对话框，如图 15.5 所示。

　　单击"下一步"按钮，就可以设置安装文件的位置，如图 15.6 所示。

图 15.5　安装向导对话框

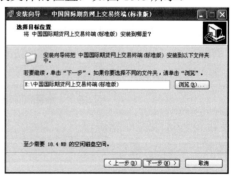

图 15.6　设置安装文件的位置

　　单击"下一步"按钮，就可以成功地安装期货交易软件，安装成功后，在桌面上可以看到一个快捷图标，如图 15.7 所示。

图 15.7　期货交易软件的快捷图标

15.1.3　期货交易软件的登录和银期转账

双击桌面上的 图标，打开中国国际期货网上交易终端的客户登录窗口，如图 15.8 所示。

图 15.8　中国国际期货网上交易终端的客户登录窗口

正确输入用户代码(用户名)、用户密码、验证码后，单击"登录"按钮，就可以成功登录期货交易软件，如图 15.9 所示。

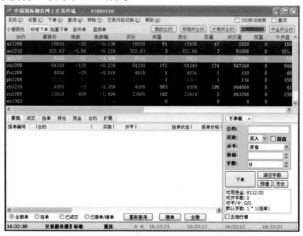

图 15.9　期货交易软件登录成功后的界面

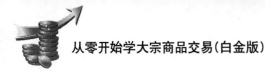

要想炒贵金属期货，首先要把银行卡中的资金转入期货账户中。单击菜单栏中的"转账"|"银期转账"命令，就可以看到银期转账界面，如图 15.10 所示。

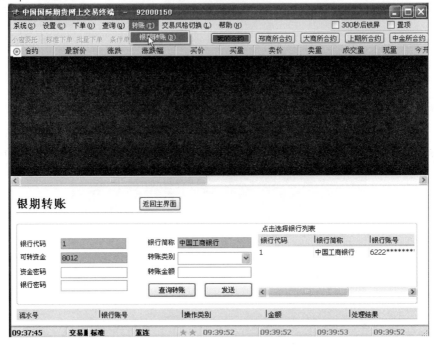

图 15.10　银期转账界面

在转账之前，可以查看一下银行卡中的资金余额。设置转账类型为"查询银行余额"，然后输入银行密码，单击"发送"按钮，就可以看到银行卡中的资金余额，如图 15.11 所示。

先来讲一下入金，即把银行卡中的资金转到期货账户，设置转账类型为"银行卡->保证金"，然后输入银行密码、资金密码和转账金额，单击"发送"按钮，就可以成功转账，如图 15.12 所示。

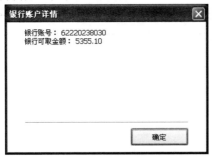

图 15.11　银行卡中的资金余额

图 15.12　把银行卡中的资金转到期货账户

单击银期转账界面中的"返回主界面"按钮，然后单击"资金"按钮，就可以看到今日入金信息，如图 15.13 所示。

图 15.13　今日入金信息

　　如果炒贵金属期货赚到了钱，就可以把赚到的钱转到银行卡中。设置转账类型为"保证金->银行卡"，然后输入银行密码、资金密码和转账金额，单击"发送"按钮，就可以成功转账，如图 15.14 所示。

图 15.14　把期货账户中的资金转到银行卡

　　单击"查询转账"按钮，就可以看到入金和出金信息，如图 15.15 所示。

图 15.15　入金和出金信息查询

15.1.4　大宗商品期货合约的买卖操作技巧

成功登录期货交易软件后，然后入金，入金后就可以进行大宗商品期货合约买卖操作。下面以白银期货为例讲解一下。

一般情况下，可以直接进行买卖操作。为了买卖方便，可以单击"小窗委托"，如图 15.16 所示。

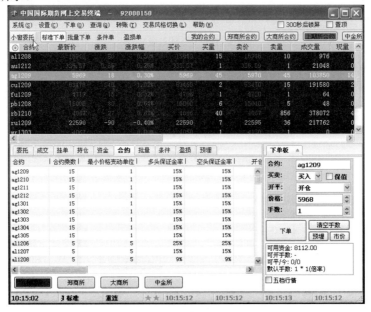

图 15.16　单击"小窗委托"

单击"小窗委托"后，委托下单界面如图 15.17 所示，然后单击"合约"对应的下拉按钮，从中选择不同的白银期货合约。

(4) 选择白银期货合约后，就可以进行买入或是卖出操作，如图 15.18 所示。

图 15.17　委托下单界面

图 15.18　设置买入或卖出

接下来设置是开仓或是平仓。开仓表示把资金变成白银期货合约；平仓表示把白银期货合约变成资金，如图 15.19 所示。

> **提醒**　在期货操作过程中，一定要注意，买入开仓是看多，即后市期价看涨；卖出开仓是看空，即后市期价看跌；买入平仓是指把前期看空的单子平掉，即后市期价看涨；卖出平仓是指把前期看多的单子平掉，即后市期货看跌。

设置指定价或跟盘价，默认是指定价，即需要输入要操作的白银期货价格。单击"价格"标签，该标签就变成"跟盘"，并且该标签变成红色，这时其后的文本框中就会自动显示当前的期货合约价格，并且随着期货合约价格的变动而变动，如图 15.20 所示。

图 15.19　设置开仓或平仓

图 15.20　设置指定价或跟盘价

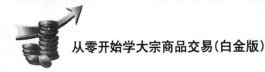

正确设置各项参数后，然后再输入买卖的手数，单击"下单"按钮，弹出"委托确认"对话框，如图 15.21 所示。

图 15.21　"委托确认"对话框

在该对话框中还可以修改委托价格和开仓手数。确认无误后，单击"是"按钮，就可以显示"下单成功"提示对话框，如图 15.22 所示。

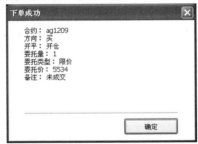

图 15.22　"下单成功"提示对话框

单击"小窗委托"右上角的关闭按钮，就可以返回期货交易软件的初始界面，切换到"委托"选项卡，就可以看到委托买卖合约的信息，如图 15.23 所示。

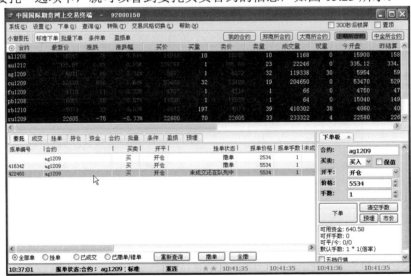

图 15.23　查看委托买卖的合约的信息

如果下单后，又不想买卖了，则选择单子，单击"撤单"按钮，弹出"操作确认"对话框，如图 15.24 所示。

图 15.24　"操作确认"对话框

单击"是"按钮，就可以成功撤单，并且弹出"撤单成功"对话框，如图 15.25 所示。

切换到"成交"选项卡，可以看到成交的单子信息。

切换到"持仓"选项卡，可以看到当前持仓信息。

切换到"资金"选项卡，可以看到静态权益、持仓盈亏、平仓盈亏、今日入金和今日出金等信息，如图 15.26 所示。

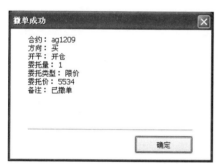

委托	成交	挂单	持仓	资金	合约	批量	条件	盈损	预埋
静态权益		13,112.00	质押金额		0.00
持仓盈亏		0.00	上次质押金额		0.00
平仓盈亏		0.00	冻结资金		0.00
动态权益		13,112.00	可用资金		13,112.00
占用保证金		0.00	可取资金		13,012.00
手续费		0.00	风险度		0.00%
冻结保证金		0.00	信用金额		0.00
冻结手续费		0.00	今日入金		5,100.00
上次结算准备金		8,112.00	今日出金		100.00
上次信用额度		0.00			

查询

图 15.25　"撤单成功"对话框 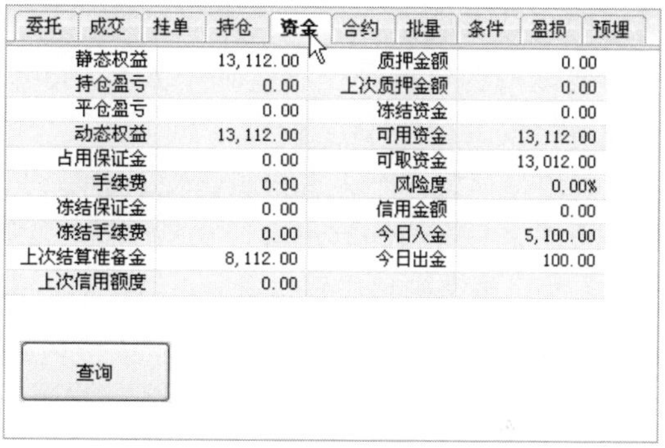　　　　图 15.26　资金信息

合约：ag1209
方向：买
开平：开仓
委托量：1
委托类型：限价
委托价：5534
备注：已撤单

确定

切换到"合约"选项卡，可以看到所有合约的交易所代码、合约号、合约名称、每手数量、交割期、最小价格变动单位等信息，如图 15.27 所示。

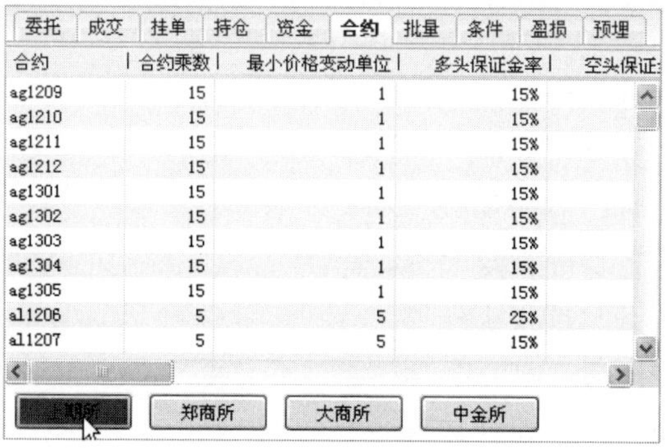

委托	成交	挂单	持仓	资金	合约	批量	条件	盈损	预埋
合约	合约乘数	最小价格变动单位	多头保证金率	空头保证
ag1209	15	1	15%	
ag1210	15	1	15%	
ag1211	15	1	15%	
ag1212	15	1	15%	
ag1301	15	1	15%	
ag1302	15	1	15%	
ag1303	15	1	15%	
ag1304	15	1	15%	
ag1305	15	1	15%	
al1206	5	5	25%	
al1207	5	5	15%	

上期所　　郑商所　　大商所　　中金所

图 15.27　合约相关信息

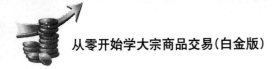

15.2　实炒大宗商品现货

大宗商品现货，当前主要是指贵金属现货延期。由于能够直接进入上海黄金交易所进行交易的只能是会员，所以要想参与贵金属现货延期交易，就需要选择一个具备合法代理资格，并且获得上海黄金交易所会员的投资公司开立贵金属现货延期交易账户。

15.2.1　大宗商品现货的开户

为了更好地保障投资者的合法权益，贵金属延期交易实行开户实名制，下面具体讲解一下个人开户流程和法人开户流程。

1.　个人开户流程

带上自己的身份证和银行卡，到获得上海黄金交易所会员的投资公司即可开立贵金属延期交易账户。

需要填写的资料是：《代理个人客户黄金交易业务协议》(一式二份)和《银金直通车业务协议书》(一式二份)。

正确填写《代理个人客户黄金交易业务协议》《银金直通车业务协议书》后，工作人员会根据客户资料为客户进行交易编码、交易账户等申请和分配工作，随后工作人员将交易密码、资金密码告知投资者，并提示投资者必须登录交易系统修改密码。

最后还要去银行进行绑定，即持本人身份证、银行卡到开户时指定的结算银行办理绑定转账业务。

这样投资者就可以把资金存入银行，然后利用网上交易系统软件把资金转入贵金属延期交易账户，这样就可以进行贵金属延期交易了。

2.　法人开户流程

法人开户需要提交以下材料。

(1) 企业营业执照正本。

(2) 法人机构代码证复印件。

(3) 税务登记证复印件。

(4) 法人身份证原件、复印件。

(5) 被授权人身份证原件、复印件。

(6) 法定代表人的开户授权委托书。

(7) 银行结算账户账号。

(8) 基础保证金转账凭证原件、复印件。

注意上述材料的复印件，都需要加盖公司公章。

提交材料后，工作人员会根据客户资料为客户进行交易编码、交易账户等申请和分配工作，随后工作人员将交易密码、资金密码告知投资者，并提示投资者必须登录交易系统修改密码。

最后客户再去银行进行绑定，绑定成功后，就可以把资金存入银行，然后利用网上交易系统软件把资金转入贵金属延期交易账户，这样就可以进行贵金属延期交易了。

15.2.2　交易软件的下载、安装和登录

在浏览器的地址栏中输入"http://www.szgold.com.cn"，然后按 Enter 键，就可进入深圳黄金投资有限公司的首页，如图 15.28 所示。

图 15.28　深圳黄金投资有限公司的首页

单击导航栏中的"下载中心"超链接，就可以进入软件下载页面，如图 15.29 所示。

图 15.29　软件下载页面

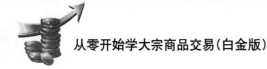

单击"深圳黄金交易客户端"超链接，弹出"文件下载"提示对话框，如图 15.30 所示。

单击"保存"按钮，然后选择保存位置，就可以开始下载，先显示下载进度提示对话框，如图 15.31 所示。

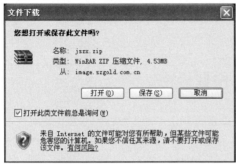

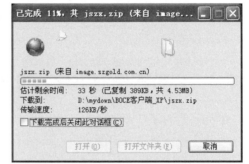

图 15.30 "文件下载"提示对话框   图 15.31 下载进度提示对话框

下载成功后，就可以看到交易软件的安装文件，接下来就可以安装该文件。双击安装文件，弹出"黄金交易客户端 安装"对话框，如图 15.32 所示。

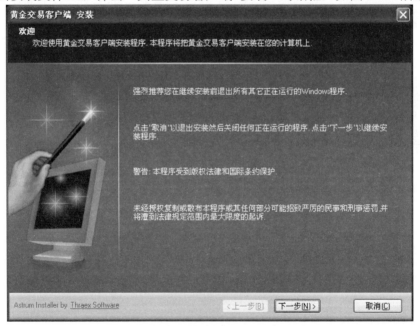

图 15.32 "黄金交易客户端 安装"对话框

然后单击"下一步"按钮，就可以选择文件的安装位置，如图 15.33 所示。

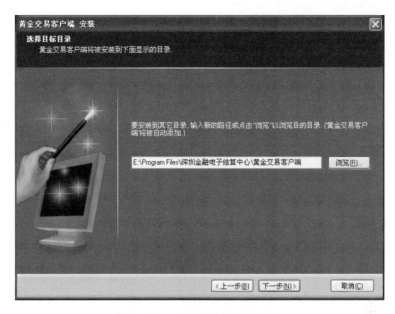

图 15.33　选择文件的安装位置

然后单击"下一步"按钮，就可以设置安装文件的快捷方式，默认状态下，快捷方式图标将添加到开始菜单中，如图 15.34 所示。

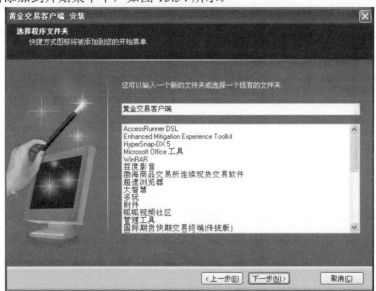

图 15.34　设置安装文件的快捷方式

然后单击"下一步"按钮，就可以看到文件的安装摘要，即保留的总大小、目标目录等信息，如图 15.35 所示。

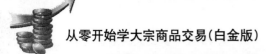

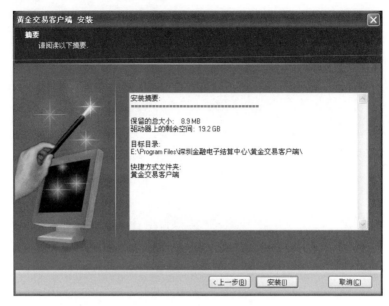

图 15.35　文件的安装摘要

然后单击"安装"按钮，就开始安装，并显示安装进度，如图 15.36 所示。

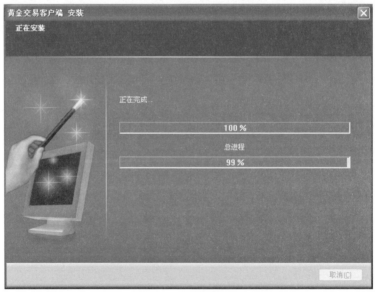

图 15.36　安装进度

安装成功后，就可以在桌面上看到交易软件的快捷图标，如图 15.37 所示。
下面来登录交易软件。双击 ，弹出登录界面，如图 15.38 所示。

图 15.37　交易软件的快捷图标

图 15.38　登录界面

正确输入用户名和密码后，单击"登录"按钮，就可以登录交易软件，如图 15.39 所示。

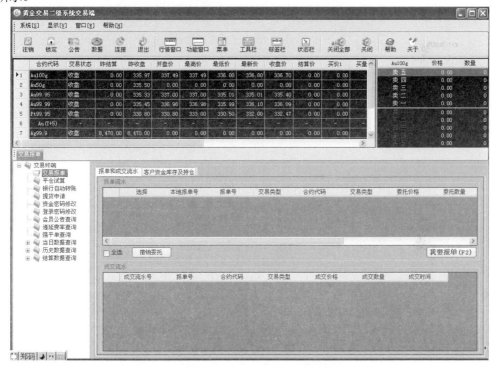

图 15.39　交易软件登录成功界面

15.2.3　交易软件的使用技巧

利用交易软件可以查看行情，但我们常常利用行情分析软件来查看行情，所以在这里可以单击工具栏中的"行情窗口"按钮，隐藏行情窗口，隐藏后的界面如图 15.40 所示。

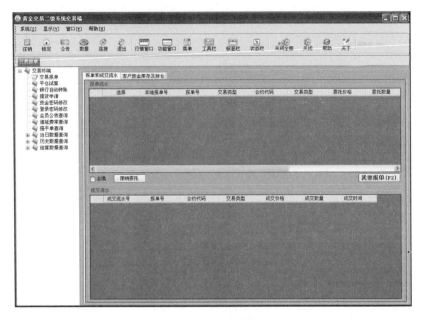

图 15.40　隐藏行情窗口

1.　委托报单

单击 我要报单(F2) 按钮，弹出"报单提交"对话框，首先要选择合约代码，即选择要交易的品种，如果做黄金交易，就要选择 Au(T+D)；如果做白银交易，就要选择 Ag(T+D)，在这里选择 Ag(T+D)，如图 15.41 所示。

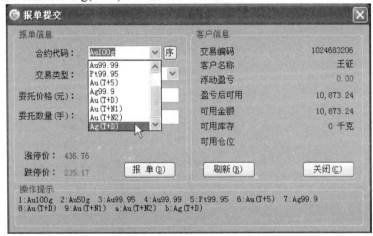

图 15.41　选择要交易的品种

选择合约代码后，就要选择交易类型，单击"交易类型"对应的下拉按钮，就可以看到所有交易类型，如图 15.42 所示。

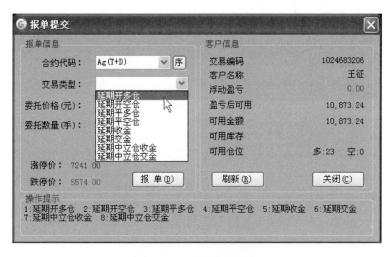

图 15.42　选择交易类型

最常用的交易类型是前 4 个，下面解释一下。

(1) 延期开多仓：买入做多，即低价买入，建立多单。

(2) 延期开空仓：卖出做空，即逢高做空，建立空单。

(3) 延期平多仓：如果手中已有多单，那么就可以利用该命令，平掉多单。

(4) 延期平空仓：如果手中已有空单，那么就可以利用该命令，平掉空单。

选择好合约代码和交易类型后，就可以输入委托价格，输入委托价格后，就可以看到你最多可委托的手数，然后在"委托数量(手)"对应的文本框中输入委托数量即可。注意为了控制风险，不能满仓操作，所以委托数量一般不超过最多可委托数量的一半，如图 15.43 所示。

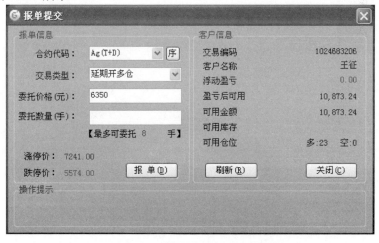

图 15.43　设置委托价格和委托数量

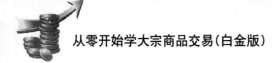

正确输入后，单击"报单"按钮，就可显示"提示"对话框，如图15.44所示。

单击"是"按钮，就可以提交报单。注意，如果不在交易时间内提交报单，会弹出如图15.45所示的"提示"对话框。

图15.44　"提示"对话框　　　　图15.45　不在交易时间内提交报单提示框

如果在交易时间内，你的报单就会显示在"报单流水"中，如图15.46所示。

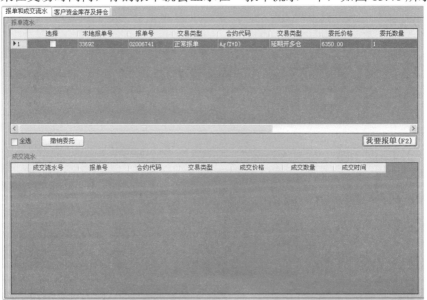

图15.46　委托报单

如果报单成交，就会显示在"成交流水"中。

撤销委托。选中要撤销的单子，即选中委托报单中"选择"项对应的复选框，然后单击"撤销委托"按钮，弹出"提示"对话框，如图15.47所示。

图 15.47　"提示"对话框

单击"是"按钮，就可以撤销委托的单子。

2．查看客户资金库存和持仓

切换到"客户资金库存及持仓"选项卡，就可以在"资金情况"中看到浮动盈亏、当前余额、可用金额、可提金额、交易冻结资金、持仓保证金、开户保证金等信息；在"库存情况"中，可以看到当前库存、可用库存、可提库存、当日入库、当日出库、库存成本等信息；在"仓位情况"中，可以看到当前多仓、当前空仓、可用多仓、可用空仓、当日开多仓、当日开空仓、当日平多仓、当日平空仓等信息，如图 15.48 所示。

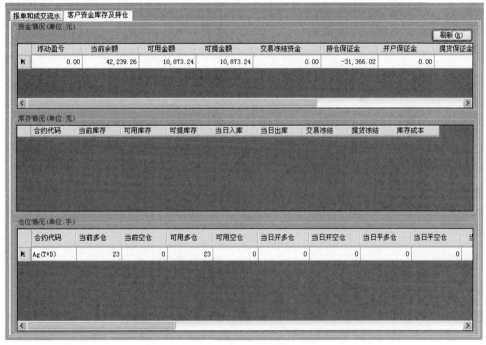

图 15.48　客户资金库存和持仓

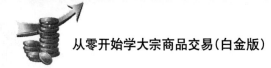

3．出金与入金

如果投资者在贵金属延期交易中赚到了钱，想把钱转到银行卡，就是出金；如果想把银行卡中的资金转到账户，就是入金。

单击左侧导航栏中的"银行自动转账"选项，然后再单击"刷新信息"按钮，就可以看到客户信息和资金信息，如图 15.49 所示。

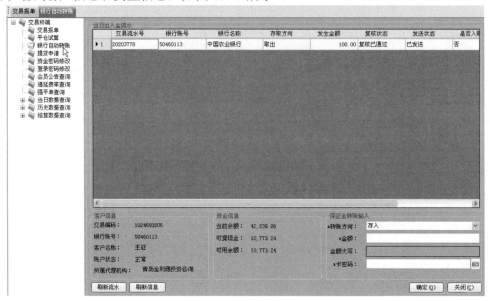

图 15.49　客户信息和资金信息

下面先进行出金操作。设置"转账方向"为"取出"，金额为"200"，然后再输入资金密码，如图 15.50 所示。

正确输入后，单击"确定"按钮，弹出"提示"对话框，如图 15.51 所示。

图 15.50　输入保证金信息

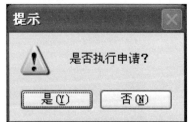

图 15.51　"提示"对话框

然后单击"是"按钮，就可以成功出金。单击"刷新信息"　按钮，就会发现

"可提现金"和"可用余额"少了 200 元。单击"刷新流水"按钮，就可以看到详细的出金信息，如图 15.52 所示。

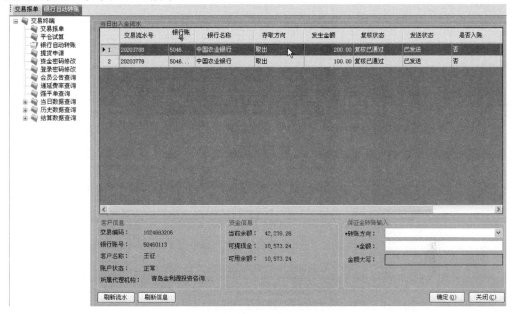

图 15.52　成功出金

接下来进行入金操作。设置"转账方向"为"存入"，金额为"300"，然后再输入卡密码(银行卡的密码)，如图 15.53 所示。

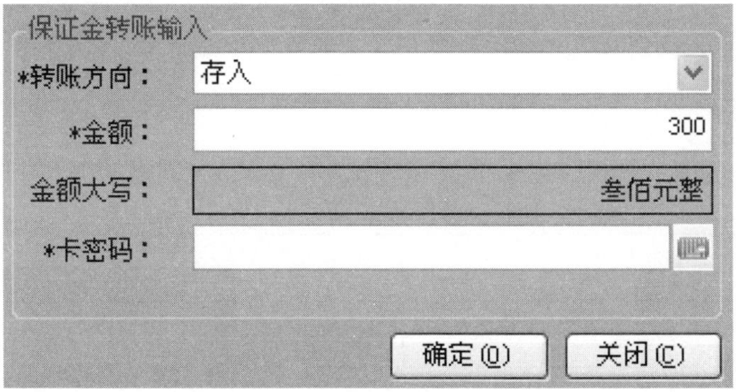

图 15.53　输入保证金信息

正确输入后，单击"确定"按钮，弹出"提示"对话框，然后单击"是"按钮，就可以成功入金。单击"刷新信息"按钮，就会发现"可提现金"和"可用余额"多了 300 元。单击"刷新流水"按钮，就可以看到详细的入金信息。

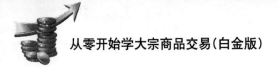
学习心得